Letras Hispánicas

# Tradiciones peruanas
## (Selección)

Letras Hispánicas

Ricardo Palma
( 1833 - 1919 )

# Tradiciones peruanas
## (Selección)

Edición de Carlos Villanes Cairo

SÉPTIMA EDICIÓN

CÁTEDRA
LETRAS HISPÁNICAS

1.ª edición, 1994
7.ª edición, 2018

Ilustración de cubierta: *Dama de Lima,* Perú. Grabado

© Ediciones Cátedra (Grupo Anaya, S. A.), 1994, 2018
Juan Ignacio Luca de Tena, 15. 28027 Madrid
Depósito legal: M. 38.404-2011
I.S.B.N.: 978-84-376-1286-7
*Printed in Spain*

# Índice

9

# Introducción

Ricardo Palma.

Ante todo, Palma es el cronista clásico de la Lima vieja, aquella que con sus conflictos y contradicciones marca y centraliza, desde hace cinco siglos hasta hoy, la vida del Perú. Es valedor de los mil registros humanos, sociales y políticos que agitaron el cotarro antañón y colonial entre los siglos XVI y XIX, primero como la capital del virreinato más grande de América[1] y luego como la ciudad en la que convergieron todas las modas y novedades del hemisferio sur, desde las turbulencias políticas hasta la picaresca consuetudinaria de los mentideros de casona y extramuro. Con una frase resume la historia: «Caídos y levantados, hartos y hambrientos, eso ha sido la colonia y eso es y ha sido la república»[2], y de alguna manera también el devenir

---

[1] «La jurisdicción del virreinato (peruano) comprendía todas las tierras al oeste del meridiano de Tordecillas (47º 33′ 0. Greenwich), conquistadas en América del Sur —y las que se fueran añadiendo—, salvo la gobernación de Venezuela englobada a través de la audiencia de Santo Domingo en el virreinato de Nueva España. Es decir, comprendía Panamá, Nueva Granada, Quito, Nueva Castilla (Bajo Perú), Charcas (Alto Perú), Chile, Tucumán, Buenos Aires, y Paraguay (Guairá), con una extensión de 10.000.000 km² [...]. Durante 175 años el Virreinato peruano no sufrió variaciones en su vasta superficie, hasta la creación de los Virreinatos de Nueva Granada (1717) y del Río de la Plata (1776) y los tratados de Portugal de 1750 y 1777», explica Francisco Morales Padrón en *América Hispana hasta la creación de nuevas naciones*, volumen 14 de *Historia de España*, Madrid, Editorial Gredos, 1986, págs. 140-141.

[2] Véase la tradición *Los caballeros de la capa*, en Ricardo Palma, *Tradiciones peruanas completas*, Madrid, Editorial Aguilar, 1961, pág. 54. En adelante *TPC*.

13

de los hispanoamericanos. Palma da fe de esa intrahistoria. Y como hacía falta un marco literario propicio, capaz de alimentar un género breve, sustentado en la oralidad, salpimentado en la historia, con humor y buen lenguaje, se inventó la tradición[3].

Nació y creció entre los dos primeros militarismos del Perú y su vocación por la historia le hizo escarbar en el pasado al que miró con exquisito buen humor y desenfado, pero también con rigor y patetismo. La colonia[4] se convirtió en el marco espacial de su predilección y de ella plasmó un fresco apasionante y no se detuvo ante nada ni ante nadie, la iglesia, el ejército y el estado, siempre todopoderosos, estuvieron en el blanco de su mirada y en la ironía de su sonrisa.

De una u otra manera, un apreciable sector de la crítica peruana continúa afanada en discutir si Palma era o no colonialista. Lo cierto es que Mariátegui[5] ha elucidado la discusión hace más de medio siglo. Palma inicia, posiblemente, la genuina literatura peruana, la que se desliga de la imi-

---

[3] La *tradición peruana*, en realidad, no es un género, sino una especie literaria creada por Ricardo Palma, tiene características y especificidad propias, como veremos más adelante.

[4] »De las 453 que publicó sólo 6 se refieren al Imperio de los Incas; 339, al Virreinato o Colonia; 43, a la época de la Independencia; 49, a la República; 16 (o 15, mejor) a tiempo y espacio indecisos: las más sabrosas y características. La salvedad de 15 en lugar de 16 obedece a que la referente a la fuga del Mariscal Santa Cruz en 1839 parece un trozo de Memorias, más que una Tradición, en el sentido que da a tal vocablo Palma. De las 339 virreinales, los dos tercios corresponden al siglo XVI y comienzos del XVII,» afirma Luis Alberto Sánchez en *Escritores representativos de América*, Madrid, Editorial Gredos, volumen II de la Primera Serie, páginas 100-101.

[5] «El colonialismo —evocación nostálgica del Virreinato— pretende anexarse a la figura de don Ricardo Palma. Esta literatura servil y floja, de sentimentaloides y retóricos, se supone consustanciada con las *Tradiciones*. [...] pero si se medita seriamente sobre la obra de Palma confrontándola con el proceso político y social del Perú y con la inspiración del género colonialista, se descubre lo artificioso y convencional de esta anexión. Situar la obra de Palma dentro de la literatura colonialista es no sólo empequeñecerla sino deformarla.» Véase José Carlos Mariátegui, «El proceso de la literatura», en *7 ensayos de interpretación de la realidad peruana*, Caracas, Biblioteca Ayacucho, 1978, págs. 159-160.

tación servil de los modelos europeos, recurre al lenguaje popular, capta lo más neto y vibrante, sin alejarse nunca del rigor castizo, y la presenta en historias breves, tal vez demasiado abundantes. Ribeyro, el cronista de Lima del siglo XX, no ha llegado a escribir más de 90 relatos y su obra es sin duda perdurable. Entre Palma y Ribeyro hay distancias, puntos comunes y diferencias, pero a los dos les une un mismo y apasionado amor: Lima.

Porras Barrenechea, historiador y palmista de renombre, ha demostrado que el limeñísimo Palma fue hijo de padres provincianos, de padre andino y madre costeña: «(...) el máximo representativo del limeñismo literario, a quien por esto se regateaba la condición total del peruanismo, fue fruto de la unión de un hombre andino, del norte del Perú, y de una mujer costeña, nacida y criada en el campo, lejos del barullo urbano de Lima, y que, por lo tanto, se mezclaron en él todos los barros genésicos de la nacionalidad»[6]. Cuarenta años más tarde, en una reciente y prolija biografía, Oswaldo Holguín Callo va más allá : «Palma no fue exactamente un mulato, pues además de las sangres blanca y negra tenía de la india recibida de su padre; sin embargo, en un medio como el limeño tan apegado a ponderaciones raciales, la negra fue lo que más objeciones le ganó...»[7].

Más que los pigmentos importa la palabra y Palma desde niño es todo miradas y oídos atentos. Ante sus ojos desfilan los años más turbulentos de la historia nacional y almacena el repertorio de una oralidad tradicional determinante en su tradiciones. Sin duda la oralidad tradicional constituye un paradigma del que muy pocos escritores hispanomericanos han conseguido librarse. Desde el Inca Garcilaso de la Vega, que vino a España a vindicar el nombre mancillado de su padre y peregrinó entre guarniciones

---

[6] Raúl Porras Barrenechea, *De la autobiografía a la biografía de Palma*, en *Letras Peruanas*, Lima, junio de 1954, núm. 10, pág. 15.

[7] Véase Oswaldo Holguín Callo, *Tiempos de Infancia y Bohemia Ricardo Palma (1833-1860)*, Lima, Fondo Editorial de la Pontificia Universidad Católica del Perú, 1994, pág. 26.

ultramarinas y claustros conventuales sin conseguirlo, pero apelando a la oralidad y a sus raíces recobró[8] el prestigio perdido, con sus crónicas de indias, hasta el reciente García Márquez que con su historia colonial, salvando las distancias, parece un Palma volcado a la novela[9].

Nunca sabremos si nos conmueve más la historia o la leyenda, lo cierto es que Palma con sus obras ha creado un universo de peruanidad y americanismo, pero, además, es uno de los escritores hispanoamericanos que mejor uso ha dado a la lengua de Cervantes en el siglo pasado. Visitó España en 1892, para el Cuarto Centenario del Descubrimiento, con una alforja de varios centenares de vocablos nacidos en la otra orilla y, lamentablemente, no fue oído por los académicos de la época; los de hoy le han dado la razón y la mayoría de sus palabras han sido admitidas en el *Diccionario*[10]. Pero aparte de su abnegada tarea filológica lo que ha quedado del ingenio de Palma son sus *Tradiciones peruanas*, que le convierten en un maestro del género, consciente de su estilo, de la profesionalización del escritor y en el padre de la cuentística hispanoamericana según el crítico chileno Carlos Hamilton:

> A fines del siglo XIX aparecen las *Tradiciones peruanas*, de Ricardo Palma; entre 1833 y 1919, las *Tradiciones mexicanas*, de Vicente Riva Palacio (1832-1896), y los *Relatos argentinos*, de Paul Grousac (1988-1929). Les siguen las series de *Leyendas y episodios chilenos*, del chileno Aurelio Díaz Meza (1888-1932); las *Tradiciones serenenses* de su compatriota Manuel Concha (1883). Pero Palma es el maestro de la tradiciones y el padre del cuento hispanoamericano, uno de los géneros más ricos en nuestra literatura contemporánea [...]

---

[8] El escritor peruano Gómez Suárez de Figuerola (1539-1616) en su vejez decidió llamarse Inca Garcilaso de la Vega; pasó a la historia de la literatura con este nombre, después de arrancar a los recuerdos y a oralidad tradicional sus famosos *Comentarios Reales de los Incas*.

[9] Gabriel García Márquez, *Del amor y otros demonios*, Barcelona, Mondadori, 1994.

[10] Véase, *Diccionario de la Lengua Española* de la Real Academia Española, Madrid, 1992, vigésima primera edición, 1515 págs., en adelante *DRAE*.

sin imitar a nadie, escribe como un clásico; romántico, es creador del cuento moderno, con una sal y picardía y una perfección de estilo difícilmente inigualables[11].

## EL AUTOR

La historia personal de Palma tiene el resabio de alguna de sus tradiciones. De origen familiar con toques misteriosos, a los 18 años estrenó su primera obra de teatro; a los 20 huyó por amor y sufrió un naufragio en alta mar; luego vino el destierro, militó en la insurgencia y llegó a secretario privado de un presidente, participó en una guerra con el consiguiente desembarco en territorio enemigo, publicó su primer poemario en París, salvó la vida por un pelo en otra contienda internacional, aunque más tarde una tercera guerra le incendió su casa, redujo a escombros su biblioteca y le destruyó valiosos originales. El enemigo devastó la Biblioteca Nacional y, para reconstruirla, el escritor, convertido en bibliotecario mendigo residió en el mismo edificio durante veintiocho[12] años y, al final de su vida, tuvo el sinsabor del despido y el acoso de la voz parricida de los jóvenes.

Hijo natural del amor, de padres mulatos, que en el mejor de los casos eran fruto de la unión de blanco y negro o en el extremo de negro e indio, como denomina el Inca Garcilaso a esta mezcla étnica de América[13], Manuel Palma nació en el 7 de febrero de 1833 en Lima. Fueron sus padres Pedro Palma y Dominga Soriano[14], habitantes de una

---

[11] Carlos Hamilton, *Historia de la literatura hispanoamericana*, Madrid, Ediciones y Publicaciones Españolas, 1960, págs. 147-148.

[12] «Dejé la casa donde habité veintiocho años, donde nacieron varios de mis hijos y donde murió mi mujer; y me vine a este pueblo (Miraflores) de donde no saldré ya.» de *Autobiografía*. Véase Julio Díaz Falconí, *Tradiciones olvidadas de Palma*, Huancayo, Universidad Nacional del Centro del Perú, 1991, pág. 34.

[13] Manuel Alvar, *El léxico del mestizaje*, Madrid, Ediciones Cultura Hispánica, 1987, pág. 175. Véase la definición de mulato que hace el Inca Garcilaso de la Vega en la cita 705.

[14] Aun cuando en la partida de nacimiento de Manuel Palma aparece Guillermina Carrillo como su madre, Raúl Porras Barrenechea ha demos-

casa modesta de la calle Puno, pero en el meollo de la metrópoli peruana.

Entonces Lima era una *fiesta*. Los viejos aristócratas añoraban la colonia, los generales —padres de la patria— que habían ganado la guerra a España aspiraban todos a ser presidentes, los criollos reclamaban sus derechos, el pueblo secundaba a sus caudillos, batallones de indios morían defendiendo causas que ignoraban, religiosidad y superstición mezclaban sus poderes y crecían los mentideros entre saraos de alcurnia o el regateo de la compra en el mercado. Lima era santa y prostituta como diría el poeta José Gálvez, ciudad envuelta en rumores, sobresaltos, pregones y suspiros, mientras los escritores sentían, pensaban y escribían como se hacía en la colonia.

Raúl Porras Barrenecha ha escrito:

> Palma abrió los ojos en el corazón de la Lima virreinal. Por la espalda los muros de su casa tocaban con los de las cárceles de la Inquisición limeña, cuya historia sería el primero en escribir. A media cuadra de su hogar, en lo que es hoy Plaza Bolívar, funcionaba el mercado o plaza de abastos y el desplante dicharachero de las mulatas vendedoras de pescado y su desenvoltura. Pocos pasos más allá, en el sitio que ocupa actualmente el Congreso, estaba el edificio de la Universidad Mayor de San Marcos, con sus muros altos y severos, su claustro imponente en el que se alineaban los retratos de frailes catedráticos e inquisidores, y en cuyo general funcionaba, desde 1822, el Congreso. En el ángulo de la manzana en que vivía Palma estaba la casa en cuya entrada la tradición popular asegura que había fallecido el Virrey Conde de Nieva al descender de un balcón. El otro ángulo daba frente al monasterio de la Concepción, fundado por una cuñada del conquistador Pizarro. Cuadra abajo de la Concepción estaba el colegio del Príncipe, fundado por el Virrey Esquilache y dedicado ya a la Biblioteca Nacional. Son casi todos los lugares entre los que habría de

---

trado que en realidad se llamó Dominga Soria, cambiado por convencionalismos de la época. Véase en Díaz Falconí, *op. cit.*, págs. 161-167, las copias facsimilares y la transcripción de las partidas de nacimiento y de matrimonio de los padres de Palma.

transcurrir la vida de tradicionista [...]. La calle Puno, por su proximidad al Mercado y a los barrios altos, era bulliciosa, estentórea, populachera, plagada como hasta hoy de buhoneros, mercachifles, voces, pregones y por esa época de mixtureras, aguadores, vendedores de novenas y romances, tapadas, calesas, gallinazos y borricos. «Lima, paraíso de mujeres, purgatorio de hombres e infierno de borricos», se había dicho de nuestra ciudad[15].

Apegado como todo niño a la magia de los cuentos tradicionales de la infancia, Palma recuerda, en sus *Consejas tradicionales*, a una dama muy vieja, que cada noche convocaba a los niños del barrio: «La buena anciana con sus gafas relucientes y su gatazo negro sobre la falda de anafaya, tenía la magia de embelesarnos, refiriéndonos consejas de brujas, duendes, milagros y aparecidos, y hacíalo con tanto donaire, que a los granujas o mataperros que la oíamos sin pestañar ni perder sílaba nos corrían letanías por el cuerpo, y, al dormir, nos acometían pesadillas y malos sueños»[16].

Aprendió las primeras letras en la escuela de Pascual Guerrero y luego pasó a las de Antonio Orengo y Clemente Noel. No se sabe si concluyó sus estudios en el Convictorio de San Carlos, pero está comprobado su apego a las letras y sus buenas disposiciones para la Economía Política y la Contabilidad, lo que le valdrían un puesto de contador en la Armada.

*El Comercio* de Lima le publicó, el 31 de agosto y el 25 de noviembre de 1848, sus primeros versos. Ambos de carácter rememorativo, laudatorio y necrológico. Palma tenía 15 años y un tardío romanticismo agitaba a los poetas jóvenes, mientras un político y militar de alta graduación, Narciso Aréstegui Zuzunaga[17], entregaba la primera novela peruana[18], de corte anticlerical y con tonos indigenistas, era la

---

[15] Véase Porras Barrenechea, *Tres ensayos sobre Ricardo Palma*, Lima, Librería Juan Mejía Baca, 1954, pág. 22.

[16] Ricardo Palma, *op. cit.* pág. 332.

[17] Narciso Aréstegui Zuzunaga (1818-1869) fue Prefecto de Cuzco y Puno, los departamentos andinos del sur del Perú que más sintieron el impacto del avasallamiento del indio y conoció de cerca su problemática.

[18] *El padre Horán* no es propiamente una novela indigenista, pero sí la primera en el Perú que menciona la tragedia indígena.

historia de un cura que mata a su feligresa por no aceptar sus requiebros amorosos.

En *La bohemia de mi tiempo* escribe Palma: «Nosotros, los de la nueva generación arrastrados por lo novedoso del libérrimo romanticismo, en boga a la sazón, desdeñábamos todo lo que a clasicismo tiránico apestara, y nos dábamos un hartazgo de Hugo, Byron, Espronceda, García Tassara y Enrique Gil [...] cada cual tenía su vate predilecto entre los de la pléyade de revolucionarios del mundo viejo. De mí recuerdo que hablarme de *Macías*, de Larra, o de las "Capilladas", de Fray Gerundio, era darme por la vena del gusto»[19].

Palma lo declara y su literatura lo confirma. ¿Qué mejores lecciones para empezar en el periodismo satírico y de combate que las de *Fray Gerundio*[20] o el mismísimo Larra, padre de quienes rompen esquemas y hacen de la literatura una trinchera? Aparte de los dos maestros españoles, en Lima conoció a José González Matos, Manuel Fernando de la Mendiola y Juan Sánchez Silva, que le desbrozaron el camino dentro de un periodismo declaradamente liberal y la pasión por la frase punzante y bien construida, el ojo avisor a los vericuetos del pasado y del presente y grabaron en su alma el humor crítico, bien cimentado, el que entre bromas dice verdades, que zahiere pero muestra, como sustenta Mariátegui.

Sus primeras colaboraciones de tono satírico aparecieron en *El diablo*[21], una publicación nacida al calor de la *bohemia* que dirigía en Lima el poeta santanderino Fernando Velarde, al que Palma y los poetas y dramaturgos en ciernes conocían como el gran capitán. En realidad, su primera salida seria ocurrió en *El Correo Peruano*, «tal vez el primer pe-

---

[19] Ricardo Palma, *La bohemia de mi tiempo*, en *TPC*, pág. 1294.

[20] Seudónimo del historiador Modesto Lafuente inspirado en el célebre *Fray Gerundio Campazas*. Pocos libros en español tienen tanta fuerza satírica, expresiva y popular. Véase José Francisco de Isla, *Historia del famoso predicador Fray Gerundio Campazas alias Azotes*, edición crítica de José Jurado, Madrid, Editorial Gredos, 1992, 975 págs.

[21] Véase Ricardo González Vigil, «El legado de Palma» en *Retablo de autores peruanos*, Lima, Ediciones Arco Iris, 1990, pág. 187.

riódico que a Palma le permitió ganar un salario, pertenecía al comerciante José Miguel Pérez, natural de Huancayo»[22].

Muy jóvenes Arnaldo Márquez y Nicolás Corpancho estrenaron con éxito piezas teatrales de carácter histórico, y Palma confiesa que los «triunfos escénicos de Márquez y Corpancho despertaron en mí el deseo de ensayar mis fuerzas en el drama, y sucesivamente di al teatro tres monstruosidades»[23]. Se refiere a *La hermana del verdugo* y *La muerte o la libertad* que subieron al tinglado en 1851, pero no se llegaron a publicar. *Rodil*, también de cuño histórico, se estrenaría un año después y sería recibida, calurosamente, más que por la calidad de la obra por las alusiones satíricas contra políticos de la época. Todavía firmaba como Manuel Palma, tenía 18 años de edad.

Se enamora de una chica de madre precavida que exige matrimonio inmediato. Palma huye de Lima en el barco de guerra *Rímac* del que había sido nombrado contador y naufraga con todas las connotaciones de un siniestro marítimo de aquellos años, encallamiento irreversible, varios días echados a su suerte y rescatados milagrosamente cuando los sobrevivientes esperaban lo peor, porque una parte de la tripulación había muerto en el siniestro[24].

Romántico en la poesía y en el teatro, liberal en sus artículos periodísticos, sus primeros libros aparecen por esos años: *Rodil*, obra de teatro en 1851; *Corona patriótica* con apuntes biográficos dos años después, y sus primeros versos recogidos en libro, *Poesías*, en 1855. Entre 1851 y 1852 publica tres relatos de tono popular y en verso: *El esqueleto*

---

[22] Holguín Callo, *op. cit.*, pág. 551.

[23] Ricardo Palma, *La bohemia de mi tiempo*, en *TPC*, pág. 1301.

[24] En la tradición *Orgullo de cacique* Palma cuenta: «El naufragio del vapor de guerra *Rímac*, el 1 de marzo de 1855, en los arrecifes de la punta San Juan, llevó al tradicionista que este libro ha escrito, después de andar tres días entre arenales pasando la pena negra, al pueblecito de Acarí. Aquel naufragio no fue al principio una gran catástrofe, pues de novecientos que éramos entre tripulantes del buque, pasajeros y un batallón de infantería que, con destino a Islay, se había embarcado, no excedieron de doce los ahogados en el mar.»

*(Leyenda fantástica), Flor de los cielos (Cuento nacional)* y *No hay trampa con el demonio* [25] *(Leyenda popular).*

El escritor fija en 1851 la versión príncipe de *Consolación,* su primera tradición en prosa, desconocida por los palmistas a punto de que algunos niegan su existencia. En 1863, apareció en Buenos Aires una segunda edición que Palma desdeñó en sus primeras nueve series y la vino a rescatar en *Apéndice a mis últimas tradiciones,* en 1910, a la que seguirían, volviendo a 1852, *El hermano de Atahualpa (Narración histórica), Lida (Romance histórico)* y *Mauro Cordato* en 1853. Será todavía en 1854 cuando aparezca *Infernun, el hechicero,* bautizada por su autor como *Tradición peruana* [26]. Era la primera vez que le asignaba este nombre a la nueva especie literaria.

Aun cuando Palma ejercé un cargo burocrático en la marina, los que siguen son años dedicados a un profundo trabajo intelectual, sobre todo a la lectura. Llegan a sus manos los clásicos Rivadeneyra y los aquilata, absorbe y comprende, pero no imita, prosaicamente, como lo hacían sus compañeros de generación. En 1859 estalla una guerra fronteriza que Perú gana a Ecuador, el tradicionista toma parte en el desembarco de Guayaquil y llega pronto el Armisticio de Guayas dando fin a la contienda.

Palma que había sido admirador de Ramón Castilla, el mariscal tarapaqueño que abolió la esclavitud a los negros antes que en los Estados Unidos, suprimió el tributo indígena y propició a las arcas peruanas una gran bonanza económica por las ventas favorables del guano de las islas, promulga en 1860 una Constitución conservadora que le gana la antipatía de los intelectuales. El escritor pasa a la oposición, se fragua un atentado contra el presidente, y Palma es acusado de instigador de la intentona y en diciembre, del mismo año, es desterrado a Valparaíso, Chile.

---

[25] Díaz Falconí, *op. cit.,* págs., 44-57.
[26] «Su original autógrafo corre en el Álbum de Juana Manuela Gorriti de Belzú y está datado en Lima el 10 de junio de 1854.» ha escrito Holguín Callo, *op. cit.,* pág. 395. *Infernum, el hechicero; tradición peruana* se publicó por primera vez en la *Revista Nacional* de Buenos Aires , núm. 33, en 1902.

Colabora con diarios y revistas de Argentina, Perú, Chile y publica nuevas tradiciones. Su destierro le tiempla el ánimo y lo impulsa en la tarea intelectual. Concluye su libro *Anales de la Inquisición de Lima*, que le servirá para descubrir cómo tras de algún caso seguido por el Santo Oficio hay una historia inédita y que aquello puede ser un gran semillero de tradiciones. Decide, firmemente, profundizar sus investigaciones sobre el pasado y relatar esos hechos, pero no desde el rigor y la perspectiva del indagador científico, sino mediante la singular y plural mirada del hombre de la calle que recoge en el mentidero la historia oral y la relata, con el patetismo y regocijo del cuentacuentos popular. Palma descubre que lo habitual no debe eclipsar la belleza del lenguaje de Cervantes, con tenacidad de hormiga y devoción pule sus obras y empieza a difundirlas a los cuatro vientos.

En 1863 retorna a Lima, gracias a la amnistía del nuevo presidente, el general San Román, y publica *Anales de la Inquisión de Lima*. Palma escudriña nuevas perspectivas, decide profundizar en su trabajo literario, pero también se «mete hasta la cintura» dentro de la zigzagueante política criolla. Al año siguiente sería nombrado cónsul de Pará, puesto que, al parecer, desprecia por un viaje a Europa. París es la meta de la literatura y de los literatos y hacia allá marcha el escritor con dos libros en la mano: *Armonías,* que contiene sus poemas, y *Lira americana,* una compilación de los poetas de Bolivia, Chile y Perú. Ambos serán publicados en 1865. En enero de ese año, Palma retorna vía Nueva York y a Guayaquil rumbo al Callao.

Pero al Callao no puede llegar porque el primer puerto de su país soporta un bloqueo marítimo de la armada española, envuelta en afanes neocolonialistas. Palma desembarca en Paita, en la costa norte, a más de mil kilómetros de su destino. Se pone a las órdenes del caudillo José Balta y de su ministro José Gálvez.

El 2 de mayo de 1866, la armada bombardea el puerto del Callao, y Palma, en la fortaleza del Real Felipe, salva la vida por cumplir una orden personal de José Gálvez que muere al estallar el torreón que defiende. La batalla del 2 de mayo favorece a las tropas peruanas y los españoles se retiran. Balta se levanta en armas contra el gobierno de Prado y el tradicionista secunda el movimiento que triunfa en 1868. Palma se convierte en el secretario personal del nuevo presidente y es nombrado senador por el departamento de Loreto, ingente región de la amazonía peruana que nunca, tan siquiera, conocerá.

El trabajo político consume casi todas sus fuerzas. Publica *Pasionarias*, un nuevo libro de poemas, y en París, como era de rigor y prestigio en aquellos tiempos para los escritores con aspiraciones serias.

1872 es otro año decisivo en la vida del tradicionista: se produce la conspiración de los hermanos Gutiérrez que asaltan el palacio de gobierno, apresan al presidente Balta y luego lo mandan ejecutar. Entonces el pueblo sale a la calle y mata en un desesperado linchamiento a los sublevados. Palma se retira de la política. Meses después publica su primera serie de *Tradiciones* a las que califica de sencillas y sin el mayor mérito que «el de presentar en humilde prosa, acontecimientos de nuestra historia colonial»[27]. Sin embargo, la crítica recibe con entusiasmo el trabajo de Palma y dos años después aparece la Segunda Serie y en 1875, la Tercera. Palma vive del periodismo y sus colaboraciones literarias. En 1876, a los 43 años de edad, desposa a Cristina Román y viven juntos durante tres décadas y media.

La Cuarta Serie de *Tradiciones*, *Monteagudo y Sánchez Carrión* desata una polémica intercontinental que afecta a Palma y lo persuade a no meterse en temas recientes para historiar sus tradiciones y *Verbos y Gerundios*, versos festivos, se publican en 1877. Al año siguiente se traslada con su familia al cercano balneario de Chorrillos.

El tercer conflicto internacional en el que se ve envuelto es la guerra con Chile[28]. Durante la campaña terrestre, Palma

---

[27] Carta a Juan María Gutiérrez, el 26 de marzo de 1872. Véase *Epistolario*, tomo I.

[28] Promovida desde Europa por el afán comercial y capitalista de Francia e Inglaterra enfrentó en un desigual contienda bélica a Bolivia, Perú y Chile entre 1789 y 1883. Bolivia perdió su salida al mar y Perú sus departamentos Tacna y Tarapacá.

participa en la defensa de Lima, pero el incendio de la capital peruana no se detiene ante su casa que fue saqueada y pasto de las llamas, pierde su biblioteca personal y los originales de un manuscrito a medio hacer de su primera y última novela: *Los marañones* y sus *Memorias del gobierno de Balta*.

Los chilenos despojan y queman la Biblioteca Nacional del Perú, Palma protesta, es tomado preso y retenido en un barco donde permanece recluido dos semanas. Recobra la libertad por la mediación de diplomáticos brasileños y franceses.

La invasión chilena concluye en 1883. Palma añade dos nuevas series a sus *Tradiciones* y todas son publicadas por Carlos Prince. Se trata de un esfuerzo cultural muy importante, en un país con la economía destrozada, sin hábitos editoriales y con escasos lectores.

José Paz, director de *La Prensa* de Buenos Aires, le ofrece un puesto en la redacción del diario argentino y el tradicionista rechaza la propuesta porque se le asigna la dirección de la Biblioteca Nacional, pero se trata de un biblioteca sin libros, incendiada y saqueada. Entonces nace el célebre «bibliotecario mendigo» que escribe centenares de cartas a todos los intelectuales y gobiernos solicitando libros para devolver al país su conciencia espiritual, como ésta a Marcelino Menéndez Pelayo:

Lima, Noviembre 20 /1883

Sr. D. Marcelino Menéndez y Pelayo
Madrid

La antigua y rica Biblioteca del Perú fue transportada a Chile. En el último cuarto del siglo XIX han sido los libros, el pan de la inteligencia, considerados como botín de guerra. Hemos retrocedido a los tiempos bárbaros del califa Omar.

El Gobierno del Perú ha decretado la fundación de una nueva Biblioteca honrándome con la dirección de ella. El país ha acogido con entusiasmo el propósito y, en menos de quince días, he recibido donativos por más de diez mil volúmenes.

*no* y, aunque parezca mentira, palabras como *refranero, rifle, solucionar*[35], que son despreciadas por los doctos de esa época, pero que con el paso de los años la misma Academia se encarga de dar ingreso a esos vocablos[36].

En 1992 soplaron en Madrid y en España vientos muy diferentes de los que entibiaron a Palma cien años antes. La vigésima primera edición del *Diccionario de Lengua Española* de la Real Academia, celebratoria del Quinto Centenario-Encuentro de Dos Mundos, en los que ya nadie habla de Madre Patria para dirigirse a España, acoge gran cantidad de las palabras propuestas por Palma y en su terca, apasionada y paciente tarea lexicográfica, como el Cid, el insigne tradicionista ganó después de muerto la batalla[37].

Desde 1891 Palma había estado en tratos con Montaner y Simón, de Barcelona, para la edición de sus *Tradiciones*, que verán la luz, por fin, a partir de 1893, a razón de un volumen por año. Palma retorna al Perú por La Habana donde permanece algunos días haciendo turismo y visitando a viejos amigos. Publica *Neologismos y americanismos* con las palabras desdeñadas por los académicos y en 1897 *Recuerdos de España, Notas de viaje, Esbozos, Neologismos y Americanismos* aparecen en Buenos Aires.

El nuevo siglo encuentra a Palma con la salud deteriorada, pero a cargo de la Biblioteca Nacional. Escribe diariamente, algo de literatura pero, sobre todo, muchas cartas. En 1903 edita *Papeletas lexicográficas. Dos mil setecientas voces que hacen falta en el Diccionario* y tres años después *Mis últimas tradiciones peruanas y cachivachería* en Barcelona y Buenos Aires. En 1908 el médico le prohíbe escribir porque se altera, se emociona y se daña la vista irreversiblemente.

---

[35] Véase el listado que publica en *Neologismos y americanismos* pero sobre todo *Papeletas lexicográficas. Dos mil setecientas voces que hacen falta en el diccionario.*

[36] Carta al escritor mexicano Luis González Obregón del 27 de julio de 1899 donde le comunica que la Academia estudiará sus neologismos y considerarlos en el Suplemento del *Diccionario* que aparecerá en 1909.

[37] Véase nuestro artículo, «Cien años después, Ricardo Palma ha ganado la batalla», en *Noticiero de las Américas*, Madrid, año V, núm. 48, octubre de 1992, págs. 7-11.

Aun así dos años después sale *Apéndice a mis últimas tradiciones peruanas...*, éstas sí fueron las definitivas.

Por un incidente sin importancia es destituido de la dirección de la Biblioteca Nacional y nombran en su reemplazo a Manuel González Prada, su eterno contrincante. Los intelectuales desagravian a Palma y el nuevo Gobierno de Benavides, en 1914, también. Centra su actividad en la reedición de sus obras y en la dirección de la Academia Peruana de la Lengua, pero al cumplir 87 años y al sentirse agotado, renuncia. La madrugada del 6 de octubre pide a su hija Angélica que le lea unos poemas, ella le ruega que se duerma, le dice que cuando amanezca los buscará y se los leerá. Minutos después Palma se duerme para siempre[38].

A parte de su *Tradiciones peruanas,* que tanta fama dieron a Palma convirtiéndolo en el padre de la narrativa breve en Hispanoamérica y que le dan un carácter de clásico, el escritor desarrolló a lo largo de su vida, con desigual fortuna, una considerable tarea literaria como poeta, autor teatral, crítico, historiador, lexicógrafo y periodista.

## LA PRODUCCIÓN LITERARIA DE PALMA

La obra de Ricardo Palma es, en buena parte, subsidiaria del gran discurso de la historia. Desde las primeras piezas de teatro hasta sus últimas tradiciones o del rastreo arqueológico de las palabras al periodismo finisecular, casi la totalidad de cuanto salió de su pluma está comprometido con los momentos cruciales de un hombre muy preocupado por su tiempo, consciente de cuanto significó la transición de la colonia a la república. El escritor fue un gran buceador y comentarista de los hechos significativos que son, en realidad, el meollo de la historia. En el fondo, la obra de Palma es una gran tradición, abordada desde varios géneros, con la seriedad y el esmero que cada uno reclamaba.

Palma publicó su primer poema a los 15 años de edad en

---

[38] Edith Palma, Prólogo a *TPC*, pág. XIX.

*El Comercio*, el periódico más importante de su país y ahora convertido en el más antiguo y de mayor solera. No se trata de versos enamorados, que después muchos publicaría, sino inspirados por un suceso tremendamente humano como es la muerte de una dama, Petronila Romero, conocida suya por que frecuentaban la misma parroquia del barrio y en los que destacan el tono romántico y la poca destreza:

> ¿Por qué en tan bella y divinal mañana
> Lloro yo con dolor desconocido?
> ¡Es por tu muerte respetable anciana![39].

En ese mismo año, 1848, Palma difunde dos nuevos poemas necrológicos: a la memoria del general Agustín Gamarra[40] y a la del poeta Joaquín de Olmedo[41]. Son versos típicamente laudatorios de corte romántico al estilo hispánico; sin embargo, a diferencia de muchos escritores no será de poesía el primer libro brevísimo que publique, sino un relato, se trata de *Consolación*[42]. Luego vendrán una obra de teatro y otra de ensayo, *Rodil* y *Corona patriótica*, respectivamente, y sus primeras tradiciones hasta 1855 en que aparece *Poesías*[43], a la que seguirán *Armonías* y *Pasiona-*

---

[39] El poema apareció el 31 de agosto de 1948 en *El Comercio* de Lima; está dedicado a doña Petronila Romero. Véase César Miro Quesada, *Don Ricardo Palma. El patriarca de las tradiciones*, Buenos Aires, Losada, 1953, pág. 35.

[40] «A la memoria del Generalísimo D. Augustín Gamarra» apareció en el 25 de noviembre de 1948 en *El Comercio*. Gamarra (1785-1841), militar y político peruano, luchó en Ayacucho como jefe del Estado Mayor, fue dos veces presidente del Perú y murió en la batalla de Ingavi en Bolivia. En 1848 sus restos fueron repatriados.

[41] «A Olmedo, poeta americano», está recogido en sus *Poesías*. José Joaquín de Olmedo (1780-1847), poeta ecuatoriano, muy apreciado por su *Oda a la victoria de Junín*.

[42] Considerado por la crítica como un ensayo en prosa romántica, en realidad, *Consolación*, es un relato en el tono de las *Tradiciones Peruanas*, fue publicado en 1851, pero esta versión no ha podido ser localizada por los palmistas. Palma lo incluye en su *Apéndice a mis últimas tradiciones*, Barcelona, Casa Maucci, 1910.

[43] *Poesías de Manuel R. Palma*, Lima, Imprenta de J. M. Masías, 1855. Véase Merlin D. Compton: «Poesías juveniles de Ricardo Palma y la colección de 1855», en *Lexis*, Lima, enero-junio de 1993, XVII, 1, págs. 115-129.

*rias*[44], en 1865 y 1870, publicadas ambas en Francia, como era de prestigio por aquellos años. Finalmente, hacia 1911 edita sus *Poesías completas*[45], en Barcelona, allí aparece por primera vez la colección de *Nieblas* con la indicación de que han sido compuestas entre 1880 y 1906, es decir, en los grandes momentos de triunfo de las *Tradiciones peruanas*, lo que significa que Palma creía en sus versos, y se reconocía como tal, como versificador, dejando muy explícita su distancia con los poetas puros. Raimundo Lazo dice: «Tiene Palma un claro concepto de las diferencias entre el versificador, con el que se identifica, y el poeta, ideas que los años agudizan. Con tajante radicalismo, tiene al versificar como un solfeo para aprender a manejar la prosa, opinión de vejez del prólogo de su colección de *Poesías completas* que se empareja con la llana autocrítica de lo que llama sus renglones rimados. De acuerdo con su acertada autocrítica, el verso de Palma, desgajado de su lírica elemental, es sólo instrumento ocasional que prolonga el humor de su prosa»[46].

Sin alcanzar la plenitud lírica[47], Palma no es inferior a varios de los que acogidos a las lamentaciones románticas han conseguido poner sus nombres como poetas en algunas historias nacionales de la literatura hispanoamericana. La poesía de Palma destaca en el tono festivo y costumbrista, localista, cargado del sabor de una Lima palangana y decidora, entre la que se mezcla la enjundia del escritor con

---

[44] Ricardo Palma, *Armonías (Libro de un desterrado)*, París, Librería de Rosas y Bouret, 1865 y *Pasionarias, Poesías,* Havre, Tipografía de Alonso Lamale, 1870.

[45] En 1887 sale *Poesías* de Ricardo Palma, Lima, Imprenta Torres Aguirre, en ellas las de su volumen *Poesías* de 1885 se agrupan bajo el epígrafe de *Juvenilia*. Quince años después aparecerá *Poesías completas* en la edición barcelonesa de la Casa Maucci.

[46] Raimundo Lazo, «*Prólogo*» a *Tradiciones Peruanas*, México, Editorial Porrúa, 1991, pág. XVIII.

[47] Palma fue muy consciente de los limitados méritos de sus primeros poemas. En 1887, tiembla ante su propia muerte y escribe: «Morir tan joven! con el alma llena// De amor, y sueños de ambición y gloria...!// Morir, y ni una página serena//Ver en el libro de mi pobre historia», *Poesías,* pág. 103.

la sapiencia de la conseja y la copla callejera y las lecciones de sus admirados Quevedo y Caviedes, los cultivadores de la tradición apotegmática y del arte de motejar de la literatura precervantina como Melchor de Santa Cruz, Juan Rufo y Gaspar Lucas Hildalgo, pero, de la misma manera de la lectura aprovechada de libros de tono popular y festivo como los de Emilio Lafuente y Alcántara y Francisco Rodríguez Marín[48].

Algunos versos festivos suyos han pasado a la posteridad y son muchas veces citados hasta por quienes no son literatos, como estos, en los que alude a Fernando VII de España y al libertador Simón Bolívar y sus planes totalitarios:

> Cuando de España las trabas
> en Ayacucho rompimos,
> otra cosa no hicimos
> que cambiar mocos por babas.
> Mudamos de condición;
> pero sólo fue pasando
> del poder de don Fernando
> al poder de don Simón[49].

O cuando se burla de un rector, de esos que han poblado algunas universidades del mundo, nombrando acólitos que «llegan lejos».

> Si en Roma el emperador
> Calígula por su mano
> declaró cónsul romano
> a su caballo andador,
> no se admiren que el Rector,
> por su sola autoridad,
> ultrajando a la ciudad,

---

[48] Véase *Cancionero popular*. Colección de coplas y seguidillas recogidas y ordenadas por Emilio Lafuente y Alcántara, de la Real Academia de la Historia, Madrid, Bailly-Bailliere, segunda edición, 1865, 2 tomos y *Cantos populares españoles*, recogidos, ordenados e ilustrados por Francisco Rodríguez Marín, Sevilla, 1882/83.

[49] La tradición *De gallo a gallo*, en *Tradiciones Peruanas Completas*, página 1051.

como quien se tira un ...,
haya hecho miembro a Escobedo
de aquesta Universidad[50].

Su sátira no se detiene ante nadie, lo mismo hacen agua los tradicionales poderes políticos, militares, la iglesia, las congregaciones religiosas o los eternos contrincantes de la comedia humana, los maridos aprovechados:

Que hay maridos que se topan
unas fortunas extrañas
y en un tomo recopilan
mujer, mesa, coche y casa[51].

O, la sapiencia femenina, que Palma trata con el machismo de la época:

A veces las mujeres
son como los libros,
que por nuevos se compran
y... están leídos[52].

Basándose en un aviso, publicado en *El Comercio* el 28 de noviembre de 1848, Oswaldo Holguín descubrió que Palma habría escrito una primeriza obra de teatro[53] titulada *Los hijos del sol*, que nunca se estrenó y que con mucha probabilidad debió ser refundida en alguna tradición. 1851 sí se convirtió en el año teatral del imberbe escritor: subió al tinglado dos obras suyas y publicó una tercera.

---

[50] Aparece en *Vítores, TPC*, pág. 303.
[51] Palma atribuye estos poemas al mexicano Esteban de Terralla y Landa. Véase *El poeta de las adivinanzas, Tradiciones Peruanas Completas*, página 723.
[52] En *Los amantes de Real Orden, TPC*, pág. 130.
[53] Oswaldo Holguín Callo (Pedro Perulero, seud.), «Palma, dramaturgo precoz», en *El Comercio*, Lima, 7 de febrero de 1990, pág. 2. La nota apareció en *El Comercio* el 28 de noviembre de 1848 en la sección «Avisos diversos» y dice: «Teatro. Sabemos que se han escrito en esta capital dos dramas patrióticos en verso titulados *El Barquero y el Virrey* por el Sr. Corpancho, y *El Hijo del Sol* por el Sr. Palma [...]»

Estrenó *La hermana del verdugo,* una «abominación patibularia», dijo de ella su autor. Era la historia de Juan Enríquez, verdugo real del Cuzco que ejecutó a Gonzalo Pizarro y a Francisco de Carvajal, y la otra obra fue *La muerte o la libertad,* con el tema de la independencia que tan de moda estaba por esos días. *Rodil,* fue impresa; es una caricatura del personaje homónimo que se atrincheró en la fortaleza de Real Felipe de El Callao y resistió con ferocidad y valor el asedio patriota. Palma en su mayoría de edad reconoció que había cargado las tintas en la descripción de José Ramón Rodil y en la tradición *El fraile y la monja del Callao* hizo un nuevo planteamiento de la personalidad del militar. «Para colmo de venturanza mía, la autoridad prohibió (e hizo bien) que volviera a presentarse el drama, salvo que me aviniese a suprimir algunas redondillas [...]. A Dios gracias, ocupaciones prosaicas me alejaron por entonces de Lima, dando tiempo a que me convenciese de que para dramaturgo me faltaban dotes y estudio. Hice un auto de fe con mis tonterías escénicas y *...c'est fini,* no volví a escribir dramas»[54], diría después en tono de confidencia.

Palma recaló al juguete cómico, impulsado, tal vez, por que iba descubriendo su gran capacidad para el humor. Por aquellos días Manuel Ascencio Segura ponía muy alto el listón de la comedia. Palma escribió *Los piquines de la niña* (1855), *Criollos y afrancesados* (1857), *Sanguijuela* (1858) y, ese mismo año, con Segura, *El santo de Panchita.*

Entre sus ensayos de historia, en 1853 publicó *Corona patriótica*[55], once glosas sobre personajes que lucharon por la independencia. Por su cárácter vibrante y romántico sobresalen las referentes a José Gabriel Condorcanqui, Túpac Amaru, Pumacahua, los hermanos Angulo y José Olaya.

Con mayor apego a la ortodoxia, *Anales de la Inquisición de Lima* es un repaso de los casos sancionados por el Santo

---

[54] Ricardo Palma, *La bohemia de mi tiempo,* en *Tradiciones Peruanas Completas,* Ediciones Aguilar, Madrid, 1961, pág. 1302.

[55] El romanticismo creó, en ambos lados del mar, toda una tradición, un ejercicio literario de semblanzas, medallones y perfiles.

Oficio, de nefasto recuerdo en el virreinato del Perú, desde su promulgación en 1569 y el primer espectáculo de quemar en público a seis penitenciados el 15 de noviembre de 1573, hasta las aflicciones que por sus denuncias padecían todavía bien entrado el siglo XIX[56] mujeres como «la marquesita de Castrillón, denunciada en 1819 de tener *Cartas de Abelardo*, el *Arte de amar*, *Le Sopha* y otros libros pecaminosos»[57].

Luego vinieron *Congreso Constituyente*, *Semblanzas de un campanero* (1874) *Monteagudo y Sánchez Carrión, Páginas de la historia de la independencia* (1877) y *Refutación en un compendio de historia del Perú* (1886). El libro sobre Monteagudo desató la controversia internacional cuando Blanco Fombona, posiblemente instigado por González Prada, censuró las insinuaciones del tradicionista sobre el asesinato del patriota argentino en Lima, que había sido destituido por sus tendencias monárquicas y autoritarias. Palma se sintió abrumado y se propuso no volver a escribir sobre la historia reciente, ni en sus tradiciones[58].

El trabajo crítico de Palma es impresionista y testimonial. Se inicia muy pronto en la prensa limeña[59] con notas sobre teatro, poesía, historia y literatura. El destierro a Chile amplía sus horizontes. Descubre que la gran patria del hombre es el mundo y publica un par de libros, uno breve, *Dos poetas (Apuntes de mi cartera)* sobre Juan María Gutié-

---

[56] Las Cortes de Cádiz abolieron al Inquisición, pero Fernando VII la restableció en 1814. Palma en la *Segunda Inquisición* resume los casos más pintorescos e insiste que el nuevo Tribunal fue más político que religioso. *Op. cit.*, pág. 1280.

[57] Palma, *op. cit.*, pág. 1290.

[58] Hablando de las disposiciones que podría dar a cualquier escritor la vida de Ramón Castilla, contemporáneo suyo, Palma escribe: «Aconsejo a otro tal labor literaria, que yo me he jurado no meter mi hoz en la parte de historia que con los contemporáneos se relaciona.» *TPC*, página 1119.

[59] Sus artículos aparecieron en *Correo Peruano, El Correo de Lima, El Heraldo de Lima, El Comercio, La Revista de Lima, El intérprete del pueblo, El mensajero, El Liberal: Revista de Sudamérica y Revista del Pacífico de Chile, El Mercurio, El Correo del Perú, La Patria, La Prensa de Buenos Aires, El Ateneo de Lima* y *El Perú Ilustrado*.

rrez, narrador, poeta y crítico argentino[60] y la poetisa ecuatoriana Dolores Veintimilla, y el otro es *Lira americana, Colección de poesías de los mejores poetas de Perú, Chile y Bolivia*, que lo edita Bouret de París, en 1865.

Tres años después da a la imprenta *Traducciones y otros trabajos literarios robados a sus autores por el autor del Ateneo de Lima* y, dentro de la crítica-testimonio, *Recuerdos de España precedidos de la bohemia de mi tiempo*, en 1899.

Palma vino a España en 1892 y la primera parte de su libro ofrece sus notas de viaje por San Sebastián, Burgos, Huelva, La Rábida, Granada, Córdoba, Madrid, Barcelona y luego de retorno por La Habana y Puerto Rico; la segunda parte, «Esbozos», hace apuntaciones sobre Zorrilla, Cánovas del Castillo, Castelar, el conde de Cheste, Menéndez y Pelayo, Campoamor, Núñez de Arce, Balaguer, Echegaray, y las tertulias de los lunes con Emilia Pardo Bazán y los sábados con Juan Valera. En *La bohemia de mi tiempo* el tradicionista recuerda su juventud, los años de 1848 a 1860, en que la «filoxera romántica» atacó a toda una generación de escritores peruanos, de los que quedarían, además del propio Palma, Arnaldo Márquez, Nicolás Corpancho, Clemente Althaus, Luis Benjamín Cisneros, Carlos Augusto Salaverry, Narciso Aréstegui y, aunque algo mayores, militando de primera intención en el costumbrismo, Felipe Pardo y Aliaga y Manuel Ascencio Segura. De sus *Parrafadas de crítica*[61] destacan las apreciaciones sobre Mendiburú, el origen del Ollantay, las *Tradiciones cuzqueñas*, de Clorinda Matto de Turner[62], sus notas sobre los libros de O'Connor y Bartolomé Mitre, casi todas en el entorno de la historia y un par de artículos sobre el lenguaje.

---

[60] «Júzgueme con benevolencia y sin que el cariño del amigo embote la pluma del crítico. La opinión del maestro me es necesaria», escribe Palma a Gutiérrez, de Lima Buenos Aires, el 10 de diciembre de 1875, anunciándole el próximo envío de sus *TPC, Miscelánea espistolar*, pág. 1526.

[61] Edith Palma incluye en la novena serie de las *Tradiciones Peruanas Completas* las *Parrafadas de crítica, op. cit.*, págs. 1463-1519.

[62] Clorinda Matto de Turner (1854-1909) publicó después *Aves sin nido, novela* (1889), considerada por muchos como la iniciadora de la narrativa indigenista en el Perú.

Palma cultivó la epístola como género literario. Los dos tomos que recogen sus cartas constituyen un escaparate de quien sabía deleitarse con las confesiones de la amistad a distancia; además, son un recorrido intimista y de primera mano por los entresijos de la literatura de hace un siglo y demuestran la gran capacidad que poseía el escritor para promocionar sus libros[63].

El regusto por la palabras le aficionó a la lexicografía y luego el arte de desbrozar el idioma se transformó, de un trabajo minucioso y apasionante, en una trinchera donde pudo más el orfebre que el combatiente. Pocos como Palma gozando, ya de bien cimentada fama y utilizando de común uno de los lenguajes más castizos de América, machacaron tanto a la Real Academia de la Lengua sobre la necesidad de dar carta de ciudadanía a miles de palabras que nacieron al otro lado del mar, algunas mucho antes que las naves de Colón. Sin duda eran otros tiempos y otros académicos, y la literatura hispanoamericana no habían cobrado el vigor de los días que corren[64].

Este trabajo, invariable a lo largo de toda su obra y de especial relevancia en las *Tradiciones peruanas*, se hizo patente con la edición de *Neologismos y americanismos* (1897), comprende las palabras que Palma trajo de Perú en 1892 para ser incluidas en el *Diccionario*, y *Papeletas lexicográficas. Dos mil setecientas voces que hacen falta en el diccionario* (1903), que constituye una depuración y ampliación de las voces presentadas con anterioridad.

Palma fue un lexicógrafo de puntada fina, esmerado hus-

---

[63] Ricardo Palma, *Epistolario*, Lima, Editorial Cultura Antártida, 2 volúmenes.

[64] Palma, con dolor, revela que una noche en el seno de la Academia se debatían dos palabras propuestas por él y se produjo el siguiente diálogo: «¿No encuentran ustedes de correcta formación los verbos *dictaminar* y *clausurar*? —pregunté una noche.

Sí —me contestó un académico—: pero esos verbos no los usamos, en España, a los dieciocho millones de españoles que poblamos la Península: no nos hacen falta». Véase *Neologismos y americanismos*, en *TPC*, páginas 1379 y 1370. Palma cuenta que poco después se debatió la verbalización del sustantivo presupuesto, vale decir, *presupuestar* y tampoco fue aprobado. Hoy son tres verbos archirreconocidos.

meador de viejos infolios, pero, así como le gustaba refocilarse con el sabor añejo de un término, también tenía la mirada atenta al natural desarrollo del lenguaje. En el Perú le acusaron de hispanófilo, de arcaizante, pero Palma nunca se amilanó y su trabajo de hurgador de palabras hoy se ha visto recompensado con creces.

El periodismo fue otra faceta de la obra de Palma. Apenas tenía 15 años cuando empezó con las notas cargadas de humor, dentro del espacio cultural, firmando muchas veces con seudónimos y en periódicos de vida efímera pero que levantaban ronchas. Hay quienes piensan que toda la literatura de Palma fue una gran crónica o muchísimas crónicas que han formado un conjunto. Él se llamó a sí mismo cronista, y el carácter descriptivo histórico de buena parte de sus relatos lo emparentan con el género.

## LAS «TRADICIONES PERUANAS»

Joven, vivaracho, imaginativo y muy sensible, Ricardo Palma descubre muy pronto que sus días corrientes son historia. Ha nacido su república y muy pocos saben realmente qué hacer con ella; a sus espaldas quedan tres siglos de colonia con todas sus miserias y grandezas y el idílico recuerdo de un pasado prehispánico. Una de sus primeras composiciones se inspiran en Gamarra no por cuanto, intrínsecamente, signifique un militar para un adolescente sino porque de niño, ocho años antes, había oído los ecos de la batalla de Ingavi en la que muere Gamarra y cómo ese mariscal era muchas veces sometido a los mandados y caprichos de su mujer, Pancha Zubiaga, a quien no en vano llamaban «La Mariscala» y luego vería, casi desde su ventana, desfilar sus cenizas repatriadas y honrada su memoria en estatua y huesos, que es como en el Perú, alguna veces, se quiere más a la gente. Son días de auscultar la calle y ver que aquello palpita de recuerdos, nostalgias y hechos que tienen sabor a heroísmos y tragedia, siempre con el olor a pólvora de patrioteros y patriotas; pero también le atrae «el perfume del pasado» que se intensifica con esa

38

historia inédita que tiene a flor de labios el hombre de la calle.

Palma sabe que esa historia reciente o casi reciente no debe quedar inédita y, encuentra allí un motivo al que poniendo imaginación y buenas disposiciones se puede sacar partido. Entonces, muy joven nace el tradicionista, aunque la especie literaria tarde un poco en definirse y adquirir sus perfiles propios. La precocidad del poeta y el hombre de teatro tal vez son el pretexto para sentirse literato. En Palma hay un narrador nato, un contador de historias que encuentra en el devenir del tiempo un riquísimo filón; por eso sus tradiciones son tan personales, tan suyas que cualquier imitación queda sólo en eso. El aire travieso, risueño y algo romántico de su juventud estará siempre en sus relatos, aunque con la madurez sentará cátedra de hacer tradiciones con un estilo simple, pero inventándose una especie literaria compleja e insuperable, ganándose a pulso un sitio en el consenso internacional de los buenos narradores americanos del siglo XIX, convirtiéndose en un pionero del relato corto en nuestra lengua.

Hay un gran rostro americano, único pero también muy diverso; una lengua grande, pero de caudal más ancho; una historia oficial, pero con cien recovecos inéditos; se ansía una sola patria, pero hay desmedidas barreras por intereses bastardos, por el color de la piel, por el lugar de nacimiento y en las ciudades, todavía pequeñas, hasta por el barrio en que se vive, Palma lo sabe y lo dice, tiene por escenario un país mestizo con distancias económicas y sociales antagónicas donde se magnifican mediopelos y terciopelos...; mientras el tradicionista exhuma papeles o aguarda pluma en ristre, más risueño que patético, el detalle que alumbre sus relatos.

Los palmistas no se ponen de acuerdo para dar la lista definitiva de las primeras tradiciones[65], hemos tomado la

---

[65] Merlin D. Compton, *Las tradiciones y la génesis del género*, en *Tradiciones peruanas*, Madrid, Archivos, 1993, pág. 442; Julio Díaz Falconí, *op. cit.*, y recientemente Oswaldo Holguín Callo, *op. cit.*, pág. 384, véase la nota 40 a pie de página.

de Compton porque además incluye la definición de especie literaria que Palma otorga a cada relato:

1. 1851. «Consolación» — *confidencia, artículo, reminiscencia fiel.*
2. 1852. «El hermano de Atahualpa» — *novelita de género romántico.*
3. 1853. «Lida» — *romance histórico, crónica.*
4. 1853. «Mauro Cordato» — *romance nacional.*
5. 1854. «Infernum, el hechicero» — *tradición peruana.*
6. 1856. «La venganza del ángel» — *confidencias.*
7. 185?. «La querida del pirata» — *tradición.*
8. 1859. «El Nazareno» — *crónica.*
9. 1860. «Palla-Huarcuna» — *tradición.*
10. 1860. «Un bofetón a tiempo» — *historia, crónica.*
11. 1860. «Debellare superbos» — *apuntes históricos.*
12. 1860. «La hija del oidor» — *tradición popular.*
13. 1860. «El virrey de la adivinanza» — *apuntes históricos.*
14. 1861. «Tragedia de bastidores» — *anales.*
15. 1861. «Justos y pecadores» — *crónica.*
16. 1864. «Don Dimas de la Tijereta» — *cuento*[66] .

En estos primeros relatos no sólo se debe tener en cuenta la categorización que les da Palma en torno a su especie sino también debe remarcarse el estilo y el asentamiento dentro de lo que sería el conjunto de las tradiciones que abarca 453 títulos. Desde *Consolación*[67], una historia sentimental de alguna manera ejemplarizadora, torpe en el esti-

---

[66] Compton, *op. cit.* pág. 441.

[67] Desdeñada por Palma en las primeras series, *Consolación* apareció en *Apéndice a mis últimas tradiciones*, 1910, posiblemente con una versión retocada por el autor puesto que Palma era muy dado a pulir sus textos. Véase *La trayectoria de las primeras tradiciones de Ricardo Palma*, donde Compton reproduce una esquela fechada en 1866 a Vicente G. Quesada de la *Revista de Buenos Aires* donde le dice que «...le adjunto estos recuerdos íntimos, escritos en medio de las prosaicas labores de oficinista ministerial», cita Holguín Callo y enfatiza para asegurar que la obrita en ciernes debió ser escrita en años posteriores a los que señalan Compton y Díaz Falconí.

lo y con excesivos dejos románticos, que narra la historia de un jorobado que se enamora y, al declarar su amor, la elegida se burla del requerimiento y él opta por el suicidio, le comunican la noticia a la desdeñosa y ella ríe y comenta «¡Qué loco!»[68], hasta *Don Dimas de la Tijereta*, en que Palma trece años después del primer ejercicio narrativo, ya ha definido el contorno de la tradición, hay un camino evolutivo de tanteo y ajuste.

A *Don Dimas de la Tijereta*, su autor lo llama cuento y lo es en realidad, con toda la ortodoxia del género, pero con la naturaleza y el sello propio de un ente autónomo moldeado en sus manos. Nos anuncia que se trata de un «cuento de viejas» y como los hermanos Grimm, como Hoffmann o Perrault, al más puro estilo romántico de los recopiladores de relatos populares empieza: «Érase que era...» y lanza, inmediatamente, su exorcismo «el mal que se vaya y el bien que se nos venga» y hace una caricatura singular de su personaje: le llama Dimas como el buen ladrón al que Jesucristo prometió el paraíso en el Gólgota, de profesión escribano y de apellido Tijereta, de tijera que sisa: «un cartulario de antiparras cabalgadas sobre nariz ciceroniana, pluma de ganso u otra ave de rapiña, tintero de cuerno, gregüescos de paño azul a media pierna, jubón de tiritaña, y capa española de color parecido a Dios en lo incomprensible, y que le había llegado por legítima herencia, pasando de padres a hijos durante tres generaciones [...]. Decíase de él que tenía *más trastienda que un bodegón*, más camándulas que el rosario de Jerusalén que cargaba al cuello, y más doblas de a ocho, fruto de sus triquiñuelas, embustes y trocatintas»[69]. Apela a un poeta caquiversista, es decir, al escribidor de versos grises para valerse de su inspiración y comparar a su personaje con un gato, el más mañoso y enigmático de los animales. Con el mayor desenfado recurre al *Santoral* y como los notarios no tienen patrono se inventa a San Aproniano y luego nos lanza una advertencia:

[68] Véase *Consolación* en *TPC*, pág. 1163.
[69] Todas las citas pertenecen a *Don Dimas de la Tijereta, Tradiciones peruanas*, Primera Serie, págs. 85-95 de esta edición.

«[...] y siga la zambra que si Dios es servido, y el tiempo y las aguas me favorecen, y esta conseja cae en gracia, cuantos he de enjaretar a porrillo y sin más intervención de cartulario», o sea, si funciona esta forma de narrar tendremos tradicionista para rato, y para probarlo envía *Don Dimas de la Tijereta* a *La Revista de Buenos Aires*, donde se publica en 1864. Luego Palma recogerá la tradición para integrarla en su Primera Serie inmediatamente después de *Palla-Huarcuna* y, la crítica le favorece, propios y extraños alaban el descubrimiento.

En lo que con el tiempo será el «parrafillo histórico», las digresiones o los comentarios que por lo general engarza en sus tradiciones, a tono con el tema histórico bíblico, en *Don Dimas de la Tijereta* Palma rompe una lanza para reivindicar la inocencia de Eva y culpar un poco a «nuestro padre Adán»[70], pero de inmediato describe a la protagonista femenina de la tradición con el estereotipo de la mujer bonita y la bautiza Visitación, nombre alegórico, «irreverente» y alusivo. Como casi todas las chicas bonitas de Palma será una «gentil muchacha de veinte primaveras, con un palmito y un donaire y un aquel capaces de tentar al mismísimo general de los padres beletmitas, una cintura pulida y remonona de esas de mírame y no me toques, labios colorados como guindas, dientes como almendrucos, ojos como dos luceros y más matadores que espada y basto en el juego de tresillo o rocambor. ¡Cuando yo digo que la moza era un pimpollo a carta cabal!».

Palma dibuja un personaje y plantea una circunstancia que se repetirá en muchas de sus tradiciones: un criollo pícaro y peruano es capaz de todo para salirse con la suya, en el amor o la guerra y, como diría Alfredo González Prada, no habrá redes para atrapar a esa nube y para ello pacta, en este caso con el mismo diablo al que engaña con una ardid lingüístico, insoslayable materia prima de los leguleyos que

---

[70] «Adán fue un gramputa», se dirá un siglo más tarde en *Canto de sirena*, novela oral, pícara, escrita con cierto deje palmista por Gregorio Martínez, narrador peruano, y con alguna dosis de sangre africana en sus venas, como el tradicionista.

en el mundo han sido. Se lleva el suceso «a tela de juicio» y el cartulario gana, entonces el tradicionista se alarma de que los códigos prosaicos se cumplan en el infierno, a pie juntillas, aunque en caso extremo sólo se habría recurrido a la «autoridad del *Diccionario* de la lengua»[71] y que Satanás sea honrado y justo en sus negocios: «¡Para ceñirse a ley y huir de lo que huele a arbitrariedad y despotismo, el demonio!» Muere Tijereta despreciado por Visitación, a la que había cautivado mientras duró su pacto con el diablo, y al ir su alma al infierno la rechazan porque no admiten escribanos.

En, *Don Dimas de la Tijereta*, Palma introduce un cuentecillo[72] en lo que podría, en realidad, ser el epílogo. Aprovechando la circunstancia de que el protagonista no fue admitido en el infierno, explica por qué los usureros «tienen alma de Judas», rememora la historia bíblica del suicidio del apóstol ingrato para establecer un paralelo con el alma de don Dimas, también abominada en el infierno y puesta a vagar por el mundo hasta que se adhiere al alma de un avaro.

Palma es muy consciente de la perfección de su relato, de su trabajo como escritor, tiene 31 años cuando se publica esta tradición, entre coser y cantar, nueve libros suyos ya han aparecido y en el párrafo final se dirige al lector y dice: «Pongo punto redondo al cuento, deseando que así tengas la salud como yo tuve empeño en darte un rato de solaz y divertimiento.»

---

[71] Palma no había iniciado, todavía, su largo asedio a la Real Academia Española de Lengua para introducir vocablos americanos y neologismos, pero ya empezaba a tener claro que sus *Tradiciones,* por sus temas populares iban constituirse en una valiosa y abundante fuente de recursos lingüísticos, dignos de ser tomados en cuenta. Era 1864 y, años después, el 27 de julio de 1899 escribió al mexicano Luis González Obregón: «Tal vez habrá usted ya leído el discurso del ilustre académico de la Española, don Eduardo Benot, en la junta del 31 de mayo, sobre mis *Neologismos y americanismos.* La Academia decidió, por unanimidad, estudiar los neologismos y considerarlos en el suplemento del *Diccionario* que está imprimiéndose para que circule desde enero de 1909. Para mí ha sido esta una victoria que nunca esperé alcanzar.» Véase *Epistolario*, Lima, Cultura Antártica, 1949, pág. 341.

[72] Llamado así por que se trata de un pequeño relato, generalmente oral, engarzado dentro de otro mayor.

En el plano espacial, *Don Dimas de la Tijereta* configura una historia a partir de situaciones dinámicas, creadas por el ritmo del relato y las acciones, que presentan a un hombre capaz de modificar lo establecido por los estatutos dogmáticos de una sociedad de mentalidad religiosa: al diablo no lo engaña nadie. Hay un antes y un después muy definidos por el devenir pícaro y peripatético del protagonista que, de alguna manera, afecta al colectivo de quienes ejercen mal la justicia, amparándose en el entresijo para ganar sus causas. Palma ya se ha desligado del romanticismo, los actantes y sus lenguajes no tienen el menor tono plañidero, todo lo contrario: son risueños, provocativos, mordaces y adquieren ese sabor palmiano tan característico; la naturaleza como telón de fondo se ha eclipsado, un relato tan avisado no la necesita.

El travieso cronista mueve los hilos de tres épocas históricas, la bíblica, la de la colonia y la del momento en que él escribe su relato, las enfrenta con sorna y se burla de ellas. Hay una suerte de determinismo que mueve la pluma del tradicionista, si bien don Dimas modifica su situación personal, la fatalidad tiene que cobrar su venganza. Es una realidad mezclada con lo maravilloso, la creencia y la magia, en un país que conjuga su cultura con la milenaria de los incas y la clásica venida de la vieja Hispania, con los aportes tampoco desdeñables de africanos y asiáticos, por que, quiérase o no, lo moreno de Palma es, posiblemente, el ingrediente que da sabor y picardía a sus relatos.

Ricardo Palma no profundiza en el mundo interior de sus personajes, sus descripciones rayan con el estereotipo, la niña bonita siempre es un cofre de detalles bien puestos, el buen varón es gallardo y enamoradizo, el tirano cruel hasta la monstruosidad, el que perdona un agravio es generoso y raya lo increíble, el fraile de convento muy santo o libertino. El escritor no crea grandes conflictos que les den una personalidad perdurable, se regodea con las anécdotas y se conmueve con desaguisados o fechorías y con la misma parsimonia los manda al patíbulo o al convento, como productos de un mundo un poco predestinado por la fatalidad. Parecería que los personajes de Palma tuvieran un discurso prefijado de la historia: idealistas y románticos cuando los incas; arribistas y pícaros en la colonia, y patrioteros y confusos durante la república.

Aun cuando van a terminar mal y a costa de ser carne de patíbulo, destierro, huida forzosa, ingreso compulsivo o de arrepentimiento en los conventos o justicia más de macero que de legislador sabio, pese a su fatalismo, los personajes de Palma se revelan, navegan entre dos aguas y comparecen como productos típicos del mundo fabulado.

*Don Dimas de la Tijereta* sirve también para que Palma determine sus márgenes lingüísticos y cree su propio lenguaje. Si el estilo es una estructura y un lenguaje, en 1864, el tradicionista ya había delimitado con mucha precisión sus fronteras. Nunca el lenguaje hispanoamericano se había mostrado más vivo ni florido, a los caldos del buen vino de Cervantes un vinatero del Perú le mezcló el mosto añejo de la mejores cepas del otro lado del mar. Era castizo pero también muy peruano, limeñísimo, y así como apelaba al giro clásico o al habla peninsular jugaba con los refranes y los modismos, las palabras nuevas, algunas compuestas por él y los viejos arcaísmos que todavía estaban en edad de merecer, o el habla revesada de leguleyos con pringue de legajo y polvo de anaquel.

La natural curiosidad de Palma por la historia que se muestra en sus primeras tradiciones crece al redactar *Los anales de la Inquisición de Lima*. Bien hace el escritor en considerar aquellas espeluznantes crónicas como una prolongación, sería mejor decir semillero, de sus tradiciones. *Los Anales* se publican en 1863 y definen su vocación. Lo escabroso del tema cobra en sus manos otra dimensión, entre lenguaje de orfebre, morbo y curiosidad se adueñan del lector y lo que en otras plumas sería macabro se transforma en una carcajada, que provoca el Tribunal del Santo Oficio, censor de la pureza de la fe y de cuanto como institución representaba en buena medida el control ideológico y social de la colonia:

[...] quien pagó el pato, achicharrado en la hoguera, un flamenco conocido bajo los nombres de Miguel del Pilar o de Juan Miller. Era casado con una moza de veinticinco años llamada Quiteria, gran pecadora de medio cuerpo para abajo, la cual por consejo de un clérigo, el licenciado Villalta, que era su amante, lo denunció a la Inquisición como luterano, Miller se negó a adjurar, después de haber sufrido los tormentos de potro y garrotillo en los dedos, y la caritativa Inquisición, fastidiada de bregar con semejante pícaro, lo mandó a la hoguera[73].

En *Un virrey y un arzobispo* (1872), el tradicionista hace una auténtica declaración de intenciones apelando al prologuillo, como remarcan Oviedo y Compton. Palma considera que pese a los solemnes y pintorescos acontecimientos, la colonia está inédita como motivo literario y que es un «tesoro poco explotado por las inteligencias americanas», lo que se convierte en tema irresistible para su pluma; alerta del proverbial descuido de archivos y bibliotecas que amenaza con desaparecer todo el caudal de antaño; sabe que le aguarda un trabajo largo y muy laborioso para rescatar esas historias, pide perdón por su «presuntuosa audacia», pero se siente joven y capaz para emprender el rumbo porque lo tiene muy claro: el texto histórico para convertirse en una tradición perdurable necesita de bastante imaginación y de mucha literatura[74].

Muchas son las fuentes de Ricardo Palma, del infolio a la conseja, del legajo al pasquín volandero, del informe calificado al susurro de mentidero, pero, también, su pluma se alimentó del trabajo oral y literario y, desde esta última perspectiva, cuando menos son cinco las fuentes de las que se ha valido: 1. La oralidad. 2. Los satíricos y costumbristas del Perú. 3. La tradición apotegmática y satírica, desde Rufo hasta la revista *Fray Gerundio* de Modesto Lafuente, pero sin descuidar al verdadero *Fray Gerundio Campazas*. 4. Los clásicos españoles, y 5. Los románticos europeos.

Entre bromas y veras, Alfredo Bryce, consumado *oralista* de la literatura establece un paralelo entre Ricardo Palma y

---

[73] Véase *Anales de la Inquisición de Lima*, en *TPC*, pág. 1223.
[74] En *TPC*, págs. 564 y 565.

Mark Twain para destacar el carácter emancipatorio y verbal de sendas obras literarias: «Ricardo Palma y Mark Twain optaron por abandonar el salón donde se escribía como en Madrid o Londres, entraron en la taberna, como diría el agudísimo crítico que también es el novelista Juan Benet, pegaron la oreja ante lo que sus contemporáneos consideraban el basurero del lenguaje popular, y terminaron escribiendo como se hablaba y se debía escribir, emancipadamente, en Lima y en Florida, respectivamente. Y, por último, tanto Palma como Twain lograron imponer su obra literaria en lo que, hasta sus aparición en la literatura de sus respectivos países, continuaban siendo las metrópolis de la cultura, el lenguaje y la literatura: España e Inglaterra»[75].

Es cierto, pero en cuanto a oralidad y lenguaje hay muchas cosas más. En primer lugar la tradición oral peruana es muy antigua, se inicia en el Imperio de los Incas con la creación de todo un conjunto literario que puede ser perfectamente dividido en géneros y especies, de manera especial, en la poesía y la narrativa. El Inca Garcilaso es el mejor ejemplo de ello, escribe *Los Comentarios Reales*, un libro clásico de la literatura hispanoamericana, tomando como componente principal la oralidad y el recuerdo. Se funda la colonia, Castilla lleva su lengua pero muy poca literatura impresa, aunque sí las ganas muy grandes de contar sucedidos por la especial idiosincracia del alma hispana y crece la oralidad en el Perú. Criollos y mestizos deslumbrados por la maravilla de América configuran un contexto nuevo en lo social, cultural y lingüístico; por eso, aunque Palma se esfuerza por dotarse de un lenguaje castizo, las palabras nacidas y crecidas al otro lado del mar se arremansan y desbordan su prosa. El lenguaje peruano tiene un sedimento del que no se libran ni los escritores de hoy. Vargas Llosa, por ejemplo, utiliza un léxico muy peruano. En su reciente novela, *Lituma en los Andes* (1994), la menos afortunada de cuantas han salido de su pluma, la peruanidad de su len-

[75] Alfredo Bryce Echenique, «Para volver a Palma», en *Tradiciones peruanas*, Madrid, Colección Archivos, 1993, pág. XVII.

guaje es producto de la oralidad tradicional de la tierra que lo alumbró.

La oralidad de Palma no sólo rescata el lenguaje de la taberna como quiere Bryce, sino también el floreo elegante del salón alfombrado, la comidilla picante del mediopelo, de la mesocracia emergente y de la nobleza caída en desgracia o que se viene a menos, el cuento de viejas o el cotilleo de las vecinas de conventillo y hasta de pasquines y contrapasquines, tan comunes entre las bambalinas políticas.

De la misma manera, la oralidad legendaria está entre los temas que toma Palma en las seis o siete tradiciones del Imperio de los Incas, que dedica al poblador andino y al que trata siempre con respeto y consideración. La oralidad campea en las tradiciones coloniales, en casi todas las de la emancipación donde se resalta más lo anecdótico, circunstancial y traído a la pluma por la conseja o el boca a boca que lo fue realmente épico o histórico. En las tradiciones republicanas, de la misma manera, Palma prefiere cuanto procede de la voz del pueblo, del dos veces presidente Ramón Castilla, por ejemplo, un hombre al que admiraba y luego se convertiría en su opositor, prescinde de los hechos de gran relevancia para ir por el apicarado lance de alguna circunstancia, más bien curiosa. Las tradiciones medio ciertas o medio inventadas son en buena parte los eslabones de una cadena que viene desde siglos atrás.

Entre los satíricos y costumbristas que de alguna manera contribuyeron a la gestación de las tradiciones tenemos a Caviedes, Concolorcovo, Terralla y Landa, José Joaquín Larriva, Felipe Pardo y Aliaga y Manuel Ascencio Segura. Juan del Valle y Caviedes escribe a fines del siglo XVII *Diente del Parnaso* y permanece inédito un siglo, hasta 1791. Su poesía es típicamente satírica, con dejos conceptistas, especialmente, contra los médicos que habían dejado malos recuerdos al poeta. Palma lo lee con devoción y escribe: «Para la gente frívola será este un libro gracioso, y nada más. Para los hipócritas un libro repugnante y digno de figurar en el *Índice*. Pero, para todo hombre de letras, será la obra de un gran poeta peruano, de un poeta que rivaliza, en agudeza y sal epigramática, con el señor de la Torre de Juan Abad»[76].

Sólo en dos oportunidades cita Palma a *Concolorcorvo* en sus *Tradiciones peruanas* y en ellas considera a su autor como un hombre de «repugnante cinismo»[77] y al célebre *Lazarillo de ciegos y caminantes* como un «librejo» de segunda categoría, pero gracias a él ha logrado averiguar la significación de «unas enenigmáticas letras»[78]. Concolorcorvo es el seudónimo de Calixto Bustamante Inga, nativo del que se vale Alonso Carrió de la Vandera para sindicarlo como autor de la obra cuando el responsable verdadero es él. Con humor y picardía se recogen las incidencias de los interminables viajes a pie de Lima a Buenos Aires. Palma leyó y disfrutó este libro y pese a sus reparos, nunca sabemos si de buena o mala fe, contribuyó de alguna manera en su trabajo creativo.

Esteban Terralla y Landa, español de nacimiento pero afincado definitivamente en México y Perú, en 1797, publicó *Lima por dentro y por fuera* y *La vida de muchos o sea una semana bien empleada por un currutaco en Lima,* en ambos libros ensaya una amarga crítica, satírica y punzante, a los desaguisados de la sociedad colonial. Palma, en la tradición *El poeta de las adivinanzas,* hace una semblanza del poeta y comenta sus libros *Lamento métrico general, llanto funesto y gemido triste por el nunca bien sentido doloroso ocaso de nuestro augusto monarca don Carlos III; Alegría Universal, Lima Festiva y ecomomio poético* y *El sol en el medio día.*

Entre 1720 y 1770 vivió en Lima un célebre improvisador de versos, de tono limeñísimo y satírico, había nacido en Piura y murió en Lima, fue invidente desde la cuna pero llegó a hermano lego de la Orden de Nuestra Señora de La Merced. Este poeta ingenioso por sus grandes dotes naturales para crear el verso alusivo y mordaz fue fray Francisco de Paula del Castillo Tamayo conocido como el Ciego de

---

[76] Se refiere a Quevedo. Véase la tradición *El poeta de la Ribera don Juan del Valle y Cæviedes,* en *TPC,* pág. 470.

[77] Véase la tradición *La moda en los nombres de pila,* en *TPC,* pág. 203.

[78] Aparece en la tradición *Las cuatro P P P P de Lima,* en *TPC,* pág. 588.

la Merced, al que Palma dedica la tradición titulada, precisamente, El «Ciego de la Merced». José Joaquín Larriva es autor de La angulada, Elogio del virrey Abascal, La ridiculez andando y otros opúsculos que el historiador Manuel de Odriozola recopiló en el segundo tomo de su Colección de Documentos Literarios del Perú. Palma le cita en varias tradiciones y le dedica una, De gallo a gallo, donde reproduce la célebre octava: «Cuando de España las trabas / en Ayacucho rompimos / otra cosa más no hicimos / que cambiar mocos por babas»[79].

El costumbrismo peruano tiene dos grandes representantes: Felipe Pardo y Aliaga y Manuel Ascencio Segura. Ambos hombres de teatro. Pardo embarcado en la órbita colonial, ortodoxa y de salón alfombrado, «autor de frías escenas costumbristas», como las califica Giuseppe Bellini, mientras que Segura rescata el gracejo, lenguaje y usos populares. «Hablemos del príncipe de nuestros poetas cómicos, don Manuel Ascencio Segura, el émulo de Bretón de los Herreros, y émulo hasta en lo físico. Segura era tuerto, como Bretón. Ambos fueron militares en al mocedad, y en la edad viril empleados civiles», dice Palma y alaba al autor de El sargento Canuto, La saya y el manto, Nadie me la pega, Ña Catita, Lances de Amancaes y La pelimuertada, obras con diálogos y situaciones llenas de humor y sabor local, donde la gracia criolla instaura las perspectivas del costumbrismo. En La bohemia de mi tiempo, Palma explica que por haberle hecho algunas correcciones y sugerencias y alguno que otro parrafillo, Segura, al publicar El Santo de Panchita, consignó que la obra había sido escrita con la colaboración del tradicionista. Igualmente, Palma supo aprovechar el aporte lexicológico de Pedro Paz Soldán y Unánue, Juan de Arona, los peruanismos del filólogo peruano fueron un continuo acicate para el escritor.

Otra fuente es la tradición apotegmática nacida en España hacia la segunda mitad del siglo XVI. Con ella la tradicional agudeza española se convierte en la piedra angular del

---

[79] Palma, TPC, pág. 1051.

chiste y del buen humor. Palma, esmerado lector de los Clásicos Rivadeneyra, debió conocer la obra de Melchor de Santa Cruz, Gaspar Lucas Hidalgo, Juan Rufo y libros como *El Buscón*, *La pícara Justina* o *El licenciado vidriera*. Quevedo, López de Úbeda y el mismo Cervantes son deudores del género apotegmático.

Pero Cervantes y Quevedo, además del desenfado son el estilo, el manejo de la lengua, la donosura del buen decir y hasta el barroco en el mejor sentido de combinar estructuras gramaticales y frases. La lengua de Cervantes se transforma en ley para Ricardo Palma, que se precia de saber utilizarla con mucha propiedad y como casi ninguno en América del siglo pasado. El tradicionista tampoco descuida la verdadera primicia del oro de Indias como sería el remozamiento del lenguaje, con giros, voces y hasta la especial estructura que nace de las hablas nacionales al otro lado del mar, que el autor de las *Tradiciones peruanas* sabe aprovechar con exquisitez y universalidad. Pocos han hecho tanto por la lengua de Cervantes en el Perú, porque además de conservarla, es bueno enfatizar, la ha sabido remozar con esmero, primero usándola como escritor y después tocando las puertas de la Academia para incrementarla con palabras que hoy gozan de propiedad, prestigio lingüístico y carta de ciudadanía.

En *La bohemia de mi tiempo*, Palma confiesa su admiración por Larra y las *Capilladas* de Fray Gerundio, seudónimo de Modesto Lafuente[80].

Mariano José de Larra, escritor español, periodista de primera línea, elevó el artículo de fondo a materia literaria, se caracterizó por su prosa aguda, crítica y punzante con la que diseccionó algunos problemas de las sociedad española de la tercera década del siglo XIX. Se inspiró en Macías, poeta gallego que terminó trágicamente asesinado por el esposo de su amante en la segunda mitad del siglo XIV y también había motivado a Lope de Vega la comedia *Porfiar hasta morir* y a Larra, un drama y una novela histórica: *Ma-*

---

[80] Véase Palma, *TPC*, pág. 1249.

*cías* y *El doncel de don Enrique el Doliente*, al más puro estilo histórico y romántico. Amor que termina en tragedia, como la vida del mismo Larra y como las primeras tradiciones de Palma, *Consolación* y *La muerte en un beso*.

Modesto Lafuente, dejó el claustro religioso por el periodismo y por la historia. Entre 1837 y 1843 dirigió y fue el único redactor del periódico *Fray Gerundio*, seudónimo con que firmaba sus libros y colaboraciones periodísticas. Es autor de una obra monumental y erudita en 30 volúmenes: *Historia general de España* que Palma cita en varias *Tradiciones*. El escritor peruano admiraba las *Capilladas*, las entregas periódicas de la publicación cargadas de fina sátira, humor y buena prosa. También Palma debió tener entre las manos al verdadero *Fray Gerundio de Campazas* de José Francisco de Isla que apareció en 1758, considerado como «el Don Quijote de los predicadores» y publicado, por problemas religiosos, con el seudónimo de Francisco Lobón de Salazar[81]. La Inquisición prohibió el libro y la segunda parte salió clandestinamente en 1768. *Fray Gerundio de Campazas* remeda y satiriza a los malos predicadores que con su verborrea más confundían que iluminaban al pueblo. Palma debió conocer y estudiar la obra, el aire de varios personajes suyos lo delatan, tampoco queremos decir que lo imitó, como no imitó servilmente a nadie. El padre Isla comparece citado por Palma sólo un par de veces: en la tradición *Excomunión en versos* como «docto y festivo Isla»[82] y en *Anales de la Inquisición de Lima* para recordar que «el célebre padre Isla» andaba siempre bajo sospecha de los inquisidores.

Entre la influencia de los románticos europeos podemos señalar especialmente el trabajo de Victor Hugo y Lord Byron. «Pisaba yo aún los clasutros del Colegio, allá por los años de 1848 a 1850, cuando los versos de Espronceda, Arolas y Zorrilla, entre los españoles; Lamartine, Musset y Victor Hugo, entre los franceses, eran manjar delicioso

---

[81] Es de especial relevancia la edición crítica de José Jurado, *op. cit.*, págs. 7-69.

[82] No existe ninguna referencia al título de su obra más importante.

para la juventud latinoamericana», escribe en *Recuerdos de España*[83]. Muy tempranamente tradujo algunos poemas de Victor Hugo y fragmentos o capítulos de sus libros, como *La conciencia de la leyenda de los siglos* en 1859, los leyó con devoción y algunas veces hasta escudó en él algunos aciertos suyos. En la tradición *Pan, queso y raspadura*[84], atribuye una proclama a un militar, recuerda que la historia no la recoge y sabe que Hugo también hace otro tanto por lo que se siente en buena compañía[85]; también cita a Gavroche como arquetipo en *David y Goliath* o como a un poeta hecho y derecho en *Los padrinos*, entre el más notable grupo de los románticos. Con la sonrisa por delante dice: «Hasta en literatura pone una pica en Flandes el que tiene buen padrino. Consiga usted que los gacetilleros la hagan bombo, y que algún escritor de nota lo llame muchacho que promete y poeta de alto vuelo como las águilas, y aunque Dios hubiera tenido en mente crearlo poetastro, pasará usted por poeta tan hecho y derecho como el Dante, Byron, Heine y Leopardi, Victor Hugo y Quintana»[86]. De Byron le seduce la aureola romántica y de trotamundos que rodea su vida, luchando por la independencia de Grecia, la intención iconoclasta, satírica y polémica de algunos versos suyos y de sus libros *Lara, Don Juan* y *El corsario*. Sin embargo, como el mismo tradicionista dijo, la filoxera literaria, romántica, de notable influjo en sus primeras poesías y tradiciones terminó diluyéndose.

Además de las fuentes literarias, que de alguna forma sirvieron a Palma, están las fuentes documentales, la gran cantidad de libros que consultó, pero, sobre todo los cientos de legajos y papeles viejos que el tradicionista exhumó y hasta en algunos casos imaginó pensando que al haber desaparecido, por el descuido de los archiveros o la guerra, sería imposible a los investigadores del futuro cotejar las referencias.

---

[83] En *TPC*, pág. 1343.
[84] Palma, *TPC*, pág. 997.
[85] *Ibíd.*, pág. 997.
[86] Véase «Artículos y versos», *op. cit.*, pág. 1442.

## NOTACIONES Y CONNOTACIONES
## DE LA TRADICIÓN

Recrear el pasado para la literatura es someterse a las leyes de un mundo dispar, complejo y comprometido, mucho más si la tarea importa construirlo dentro de un armazón, la historia peruana; cuatro pilares fundamentales: los incas, la colonia, la emancipación y la república y, finalmente, un cuerpo muy amplio y diverso fragmentado en 553 partes, el número total de las tradiciones. Palma trató de involucrar a toda la historia peruana valiéndose de fragmentos con unidad propia y, aun cuando posiblemente quiso usar diferentes estructuras para modelar el conjunto estableció una sola con ligeras variantes: un prólogo que en realidad es un pretexto para meternos en el tema y puede ser muy variado desde una anécdota a un refrán o cita puntual de la historia, el folclore o la oralidad popular que anticipa en algo el contenido de la tradición y por lo general despierta la curiosidad para seguir leyendo, pero inmeditamente después nos introduce una digresión, un comentario afín, exposición de la fuente o el célebre «parrafillo» histórico, que, para muchos, está casi siempre presente, y que, para otros, como Compton, no pasan de 50 las tradiciones que lo tienen; luego viene el cuerpo mismo del relato por lo general en uno o dos capítulos, y, finalmente, un epílogo constituye el desenlace de la tradición, una referencia pícara o moralista, o un brevísimo cuentecillo como en *Don Dimas de la Tijereta,* que a manera de colofón refuerza el tema central.

José Miguel Oviedo analiza el «parrafillo» histórico: «Muchas cosas pueden decirse de esta parte de la tradición. Primero que es una herencia del romanticismo y su gusto por la digresión, la parrafada erudita, moral o filosófica. Segundo, que en la opinión de Palma tenía mucha importancia didáctica (recuérdese lo de educar al pueblo haciéndole conocer su historia por fragmentos), aparte de satisfacer una pretensión de historiador que él quiere mantener usando, paradójicamente, su obra literaria como vehículo. Tercero, que el «parrafillo» es un estigma, una marca de nacimiento del género: señala su origen y su lazo con la literatura historicista. Por último, que muchas veces resulta impertinente para los efectos de la narración: sirve de pretexto para informar sobre minucias muy laterales, sobre los temblores de Lima, los piratas que asolaron sus costas, los escudos heráldicos de los virreyes, etc. Este lastre impide, en definitiva, que la tradición sea un verdadero cuento, aunque a veces esté muy cerca de serlo»[87].

Entre prólogo y parrafillo, por lo general, Palma establece los límites separándolos por un número romano que los demarca a manera de capítulo. Tal vez el defecto que señala Oviedo estribe en la brusquedad, en la falta de unión discursiva de relato entre prólogo, parrafillo y cuerpo de la tradición, porque por disgregante que sea el parrafillo siempre tiene que ver algo con el núcleo de la tradición. El lector de hoy echará en falta la actitud crítica del narrador que más bien adopta un tono neutral y evasivo que se limita a mostrar y reconstruir las características del universo narrado. Inmediatamente después de la camisa de fuerza del «parrafillo», el tradicionista pretende «sujetarse» al devenir temporal «objetivo», pero tan pronto puede se suelta a lo suyo y fabula como quien historia.

Palma pretende abordar todos los tiempos, todos los temas y utilizar toda la geografía de su inmenso país como escenario, posiblemente, el sueño de totalidad mueve su pluma. En cuanto a la historia peruana apenas toca el imperio inca, abarca muy significativamente la colonia y moderadamente la emancipación y la república. De los incas aprovecha las leyendas, el amor imposible y trágico y el sentido fatalista de la vida; donde se explaya grandemente es en la colonia, en cuanto significó el establecimiento del virreinato, las luchas fratricidas entre los conquistadores y de preferencia los lances de honor y de venganza, los relatos de aventuras, las costumbres y hasta el sentido etiológico de refranes o frases famosas que por algún suceso, que

---

[87] José Miguel Oviedo, *op. cit.*, pág. XXXI

él se regodea en contarlo, se han hecho famosos. De la emancipación y la república recoge puntualizaciones que el acartonamiento de los textos de historia «oficial» dejan de lado, se complace con los detalles, aun los más mínimos pero anecdóticos, de libertadores y presidentes, porque todo eso lo aquilata y recrea el pueblo y Palma es un oído atento con un público, a su vez, ávido de escucharlo.

Desde Lima recorre la geografía peruana con la imaginación y quiere volcarla a sus páginas pero llega hasta donde los libros de viajeros la han descrito[88]. Se documenta y por sus tradiciones desfilan muchos lugares y ciudades nunca antes tocados por la literatura ni por los textos de historia. Además, escribe sus tradiciones a lo largo de medio siglo en momentos de grandes balbuceos para el país que nace a la vida republicana, sin estabilidad política y con una guerra nunca deseada que lo destroza. La mesocracia emergente que es la consumidora de las tradiciones, por esos años, encuentra en las tradiciones el mito de una arcadia perdida, no sabe dónde, y quiere saber de su pasado no por una adulación ramplona, sino porque es natural preguntarse de dónde viene y cómo es que llegó hasta donde está. Entre pitorreo y sonrisa Palma se los cuenta y crece su popularidad.

Pero la tradición es mucho más que eso. Es una revelación de la historia que no aparece en los textos, es la certificación de un lenguaje castizo, pero con el ingente valor añadido de cuanto hizo América por la lengua general, es una manera inédita de contar un acontecimiento, desvelar un misterio o satisfacer una curiosidad, es correr el velo que envuelve secretos de palacio, casa de gobierno, claustros, alcobas y conventillos, por eso Palma de los cuatrocientos y tantos *fragmentos* de sus tradiciones hace un gran corpus que lo convierten en un clásico.

Palma es irreverente y anticlerical, pero el aire de los conventos le fascina; admira la pureza y el valor del aborigen,

---

[88] Véase la edición Aguilar de Edith Palma. La nieta del tradicionista hace una prolija enumeración de los lugares peruanos y del extranjero que son citados por Ricardo Palma, *op. cit.*, págs. 1625-1649.

pero nunca pone en sus manos una lanza; es patriota y republicano, pero escribe del total de las 453 tradiciones 339 sobre la colonia y no es colonialista; lucha sin tregua por ser castizo, pero es el peruano que más ha trabajado por imponer palabras americanas en el *Diccionario* de la Academia de la Lengua. Y esta actitud cambiante le lleva a ser incomprendido y tachado de ambivalente.

Como todo escritor de raza, Palma ha despertado pasiones, hay quienes le consideran un clásico y los que le regatean sus virtudes, el primero entre estos últimos fue Ricardo Rosell, quien en 1876 escribió que con cuatro charlas, un par de mentiras y una verdad, componía sus tradiciones. En respuesta Palma le dedicó su tradición *Hermosa entre las hermosas*, que apareció en la Cuarta Serie, con estas palabras: «Dice usted, amigo mío, que con cuatro paliques, dos mentiras y una verdad hilvano una tradición. Pues si en esta que le dedico hay algo que peque contra el octavo mandamiento, culpa será del cronista agustino que apunta el suceso, y no de su veraz amigo y tocayo»[89].

En 1888, Ricardo Palma tenía consolidada su figura internacional como escritor y tradicionista, había publicado las primeras seis series de sus *Tradiciones*, sin duda las mejores y otros catorce libros habían salido de su pluma. Estratégicamente promocionada crecía la figura del otrora bibliotecario mendigo que en diez meses consiguió la donación de veinte mil volúmenes para reabrir la Biblioteca Nacional de la que era director, fue entonces cuando el 28 de julio, día nacional del Perú, recibió, un rudo golpe abriendo una polémica que no cesa[90] y cuyo antecedente, al parecer, se había registrado dos años antes[91]. El poeta y ensayista Manuel González Prada lanzó una exagerada des-

[89]  Palma, *op. cit.*, pág. 201.
[90]  Flor de María Rodríguez-Arenas dice: «Calificar la obra de "conservadora", "retrógrada", "pasatista", "costumbrista" e incluso "romántica" es un anacronismo que no tiene en cuenta el amplio sentido histórico del proceso de creación de Palma», en «Historia editorial y literaria» de *Tradiciones peruanas*, Madrid, Colección Archivos, 1993, pág. 394. Sin embargo, entre los críticos, continúa la polémica
[91]  José Miguel Oviedo, *op. cit.*, pág. XXXIII.

calificación en contra de Palma: «Aquí nadie tiene que arrogarse el título de maestro, porque todos somos discípulos o aficionados [...]. Nacidos ayer a la vida independiente, nuestras producciones intelectuales se parecen a la grama salobre de las playas recién abandonadas por el mar [...]. Cultivamos una literatura de transición, vacilaciones, tanteos y luces crepusculares. De la poesía van desapareciendo las descoloridas imitaciones de Bécquer; pero en la prosa reina siempre la *mala tradición,* ese monstruo engendrado por las falsificaciones agridulcetes de la historia y la caricatura microscópica de la novela»[92]. Tres meses después, el 30 de octubre, en el teatro del Politeama, se celebra una ceremonia emotiva, los niños recogen unas monedas para rescatar las provincias de Tacna y Arica cautivas de Chile y el polemista dice: «Los que pisan el umbral de la vida se juntan hoy para dar una lección a los que se acercan a las puertas del sepulcro. [...] los troncos añosos y carcomidos produjeron ya sus flores de aroma deletéreo y sus frutas de sabor amargo. ¡Que vengan árboles nuevos a dar flores nuevas y frutas nuevas! ¡Los viejos a la tumba, los jóvenes a la obra!»[93].

No sólo se zahiere a Ricardo Palma, sino que se inicia una polémica que parece eternizarse. El tradicionista se siente muy tocado. Las dos nuevas series ya no llevarán el epígrafe de *Tradiciones;* serán *Ropa vieja* y *Ropa apolillada*, y en ambos casos dirá que se trata de sus «últimas series» pero vendrán dos más, *Mis últimas tradiciones y cachivachería* y *Apéndice a mis últimas tradiciones,* donde, incluso, reúnen textos antes despreciados, como la controvertida *Consolación,* escrita para unos en 1848, y para otros, a principios de la década de los 60.

Las recusaciones de González Prada serán contestadas casi medio siglo después por José Carlos Mariátegui, otro famoso pensador peruano:

---

[92] Manuel González Prada, *op. cit.* pág. 27, el subrayado es nuestro.
[93] Véase González Prada, *op. cit.*

Las *Tradiciones* no pueden ser identificadas con una literatura reverente y apologética exaltación de la colonia y sus fastos, absolutamente peculiar y característica, en su tonalidad y en su espíritu, de la académica clientela de la casta feudal.

Don Felipe Pardo y Don José Antonio de LaValle, conservadores convictos y confesos, evocan la colonia con nostalgia y con unción. Ricardo Palma, entanto, la reconstruía con un realismo burlón y una fantasía irreverente y fatídica. La versión de Palma es cruda y viva. La de los prosistas y las de los poetas bajo los balcones del Virreinato, tan grata a los oídos de la gente *ancien régime*, es devota y ditirámbica. No hay ningún parecido sustancial, ningún parentesco psicológico entre una y otra versión[94].

Mariátegui recalca el sentido democrático de los relatos de Palma y lo que como instrumento de ataque tenía la sátira manejada con la intensidad muy propia de la idiosincracia de los limeños: «Las *Tradiciones* de Palma tienen, política y socialmente, una filiación democrática. Palma interpreta el medio pelo. Su burla, roe risueñamente el prestigio del Virreinato y de la aristocracia. Traduce el malcontento y zumbón del *demos* blando, sensual y azucarado. Lima no podía producir otra literatura. Las *Tradiciones* agotan sus posibilidades; a veces se exceden así mismas»[95].

En 1989, el crítico peruano Antonio Cornejo Polar escribe: «Del sistema literario que presiden las *Tradiciones* surgió una imagen edulcorada de la colonia en la que nada era ni muy importante, ni muy trágico, ni muy injusto, ni siquiera las hogueras de la Inquisición, ni tampoco nada era demasiado importante o trascendente. En cierto sentido, las *Tradiciones* instauran un *locus amoenus* que no finge un pasaje deleitoso, a la manera renacentista, sino un espacio social sin mayores conflictos, conciliador y a veces frívolo, donde se puede vivir o morir sin tomar demasiado en serio ni la vida ni la muerte. La supresión de las contradicciones sociales, o su interpretación desdibujada por la

---

[94] José Carlos Mariátegui, *op. cit.*, pág. 160.
[95] *Ibíd.*, pág. 161.

anécdota o el humor, es parte esencial del proyecto palmista»[96].

Varios años antes, en 1954 el crítico Luis Loayza, había escrito: «Palma eligió el tono ligero que convenía a su temperamento, pero con este tono sólo podía tratar una parte superficial de la historia del Perú. Al suspender sus facultades críticas confirmó la visión complaciente que sus sectores tenían del pasado peruano y de la sociedad en que vivían, en la cual subsistían tantos y tan malos males heredados de la colonia. Las *Tradiciones* no son una obra reaccionaria —los reaccionarios suelen entrañar cierta rigidez, una resistencia malhumorada ante el cambio—, pero sí una obra conformista»[97].

El crítico limeño Ricardo González Vigil, en «Una deformación de la tradición literaria», asume la defensa de Palma y responde a Cornejo Polar y Luis Loayza, escribiendo contra aquél: «Reducir a Palma a la recuperación del periodo colonial es regatearle su peruanismo (y, en otra dimensión su americanismo) sin exclusiones y su desvelo por el logro de una genuina literatura nacional (tan claro en las palabras que le dedica a Clorinda Matto). Juzgado con las fuentes historiográficas que disponía (anteriores a Uhle, Vienrich, J. C. Tello, ediciones clave de muchas crónicas olvidadas, etc.), Palma prestó atención a lo indígena y popular; además, algunas de sus mejores tradiciones corresponden a los años de la Conquista y las Guerras Civiles o a las del siglo XIX (como las del Libertador San Martín y Castilla)»[98] y con respecto a Luis Loayza dice: «Loayza, con destreza y organicidad fundamentadora, postula a una imagen miope del arte singular de Palma». Arremete contra su «conformismo ideológico», añadiendo una subvaloración estética realmente incompartible, estableciendo el extremo

---

[96] Antonio Cornejo Polar, *La formación de la tradición literaria del Perú*, Lima, Centro de Estudios y Publicaciones, 1989, págs. 58-59.

[97] Luis Loayza, «Palma y el pasado», en *Tradiciones peruanas*, Madrid, Colección Archivos, 1993, pág. 533, publicado anteriormente en *El sol de Lima*, 1974.

[98] Ricardo González Vigil, *Retablo de autores peruanos*, Lima, Ediciones Arco Iris, 1990, pags. 17-18.

negativo dentro del espectro ambiguo de lecturas suscitadas por el tradicionista: Los datos y las asociaciones en las tradiciones, muchas veces no se relacionan con la narración; su óptica alegre y superficial es inadecuada para una historia como la del Perú «llena de dolor y explotación», etcétera. Palma es un escritor capital en la gestación narrativa del presente siglo[99]. Limitémonos a plantear dos observaciones fundamentales: a) mal camino es el de distinguir, por motivos ideológicos, entre la literatura profunda e intrascendente (recordemos el desatino de Ernesto Sábato al motejar de «lúdico» y «gratuito», despectivamente, a Borges, oponiéndolo al «hondo» Tolstoi o al «problemático» Kafka); b) la primera virtud de una obra literaria, previa valoración de cualquier otro mérito, es su plenitud verbal, y Palma sigue siendo el narrador breve del Perú con estilo más complejo y original»[100].

González Vigil considera que la clave del tradicionista está en la complejidad y la riqueza de su trabajo creativo y destaca la conciencia fundacional de Palma en varios aspectos: como emancipador de la literatura peruana, como el mejor cuentista hispanoamericano del siglo XIX, lo considera el primer escritor peruano en plena posesión de sus medios expresivos, «íncubo del realismo "mágico" o "maravilloso", la reelaboración del habla oral y la mentalidad popular, tan significativos en la literatura del siglo XX».

Por lo demás, la crítica internacional coincide en señalar a Palma como un clásico de la narrativa del siglo XIX y fundador de la cuentística hispanoamericana, dueño de un lenguaje y estilo muy personales, creador de una especie literaria que reflejó aspectos poco conocidos de la historia peruana y la especial idiosincrasia de sus gentes, que, con algunas variantes, reflejan la comedia y la tragedia del hombre hispanomericano.

[99] Estuardo Núñez, prólogo a *Tradiciones hispanoamericanas*, Caracas, Biblioteca Ayacucho, volumen 67, 1979. Cita de González Vigil.
[100] Gónzalez Vigil, *op. cit.*, págs. 196-197.

# Esta edición

Entre los palmistas, Escobar, Oviedo, Compton, Rodríguez-Arenas, etc., es clásico poner en dos columnas, frente por frente, la tradiciones *Mauro Cordato* y *El mejor amigo…, un perro,* para comparar gráficamente los cambios y transposiciones que hacía Ricardo Palma de sus textos antes de darlos a la imprenta. Las alteraciones son notables; además, muchas tradiciones fueron refundidas, cambiaron de nombre y emigraron de una serie a otra, de las diez que publicó su autor entre 1872 y 1910.

Algunos críticos han realizado un considerable trabajo para estudiar la movilidad de los textos del tradicionista y establecerlos como definitivos. Sin embargo, fue el propio Ricardo Palma quien se encargó de fijarlos, de puño y letra, tomando como referencia los de las primeras seis series publicadas por Montaner y Simón y las restantes en la Casa Maucci, ambas de Barcelona. Estableció el orden de las *Tradiciones peruanas* dentro de las series y dejó un cuaderno con notas y correcciones que sus hijos utilizaron en la edición que puede considerarse como definitiva, impresa por Espasa-Calpe de Madrid, que apareció, en seis volúmenes, entre 1923 y 1925, y de ella se hizo una segunda tirada en la misma editorial entre 1930 y 1936, que nos ha valido para realizar esta edición. Hemos añadido una considerable cantidad de notas explicativas a pie de página, que servirán para comprender mejor el lenguaje de Palma, así como la apelación a personajes históricos y lugares puntua-

les de la geografía de sus tradiciones. Hemos selecciona-
do 76 de las 453 tradiciones tratando en lo posible de dar
una imagen variada del conjunto, escogiendo mayor cantidad de las primeras series que fueron, a nuestro juicio, las
mejor elaboradas.

# Bibliografía

## I. Los libros de Palma

### 1. Tradiciones peruanas

*Tradiciones*, Primera Serie, Lima, Imprenta del Estado, 1872.

*Perú.Tradiciones*, Segunda Serie, Lima, Imprenta Liberal de «El Correo del Perú», 1874.

*Perú.Tradiciones*, Tercera Serie, Lima, Benito Gil Editor, 1875.

*Perú.Tradiciones*, Cuarta Serie, Lima, Benito Gil Editor, Lima, 1877.

*Perú. Tradiciones*, Primera a Sexta Serie, Lima, Imprenta del Universo de Carlos Prince, 1883, 6 volúmenes.

*Perú. Ropa vieja. Última Serie de Tradiciones*, Séptima Serie, Lima, Imprenta del Universo de Carlos Prince, 1889.

*Perú. Ropa apolillada, Octava y última Serie de Tradiciones*, Lima, Librería e Imprenta del Universo de Carlos Prince, 1891.

*Mis últimas tradiciones peruanas y Cachivachería*, Novena Serie, Barcelona, Casa Editorial Maucci, 1906.

*Apéndice a mis últimas tradiciones peruanas*, Décima Serie, ilustraciones de G. Pujol Hermannn, Barcelona, Casa Editorial Maucci 1910.

*Tradiciones en salsa verde*, Lima, Ediciones de la Biblioteca Universitaria, 1973.

### 1.2. Tradiciones completas

*Tradiciones peruanas*, edición publicada bajo los auspicios del Gobierno del Perú, Madrid, Editorial Espasa-Calpe, 1923-1925, 6 volúmenes.

*Tradiciones peruanas*, Lima, Editorial Cultura Antártica, 1951, 6 volúmenes

*Tradiciones Peruanas Completas*, Edición y prólogo de Edith Palma, con siete extensos apéndices y una selección de cartas del autor [además contiene: *Anales de la Inquisición de Lima, La segunda Inquisición, La bohemia de mi tiempo, Recuerdos de España. Neologismos y americanismos, Artículos diversos, Parrafadas de crítica y miscelánea epistolar*], Madrid, Ediciones Aguilar, 1952.


## 1.2. Primeras ediciones especiales

*El Demonio de los Andes. Tradiciones históricas sobre el conquistador Francisco de Carvajal*, Nueva York, Imprenta de Las Novedades, 1883.

*Tradiciones peruanas*, Buenos Aires, Imprenta La Universidad, 1890.

*Tradiciones y artículos históricos*, Lima, Imprenta Torres Aguirre, 1899.

*Las mejores Tradiciones peruanas*, Colección de escritores americanos dirigida por Ventura García Calderón, Barcelona, Casa Editorial Maucci, 1917.

*El Palma de la juventud*, Selección de Tradiciones y poesías, aumentada con diversos escritos que hasta la fecha no habían aparecido en volumen, Lima, Librería Francesa y Casa Editorial E. Rosay, 1921.

*La limeña*, Selección de Tradiciones sobre las mujeres de Lima, edición de Ventura García Calderón, París, Casa Editorial Franco-Ibero-Americana, Biblioteca Liliput, 1922.

*Bolívar en las Tradiciones peruanas*, Madrid, Compañía Iberoamericana de Publicaciones, 1930.

*Tradiciones escogidas*, Edición de Ventura García Calderon, París, Biblioteca de Cultura Peruana, Desclée de Brouwer, 1938.

*Tradiciones peruanas escogidas*, Prólogo, selección y notas de Luis Alberto Sánchez, Santiago de Chile, Editorial Ercilla, Colección Amauta, 1941.

*Las mejores Tradiciones peruanas*, Edición de Enrique de Gandía, Buenos Aires, Editorial Anaconda, 1942.

*Flor de Tradiciones*, Introducción, selección y notas de George W.

Umphrey y Carlos García-Prada, México, Editorial Cultura, 1943.

*Tradiciones peruanas*, Selección y reseña cultural del Perú por Raúl Porras Barrenechea, Colección Panamericana, Buenos Aires, Editorial W. M. Jackson, 1945.

*The knights of the cape and thirty-seven other selections from the Tradiciones peruanas of Ricardo Palma*, Introducción y selección de Harriet de Onis, Nueva York, Alfred A. Knopf Ed., 1945.

*Antología*, Edición de Edmundo Cornejo, Lima, Ediciones La Hora del Hombre, 1948.

*Tradiciones peruanas*, Edición de Lucio Ortiz, Buenos Aires, Editorial Troquel, 1959.

*Tradiciones peruanas* (Selección), Edición de Luis Jaime Cisneros, Buenos Aires, Eudeba, 1964.

*Más Tradiciones peruanas*, Edición de Luis Jaime Cisneros, Buenos Aires, Eudeba, 1964.

*Tradiciones peruanas*, Edición con sus fuentes originales por Alberto Tauro del Pino, Lima, Universidad Nacional Mayor de San Marcos, 1969.

*Tradiciones peruanas*, Edición de Pamela Francis, Nueva York y Londres, Pergamón Press, 1969.

*Cien Tradiciones peruanas*, Prólogo, selección y cronología por José Miguel Oviedo, Biblioteca Ayacucho, Caracas, 1977.

*Tradiciones peruanas*, Edición crítica coordinada por Julio Ortega, Madrid, Colección Archivos de ALLCA, 1993.

1.3. Primeras ediciones de las otras obras de Palma

*Rodil*, Drama en tres actos y prólogo, Madrid, Imprenta de J. M. Masías, 1851.

*Corona patriótica*, Colección de apuntes biográficos, Lima, Tipografía del Mensajero, 1853.

*Poesías de Manuel R. Palma*, Lima, Imprenta de J. M. Masías, 1855.

*Dos poetas (Apuntes de mi cartera)*, Valparaíso, Imprenta del Universo, 1861.

*Anales de la Inquisición de Lima* (Estudio histórico), Lima, Tipografía de Aurelio Alfaro, 1863.

*Armonías (Libro de un desterrado)*, París, Librería de Rosas y Bouret, 1865.

*Lira Americana. Colección de poesías de los mejores poetas del Perú, Chile y Bolivia, recopiladas por don Ricardo Palma*, París, Librería de Rosas y Bouret, 1865.

*Congreso constituyente. Semblanzas de un campanero*, Lima, Imprenta Noriega, 1867.

*Pasionarias*, Havre, Tipografía de Alonso Lemale, 1870.

*Parte de matrimonio*, Lima, 1876.

*Monteagudo y Sánchez Carrión: páginas de la historia de la Independencia*, Lima, Colección de documentos literarios del Perú de Odriozola, XI, 1877.

*Verbos y gerundios*, Lima, Benito Gil Editor, 1877.

*Enrique Heine*, Traducciones, Lima, Imprenta del Teatro, 1886.

*Refutación en un compendio de historia del Perú*, Lima, Imprenta Torres Aguirre, 1866.

*Poesías de Ricardo Palma. Juvenilia. Armonías. Cantarcillos. Pasionarias. Traducciones. Verbos y gerundios. Nieblas*, Lima, Imprenta de Torres Aguirre, 1887.

*Anales de la Academia Correspondiente de la Real Academia Española en el Perú*, Lima, Imprenta Torres Aguirre, 1887.

*Cristian*. Por Ricardo Palma y Cristina Roman de Palma, con motivo del nacimiento del niño Cristian Palma (edición no venal), Lima, Imprenta de Benito Gil, 1889.

*A San Martín*, Lima, Imprenta Torres Aguirre, 1890.

*Filigranas. Aguinaldo a mis amigos*, Lima, Imprenta de Benito Gil, 1892.

*Neologismos y americanismo*, Buenos Aires, Lima, Imprenta de J. Peuser, 1897

*Recuerdos de España precedidos por la Bohemia de mi tiempo*, Lima, Imprenta de la Industria, 1899.

*Juicio de trigamia*, Lima, Semanario La Broma, 1877-1878.

*Papeletas lexicográficas. Dos mil setecientas voces que hacen falta en el diccionario*, Lima, Imprenta de la Industria, 1903.

*Poesías completas*, Barcelona, Casa Editorial Maucci, 1910.

*Apuntes para la historia de la Biblioteca de Lima*, Lima, Empresa Tipográfica «Unión», 1912.

*Doce cuentos (Versos humorísticos seguidos de postales)*, Lima, Editorial Durquea, s./f.

*Epistolario*, Lima, Editorial Cultura Antártica, 2 volúmenes.

*Cartas inéditas de don Ricardo Palma*, Introducción y notas de Rubén Vargas Ugarte, Lima, Editorial Milla Batres, 1964.
*Diecisiete cartas inéditas con otras éditas cambiadas con doña Lola Rodríguez Sánchez de Tió* (1894-1907), Prólogo, anotaciones y apéndice de Luis Alberto Sánchez, Lima, Universidad Nacional Mayor de San Marcos, 1967.
*Poesías olvidadas de Ricardo Palma*, Sphinx, núm. 15, 1963.
*Cartas inéditas*, Lima, Editorial Milla Batres, 1964.

## 1.4. Bibliografías sobre Palma

COMPTON, Merlin D., *Las Tradiciones peruanas de Ricardo Palma. Bibliografía y lista cronológica tentativas*, Duquesne Hispanic Review, VIII, núm. 3, Pittsburg, 1969, págs. 1-24. Aumentada y corregida en *Fénix*, núms. 28-29, 1978-1979, págs. 99-130.
Díaz FALCONI, Julio, *Bibliografía*, en *Tradiciones olvidadas de Palma*, Huancayo, Universidad Nacional del Centro del Perú, 1991, págs. 150-160.
FELIU CRUZ, Guillermo, *Ensayo crítico bibliográfico*, en *En torno a Ricardo Palma*, Santiago, Imprenta de la Universidad de Chile.
FOSTER, David W., *Palma, Ricardo*, en *Peruvian Literature, A Bibliography of Literary Sources*, Connecticut, Greenwood Press, 1981, págs. 198-214.
HOLGUIN CALLO, Oswaldo, *Fuentes*, en *Tiempos de Infancia y Bohemia Ricardo Palma (1833-1860)*, Lima, Pontificia Universidad Católica del Perú, 1994, págs. 645-691.
OVIEDO, José Miguel, *Bibliografía*, en Ricardo Palma, *Cien Tradiciones Peruanas*, Caracas, Biblioteca Ayacucho, 1977, páginas 523-526.
PALMA, Edith, *Bibliografía*, en Ricardo Palma, *Tradiciones peruanas completas*, Madrid, Editorial Aguilar, 1953, págs. 1725-1749.
PORRAS BARRENECHA, Raúl, *Bibliografía de Ricardo Palma*, en Ricardo Palma, *Tradiciones Peruanas*, Lima, Editorial Cultura Antártica, 1951, págs. XI-LXXII.
*Bibliografía de don Ricardo Palma*, Lima, Imprenta Torres Aguirre, 1952.
RODRÍGUEZ-ARENAS, Flor María, *Bibliografía*, en Ricardo Palma, *Tradiciones peruanas*, Madrid, Colección Archivos, 1993, páginas 637-658.

TOVAR Y RAMÍREZ, Enrique Demetrio, *Ricardo Palma, su bibliografía*, en *Revista Chilena de Historia y Geografía*, núm. 74, 1933, págs. 435-439.

UMPHREY, George W. y GARCÍA PRADA, Carlos, en *Ricardo Palma, Flor de Tradiciones*, México, Editorial Cultura, 1943, págs. 261-270.

## 2. Crítica seleccionada sobre Ricardo Palma

ABRIL, Xavier, *Personalidades limeñas: Ricardo Palma*, Lima, Ediciones Front, 1940.

ACOSTA, Tomás, «Palma y la historia», *Cuadernos Americanos*, XII, núm. 67, 1953, págs. 211-213.

ADAN, Martín, *De lo barroco en el Perú*, Lima, Universidad Nacional Mayor de San Marcos, 1968, págs. 313-317. [reimp.] Ediciones Edubanco, págs. 577-589.

AGUIRRE, Elvira, «El Manchay-Puitu y la "tradición" de Ricardo Palma», *Einheit und Vielfalt in der Iberoromania: Geschichte und Gegenwart*, de Christoph Strosetzki, Hamburgo, Busque, 1989, págs. 35-44.

ALAYZA Y PAZ SOLDAN, Luis, «Los álbumes de don Ricardo Palma», Suplemento extraordinario de *El Comercio*, Lima, 28 de julio de 1953, págs. 6-7.

ALTAMIRA, Rafael, «Literato americano. Ricardo Palma», *Revista Nacional*, núm. 18, 1983, págs. 52-56.

ALVARADO SÁNCHEZ, José, «Ricardo Palma y la República», *La Prensa*, Lima, 28 de julio de 1945.

ANDERSON IMBERT, Enrique, «En los alrededores de una "tradición" de Ricardo Palma», en *Filología*, vol. 20, 1985 págs. 207-217.

— «La procacidad de Ricardo Palma», en *Revista Iberoamericana*, XLVII, 1953, México, 1953, págs. 269-272.

ANDREU, Alicia, «Cartas entre Benito Pérez Galdós y Ricardo Palma», en *Anales galdosianos*, vol. 12, 1975, págs. 157-163.

— «Una nueva aproximación al lenguaje en las tradiciones peruanas de Ricardo Palma», *Revista de Estudios Hispánicos*, vol. 13, mayo de 1989, págs. 21-36.

ARCINIEGA, Rosa, «El volterianismo de Ricardo Palma», *Cuadernos del Congreso por la Libertad de la Cultura*, París, núm. 33, 1958, págs. 25-28.

ARCINIEGAS, Germán. «Clásicos de América. Ricardo Palma en inglés», *Tradiciones peruanas de Ricardo Palma*, t. III, Lima, Cultura Antártica, 1951.

ARORA, Shirley Lease, *Proverbial comparisons in Ricardo Palma's Tradiciones peruanas*, Berkeley, University of California Press, Folklore Studies-16, 1966.

AVILÉS, Luis, «Al margen de las tradiciones de Palma», *Hispania*, vol. XX, 1937, págs. 61-68.

— «La indisciplina de Ricardo Palma», *Repertorio Americano*, núm. 46, 1950, págs. 49-53.

BAKULA PATIÑO, Juan Miguel, «Don Ricardo Palma en Colombia: tres de sus primeros impresos», *Fénix*, Revista de la Biblioteca Nacional de Lima, núm. 12, Lima, 1956-1957, págs. 78-137.

— «Un nuevo impreso de don Ricardo Palma: La memoria de la Sociedad Geográfica de Lima de 1900», *Boletín de la Sociedad Geográfica de Lima*, núm. 77, Lima, 1960, págs. 15-19.

BALVUENA, Antonio de, «Ripios ultramarinos», nota crítica sobre *Verbos y gerundios*, 1896.

BAÑADOS ESPINOSA, Julio, *El tradicionista Ricardo Palma*, Lima, 1891.

BASADRE, Jorge, «Algunos sobrevivientes de la generación literaria anterior a la guerra con Chile», *Historia de la República del Perú, 1822-1933*, Lima, Eds. Historia, 1968.

BAZÁN MONTENEGRO, Dora, «El personaje femenino en las *Tradiciones* peruanas», *Sphnix*, Lima, núm. 14, págs. 156-177.

— *Palma y España. Algunos estudios sobre lo español en las Tradiciones peruanas*, Tesis doctoral inédita, Universidad Complutense de Madrid, 1964.

— *La mujer en las Tradiciones peruanas*, Madrid, 1967.

— «Un tópico en la literatura latina, medieval y peruana: el soldado fanfarrón en Plauto, Terencio, Segura y Palma», *Homenaje a Luis Alberto Sánchez*, Lima, Universidad Nacional Mayor de San Marcos, 1967, págs. 84-96.

— *Los nombres en Palma*, Lima, Biblioteca Universitaria, 1969.

BAZIN, Robert, «Les trois crises de la vie de Ricardo Palma», *Bulletin Hispanique*, París, LVI, 1954, págs. 49-82. [Reimp.] en *His-*

drid, 1924, reimpreso en el tomo V de *Tradiciones peruanas*, Madrid, Espasa Calpe, 1923-1925.

Donoso, Ricardo, «Notas históricas y geográficas. Palma y Vicuña Makenna», *Revista chilena de historia y geografía*, núm. 74, 1933, págs. 176-179.

Durán Florez, Guillermo, «Palma y la Biblioteca Nacional», *Revista del Archivo General de la Nación*, Lima, núm, 1, 1972, págs. 275-276.

Durán Luzio, Juan, «Ricardo Palma: Cronista de una sociedad barroca», *Revista Iberoamericana*, vol. 53, julio-septiembre de 1987, págs. 581-593.

Escobar, Alberto, «La magia verbal de Ricardo Palma», *Eco*, IV, núm. 1961, págs. 20-40.

— *Ricardo Palma*, en La Biblioteca Hombres del Perú, Lima, editorial Universitaria, 1964, Primera Serie, vol. X, págs. 5-55.

— «Tensión, lenguaje y estructura: las *Tradiciones Peruanas*», *Patio de letras*, Lima, Ediciones Caballo de Troya, 1965, págs. 68-140.

Feliu Cruz, Guillermo, *Entorno a Ricardo Palma*, Santiago de Chile, Prensas de la Universidad de Chile, 1933, 2 tomos, I *La estancia en Chile* y II *Ensayo crítico-bibliográfico*.

Flores, Ángel, «Ricardo Palma, el primer cuentista de Hispanoamérica», *Orígenes del cuento hispanoamericano. Ricardo Palma y sus Tradiciones*, Estudio, textos y análisis. Simposio dirigido por A. F., México, Premiá Editora de Libros, 1979, págs. 7-9.

Flores Galindo, Alberto, «Ricardo Palma. Las *Tradiciones*: Una comedia humana», *Caballo Rojo*, Suplemento de *El Diario de Marka*, Lima, 26 de septiembre de 1982, págs.10-11.

Fox-Lockert, Lucía A., «Ricardo Palma's Tradiciones», *Américas*, XXIII núms. 7, 1971, págs. 31-36

Fuensalida Grandón, Alejandro, «El Tradicionista don Ricardo Palma», *El Mercurio*, Santiago de Chile, 11 de octubre de 1919.

Galvez, José,«Ricardo Palma», *Mundial*, Lima, 28 de julio de 1921.

— «Ricardo Palma y Eugenio d'Ors», *El Mercurio Peruano*, Lima, IV, núm. 80, págs 1-2.

— *Nuestra pequeña historia*, Lima Universidad Mayor de San Marcos, 1916.

García Barrón, Carlos,«La afirmación de la identidad cultural peruana en el Inca Garcilaso de la Vega y Ricardo Palma», *Boletín de la Biblioteca Menéndez Pelayo*, vol. 66, enero-diciembre de 1990, págs. 103-110.

— «Ricardo Palma poeta depurador», *Revista Iberoamericana*, núm. 105, 1978, págs. 545-556.

García Calderón, Ventura, «Don Ricardo Palma», *Del romanticismo al modernismo*, París, Ed. Paul Ollendorf, 1910, págs. 319-331.

García Prada, Carlos, «Ricardo Palma y sus Tradiciones», *Estudios Hispanoamericanos*, México, Colegio de México, 1945, págs. 179-203.

Georgescu, Paul Alexandru, «Lectura moderna de Ricardo Palma», *Studi di Leteratura Ispano-Americana*, XII, núm. 12, 1982, págs. 5-21.

Gladieu, Marie-Madeleine, «Deux bariantes du conte de Ricardo Palma a Mario Vargas Llosa», *Palinure*, núm. 3, 1987, págs. 70-76.

Gómez de Baquero, Eduardo, «Un clásico de América», *El Sol*, Madrid, 23 de enero de 1925.

González Vigil, Ricardo, «Para releer a Ricardo Palma», *Retablo de autores peruanos*, Lima, Ediciones Arcoiris, 1990, págs. 185-204.

Haya de la Torre, Víctor Raúl, «Nuestro frente intelectual», Mensaje de Haya de La Torre para *Amauta*, Carta a Mariátegui, Londres 2 de noviembre de 1926, en Amauta, Lima, año I núm 4, págs. 3-4 y 7-8.

Holguin Callo, Oswaldo (seudónimo, Pedro Perulero), «Palma, cónsul, en el Pará», *Boletín de la Academia Peruana de la Lengua*, Lima, 1983 núm. 18, págs. 73-120.

— «Palma Dramaturgo precoz», *El Comercio*, Lima, 7 de febrero de 1990, pág. A-2.

Jiménez Borja, José, «Un hallazgo inesperado: el "Rodil" de don Ricardo Palma», *Mar del Sur*, Lima, vol. VIII, núm. 23, septiembre-octubre de 1952, págs. 34-41.

Leguía, Jorge Guillermo, *D. Ricardo Palma*, Conferencia en la Sociedad Geográfica de Lima, 10 de febrero de 1933, Lima, Compañía de Impresiones y Publicidad, 42 págs.

Lavalle, Bernard, «Ricardo Palma miniaturiste: La Tradición Oficiosidad no agradecida et ses sourses», *Les Langues Néo-Latines*, París, núm. 209 págs.1-15.

Lazo, Raimundo, «Vigil Palma Gonzáles Prada: Evocaciones históricas de la Biblioteca Nacional de Lima», Universidad de la Habana, núms. 50-51, 1943, págs. 90-113.

Loayza, Luis,«Palma y el pasado», *El Sol de Lima*, Lima Mosca Azul, 1974, págs. 89-115.

Mariategui, José Carlos, «Ricardo Palma, Lima y la Colonia», *7 Ensayos de interpretación de la realidad peruana*, Lima, Editorial Amauta, 1928, págs. 211-220.

Miro, César, *Don Ricardo Palma, el patriarca de las tradiciones*, Buenos Aires, Editorial Losada, 1953.

Miro Quesada, S. Aurelio, «92 cartas inéditas de Palma», *20 temas peruanos*, Lima, P. L. Villanueva, 1966 págs. 407-429.

— *Palabras sobre Palma*, Lima, P. L. Villanueva, 63 págs.

— *Piura en las Tradiciones de Palma*, Colección Algarrobo, 11, Piura, Universidad de Piura, 1973, 36 págs.

— «25 cartas inéditas de Palma, 1861-2», *Boletín de la Academia Peruana de la Lengua*, núm 9, Lima, 1974, págs. 65-109.

Moliner, María, *Diccionario de uso del español*, Madrid, Editorial Gredos, 1986, 2 vols.

Morínigo, Marcos A., *Diccionario del español de América*, Madrid, Anaya & Mario Muchnik, 1993.

Nieto, Luis Carlos, «Ricardo Palma, nuestro tradicionalista», *Poetas y escritores peruanos*, Cuzco, Ed. Sol y Piedra, 1957, págs. 61-66.

Núñez, Estuardo, «El género o especie tradición en el ámbito hispanoamericano», *Actas del XVII Congreso del Instituto Internacional de Literatura Iberoamericana*, Madrid, Cultura Hispánica, 1978, págs. 1469-1474.

— «Walter Scott en Ricardo Palma», *Autores ingleses y norteamericanos en el Perú*, Lima, Ed. Cultura, 1956, págs. 107-121.

Onis, Harriet De, «Foreward. Ricardo Palma, The Knights of the Cape and Other selections from the Tradiciones Peruanas», Nueva York, Knopf, 1945, págs. V-XVI.

Ortega, Julio, «Para una relectura crítica de Palma» y «Las Tradiciones Peruanas y el proceso cultural del XIX Hispanoamericano», en Ricardo Palma, *Tradiciones peruanas*, Colección Archivos, Madrid, 1993, págs. XXI-XXV y 409-438.

OVIEDO, José Miguel, *Genio y figura de Ricardo Palma*, Buenos Aires, Editorial Universitaria de Buenos Aires, 1965, 191 págs.
— *Ricardo Palma*, Enciclopedia Literaria 22, Buenos Aires, Centro Editor de América Latina, 62 págs.
— «Palma entre ayer y hoy», *Ricardo Palma, Cien Tradiciones peruanas*, prólogo, selección cronología, Biblioteca Ayacucho, Caracas, 1967, págs. IX-XLI.
PALMA, Clemente, «En torno al Centenario de Ricardo Palma», *Repertorio Americano*, San José de Costa Rica, núm. 26, 1933, págs. 253-275.
— «La Tradición, los tradicionistas y las cosas de don Ricardo Palma», *Ricardo Palma, 1833-1933*, Sociedad Amigos de Palma, Lima, 1933, págs. 221-231.
PALMA, Edith, «Edición y prólogo», *Ricardo Palma, Tradiciones peruanas completas*, 4.ª edición, Madrid, Aguilar, 1961, páginas XVII-XL.
PEREDA VALDÉS, Ildefonso, «Valor folkórico estilístico de las Tradiciones de Ricardo Palma», *Memorias del Segundo Congreso del Instituto Internacional Iberoamericana*, Berkeley, University of California Press, 1940, págs. 339-357.
PODESTA, Bruno, «Ricardo Palma y González Prada: Historia de una enemistad», sobretiro de la *Revista Iberoamericana*, núm. 78, México, enero-marzo de 1972, págs. 127-132.
PORRAS BARRENECHEA, Raúl, «De la autobiografía a la biografía de Palma», *Letras peruanas*, Lima, junio 1954, págs. 1-2, 14-15 y 27.
— *Tres Ensayos sobre Ricardo Palma*, Lima, Juan Mejía Baca, 1954.
— «Prólogo», en Ricardo Palma, *Epistolario*, vol. I, Lima, Cultura Antártica 1949, págs. XI-XLVII.
— «Palma periodista», *Ricardo Palma*, Lima, 1983, págs. 5-30.
PETRICONI, Helmut, «Ricardo Palma ter Verfasser des Tradiciones peruanas», *Revista Hispanoamericana*, LVII, 1923, págs. 207-285.
PUCCINELLI, Jorge, «Palma, el mar y Miraflores», *Fanal*, núm. 50, 1957, págs. 21-27.
PUCCINI, Darío, «La doble oralidad y otras claves de lectura de Ricardo Palma», *Revista de crítica literaria latinoamericana*, vol. 10, núm. 20, 1984, págs. 263-268.
RAMÍREZ, Luis Hernan, *Índices, nominales y verbales en las series de las*

*Tradiciones peruanas*, Lima, Universidad Nacional Mayor de San Marcos, Facultad de Letras, 1960.

— «El estilo de las primeras Tradiciones de Palma», *Sphinx*, núm. 14, 1961, págs. 126-155.

RIBEYRO, Julio Ramón, «Gracias, viejo socarrón», *Debate*, núm. 11, Lima, noviembre de 1981, págs. 68-69.

REMOS, J. J., «El alma del Perú en las Tradiciones peruanas», *Revista cubana*, La Habana, núm. 21, 1946, págs. 72-89.

RICARD, Robert, «Otra vez Galdós y Ricardo Palma», *Anales Galdosianos*, Madrid, núm. 7, 1972, págs. 135-176.

RIVA AGÜERO, José de la, *Carácter de la literatura del Perú independiente*, Lima, Ed. Rosai, 1905, 299 págs.

— «Don Ricardo Palma», *Mercurio Peruano*, vol. IV, núm. 19, Lima, enero de 1920, págs. 3-19.

— «Elogio de don Ricardo Palma», *Ricardo Palma, 1833-1933*, Sociedad Amigos de Palma, Lima, 1933, págs. 17-42.

ROMERO, Emilia, «Correspondencia de Ricardo Palma con Victoriano Agueros», *Revista de Historia*, México, núm. 51, 1961, págs. 104-125.

ROMERO, Marie A., «Visión de lo femenino en la mujer en Ricardo Palma», *Ottwa Hispanic*, núm. 5, 1983, págs. 1-16.

SÁNCHEZ, Luis Alberto, *Don Ricardo Palma y Lima*, Lima, Imprenta Torres Aguirre, 1927, XX, 114 págs.

— «Ricardo Palma», *Escritores representativos de América*, vol. II, primera serie, Madrid, Ed. Gredos, 3.ª ed., 1963, págs. 96-106.

— «Don Ricardo Palma y Lima», *Pasos de un peregrino son errantes*, Lima 1968, págs. 35-42.

SOCIEDAD AMIGOS DE PALMA, *Ricardo Palma, 1833-1933*, Homenaje de la Sociedad Amigos de Palma en el Centenario de su nacimieno, 1933, colaboran José de la Riva Agüero, José Gálvez, Víctor Andrés Belaúnde, Eduardo Martín Pastor, Raúl Porras Barrenechea, Angélica Palma y Clemente Palma. Incluye una selección de sus cartas de la exposición, reseñas y artículos periodísticos, etc., 346 págs.

TAMAYO VARGAS, Augusto, *150 artículos sobre el Perú*, Lima, Universidad Nacional Mayor de San Marcos, 1966. Sobre Palma contiene: «A propósito de Miller: la Tradición en Palma», págs. 385-389; «Filiación Democrática de Palma», págs. 396-397; «Investigación en ensayo sobre Palma», págs. 390-395;

«Octubre y Palma», págs. 382-384; «Palma liberal y nacionalista», págs. 398-399 y «Ricardo Palma a la distancia», págs. 390-391.

—— «Ricardo Palma», *Literatura peruana*, vol. II, Lima, Universidad Nacional Mayor de San Marcos, 1965, págs. 500-520.

TANNER, Roy L., *The Humor of irony and Satire in the Tradiciones peruanas*, University of Missouri Press, 1986.

TAURO, Alberto, «Poesías olvidadas de Ricardo Palma», *Sphinx*, Lima, 5, 1962, págs. 150-203.

TORRES CAICEDO, J. M., «Ricardo Palma», *Ensayos biográficos y de crítica literaria*, París, Baudry, 1968, págs. 341-352.

UMPHREY, George W. y GARCÍA PRADA, Carlos, «Introducción», *Flor de tradiciones*, México, Cultura, Ed. Cultura, 1943, páginas VII-XXVII.

VALLE, Rafael Heleodoro, «Amigos cubanos de Ricardo Palma», *Revista Cubana*, La Habana, núm. 26, 1950, págs. 52-75.

VÉLEZ PICASSO, José M., «Don Ricardo Palma, periodista», *Letras*, núm. 44, 1950, págs. 126-132.

VILLANES CAIRO, Carlos, «Cien años después, Ricardo Palma ha ganado la batalla», *Noticiero de las Américas*, Madrid, año V, núm. 48, octubre de 1992, págs. 7-11.

WINN, Conchita H., «Más sobre las fuentes y documentos de información de que se sirvió Ricardo Palma, sus lecturas en lenguas extranjeras», *Revista Hispánica Moderna*, núm. 34, 1968, págs. 799-809.

XAMMAR, Luis Fabio, «Elementos románticos y antirrománticos de Ricardo Palma», *Revista Iberoamericana*, núm. 7, 1941, páginas 95-107.

ZEVALLOS ORTEGA, Noé, «Palma y su generación», *Mercurio Peruano*, Lima, núms. 366-367, 1957, págs. 520-532.

ZUZUNAGA FLORES, Carlos, «Don Ricardo Palma y Jorge Guillermo Leguía», *Mar del Sur*, Lima, núm. 27, 1953, págs. 29-35.

*Tradiciones peruanas*

Traducciones primeras

*Primera Serie*

# Don Dimas de la Tijereta

CUENTO DE VIEJAS QUE TRATA DE CÓMO
UN ESCRIBANO LE GANÓ UN PLEITO AL DIABLO

## I

Érase que se era y el mal que se vaya y el bien se nos venga, que allá por los primeros años del pasado siglo existía, en pleno portal de Escribanos de las tres veces coronada ciudad de los Reyes[1] del Perú, un cartulario[2] de antiparras[3] cabalgadas sobre nariz ciceroniana, pluma de ganso u otra ave de rapiña, tintero de cuerno, gregüescos[4] de paño azul a media pierna, jubón de tiritaña[5], y capa española de color parecido a Dios en lo incomprensible, y que le había llegado por legítima herencia pasando de padres a hijos durante tres generaciones.

Conocíale el pueblo por tocayo del buen ladrón a quien don Jesucristo dio pasaporte para entrar en la gloria; pues nombrábase don Dimas de la Tijereta, escribano de número de la Real Audiencia y hombre que, a fuerza de *dar fe*, se había quedado sin pizca de fe, porque en el oficio gastó en breve la poca que trajo al mundo.

---

[1] Nombre con que se conoce a Lima.

[2] Escribano, se llama también al libro becerro o tumbo que contiene privilegios religiosos.

[3] De *antipara*, nombre burlesco para los lentes o las gafas (Moliner).

[4] Pantalones muy anchos, a manera de calzones que conservan los griegos. Eran de uso común durante los siglos XVI y XVII.

[5] Tela de seda muy endeble o de mala calidad.

No pierdas en mí balas,
        carabinero,
    porque yo soy paloma
        de mucho vuelo.
    Si quieres que te quiera
        me has de dar antes
    aretes y sortijas,
        blondas y guantes.

Y así atendía a los requiebros y carantoñas[28] de Tijereta,
como la piedra berroqueña[29] a los chirridos del cristal que
en ella se rompe. Y así pasaron meses hasta seis, aceptando
Visitación los alboroques[30], pero sin darse a partido ni revelar intención de cubrir la libranza, porque la muy taimada
conocía a fondo la influencia de sus hechizos sobre el corazón del cartulario.

Pero ya la encontraremos caminito de Santiago, donde
tanto resbala la coja como la sana.

### III

Una noche en que Tijereta quiso levantar el gallo a Visitación, o, lo que es lo mismo, meterse a bravo, ordenóle
ella que pusiese pies en pared, porque estaba cansada de tener ante los ojos la estampa de la herejía, que a ella y no a
otra se asemejaba don Dimas. Mal pergeñado salió éste, y
lo negro de su desventura no era para menos, de casa de la
muchacha; y andando, andando, y perdido en sus cavilaciones, se encontró, a obra de las doce, al pie del cerrito de
las Ramas[31]. Un vientecillo retozón, de esos que andan pre-
ñados de romadizos, refrescó un poco su cabeza, y exclamó:

---

[28] Halagos o zalamerías a una persona con gestos o palabras con fines
interesados.
[29] De granito. Piedra muy fuerte y dura.
[30] Convite o agasajo que hacen el vendedor o comprador que intervie-
nen en un venta.
[31] A partir de la edición 1883 «el cerro de San Cristobal» muy conocido por su cercanía a Lima fue sustituido por «cerro de las Ramas».

—Para mi santiguada que es trajín el que llevo con esa fregona que la da de honesta y marisabidilla, cuando yo me sé de ella milagros de más calibre que los que reza el *Flos-Sanctorum*[32]. ¡Venga un diablo cualquiera y llévese mi almilla, en cambio del amor de esa caprichosa criatura!

Satanás, que desde los antros más profundos del infierno había escuchado las palabras del plumario[33], tocó la campanilla, y al reclamo se presentó el diablo Lilit[34]. Por si mis lectores no conocen a este personaje, han de saberse que los demonógrafos, que andan a vueltas y tornas con las *Claviculas de Salomón,* libros que leen al resplandor de un carbunclo, afirman que Lilit, diablo de bonita estampa, muy zalamero y decidor, es el correveidile de Su Majestad Infernal.

—Ve, Lilit, al cerro de las Ramas y extiende un contrato con un hombre que allí encontrarás, y que abriga tanto desprecio por su alma que la llama almilla. Concédele cuanto te pida y no te andes con regateos, que ya sabes que no soy tacaño tratándose de una presa.

Yo, pobre y mal traído narrador de cuentos, no he podido alcanzar pormenores acerca de la entrevista entre Lilit y don Dimas, porque no hubo taquígrafo a mano que se encargase de copiarla sin perder punto ni coma. ¡Y es lástima, por mi fe! Pero baste saber que Lilit, al regresar al infierno, le entregó a Satanás un pergamino que, fórmula más o menos, decía lo siguiente:

«Conste que yo, don Dimas de la Tijereta, cedo mi almilla al rey de los abismos en cambio del amor y posesión de una mujer. Item, me obligo a satisfacer la deuda de la fecha en tres años.» Y aquí seguían las firmas de las altas partes contratantes y el sello del demonio.

---

[32] *Flos-Sanctorum:* latinismo, *Flor de los Santos,* libro antiguo y mítico sobre la vida de los santos.

[33] Americanismo, plumífero. Se dice de manera humorística o despectiva a los escritores, especialmente a los periodistas.

[34] Lilith, nombre dado por el Talmud a la mujer de Adam, madre de gigantes y demonios, que según las leyendas rabínicas, no quiso someterse a su marido y lo abandonó para vivir en la región del aire. Palma le atribuye el sexo masculino.

Al entrar el escribano en su tugurio, salió a abrirle la puerta nada menos que Visitación, la desdeñosa y remilgada Visitación, que ebria de amor se arrojó en los brazos de Tijereta. Cual es la campana, tal la badajada[35].

Lilit había encendido en el corazón de la pobre muchacha el fuego de Lais, y en sus sentidos la desvergonzada lubricidad de Mesalina. Doblemos esta hoja, que de suyo es peligroso extenderse en pormenores que pueden tentar al prójimo labrado su condenación eterna, sin que le valgan la bula de Meco ni las de composición.

## IV

Como no hay plazo que no se cumpla ni deuda que no se pague, pasaron, día por día, tres años como tres berenjenas, y llegó el día en que Tijereta tuviese que *hacer honor a su firma*. Arrastrado por una fuerza superior y sin darse cuenta de ello, se encontró en un verbo transportado al cerro de las Ramas, que hasta en eso fue el diablo puntilloso y quiso ser pagado en el mismo sitio y hora en que se extendió el contrato.

Al encararse con Lilit, el escribano empezó a desnudarse con mucha flema, pero el diablo le dijo:

—No se tome vuesa merced ese trabajo, que maldito el peso que aumentará a la carga la tela del traje. Yo tengo fuerzas para llevarme a usarced vestido y calzado.

—Pues sin desnudarme no caigo en el cómo posible pagar mi deuda.

—Haga usarced lo que le plazca, ya que todavía le queda un minuto de libertad.

El escribano siguió en la operación hasta sacarse la almilla o jubón interior, y pasándola a Lilit le dijo:

—Deuda pagada y venga mi documento.

Lilit se echó a reír con todas las ganas de que es capaz un diablo alegre y truhán.

—Y ¿qué quiere usarced que haga con esta prenda?

---

[35] Accionar del badajo // Badajear es hablar mucho y neciamente.

—¡Toma! Esa prenda se llama *almilla*, y eso es lo que yo he vendido y a lo que estoy obligado. Carta canta. Repase usarced, señor diabolín[36], el contrato, y si tiene conciencia se dará por bien pagado. ¡Como que esa almilla me costó una onza, como un ojo de buey, en la tienda de Pacheco!

—Yo no entiendo de tracamandanas[37], señor don Dimas. Véngase conmigo y guarde sus palabras en el pecho para cuando esté delante de mi amo.

Y en esto expiró el minuto, y Lilit se echó al hombro a Tijereta, colándose con él de rondón[38] en el infierno. Por el camino gritaba a voz en cuello el escribano que había *festinación*[39] en el procedimiento de Lilit, que todo lo *fecho* y *actuado* era nulo y contra ley, y amenazaba al diablo alguacil con que si encontraba gente de justicia en el otro barrio le entablaría pleito, y por lo menos lo haría condenar en *costas*. Lilit ponía orejas de mercader a las voces de don Dimas, y trataba ya, por vía de amonestación, de zabullirlo en un calder de plomo hirviendo, cuando alborotado el Cocyto y apercibido Satanás del laberinto y causas que lo motivaban, convino en que se pusiese la cosa en tela de juicio. ¡Para ceñirse a la ley y huir de lo que huele a arbitrariedad y despotismo, el demonio!

Afortunadamente para Tijereta no se había introducido por entonces en el infierno el uso de papel sellado, que acá sobre la tierra hace interminable un proceso, y en breve rato vio fallada su causa en primera y segunda instancia. Sin citar las *Pandectas*[40] ni el *Fuero Juzgo*[41], y con sólo la autoridad del *Diccionario de la lengua*, probó el tunante su

---

[36] Diablillo.

[37] *Tracamundanas:* cambio de cosas de poco valor (Moliner) // Cambalaches.

[38] De rondón, de repente y sin reparo. // Moliner dice que también significa entrar sin llamar, sin pedir permiso o sin avisar.

[39] Americanismo de *festinar*, apresurar, precipitar, activar.

[40] Recopilación de obras del Derecho Civil que Justiniano puso en el *Digesto*.

[41] Es la versión en español del código visigótico del siglo VII agrupado en el *Liber judiciorum*. Traducido a partir del siglo XIII, Fernando III y Alfonso X lo concedieron a varias ciudades anadaluzas y murcianas como fuero municipal.

buen derecho; y los jueces, que en vida fueron probablemente literatos y académicos, ordenaron que sin pérdida de tiempo se le diese soltura, y que Lilit lo guiase por los vericuetos infernales hasta dejarlo sano y salvo en la puerta de su casa. Cumplióse la sentencia al pie de la letra, en lo que dio Satanás una prueba de que las leyes en el infierno no son, como en el mundo, conculcadas por el que manda y buenas sólo para escritas. Pero destruido el diabólico hechizo, se encontró don Dimas con que Visitación lo había abandonado corriendo a encerrarse en un beaterio, siguiendo la añeja máxima de dar a Dios el hueso después de haber regalado la carne al demonio.

Satanás, por no perderlo todo, se quedó con la almilla; y es fama que desde entonces los escribanos no usan almilla. Por eso cualquier constipadito vergonzante produce en ellos una pulmonía de capa de coro y gorra de cuartel, o una tisis tuberculosa de padre y muy señor mío.

## V

Y por más que fui y vine, sin dejar la ida por la venida, no he podido saber a punto fijo si, andando el tiempo, murió don Dimas de buena o de mala muerte. Pero lo que sí es cosa averiguada es que lió los bártulos, pues no era justo que quedase sobre la tierra para semilla de pícaros. Tal es, ¡oh lector carísimo!, mi creencia.

Pero un mi compadre me ha dicho, en puridad de compadres, que muerto Tijereta quiso su alma, que tenía más arrugas y dobleces que abanico de coqueta, beber agua en uno de los calderos de Pero Botero, y el conserje del infierno le gritó: —¡Largo de ahí! No admitimos ya escribamos.

Esto hacía barruntar al susodicho mi compadre que con el alma del cartulario sucedió lo mismo que con la de Judas Iscariote; lo cual, pues viene a cuento y la ocasión es calva, he de apuntar aquí someramente y a guisa de conclusión.

Refieren añejas crónicas que el apóstol que vendió a Cristo echó, después de su delito, cuentas consigo mismo, y vio que el mejor modo de saldarlas era arrojar las treinta monedas y hacer zapatetas[42], convertido en racimo de árbol.

Realizó su suicidio, sin escribir antes, como hogaño se estila, epístola de despedida, donde por más empeños que hizo se negaron a darle posada.

Otro tanto le sucedió en el infierno, y desesperada y tiritando de frío regresó al mundo buscando donde albergase.

Acertó a pasar por casualidad un usurero, de cuyo cuerpo hacía tiempo que había emigrado el alma cansada de soportar picardías, y la de Judas dijo: —aquí que no peco—, y se aposentó en la humanidad del avaro. Desde entonces se dice que los usureros tienen alma de Judas.

Y con esto, lector amigo, y con que cada cuatro años uno es bisiesto, pongo punto redondo al cuento, deseando que así tengas la salud como yo tuve empeño en darte un rato de solaz y divertimiento.

---

[42] En determinados bailes es el golpe de zapato en el suelo // Golpes entre los zapatos mientras se baila y se brinca en señal de alegría.

laureles del genio, como Olmedo[8] con su homérico canto la inmortal corona del poeta.

## II

Ya lo he dicho. Voy a hablaros de un pintor, de Miguel de Santiago[9].

El arte de la pintura, que en los tiempos coloniales ilustraron Antonio Salas, Gorívar, Morales y Rodríguez, está encarnado en los magníficos cuadros de nuestro protagonista, a quien debe considerarse como el verdadero maestro de la escuela quiteña. Como las creaciones de Rembrandt y de la escuela flamenca se distinguen por la especialidad de las sombras, por cierto misterioso claroscuro y por la feliz disposición de los grupos, así la escuela quiteña se hace notar por la viveza del colorido y la naturalidad. No busquéis en ella los refinamientos del arte, no pretendáis encontrar gran corrección en las líneas de sus *Madonnas*[10]; pero si amáis lo poético como el cielo azul de nuestros valles, lo melancólicamente vago como el *yaraví*[11] que nuestros indios cantan acompañados de las sentimentales armonías de la *quena*, contemplad en nuestros días las obras de Rafael Salas, Cadenas o Carrillo.

El templo de la Merced, en Lima, ostenta hoy con orgullo un cuadro de Anselmo Yáñez. No se halla en sus detalles el estilo quiteño en toda su extensión; pero el conjunto revela bien que el artista fue arrastrado en mucho por el sentimiento nacional.

El pueblo quiteño tiene el sentimiento del arte. Un he-

---

[8] José Joaquín de Olmedo (1780-1847). Poeta ecuatoriano, épico y neoclásico, es muy famosa su *Oda a la victoria de Junín* escrita en 1825.

[9] Miguel de Santiago (¿? -1706). Pintor ecuatoriano considerado como el máximo representante de la Escuela Quiteña. Sus cuadros son de carácter religioso en su mayoría y denotan la influencia de Zurbarán.

[10] Italianismo, la Academia acepta *madona* que designa la representación pictórica de la Virgen María.

[11] Quechuismo, poema lírico que tine su punto de partida en el *jarahui* o canción de despedida.

cho bastará a probarlo. El convento de San Agustín adorna sus claustros con catorce cuadros de Miguel de Santiago, entre los que sobresale uno de grandes dimensiones, titulado *La genealogía del santo Obispo de Hipona*[12]. Una mañana, en 1857, fue robado un pedazo del cuadro que contenía un hermoso grupo. La ciudad se puso en alarma y el pueblo todo se constituyó en pesquisidor. El cuadro fue restaurado. El ladrón había sido un extranjero comerciante en pinturas.

Pero ya que, por incidencia, hemos hablado de los catorce cuadros de Santiago que se conservan en San Agustín, cuadros que se distinguen por la propiedad del colorido y la majestad de la concepción, esencialmente el del *Bautismo*, daremos a conocer al lector la causa que los produjo y que, como la mayor parte de los datos biográficos que apuntamos sobre este gran artista, la hemos adquirido de un notable artículo que escribió el poeta ecuatoriano don Juan León Mera[13].

Un oidor español encomendó a Santiago que le hiciera su retrato. Concluido ya, partió el artista para un pueblo llamado Guápulo[14], dejando el retrato al sol para que se secara, y encomendando el cuidado de él a su esposa. La infeliz no supo impedir que el retrato se ensuciase, y llamó al famoso pintor Gorívar, discípulo y sobrino de Miguel, para que reparase el daño. De regreso Santiago, descubrió en la articulación de un dedo que otro pincel había pasado sobre el suyo. Confesáronle la verdad.

Nuestro artista era de un geniazo más atufado que el mar cuando le duele la barriga y le entran retortijones. Encolerizóse con lo que creía una profanación, dio de cintarazos[15] a Gorívar y rebanó una oreja a su pobre consorte. Acudió el oidor y lo reconvino por su violencia. Santiago,

---

[12] San Agustín.

[13] Mera (1832-1894), novelista y poeta ecuatoriano. Sus obras *Melodías indígenas* (1858) y *Cumandá o un drama entre salvajes* (1879) son las más celebradas.

[14] Población ecuatoriana dentro de la provincia de Pichincha.

[15] Golpe dado con la parte plana de una espada (poco después el personaje rebana con la espada la oreja de su mujer).

sin respeto a las campanillas del personaje, arremetióle también a estocadas. El oidor huyó y entabló acusación contra aquel furioso. Éste tomó asilo en la celda de un fraile; y durante los catorce meses que duró su escondite pintó los catorce cuadros que embellecen los claustros agustinos. Entre ellos merece especial mención, por el diestro manejo de las tintas, el titulado *Milagro del peso de las ceras*. Se afirma que una de las figuras que en él se hallan es el retrato del mismo Miguel de Santiago.

## III

Cuando Miguel de Santiago volvió a aspirar el aire libre de la ciudad natal, su espíritu era ya presa del ascetismos de su siglo. Una idea abrasaba su cerebro: trasladar al lienzo la suprema agonía de Cristo.

Muchas veces se puso a la obra; pero, descontento de la ejecución, arrojaba la paleta y rompía el lienzo. Mas no por esto desmayaba en su idea.

La fiebre de la inspiración lo devoraba; y si embargo, su pincel era rebelde para obedecer a tan poderosa inteligencia y a tan decidida voluntad. Pero el genio encuentra el medio de salir triunfador.

Entre los discípulos que frecuentaban el taller hallábase un joven de bellísima figura. Miguel creyó ver en él el modelo que necesitaba para llevar a cumplida realización su pensamiento.

Hízolo desnudar, y colocólo en una cruz de madera. La actitud nada tenía de agradable ni de cómoda. Sin embargo, en el rostro del joven se dibujaba una ligera sonrisa.

Pero el artista no buscaba la expresión de la complacencia o del indiferentismo, sino la de la angustia y el dolor.

—¿Sufres? —preguntaba con frecuencia a su discípulo.

—No, maestro —contestaba el joven, sonriendo tranquilamente.

De repente Miguel de Santiago, con los ojos fuera de sus órbitas, erizado el cabello y lanzando una horrible imprecación, atravesó con una lanza el costado del mancebo.

Éste arrojó un gemido y empezaron a reflejarse en su rostro las convulsiones de la agonía.

Y Miguel de Santiago, en el delirio de la inspiración, con la locura fanática del arte, copiaba la mortal congoja; y su pincel, rápido como el pensamiento, volaba por el terso lienzo.

El moribundo se agitaba, clamaba y retorcía en la cruz; y Santiago, al copiar cada una de sus convulsiones, exclamaba con creciente entusiasmo:

—¡Bien! ¡Bien, maestro Miguel! ¡Bien, muy bien, maestro Miguel!

Por fin el gran artista desata a la víctima; vela ensangrentada y exánime; pásase la mano por la frente como para evocar sus recuerdos, y como quien despierta de un sueño fatigoso, mide toda la enormidad de su crimen y, espantado de sí mismo, arroja la paleta y los pinceles, y huye precipitadamente del taller.

¡El arte lo había arrastrado al crimen!

Pero su *Cristo de la Agonía* estaba terminado.

## IV

Éste fue el último cuadro de Miguel de Santiago. Su sobresaliente mérito sirvió de defensa al artista, quien después de largo juicio obtuvo sentencia absolutoria.

El cuadro fue llevado a España. ¿Existe aún, o se habrá perdido por la notable incuria peninsular? Lo ignoramos.

Miguel de Santiago, atacado desde el día de su crimen artístico de frecuentes alucinaciones cerebrales, falleció en noviembre de 1673, y su sepulcro está al pie del altar de San Miguel en la capilla del Sagrario.

# ¡Pues bonita soy yo, la Castellanos!

(A Simón y Juan Vicente Camacho)

Mariquita Castellanos era todo lo que se llama una real moza, bocado de arzobispo y golosina de oidor. Era como para cantarla esta copla popular:

> Si yo me viera contigo,
> la llave a la puerta echada,
> y el herrero se muriera,
> y la llave se quebrara...

¿No la conociste, lector?

Yo tampoco; pero a un viejo, que alcanzó los buenos tiempos del virrey Amat[1], se me pasaban las horas muertas oyéndole referir historias de la Marujita[2], y él me contó la del refrán que sirve de título a este artículo.

Mica Villegas[3] era una actriz del teatro de Lima, quebradero de cabeza del excelentísimo señor virrey de estos rei-

---

[1] Manuel de Amat y Junyent (1700-1782), destacado miliar español, nació en Barcelona, fue Gobernador de Chile a partir de 1755 y virrey del Perú entre 1761 y 1776. Reorganizó la adaministración pública, fortaleció la economía, desarrolló la educación y realizó importantes obras ornamentales en Lima. Durante su mandato fueron expulsados los jesuitas. Sus lances con la actriz cómica Micaela Villegas son históricos.

[2] El nombre María recibe en el Perú apocorísticos como los Marujita, Mariquita, Marujilla, entre otros, de que se dan cuenta en esta tradición.

[3] Micaela Villegas, actriz cómica, fue la célebre amante del septuagenario virrey Amat cuando apenas había pasado los 20 años. Palma la hace

102

nos del Perú por S. M. Carlos III, y a quien su esclarecido amante, que no podía sentar plaza de académico por su corrección en eso de pronunciar la lengua de Castilla, apostrofaba en los ratos de enojo, frecuentes entre los que bien se quieren, llamándola *Perricholi*[4]. La *Perricholi*, de quien pluma mejor cortada que la de este humilde servidor de ustedes ha escrito la biografía, era hembra de escasísima belleza. Parece que el señor virrey no fue hombre de paladar muy delicado.

María Castellanos, como he tenido el gusto de decirlo, era la más linda morenita limeña que ha calzado zapaticos de cuatro puntos y medio.

> Como una y una son dos,
> por las morenas me muero:
> lo blanco, lo hizo un platero;
> lo moreno, lo hizo Dios.

Tal rezaba una copla popular de aquel tiempo, y a fe que debió ser Marujilla la musa que inspiró al poeta. Decíame, relamiéndose, aquel súbdito de Amat que hasta el sol se quedaba bizco y la luna boquiabierta cuando esa muchacha, puesta de veinticinco alfileres, salía a *dar un verde*[5] por los portales.

Pero, así como la Villegas traía al retortero nada menos que al virrey, la Castellanos tenía prendido a sus enaguas al empingorotado conde de ***, viejo millonario, y que, a pesar de sus lacras y diciembres, conservaba afición por la fruta del paraíso. Si el virrey hacía locuras por la una, el conde no le iba en zaga por la otra.

La Villegas quiso humillar a las damas de la aristocracia,

---

protagonista de varias tradiciones y otro escritores peruanos como José Gálvez y Luis Alberto Sánchez le han dedicado muchas páginas de sus libros.

[4] Nombre con que dicen que Amat bautizó a Micaela Villegas. El poeta José Santolaya opina que Amat la llamaba «Pirricholi» que en catalán es algo así como «querida chola». Chola: « Amér.: Mestiza de sangre europea e indígena» *(DRAE)*.

[5] Un paseo que levantaba admiración.

ostentando sus equívocos hechizos en un carruaje y en el paseo público. La nobleza toda se escandalizó y arremolinó contra el virrey. Pero la cómica, que había satisfecho ya su vanidad y capricho, obsequió el carruaje a la parroquia de San Lázaro para que en él saliese el párroco conduciendo el Viático. Y téngase presente que, por entonces, un carruaje costaba un ojo de la cara, y el de la *Perricholi* fue el más espléndido entre los que lucieron en la Alameda[6].

La Castellanos no podía conformarse con que su rival metiese tanto ruido en el mundo limeño con motivo del paseo en carruaje.

—¡No! Pues como a mí se me encaje entre ceja y ceja, he de confundir el orgullo de esa *pindonga*[7]. Pues mi querido no es ningún mayorazgo de perro y escopeta, ni aprendió a robar como Amat de su mayordomo, y lo que gasta es suyo y muy suyo, sin que tenga que dar cuenta al rey de dónde salen esas misas. ¡Venirme a mí con orgullitos y fantasías, como si no fuera mejor que ella, la muy cómica! ¡Miren el charquito de agua que quiere ser brazo de río! ¡Pues bonita soy yo, la Castellanos!

Y va de digresión. Los maldicientes decían en Lima que, durante los primeros años de su gobierno, el excelentísimo señor virrey don Manuel de Amat y Juniet, caballero del hábito de Santiago y condecorado con un cementerio de cruces, había sido un dechado de moralidad y honradez administrativas. Pero llegó un día en que cedió a la tentación de hacerse rico, merced a una casualidad que le hizo descubrir que la provisión de corregimientos era una mina más poderosa y boyante que las de Pasco[8] y Potosí. Véase cómo se realizó tan portentoso descubrimiento.

---

[6] Se refiere a la célebre Alameda de los Descalzos por sus cercanías al Convento de San Francisco de Lima en el Rímac, Lima, lugar que fue notablemente embellecido por el virrey Amat para halagar a su amante la Perricholi.

[7] Mujer callejera *(DRAE)*. Palma la escribe con cursiva al igual que otras palabras de sus tradiciones porque en el momento de escribir su obra no tenían aceptación de la Real Academia.

[8] Cerro de Pasco, capital del departamento peruano del mismo nombre en la sierra central, famosa por sus yacimientos de minerales.

Acostumbraba Amat levantarse con el alba[9] (que, como dice un escritor amigo mío, el madrugar es cualidad de buenos gobernantes), y envuelto en una zamarra[10] de paño burdo descendía al jardín de palacio, y se entretenía hasta las ocho de la mañan en cultivarlo. Un pretendiente al corregimiento de Saña[11] o Jauja[12], los más importantes del virreinato, abordó al virrey en el jardín, confundiéndolo con su mayordomo, y le ofreció algunos centenares de peluconas por que emplease su influjo todo con su excelencia a fin de conseguir que él se calzase la codiciada prebenda.

—¡Por vida de Santa Cebollina, virgen y mártir, abogada de los callos! ¿Esas teníamos, señor mayordomo? —dijo para sus adentros el virrey; y desde ese día se dio tan buenas trazas para hacer su agosto sin necesidad de acólito, que en breve logró contar con fuertes sumas para complacer en sus dispendiosos caprichos a la *Perricholi*, que, dicho sea de paso, era lo que se entiende por manirrota y botarate[13].

Volvamos a la Castellanos. Era moda que toda mujer que algo valía tuviese predilección por un faldero. El de Marujita era un animalito muy mono, un verdadero dije[14]. Llegó a la sazón la fiesta del Rosario, y asistió a ella la querida del conde muy pobremente vestida, y llevando tras sí una criada que conducía en brazos al chuchito. Ello dirás, lector, que nada tenía de maravilloso; pero es el caso que el faldero traía un collarín de oro macizo con brillantes como garbanzos.

---

[9] *Levantarse con el alba:* velada alusión a don Miguel de Cervantes por quien Palma sentía devoción.

[10] Prenda de vestir rústica.

[11] Saña, distrito de Chiclayo, en la costa norte del Perú.

[12] Primera capital de la nación *wanka*, llamada *Xauxa* y que Francisco Pizarro eligió también como la primera capital del Perú. Está a 250 kilómetros de Lima en la sierra central a más de tres mil metros sobre el nivel del mar, pero su clima es templado, propicio para la agricultura y la ganadería y sus paisajes de gran belleza.

[13] Americanismo, persona desaprensiva muy dada a gastar dineros propios y ajenos. Derrochador (Morínigo).

[14] Cualquier adorno de los que se ponían a los niños al cuello o pendientes de la cintura *(DRAE)*.

Mucho dio que hablar durante la procesión la extravagancia de exhibir un perro que llevaba sobre sí tesoro tal; pero el asombro subió de punto cuando, terminada la procesión, se supo que *Cupido* con todos sus valiosos adornos había sido obsequiado por su ama a uno de los hospitales de la ciudad, que por falta de rentas estaba poco menos que al cerrarse.

La Mariquita ganó desde ese instante, en las simpatías del pueblo y de la aristocracia, todo lo que había perdido su orgullosa rival Mica Villegas; y es fama que siempre que la hablaban de este suceso, decía con énfasis, aludiendo a que ninguna otra mujer de su estofa la excedería en arrogancia y lujo: —¡Pues no faltaba más! ¡Bonita soy yo, la Castellanos!

Y tanto dio en repetir el estribillo, que se convirtió en refrán popular, y como tal ha llegado hasta la generación presente.

# Justos y pecadores

### DE CÓMO EL LOBO VISTIÓ LA PIEL DEL CORDERO

## (A don José María Torres Caicedo)

### I

### CUCHILLADAS

Allá por los buenos tiempos en que gobernaba estos reinos del Perú el excelentísimo señor don Gaspar de Zúñiga y Acevedo, conde de Monterrey[1], arremolinábase a la caída de una tarde de junio del año de gracia 1605, gran copia[2] de curiosos a la puerta de una tienda con humos de bodegón situada en la calle de *Guitarreros,* que hoy se conoce con el nombre de *Jesús Nazareno,* calle en la cual existió la casa de Pizarro[3]. Sobre su fachada, a la que daba sombra

---

[1] Fue el décimo virrey del Perú. Ejerció sus funciones entre 1604 y 1606.

[2] Abundancia

[3] Francisco Pizarro (1476-1541), soldado español, descubrió y conquistó el Perú derrotando al inca Atahualpa mediante un ardid al que después hizo ejecutar pese al pago de un fabuloso rescate. Fundó Lima como la capital del Perú y las desavenencias con Almagro, su otro socio en la conquista, lo llevaron a una guerra civil de la que resultó ganador. Almagro fue ejecutado. Pizarro asumió el poder, pero poco después fue asesinado por los almagristas en la misma Casa de gobierno, entonces era marqués,

107

el piso de un balcón, leíase en un cuadro de madera y en deformes caracteres:

IBIRIJUITANGA

BARBERÍA Y BODEGÓN

Algo de notable debía pasar en lo interior de aquel antro, pues entre la apiñada muchedumbre podía el ojo menos avizor descubrir gente de justicia, vulgo corchetes, armados de sendas varas, capas cortas y espadines de corvo gavilán[4].

—¡Por el rey! ¡Ténganse a la justicia de su majestad! —gritaba un golilla de fisonomía de escuerzo[5] y aire mandria[6] y bellaco si los hubo.

Y entretanto menudeaban votos y juramentos, rodaban por el suelo desvencijadas sillas y botellas escuetas, repartíanse cachetes como en el rosario de la aurora, y los alguaciles no hacían baza en la pendencia, porque a fuer de prudentes huían de que les tocasen el bulto. De seguro que ellos no habrían puesto fin al desbarajuste sin el apoyo de un joven y bizarro oficial que cruzó de pronto por en medio de la turba, desnudó la tizona, que era de fina hoja de Toledo, y arremetió a cintarazos con los alborotadores, dando tajos a roso y velloso[7]; a este quiero, a este no quiero; ora de punta, ora de revés. Cobraron ánimo los alguaciles, y en breve espacio y atados codo con codo condujeron a los truhanes a la cárcel de la Pescadería, sitio adonde, en nuestros democráticos días, y en amor y compaña con bandidos, suelen pasar muy buenos ratos libera-

---

gobernador y capitán general del Perú. Véase la tradición *Los caballeros de la capa*.

[4] Cada uno de los dos hierros que salen de la guarnición de la espada, forman la cruz y sirven para defender la mano y la cabeza de los golpes del contrario *(DRAE)*.

[5] Persona muy delgada.

[6] Probablemente del italianismo *madria*, rebaño; apocado, inútil y de escaso o ningún valor *(DRAE)*.

[7] *A roso y velloso*: a unos y a otros.

les y conservadores, rojos y ultramontanos. ¡Ténganos Dios de su santa mano y sálvenos de ser moradores de ese zaquizamí![8].

Era el caso que cuatro tunantes[9] de atravesada catadura, después de apurar sendos cacharros de lo tinto hasta dejar al diablo en seco, se negaban a pagar el gasto, alegando que era vitriolo[10] lo que habían bebido, y que el tacaño tabernero los había pretendido envenenar.

Era éste un hombrecillo de escasa talla, un tanto obeso y de tez bronceada, oriundo del Brasil y conocido sólo por el apodo de *Ibirijuitanga*. En su cara abotagada relucían dos ojitos más pequeños que la generosidad de un avaro, y las chismosas[11] vecinas cuchicheaban que sabía componer hierbas; lo que más de una vez le puso en relaciones con el Santo Oficio, que no se andaba en chiquitas tratándose de hechiceros, con gran daño de la taberna y de los parroquianos de su navaja, que lo preferían a cualquier otro. Y es que el maldito, si bien no tenía la trastienda de Salomón, tampoco pecaba de tozudo, y relataba al dedillo los chischisveos[12] de las tres veces coronada ciudad de los Reyes, con notable contentamiento de su curioso auditorio. Ainda mais[13], mientras él jabonaba la barba, solía alcanzarle limpias y finas toallas de lienzo flamenco su sobrina Transverberación, garrida joven de diez y ocho eneros, zalamera, de bonita estampa y recia de cuadriles[14]. Era, según la expresión de su compatriota y tío, una linda *menina*[15], y si el cantor[16] de *Los Lusiadas,* el desgraciado amante de Catalina de Ataide, hubiera, antes de

---

[8] Vivienda o habitación muy pequeña (Moliner).

[9] *Tunante* «se aplica a la persona desaprensiva y, a la vez, astuta y hábil para obrar en su provecho», dice Moliner.

[10] Era la denominación antigua de algunos sulfatos metálicos.

[11] Personas que difunden rumores que, generalmente, tienen la intención de hacer mal a alguien.

[12] Noticias curiosas.

[13] Aún más.

[14] Huesos del anca o de las caderas *(DRAE).*

[15] Joven que estaba al servicio de la reina o las infantas *(DRAE).*

[16] Se refiere al poeta portugués Luis de Camöens (1524-1580).

perder la vista, colocado su barba bajo las ligeras manos y diestra navaja de *Ibirijuitanga,* de fijo que la menor galantería que habría dirigido a Transverberación habría sido llamarla

*Rosa de amor, rosa purpúrea y bella.*

¡Y ¡por el gallo de la Pasión! que el bueno de Luis de Camoens no habría sido linsonjero, sino justo apreciador de la hermosura.

No embargante que los casquilucios[17] parroquianos de su tío la echaban flores y piropos, y la juraban y perjuraban que se morían por sus pedazos, la niña, que era bien doctrinada[18], no los animó con sus palabras a proseguir el galanteo. Cierto es que no faltó atrevido, fruta abundante en la viña del Señor, que se avanzase a querer tomar la medida de la cenceña[19] cintura de la joven; por ella, mordiéndose con ira los bezos, levantaba una mano mona y redondica, y santiguaba con ella al insolente, diciéndole:

—Téngase vuesa merced, que no me guarda mi tío para plato de nobles pitofleros[20].

Ello es que toda la parroquia convino al fin en que la muchacha era linda como un relicario y fresca como un sorbete, pero más cerril e inexpugnable que fiera montaraz. Dejaron, por ende, de requerirla de amores y se resignaron con la charla sempiterna y entretenida del barbero.

¡Pero es un demonio esto de apasionarse a la hora menos pensada! Puede la mujer ser todo lo quisquillosa que quiera y creer que su corazón está libre de dar posada a un huésped. Viene una día en que la mujer tropieza por esas calles, alza la vista y se encuentra con un hombre de sedoso bigote, ojos negros, talante marcial..., y ¡échele usted un galgo a todos los propósitos de conservar el alma independiente! La electricidad de la simpatía ha dado un golpe en

---

[17] Casquivano, persona que obra sin formalidad (Moliner).
[18] Adoctrinada.
[19] Delgada.
[20] Personas muy dadas a escuchar o fomentar habladurías o chismes.

el pericardio del corazón. ¿A qué puerta tocan que no contesten *quien es?*

> Es el amor un bicho
> que, cuando pica,
> no se encuentra remedio
> ni en la botica.

Razón sobrada tuvo don Alfonso el Sabio para decir que si este mundo no estaba mal hecho, por lo menos lo parecía. Si él hubiera corrido con esos bártulos, como hay Dios que nos quedamos sin simpatía, y por consiguiente sin amor y otras pejigueras[21]. Entonces hombres y mujeres habríamos vivido asegurados de incendios. Repito que es mucho cuento esto de la simpatía, y mucho que dijo bien el que dijo:

> El amor y la naranja
> se parecen infinito:
> pues por muy dulces que sean
> tienen de agrio su poquito.

Transverberación sucumbió a la postre, y empezó a mirar con ojos tiernos al capitán don Martín de Salazar, que no era otro el que, en el día que empieza nuestro relato, prestó tan oportuno auxilio al tabernero. Terminada la pendencia, cruzáronse entre ella y el galán algunas palabras en voz baja, que así podían ser manifestaciones de gratitud como indicación de una cita; y aunque no pararon mientres en ellas los agrupados curiosos, no sucedió lo mismo con un embozado que se hallaba en la puerta de la tienda y que murmuró:

—¡Por el siglo de mi abuela! ¡Lléveme el diablo si ese malandrín de capitán no anda en regodeos con la muchacha y si no es por ella su resistencia a devolver la honra a mi hermana!

---

[21] Cosas que fastidian o molestan o resultan pesadas de hacer.

## DOÑA ENGRACIA EN TOLEDO

En un salón de gótico mueblaje está una dama reclinada sobre un mullido diván. A su lado y en una otomana[22] se halla un joven leyéndola en voz alta y en un infolio forrado en pergamino la vida del santo del día. ¡Benditos tiempos en los que, más que el sentimiento, la rutina religiosa hacía gran parte del gasto de la existencia de los españoles!

Pero la dama no atiende a los milagros que cuenta el *Año Cristiano,* y toda su atención está fija en el minutero de un reloj de péndola, colgado en un extremo del salón. No hay más impaciente que la mujer que espera a un galán.

Doña Engracia de Toledo, que ya es tiempo de que saquemos su nombre a relucir, es una andaluza que frisa en los veinticuatro años, y su hermosura es realzada por ese aire de distinción que imprimen siempre la educación y la riqueza. Había venido a América con su hermano don Juan de Toledo, acaudalado propietario de Sevilla, que ejercía en Lima el cargo de proveedor de la real armada. Doña Engracia pasaba sus horas en medio del lujo y el ocio, y no faltaron damas que, sintiéndose humilladas, se echaron a averiguar el abolengo de la orgullosa rival, y descubrieron que tenía sangre alpujarreña, que sus ascendientes eran moros conversos y que alguno de ellos había vestido el sambenito de relapso[23]. Para esto de sacar los trapitos a la colada las mujeres han sido y serán siempre lo mismo, y lo que ellas no sacan en limpio no lo hará Satanás con todo su poder de ángel precito[24]. Rugíase también que doña Engracia estaba apalabrada para casarse con el capitán don Martín de Salazar; mas como el enlace tardaba en realizarse, circularon rumores desfavorables para la honra y virtud de la altiva dama.

Nosotros, que estamos bien informados y sabemos a qué atenernos, podemos decir en confianza al lector que la

---

[22] Diván o sofá para estar preferentemente tendido o sentado.
[23] Que reincide en una herejía o pecado.
[24] Condenado a las penas del infierno (Moliner).

murmuración no era infundada. Don Martín, que era un trueno deshecho, una calavera de gran tono y que caminaba por senda más torcida que cuerno de cabra, se había sentido un tiempo cautivado por la belleza de doña Engracia, cuyo trato dio en frecuentar, acabando por reiterarla mil juramentos de amor. La joven, que tenía su alma en su almario, y que a la verdad no era de calicanto, terminó por sucumbir a los halagos del libertino, abriéndole una noche la puerta de su alcoba.

Decidido estaba el capitán a tomarla por esposa, y pidió su mano a don Juan, el que se la otorgó de buen grado, poniendo el plazo de seis meses, tiempo que juzgó preciso para arreglar su hacienda y redondear la dote de su hermana. Pero el diablo, que en todo mete la cola, hizo que en este espacio el de Salazar conociese a la sobrina de maese *Ibirijuitanga* y que se le entrase en el pecho la pícara tentación de poseerla. A contar de ese día, comenzó a mostrarse frío y reservado con doña Engracia, la que a su turno le reclamó el cumplimiento de su palabra. Entonces fue el capitán quien pidió una moratoria, alegando que había escrito a España para obtener el consentimiento de su familia, y que lo esperaba por el primer galeón que diese fondo en el Callao[25]. No era éste el expediente más a propósito para impedir que se despertasen los celos en la enamorada andaluza y que comunicase a su hermano sus temores de verse burlada. Don Juan echóse en consecuencia a seguir los pasos del novio, y ya hemos visto en el anterior capítulo la casual circunstancia que lo puso sobre la pista.

El reloj hizo sonar distintamente las campanadas de las ocho, y la dama, como cediendo a impulso galvánico, se incorporó en el diván.

—¡Al fin, Dios mío! ¡Pensé que el tiempo no corría! Deja esa lectura, hermano... Vendrá ya don Martín, y sabes cuánto anhelo esta entrevista.

—¿Y si apuras un nuevo desengaño?

—Entonces, hermano, será lo que he resuelto.

---

[25] Ciudad y primer puerto del litoral peruano, se empezó a poblar a partir de 1537 y fue fortificado en el siglo XVII.

113

Y la mirada de la joven era sombría al pronunciar estas palabras.

Don Juan abrió una puerta de cristales y desapareció tras ella.

## III

UN PASO AL CRIMEN

—¿Dais permiso, Engracia?

—Huélgome de vuestra exactitud, don Martín.

—Soy hidalgo, señora, y esclavo de mi palabra.

—Eso es lo que hemos de ver, señor capitán, si place a vuesarced que hablemos un rato en puridad.

Y con una sonrisa henchida de gracia y un ademán lleno de dignidad, la joven señaló al galán un asiento a su lado.

Justo es que lo demos a conocer, ya que en la tienda de maese *Ibirijuitanga* nos olvidamos de cumplir para con el lector este acto de estricta cortesía, e hicimos aparecer al capitán como llovido del cielo. Esto de entrar en relaciones con quien no se conoce ni nos ha sido presentado en debida forma suele tener sus inconvenientes.

Don Martín raya en los treinta años, y es lo que se llama un gentil y guapo mozo. Viste el uniforme de capitán de jinetes, y en el desenfado de sus maneras hay cierta mezcla de noble y de tunante.

Al sentarse cogió entre las suyas una mano de Engracia, y empezó entre ambos esa plática de amantes, que, cuál más, cuál menos, todos saben al pespunte. Si en vez de relatar una crónica escribiéramos un romance, aunque nunca nos ha dado el naipe por ese juego, enjaretaríamos aquí un diálogo de novela. Afortunadamente, un narrador de crónicas puede desentenderse de las zalamerías de enamorados e irse derecho al fondo del asunto.

El reloj del salón dio nueve campanadas, y el capitán se levantó.

—Perdonad, señora, si las atenciones del servicio me obligan a separarme de vos más pronto de lo que el alma desearía.

114

—¿Y es vuestra última resolución, don Martín, la que me habéis indicado?

—Sí, Engracia. Nuestra boda no se realizará mientras no vengan el consentimiento de mi familia y el real permiso que todo hidalgo bien nacido debe solicitar. Vuestra ejecutoria es sin mancha, en vuestros ascendientes no hay quien haya sido penitenciado con el sambenito de dos aspas, ni en vuestra sangre hay mezcla de morería; y así Dios me tenga en su santa guarda, si el monarca y mis parientes no acceden a mi demanda.

Ante la insultadora ironía de estas palabras que recordaban a la dama su origen, se estremeció ella de rabia y el color de la púrpura subió a su rostro; mas serenándose luego y fingiendo no hacer atención en el agravio, miró con fijeza a don Martín, como si quisiera leer en sus ojos la respuesta a esta pregunta:

—Decidme con franqueza, capitán, ¿tendríais en más la voluntad de los vuestros que la honra que os he sacrificado y lo que os debéis a vos mismo?

—Estáis pesada en demasía, señora. Aguardad que llegue ese caso, y por mi fe que os responderé.

—Suponedlo llegado.

—Entonces, señora... ¡Dios dirá!

—Id con él, don Martín de Salazar... Tenéis razón... ¡Dios dirá!

Y don Martín se inclinó ceremoniosamente, y salió.

Doña Engracia lo siguió con esa mirada de odio que revela en la mujer toda la indignación del orgullo ofendido, se llevó las manos al pecho como si intentara sofocar los latidos del corazón, y luego, con la faz descompuesta y los vestidos en desorden, se lanzó a la puerta de cristales, bajo cuyo dintel, lívido como un espectro, apareció el proveedor de la real armada.

—¿Lo has oído?

—¡Pluguiera[26] a Dios que no! —dijo don Juan con acento reconcentrado.

—Pues entonces, ¿por qué no heriste sin compasión?

---

[26] Forma irregular del verbo «placer».

¿Por qué no le diste muerte de traidor? ¡Mátale, hermano! ¡Mátale!

## IV

### ¡DIOS DIRÁ!

Siete horas después, y cuando el alba empezaba a colorar el horizonte, un hombre descendía, con auxilio de una escala de seda, del balcón que, en la calle de Jesús Nazareno y sobre la tienda de maese *Ibirijuitanga,* habitaba Transverberación. Colocaba ya el pie sobre el último peldaño, cuando saltó sobre él un embozado, e hiriéndole por la espalda con un puñal, murmuró al oído de su víctima:

—¡Dios dirá!

El escalador cayó desplomado. Había muerto a traición y con muerte de traidor.

Al mismo tiempo oyóse un grito desesperado en el balcón, y la dudosa luz del crepúsculo guió al asesino, que se alejó a buen paso.

## V

### CONSECUENCIAS

Quince días más tarde se elevaba una horca en la plaza de Lima. La Real Audiencia no se había andado con pies de plomo, y a guisa de aquel alcalde de casa y corte que previno a sus alguaciles que, cuando no pudiesen haber a mano al delincuente, metiesen en chirona al primer prójimo que encontrasen por el camino, había condenado a hacer zapatetas en el aire al desdichado barbero. Para los jueces el negocio estaba tan claro que más no podía serlo. Constaba de autos que la víctima había sido parroquiano del rapista, y que la víspera de su muerte le prestó oportuno socorro contra varios malsines[27]. Esto era ya un hilo

---

[27] Delatores.

para el tribunal. Una escala al pie del balcón de la tienda no podía haber caído de las nubes, sobre todo cuando *Ibirijuitanga* tenía sobrina casadera a quien el lance había entontecido. Una muchacha no se vuelve loca tan a humo de pajas. Atemos cabos, se dijeron los oidores, y tejamos cáñamo para la horca; pues importa un ardite[28] que el redomado y socarrón barbero permanezca reacio en negar, aun en el tormento, su participación en el crimen.

Además, las viejas de cuatro cuadras a la redonda declaraban que maese *Ibirijuitanga* era hombre que les daba tirria[29], porque sabía hacer mal de ojo, y las doncellas feas y sin noviazgo, que si Dios no lo remediaba serían enterradas con palma, afirmaban con juramento que Transverberación era una mozuela descocada, que andaba a picos pardos con los mancebos de la vecindad, y que se emperejilaba los sábados para asistir con su tío, montada en una caña de escoba, al aquelarre de las brujas.

Los incidentes del proceso eran la comidilla obligada de las tertulias. Las mujeres pedían un encierro perpetuo para la escandalosa sobrina, y los hombres la horca para el taimado barbero.

La Audiencia dijo entonces: —Serán usarcedes servidos—; y aunque *Ibirijuitanga* puso el grito en el cielo, protestando su inocencia, le contestó el verdugo: —¡Calle el vocinglero y déjese despabilar!

A la hora misma en que la cuerda apretaba la garganta del pobre diablo y que Transverberación era sepultada en un encierro, las campanas del monasterio de la Concepción, fundado pocos años antes por una cuñada del conquistador Francisco Pizarro, anunciaban que había tomado el velo doña Engracia de Toledo, prometida del infortunado don Martín.

¡Justicia de los hombres! ¡No en vano te pintan ciega!

Concluyamos:

---

[28] *Importa un ardite:* no importa nada. El ardite era una moneda antigua de escaso valor.

[29] María Moliner define esta palabra como «antipatía injustificada o irracional hacia algo o alguien».

El barbero finó en la horca.

La sobrina remató por perder el poco o mucho juicio con que vino al mundo.

Doña Engracia profesó al cabo: diz que con el andar del tiempo alcanzó a abadesa, y que murió tan devotamente como cumplía a una cristiana vieja.

En cuanto a su hermano, desapareció un día de Lima, y...

¡Cristo con todos! Dios te guarde, lector.

## VI

### EN OLOR DE SANTIDAD

De seguro que vendrían a muchos de mis lectores pujamientos de confirmarse por el más valiente zurcidor de mentiras que ha nacido de madre, si no echase mano de este y del siguiente capítulo para dar a mi relación un carácter histórico, apoyándome en el testimonio de algunos cronistas de Indias. Pero no es en Lima donde ha de desenlazarse esta conseja; y el curioso que anhele conocerla hasta el fin, tiene que trasladarse conmigo, en alas del pensamiento, a la villa imperial de Potosí[30]. No se dirá que en los días de mi asendereada vida de narrador dejé colgado un personaje entre cielo y tierra, como diz que se hallan San Hinojo y el alma de Garibay.

Potosí, en el siglo XVI, era el punto de América adonde afluían de preferencia todos aquellos que soñaban improvisar fabulosa fortuna. Descubierto su rico mineral en enero de 1538 por un indio llamado Gualpa, aumentó en importancia y excitó la codicia de nuestros conquistadores desde que, en pocos meses, el capitán Diego Centeno[31],

---

[30] Ciudad boliviana, durante la colonia perteneció al virreinato del Perú, famosa por sus yacimientos de plata. En el siglo XVII llegó a ser la más poblada del Nuevo Mundo con 160.000 habitantes. Un siglo después decayó al agotarse los filones.

[31] Actuó bajo las órdenes de Pizarro en la conquista del Perú.

118

que trabajaba la famosa mina *Descubridora*, adquirió un caudal que tendríamos hoy por quimérico, si no nos mereciesen respeto el jesuita Acosta, Antonio de Herrera y la *Historia Potosina* de Bartolomé de Dueñas[32]. Antes de diez años la población de Potosí ascendió a 15.000 habitantes, triplicándose el número en 1572, cuando en virtud de real cédula se trasladó a la villa la casa de Moneda de Lima.

Los últimos años de aquel siglo corrieron para Potosí entre el lujo y la opulencia, que a la postre engendró rivalidades entre andaluces, extremeños y criollos contra vascos, navarros y gallegos. Estas contiendas terminaban por batallas sangrientas, en las que la suerte de las armas se inclinó tan pronto a un bando como a otro. Hasta las mujeres llegaron a participar del espíritu belicoso de la época; y Méndez, en su *Historia de Potosí*, refiere extensamente los pormenores de un duelo campal a caballo, con lanza y escudo, en que las hermanas doña Juana y doña Luisa Morales mataron a don Pedro y a don Graciano González.

No fueron éstas las únicas hembras varoniles de Potosí; pues en 1662, llevándose la justicia presos a don Ángel Mejía y a don Juan Olivos, salieron al camino las esposas de éstos con dos amigas, armadas las cuatro de puñal y pistola, hirieron al juez, mataron dos soldados y se fugaron para Chile llevándose a sus esposos. Otro tanto hizo en ese año doña Bartolina Villapalma, que con dos hijas doncellas, armadas las tres con lanza y rodela, salió en defensa de su marido que estaba acosado por un grupo de enemigos, y los puso en fuga, después de haber muerto a uno y herido a varios.

Pero no queremos componer, por cierto, una historia de Potosí ni de sus guerras civiles; y a quien desee conocer sus casos memorables, le recomendamos la lectura de la obra que, con el título de *Anales de la vida Imperial*, escribió en 1775 Bartolomé Martínez Vela.

---

[32] Las referencias a los personajes precedentes son ciertas. Diego Centeno estuvo entre las huestes de Pizarro que conquistaron el Perú; José de Acosta y Antonio de Herrera fueron cronistas de Indias y Bartolomé de Dueñas, historiador.

# VII

Promediaba el año de 1625.

En las primeras horas de una fresca mañana el pueblo se precipitaba en la iglesia parroquial de la villa.

En el centro de ella se alzaba un ataúd alumbrado por cuatro cirios.

Dentro del ataúd yacía un cadáver con las manos cruzadas sobre el pecho y sosteniendo una calavera.

El difunto había muerto en olor de santidad, y los notarios formalizaban ya expediente para constatarlo y transmitirlo más tarde a Roma. ¡Quizá el calendario, donde figuran Tomás de Torquemada, Pedro Arbués y Domingo de Guzmán[33], se iba a aumentar con un nombre!

Y el pueblo, el sencillo pueblo, creía firmemente en la santidad de aquel a quien, durante muchos años, había visto cruzar sus calles con un burdo sayal de penitente, crecida barba de anacoreta, alimentándose de hierbas, durmiendo en una cueva y llevando consigo una calavera, como para tener siempre a la vista el deleznable fin de la mísera existencia humana. Y ¡lo que pueden el fanatismo y la preocupación! Muchos de los circunstantes afirmaban que el cadáver despedía olor a rosas.

Pero cuando ya se había terminado el expediente y se trataba de sepultar en la iglesia al difunto, vínole en antojo a uno de los notarios registrar la calavera, y entre sus apretados dientes encontró un pequeño pergamino sutilmente enrollado, al que dio lectura en público. Decía así:

«Yo, don Juan de Toledo, a quien todos hubisteis por santo, y que usé hábito penitencial, no por virtud, sino por dañada malicia, declaro en la hora suprema: que habrá poco menos de veinte años que, por agravios que me hizo

---

[33] Famosos inquisidores y santos de la Iglesia católica.

120

don Martín de Salazar en menoscabo de la honra que Dios me dio, le quité la vida a traición, y después que lo enterraron tuve medios de abrir su sepultura, comer a bocados su carazón, cortarle la cabeza, y habiéndole vuelto a enterrar me llevé su calavera, con la que he andado sin apartarla de mi presencia, en recuerdo de mi venganza y de mi agravio. ¡Así Dios le haya perdonado y perdonarme quiera!»

Los notarios hicieron añicos el expediente, y los que tres minutos antes encontraban olor a rosas en el difunto se esparcieron por la villa, asegurando que el cadáver del de Toledo estaba putrefacto y nauseabundo, y que no volverían a fiarse de las apariencias.

# La fiesta de San Simón Garabatillo

Faustino Guerra habíase encontrado en la batalla de Ayacucho[1] en condición de soldado raso. Afianzada la independencia, obtuvo licencia final y retiróse a la provincia de su nacimiento, donde consiguió ser nombrado maestro de escuela de la villa de Lampa[2].

El buen Faustino no era ciertamente hombre de letras; mas para el desempeño de su cargo y tener contentos a los padres de familia, bastábale con leer medianamente, hacer regulares palotes y enseñar de coro a los muchachos la doctrina cristiana.

La escuela estaba situada en la calle Ancha, en una casa que entonces era propiedad del Estado y que hoy pertenece a la familia Montesinos.

Contra la costumbre general de los *dómines* de aquellos tiempos, don Faustino hacía poco uso del látigo, al que había él bautizado con el nombre de *San Simón Garabatillo*. Teníalo más bien como signo de autoridad que como instrumento de castigo, y era preciso que fuese muy grave la falta cometida por un escolar para que el maestro le aplicase un par de azoticos, de esos que ni sacan sangre ni levantan roncha.

---

[1] *Ayacucho*, quechuismo. Lit.: *rincón de los muertos*, ciudad peruana, capital del departamento del mismo nombre. Fue fundada por Pizarro en 1539 con el nombre de San Juan de la Frontera, que Bolívar rebautizó como Ayacucho para celebrar la batalla del 9 de diciembre de 1824 con la que se selló la independencia de América continental.

[2] Lampa, capital de la provincia del mismo nombre en el departamento de Puno, en la sierra sur del Perú.

122

El 28 de octubre de 1826, día de San Simón y Judas por más señas, celebróse con grandes festejos en las principales ciudades del Perú. Las autoridades habían andado empeñosas y mandaron oficialmente que el pueblo se alegrase. Bolívar estaba entonces en todo su apogeo, aunque sus planes de vitalicia[3] empezaban ya a eliminarle el afecto de los buenos peruanos.

Sólo en Lampa no se hizo manifestación alguna de regocijo. Fue ese para los lampeños día de trabajo, como otro cualquiera del año, y los muchachos asistieron, como de costumbre, a la escuela.

Era ya más de mediodía cuando don Faustino mandó cerrar la puerta de la calle, dirigióse con los alumnos al corral de la casa, los hizo poner en línea, y llamando a dos robustos indios que para su servicio tenía, les mandó que *cargasen*[4] a los niños. Desde el primero hasta el último, todos sufrieron una docena de latigazos, a calzón quitado, aplicados por mano de maestro.

La gritería fue como para ensordecer, y hubo llanto general para una hora.

Cuando llegó el instante de cerrar la escuela y de enviar los chicos a casa de sus padres, les dijo don Faustino:

—¡Cuenta, pícaros godos, con que vayan a contar lo que ha pasado! Al primero que descubra yo que ha ido con el chisme lo *tundo*[5] vivo.

¿Si se habrá vuelto loco su merced?, se preguntaban los muchachos; pero no contaron a sus familias lo sucedido, si bien el escozor de los ramalazos los traía aliquebrados.

¿Qué mala mosca había picado al *magister,* que de suyo era manso de genio, para repartir tan furiosa azotaina? Ya lo sabremos.

Al siguiente día presentáronse los chicos en la escuela,

---

[3] Alude al Gobierno Vitalicio que pretendió establecer Bolívar una vez consolidada la independencia de América.

[4] De *cargar,* mantener a alguien a horcajadas sobre sus espaldas.

[5] Castigar con golpes, palos o azotes *(DRAE).* Palma la pone con cursiva como si no fuese aceptada por la Academia.

no sin recelar que se repitiese la función. Por fin, don Faustino hizo señal de que iba a hablar.

—Hijos míos —les dijo—, estoy seguro de que todavía se acuerdan del rigor con que los traté ayer, contra mi costumbre. Tranquilícense, que estas cosas sólo las hago yo una vez al año. ¿Y saben ustedes por qué? Con franqueza, hijos, digan si lo saben.

—No, señor maestro —contestaron en coro los muchachos.

—Pues han de saber ustedes que ayer fue el santo del libertador de la patria, y no teniendo yo otra manera de festejarlo y de que lo festejasen ustedes, ya que los lampeños han sido tan desagradecidos con el que los hizo *gentes*[6], he recurrido al chicote[7]. Así, mientras ustedes vivan, tendrán grabado en la memoria el recuerdo del día de San Simón. Ahora a estudiar su lección y ¡viva la patria!

Y la verdad es que los pocos que aun existen de aquel centenar de muchachos se reúnen en Lampa el 28 de octubre y celebran una comilona, en la cual se brinda por Bolívar, por don Faustino Guerra y por San Simón Garabatillo, el más milagroso de los santos de achaques de refrescar la memoria y calentar partes pósteras[8].

---

[6] Americanismo, hacer gente, darles una educación esmerada, civilizarlos.

[7] Americanismo, de látigo. La Academia reconoce «chicotazo» como americanismo *(DRAE)*.

[8] Posteriores, partes que quedan detrás. (Como «póstera» no aparece en el *DRAE*, Moliner, Morínigo, etc.)

# Dos millones

El 16 de julio de 1826 fue día de gran agitación en Lima y el Callao. Por todas partes se encontraban grupos en animada charla. No era en verdad un cataclismo ni un gran acontecimiento político lo que motivaba esta excitación, sino la noticia de haber desaparecido del fondeadero el bergantín inglés *Peruvian*[1], cargado con dos millones de pesos en oro, barras de plata y moneda sellada.

El buque debía zarpar en ese día para Europa; pero su capitán había ido la víspera a Lima a recibir las últimas instrucciones de sus armadores, permitiendo también a varios de los tripulantes que pasasen la noche en tierra.

En el *Peruvian* se encontraban sólo el piloto y seis marineros, cuando a las dos de la madrugada fue abordado por una lancha con trece hombres, los que procedieron con tal cautela y rapidez, que la ronda del resguardo no pudo advertir lo que acontecía. Inmediatamente levaron ancla, y el *Peruvian* se hizo a la vela.

A las tres de la tarde, un bote del *Peruvian* llegó a Callao conduciendo al piloto y sus seis marineros, puestos en liberta por los piratas.

La historia del audaz jefe de esta empresa y el éxito del tesoroo que contenía el *Peruvian* es lo que hoy nos proponemos narrar rápidamente, remitiendo al lector que anhele mayor copia de datos a la hora del capitán Lafond, titulada *Voyages dans les Amériques*.

---

[1] Peruano.

125

# I

Por los años de 1817 un joven escocés, de aire bravo y simpático, se presentó a las autoridades de Valparaíso[2] solicitando un puesto en la marina de Chile, y comprobando que había servido como aspirante en la armada real de Inglaterra. Destinado de oficial en uno de los buques, el joven Robertson se distinguió en breve por su pericia en la maniobra y su coraje en los combates. El esforzado Guisse, que mandaba el bergantín *Galvarino*, pidió a Robertson para su primer teniente.

Era Robertson valiente hasta el heroísmo, de mediana estatura, rojizos cabellos y penetrante mirada. Su carácter fogoso y apasionado lo arrastraba a ser feroz. Pero eso, en 1822, cuando al mando de un bergantín chileno tomó prisioneros setenta hombres de la banda realista de Benavidez, los hizo colgar de las ramas de los árboles.

No es éste un artículo a propósito para extendernos en la gloriosa historia de las hazañas navales que Cochrane y Guisse realizaron contra la formidable escuadra española.

En el encuentro de Quilca, entre la *Quintanilla* y el *Congreso*, Robertson, que había cambiado la escarapela chilena por la de Perú, y que a la sazón tenía el grado de capitán de fragata, fue el segundo comandante del bergantín que mandaba el valiente Young.

En el famoso sitio del Callao, cuyas fortalezas eran defendidas por el general español Rodil[3], quien se sostuvo en ellas trece meses de la batalla de Ayacucho, cupo a Robertson ejecutar muy distinguidas acciones.

Todo le hacía esperar un espléndido porvenir, y acaso

---

[2] Valparaíso es el primer puerto de Chile. Durante la colonia fue fundado en 1536 por Juan de Saavedra. En 1682 declarada plaza militar y convertida en ciudad a partir de 1795.

[3] José Ramón Rodil y Galloso (1789–1853). Militar y político madrileño, se hizo famoso por la defensa de la fortaleza del Real Felipe de El Callao durante la guerra de la independencia del Perú. Fue ministro de guerra y virrey de Navarra.

habría alcanzado el alto rango de almirante si el diablo, en forma de una linda limeña, no se hubiera encargado de perderlo. Dijo bien el que dijo que el amor es un envenenamiento del espíritu.

Teresa Méndez era, en 1826, una preciosa joven de veintiún años, de ojos verdes grandes, negros, decidores, labios de fuego, brevísima cintura, hechicero donaire, todas las gracias, en fin, y perfecciones que han hecho proverbial la belleza de las limeñas. Parece que me explico, picarillas, y que soy lo que se llama un cronista galante.

Viuda de un rico español, se había despertado en ella la fiebre del lujo, y su casa se convirtió en el centro de la juventud elegante. Teresa Méndez hacía y deshacía la moda.

Su felicidad consistía en tiranizar a los cautivos que suspiraban presos en el Argel de sus encantos. Jamás pudo amartelado galán vanagloriarse de haber merecido de ella favores que revelan predilección por un hombre. Teresa era una mezcla de ángel y demonio, una de aquellas mujeres que nacieron para ejercer autocrático despotismo sobre los que las rodean; en una palabra, pertenecía al número de aquellos seres sin corazón que Dios echó al mundo para infierno y condenación de hombres.

Robertson conoció a Teresa Méndez en la procesión del Corpus, y desde ese día el arrogante marino la echó bandera de parlamento, se puso al habla con ella, y se declaró buena presa de la encantadora limeña. Ella empleó para con el nuevo adorador la misma táctica que para con los otros, y un día en que Robertson quiso pecar de exigente, obtuvo de los labios de cereza de la joven este categórico ultimátum:

—Pierde usted su tiempo, comandante. Yo no perteneceré sino al hombre que sea grande por su fortuna o por su posición, aunque su grandeza sea hija del crimen. Viuda de un coronel, no acepto a un simple comandante.

Robertson se retiró despechado, y en su exaltación confió a varios de sus camaradas el éxito de sus amores.

Pocas noches después tomaba té en casa del capitán de puerto del Callao, en unión de otros marinos, y como la conversación rodase sobre la desdeñosa limeña, uno de los oficiales dijo en tono de chanza:

—Desde que la guerra con los *chapetones*[4] ha concluido no hay esperanza de que el comandante logre enarbolar la insignia del almirantazgo. En cuanto a hacer fortuna, la ocasión se le viene a la mano. Dos millones de pesos hay a bordo de un bergantín.

Robertson pareció no dar importancia a la broma, y se limitó a preguntar:

—Teniente Vieyra, ¿cómo dice usted que se llama ese barco que tiene millones por lastre?

—El *Peruvian,* bergantín inglés.

—Pues poca plata es, porque más vale Teresa —repuso el comandante, y dio sesgo distinto a la conversación.

Tres horas después Robertson era dueño del tesoro embarcado en el *Peruvian.*

## II

Al salir de la casa de capitán de puerto, Robertson se había dirigido a una posada de marineros y escogido entre ellos doce hombres resueltos y que le eran personalmente conocidos por haberlos manejado a bordo del *Galvarino* y del *Congreso.*

Realizado el abordaje, pensó el pirata que no le convenía hacer partícipes a tantos cómplices de los millones robados, y resolvió no detenerse en la senda del crimen a fin de eliminarlos. Asoció a su plan a dos irlandeses, Jorge y Guillermo, e hizo rumbo a Oceanía.

En la primera isla que encontraron desembarcó con algunos marineros, se encenagó con ellos en los desórdenes de un lupanar, y ya avanzada la noche regresó con todos a bordo. El vino había producido su efecto en esos desventurados. El capitán los dejó durmiendo en la chalupa, levó

---

[4] Forma peyorativa de dirigirse a los españoles. «Dícese del español recién llegado a América, y por extensión, del europeo en iguales condiciones» *(DRAE).*

ancla, y cuando el bergantín se hallaba a treinta millas de la costa, cortó la amarra, abandonando seis hombres en pleno y embravecido Océano.

Además de los dos irlandeses, sólo había perdonado, por el momento, a cuatro de los tripulantes que le eran precisos para la maniobra.

Entonces desembarcó y enterró el tesoro en la desierta isla de Agrigán[5], y con sólo treinta mil pesos en oro se dirigió en el *Peruvian* a las islas Sandwich.

En esta travesía, una noche dio a beber un narcótico a los marineros, los encerró en la bodega y barrenó el buque. Al día siguiente, en un bote arribaron a la isla de Wahou, Robertson, Guillermo y Jorge, contando que el buque había zozobrado.

La Providencia lo había dispuesto de otro modo. El *Peruvian* tardó mucho tiempo en sumergirse, y encontrado por un buque ballenero, fue salvado uno de los cuatro tripulantes; pues sus compañeros habían sucumbido al hambre y la sed.

De Wahou pasaron los tres piratas a Río Janeiro. En esta ciudad desapareció para siempre el irlandés Jorge, víctima de sus compañeros.

Después de peregrinar por Sidney, pasaron a Hobartoun, capital de Van-Diemen. Allí propusieron a un viejo inglés, llamado Thompson, patrón de una goletilla pescadora, que los condujese a las islas Marianas. La goleta no tenía más que dos muchachos de tripulación, y Thompson aceptó la propuesta.

El viaje fue largo y sembrado de peligros. El calor era excesivo, y los cinco habitantes de la goleta dormían sobre el puente. Una noche, después de haberse embriagado todos menos Robertson, a quien tocaba la guardia, cayó Guillermo al mar. El viejo Thompson despertó a los desesperados gritos que éste daba. Robertson fingió esforzarse para soco-

---

[5] Una de las quince que conforman las Islas Marianas, archipiélago del Pacífico Oriental. Fueron descubiertas por Magallanes en 1521. Eran conocidas como las Islas de los Ladrones.

rrerlo; pero la obscuridad, la corriente y la carencia de bote hicieron imposible todo auxilio.

Robertson quedaba sin cómplice, mas le eran indispensables los servicios de Thompson. No le fue difícil inventar una fábula, revelando a medias su secreto al rudo patrón de la goleta y ofreciéndole una parte del tesoro.

Al tocar en la isla Tinián para procurarse víveres, el capitán de una fragata española visitó la goleta. Súpolo Robertson, al regresar de tierra, y receló que el viejo hubiese hablado más de lo preciso.

Apenas se desprendía de la rada la embarcación, cuando Robertson, olvidando su habitual prudencia, se lanzó sobre el viejo patrón y lo arrojó al agua.

Robertson ignoraba que se las había con un lobo marino, excelente nadador.

Pocos días después la fragata española, a cuyo bordo iba el viejo Thompson, descubría a la goletilla pescadora oculta en una ensenada de Saipán.

Preso Robertson, nada pudo alcanzarse de él con sagacidad, y el capitán español dispuso entonces que fuese azotado sobre cubierta.

Eran transcurridos cerca de dos años, y las gacetas todas de Europa habían anunciado la desaparición del *Peruvian*, acusando al comandante Robertson. El marinero milagrosamente salvado en Wahou había también hecho una extensa declaración. Los armadores ingleses y el almirantazgo ofrecían buena recompensa al que capturase al pirata. El crimen del aventurero escocés había producido gran ruido e indignación.

Cuando iba a ser flagelado, pareció Robertson mostrarse más razonable. Convino en conducir a sus guardianes al sitio donde tenía enterrados los dos millones; pero al poner el pie en la borda del bote, se arrepintió de su debilidad y se dejó caer al fondo del mar, llevándose consigo su secreto.


III


Una noticia importante, por vía de conclusión, para los que aspiren a salir de pobres.

130

La isla de Agrigán, en las Marianas, está situada en la latitud Norte 19° 0', longitud al Este del meridiano de París 142° 0'.

Dos millones no son para despreciados.

Conque así, lectores míos, buen ánimo, fe en Dios y a las Marianas, sin más equipaje.

*Segunda Serie*

# Los caballeros de la capa

CRÓNICA DE UNA GUERRA CIVIL[1]

(A don Juan de la Pezuela, conde de Cheste)

I

QUIÉNES ERAN LOS CABALLEROS DE LA CAPA
Y EL JURAMENTO QUE HICIERON

En la tarde del 5 de junio de 1541 hallábanse reunidos
en el solar de Pedro de San Millán doce españoles, agracia-
dos todos por el rey por sus hechos en la conquista del
Perú.

La casa que los albergaba se componía de una sala y cinco cuartos[2], quedando gran espacio de terreno por fabricar.
Seis sillones de cuero, un escaño de roble y una mugrienta
mesa pegada a la pared, formaban el mueblaje de la sal. Así
la casa como el traje de los habitantes de ella pregonaban,
a la legua, una de esas pobrezas que se codean con la men-
dicidad. Y así eran en efecto.

---

[1] Esta guerra civil se refiere a la que se libró entre 1537 y 1554 por el gobernador del Perú Francisco Pizarro y el adelantado Diego de Almagro, so-
cios de la conquista del país andino. Pizarro ganó la guerra, pero originó
una serie de venganzas entre sus compatriotas.
[2] Habitaciones, aposentos.

135

Los doce hidalgos pertenecían al número de los vencidos el 6 de abril de 1538 en la batalla de las Salinas[3]. El vencedor les había confiscado sus bienes, y gracias que les permitía respirar el aire de Lima, donde vivían de la caridad de algunos amigos. El vencedor, como era de práctica en esos siglos, pudo ahorcarlos sin andarse con muchos perfiles; pero don Francisco Pizarro se adelantaba a su época, y parecía más bien hombre de nuestros tiempos, en que al enemigo no siempre se mata o aprisiona, sino que se le quita por entero o merma la ración de pan. Caídos y levantados, hartos y hambrientos, eso fue la colonia, y eso ha sido y es la república. La ley del yunque y del martillo imperando a cada cambio de tortilla, o como reza la copla:

Salimos de Guate-mala
y entramos en Guate-peor;
cambia el pandero de manos,
pero de sonidos, no.

o como dicen en Italia: Librarse de los bárbaros para caer en los Babarini.

Llamábanse las doce caballeros Pedro de San Millán, Cristóbal de Sotelo, García de Alvarado, Francisco de Chaves, Martín de Bilbao, Diego Méndez, Juan Rodríguez Barragán, Gómez Pérez, Diego de Hoces, Martín Carrillo, Jerónimo de Almagro y Juan Tello[4].

Muy a la ligera, y por la importancia del papel que desempeñan en esta crónica, haremos el retrato histórico de cada uno de los hidalgos, empezando por el dueño de la casa. *A tout seigneur tout honneur.*

Pedro de San Millán, caballero santiagués, contaba treinta y ocho años y pertenecía al número de los ciento setenta conquistadores que capturaron a Atahualpa[5]. Al hacerse la

---

[3] La batalla tuvo lugar en las cercanías del Cuzco, capital del Imperio de los Incas, y el 8 de julio de 1538 Hernando Pizarro, hermano de Francisco, mandó ejecutar a Diego de Almagro.

[4] Se trata de personajes auténticamente históricos que Palma recrea en esta tradición.

[5] Atahualpa (1500-1533), último inca del Tawantinsuyo, hijo de Huayna Cápac al morir este heredó los reinos del norte, pero poco después

repartición del rescate[6] del Inca, recibió ciento treinta y cinco marcos de plata y tres mil trescientas treinta onzas de oro. Leal amigo del mariscal don Diego de Almagro[7], siguió la infausta bandera de éste, y cayó en la desgracia de los Pizarro, que le confiscaron su fortuna, dejándole por vía de limosna el desmantelado solar de Judíos, y como quien dice basta para un gorrión pequeña jaula. San Millán, en sus buenos tiempos, había pecado de rumboso y gastador; era bravo, de gentil apostura y generalmente querido.

Cristóbal de Sotelo frisaba en los cincuenta y cinco años, y como soldado que había militado en Europa, era su consejo tenido en mucho. Fue capitán de infantería en la batalla de las Salinas.

García de Alvarado era un arrogantísimo mancebo de veintiocho años, de aire marcial, de instintos dominadores, muy ambicioso y pagado de su mérito. Tenía sus ribetes de pícaro y felón.

Diego Méndez, de la orden de Santiago, era hermano del famoso general Rodrigo Ordóñez, que murió en la batalla de las Salinas mandando el ejército vencido. Contaba Méndez cuarenta y tres años, y más que por hombre de guerra se le estimaba por galanteador y cortesano.

De Francisco de Chaves, Martín de Bilbao, Diego de Hoces, Gómez Pérez y Martín Carrillo, sólo nos dicen los cronistas que fueron intrépidos soldados y muy queridos de los suyos. Ninguno de ellos llegaba a los treinta y cinco años.

---

declaró la guerra a su hermano Huáscar y lo venció en la batalla de Quipaypán en 1532, el mismo año en que los españoles llegaban al Perú. Fue tomado prisionero y sentenciado, pero ofreció pagar un fabuloso rescate por su libertad que cumplió. De todas maneras fue sentenciado y ejecutado con el garrote vil.

[6] Los cronistas de la conquista dicen que fueron dos habitaciones llenas de plata y una de oro.

[7] Diego de Almagro (1475-1538) ante las noticias de fabulosos tesoros se unió en sociedad con Francisco Pizarro y Hernando de Luque para descubrir y conquistar el Perú. Pizarro fue nombrado gobernador del Perú y a Almagro se le destinó los actuales territorios de Chile ante la creencia de que eran muy ricos. Decepcionado retornó al Perú y entabló una guerra civil a Pizarro. Perdió la batalla de las Salinas y fue ejecutado.

Juan Tello el sevillano fue uno de los doce fundadores de Lima, siendo los otros el marqués Pizarro, el tesorero Alonso Riquelme, el veedor García de Salcedo, el sevillano Nicolás de Ribera el Viejo, Rui Díaz, Rodrigo Mazuelas, Cristóbal de Peralta, Alonso Martín de Don Benito, Cristóbal Palomino, el salamanquino Nicolás de Ribera el Mozo y el secretario Picado. Los primeros alcaldes que tuvo el Cabildo de Lima fueron Ribera el Viejo y Juan Tello. Como se ve, el hidalgo había sido importante personaje, y en la época en que lo presentamos contaba cuarenta y seis años.

Jerónimo de Almagro era nacido en la misma ciudad que el mariscal, y por esta circunstancia y la del apellido se llamaban primos. Tal parentesco no existía, pues don Diego fue un pobre expósito. Jerónimo rayaba en los cuarenta años.

La misma edad contaba Juan Rodríguez Barragán, tenido por hombre de gran audacia a la par que de mucha experiencia.

Sabido es que, así como es nuestros días ningún hombre que en algo se estima sale a la calle en mangas de camisa, así en los tiempos antiguos nadie que aspirase a ser tenido por decente osaba presentarse en la vía pública sin la respectiva capa. Hiciese frío o calor, el español antiguo y la capa andaban en consorcio, tanto en el paseo y el banquete cuanto en la fiesta de iglesia. Por eso sospecho que el decreto que en 1822 dio el ministro Monteagudo prohibiendo a los españoles el uso de la capa, tuvo, para la Independencia del Perú, la misma importancia que una batalla ganada por los insurgentes. Abolida la capa, desaparecía España.

Para colmo de miseria de nuestros doce hidalgos, entre todos ellos no había más que una capa; y cuando alguno estaba forzado a salir, los once restantes quedaban arrestados en la casa por falta de la indispensable prenda.

Antonio Picado, el secretario del marqués don Francisco Pizarro, o más bien dicho, su demonio de perdición, hablando un día de los hidalgos los llamó *Caballeros de la capa*. El mote hizo fortuna y corrió de boca en boca.

Aquí viene a cuento una breve noticia biografía de Picado. Vino éste al Perú en 1534 como secretario del mariscal don Pedro de Alvarado[8], el del famoso salto en México. Cuando Alvarado, pretendiendo que ciertos territorios del Norte no estaban comprendidos en la jurisdicción de la conquista señalada por el emperador a Pizarro, estuvo a punto de batirse con las fuerzas de don Diego de Almagro, Picado vendía a éste los secretos de su jefe, y una noche, recelando que se descubriese su infamia, se fugó al campo enemigo. El mariscal envió fuerza a darle alcance, y no lográndolo, escribió a don Diego que no entraría en arreglo alguno si antes no le entregaba la persona del desleal. El caballeroso Almagro rechazó la pretensión, salvando así la vida a un hombre que depués fue tan funesto para él y para los suyos.

Don Francisco Pizarro tomó por secretario a Picado, el que ejerció sobre el marqués una influencia fatal y decisiva. Picado era quien, dominando los arranques generosos del gobernador, lo hacía obstinarse en una política de hostilidad contra los que no tenían otro crimen que el de haber sido vencidos en la batalla de las Salinas.

Ya por el año de 1541 sabíase de positivo que el monarca, inteligenciado[9] de lo que pasaba en estos reinos, enviaba al licenciado don Cristóbal Vaca de Castro[10] para residenciar al gobernador; y los almagristas, preparándose a pedir justicia por la muerte dada a don Diego, enviaron, para recibir al comisionado de la corona y prevenir su ánimo con informes, a los capitanes Alonso Portocarrero y Juan Balsa. Pero el juez pesquisidor[11] no tenía cuándo llegar. Enfermedades y contratiempos marítimos retardaban su arribo a la ciudad de los Reyes.

---

[8] Pedro de Alvarado (1485-1541), conquistador español, colaboró con Hernán Cortés en la conquista de México y ordenó la célebre matanza de indígenas que desembocó en la Noche Triste. Después de un acuerdo con Almagro desistió participar en la conquista del Perú.

[9] Neologismo, informado de algo con inteligencia // Puesto al corriente.

[10] Cristobal Vaca de Castro (1492-1566). Fue enviado al Perú para mediar en la guerra civil entre pizarristas y almagristas. Derrotó a Almagro el Mozo en la batalla de Chupas y lo mandó ejecutar.

[11] Se aplica al que pesquisa o indaga (Moliner).

139

Pizarro entretanto quiso propiciarse amigos aun entre los caballeros de la capa; y envió mensajes a Sotelo, Chaves y otros, ofreciéndoles sacarlos de la menesterosa situación en que vivían. Pero, en honra de los almagristas, es oportuno consignar que no se humillaron a recibir el mendrugo de pan que se les quería arrojar.

En tal estado las cosas, la insolencia de Picado aumentaba de día en día, y no excusaba manera de insultar a *los de Chile*[12], como eran llamados los parciales de Almagro. Irritados éstos, pusieron una noche tres cuerdas en la horca, con carteles que decían: *Para Pizarro —Para Picado— Para Velázquez.*

El marqués, al saber este desacato, lejos de irritarse dijo sonriendo:

—¡Pobres! Algún desahogo les hemos de dejar y bastante desgracia tienen para que los molestemos más. Son jugadores perdidos y hacen extremos de tales.

Pero Picado se sintió, como su nombre, picado; y aquella tarde, que era la del 5 de junio, se vistió un jubón y una capetilla[13] francesa, bordada con higas[14] de plata, y montando en un soberbio caballo pasó y repasó, haciendo caracolear al animal, por las puertas de Juan de Rada, tutor del joven Almagro, y del solar de Pedro de San Millán, residencia de los doce hidalgos; llevando su provocación hasta el punto de que, cuando algunos de ellos se asomaron, les hizo un corte de manga[15], diciendo: —Para los de Chile— y picó espuelas al bruto.

Los caballeros de la capa mandaron llamar inmediatamente a Juan de Rada.

---

[12] Se les conoció así a los que acompañaron a Diego de Almagro en su fallida campaña en la conquista de Chile y que luego conspiraron contra Pizarro.

[13] Capa.

[14] Adornos desmesurados.

[15] *Corte de manga* (dar o hacer): Además de significado obsceno y despreciativo que se hace con la mano, extendiendo el dedo corazón entre el índice y el anular doblados. A la vez se levanta el brazo y se golpea en él con la otra mano *(DRAE)*. (La academia pone en plural la palabra *manga*.)

Pizarro había ofrecido al joven Almagro[16], que quedó huérfano a la edad de diez y nueve años, ser para él un segundo padre, y al efecto lo aposentó en palacio; pero fastidiado el mancebo de oír palabras en mengua de la memoria del mariscal y de sus amigos, se separó del marqués y se constituyó pupilo de Juan de Rada. Era éste un anciano muy animoso y respetado, pertenecía a una noble familia de Castilla, y se le tenía por hombre de gran cautela y experiencia. Habitaba en el portal de Botoneros, que así llamamos en Lima a los artesanos que en otras partes son *pasamaneros*[17], unos cuartos del que hasta hoy se conoce con el nombre de *callejón*[18] *de los Clérigos*. Rada vio en la persona de Almagro el Mozo un hijo y una bandera para vengar la muerte del mariscal; y todos los de Chile, cuyo número pasaba de doscientos, si bien reconocían por caudillo al joven don Diego, miraban en Rada el llamado a dar impulso y dirección a los elementos revolucionarios.

Rada acudió con presteza al llamamiento de los caballeros. El anciano se presentó respirando indignación por el nuevo agravio de Picado, y la junta resolvió no esperar justicia del representante que enviaba la corona; sino proceder al castigo del marqués y de su insolente secretario.

García de Alvarado, que tenía puesta esa tarde la capa de la compañía, la arrojó al suelo, y parándose sobre ella, dijo:

—Juremos por la salvación de nuestras ánimas morir en guarda de los derechos de Almagro el Mozo, y recortar de esta capa la mortaja para Antonio Picado.

---

[16] Diego de Almagro, conocido también como el Mozo (1518-1542), hijo del conquistador Diego de Almagro, socio de Pizarro. Al triunfo de la conspiración contra Pizarro fue nombrado, por los conjurados, gobernador del Perú. Derrotado en Chupas huyó, siendo más tarde decapitado.

[17] Personas que hacen pasamanos. *Pasamano*: género de galón o trencilla, cordones, borlas, flecos y demás adornos de oro, plata, seda, algodón o lana, que se hace y sirve para guarnecer y adornar los vestidos y otras cosas *(DRAE)*.

[18] Peruanismo, conventillo, solar poblado de viviendas con un pasadizo y servicios comunes.

141

## DE LA ATREVIDA EMPRESA QUE EJECUTARON
### LOS CABALLEROS DE LA CAPA

Las cosas no podían concertarse tan en secreto que el marqués no advirtiese que los de Chile tenían frecuentes conciliábulos[19], que reinaba entre ellos una agitación sorda, que compraban armas y que, cuando Rada y Almagro el Mozo salían a la calle, eran seguidos, a distancia y a guisa de escolta, por un grupo de sus parciales. Sin embargo, el marqués no dictaba providencia alguna.

En esta inacción del gobernador recibió cartas de varios corregimientos participándole que los de Chile preparaban sin embozo un alzamiento en todo el país. Esta y otras denuncias le obligaron una mañana a hacer llamar a Juan de Rada.

Encontró éste a Pizarro en el jardín de palacio, al pie de una higuera que aun existe; y según Herrera, en sus *Décadas,* medió entre ambos este diálogo:

—¿Qué es esto, Juan de Rada, que me dicen que andáis comprando armas para matarme?

—En verdad, señor, que he comprado dos coracinas y una cota para defenderme.

—¿Pues qué causa os mueve ahora, más que en otro tiempo, a proveeros de armas?

—Porque nos dicen, señor, y es público, que su señoría recoge lanzas para matarnos a todos. Acábenos ya su señoría y haga de nosotros lo que fuere servido; porque, habiendo comenzado por la cabeza, no sé yo por qué ha de tener respeto a los pies. También se dice que su señoría piensa matar el juez que viene enviado por el rey. Si su ánimo es tal y determina dar muerte a los de Chile, no lo haga con todos. Destierre su señoría a don Diego en un navío, pues

---

[19] *Conciliábulos:* reuniones secretas y por los general subversivas.

es inocente, que yo me iré con él adonde la fortuna nos quisiere llevar.

—¿Quién os ha hecho entender tan gran traición y maldad como esa? Nunca tal pensé, y más deseo tengo que vos de que acabe de llegar el juez, que ya estuviera aquí si hubiese aceptado embarcarse en el galeón que yo le envié a Panamá. En cuanto a las armas, sabed que el otro día salí de caza, y entre cuantos íbamos ninguno llevaba lanza; y mandé a mis criados que comprasen una, y ellos mercaron cuatro. ¡Plegue[20] a Dios, Juan de Rada, que venga el juez y estas cosas hayan fin, y Dios ayude a la verdad!

Por algo se ha dicho que del enemigo el consejo. Quizá habría Pizarro evitado su infausto fin, si, como se lo indicaba el astuto Rada, hubiese en el acto desterrado a Almagro.

La plática continuó en tono amistoso, y al despedirse Rada, le obsequió Pizarro seis higos que él mismo cortó por su mano del árbol, y que eran de los primeros que se producían en Lima.

Con esta entrevista pensó don Francisco haber alejado todo peligro, y siguió despreciando los avisos que constantemente recibía.

En la tarde del 25 de junio, un clérigo le hizo decir que, bajo secreto de confesión, había sabido que los almagristas trataban de asesinarlo, y muy en breve. —Ese clérigo obispado[21] quiere —respondió el marqués; y con la confianza de siempre, fue sin escolta a paseo y al juego de pelota y bochas, acompañado de Nicolás de Ribera el Viejo.

Al acostarse, el pajecillo que le ayudaba a desvestirse le dijo:

—Señor marqués, no hay en las calles más novedad sino que los de Chile quieren matar a su señoría.

—¡Eh! Déjate de bachillerías[22], rapaz, que esas cosas no son para ti —le interrumpió Pizarro.

Amaneció el domingo 26 de junio, y el marqués se levantó algo preocupado.

---

[20] De *plugo*, ruegue.
[21] Aprovechado. Avisado.
[22] Locuacidad impertinente *(DRAE)*.

A las nueve llamó al alcalde mayor, Juan de Velázquez, y recomendóle que procurase estar al corriente de los planes de los de Chile, y que si barruntaba algo de gravedad, procediese sin más acuerdo a la prisión del caudillo y de sus principales amigos. Velázquez le dio esta respuesta que las consecuencias revisten de algún chiste:

—Descuide vuestra señoría, que mientras yo tenga en la mano esta vara, ¡juro a Dios que ningún daño le ha de venir!

Contra su costumbre no salió Pizarro a misa, y mandó que se la dijesen en la capilla de palacio.

Parece que Velázquez no guardó, como debía, reserva con la orden del marqués, y habló de ella con el tesorero Alonso Riquelme y algunos otros. Así llegó a noticia de Pedro San Millán, quien se fue a casa de Rada, donde estaban reunidos muchos de los conjurados. Participóles lo que sabía y añadió: —Tiempo es de proceder, pues si lo dejamos para mañana, hoy nos hacen cuartos.

Mientras los demás se esparcían por la ciudad a llenar diversas comisiones, Juan de Rada, Martín de Bilbao, Diego Méndez, Cristóbal de Sosa, Martín Carrillo, Pedro de San Millán, Juan de Porras, Gómez Pérez, Arbolancha, Narváez y otros, hasta completar diez y nueve conjurados, salieron precipitadamente del callejón de los Clérigos (y no del de Petateros, como cree el vulgo) en dirección a palacio. Gómez Pérez dio un pequeño rodeo para no meterse en un charco, y Juan de Rada lo apostrofó: —¿Vamos a bañarnos en sangre humana, y está cuidando vuesa merced de no mojarse los pies? Andad y volveos, que no servís para el caso.

Más de quinientas personas, paseantes o que iban a la misa de doce, había a la sazón en la plaza, y permanecieron impasibles mirando el grupo. Algunos maliciosos se limitaron a decir: —Ésos van a matar al marqués o a Picado.

El marqués, gobernador y capitán general del Perú don Francisco Pizarro, se hallaba en uno de los salones de palacio en tertulia con el obispo electo de Quito, el alcalde Velázquez y hasta quince amigos más, cuando entró un paje gritando: —Los de Chile vienen a matar al marqués, mi señor.

La confusión fue espantosa. Unos se arrojaron por los corredores al jardín, y otros se descolgaron por las ventanas a la calle, contándose entre los últimos el alcalde Velázquez, que para mejor asirse de la balaustrada se puso entre los dientes la vara de juez. Así no faltaba al juramento que había hecho tres horas antes; visto que si el marqués se hallaba en atrenzos, era porque no tenía la vara en la mano, sino en la boca.

Pizarro, con la coraza mal ajustada, pues no tuvo espacio para acabarse de armar, la capa terciada a guisa de escudo y su espada en la mano, salió a oponerse a los conjurados, que ya habían muerto a un capitán y herido a tres o cuatro criados. Acompañaban al marqués su hermano uterino Martín de Alcántara, Juan Ortiz de Zárate y dos pajes.

El marqués, a pesar de sus sesenta y cuatro años, se batía con los bríos de la mocedad; y los conjurados no lograban pasar el dintel de una puerta, defendida por Pizarro y sus cuatro compañeros, que lo imitaban en el esfuerzo y coraje.

—¡Traidores! ¿Por qué me queréis matar? ¡Qué desvergüenza! ¡Asaltar como bandoleros mi casa! —gritaba furioso Pizarro, blandiendo la espada; y a tiempo que hería a uno de los conjurados, que Rada había empujado sobre él, Martín de Bilbao le acertó una estocada en el cuello.

El conquistador del Perú sólo pronunció una palabra: ¡Jesús!, y cayó, haciendo con el dedo una cruz de sangre en el suelo, y besándola.

Entonces Juan Rodríguez Barragán le rompió en la cabeza una garrafa de barro de Guadalajara, y don Francisco Pizarro exhaló el último aliento.

Con él murieron Martín de Alcántara y los dos pajes, quedando gravemente herido Ortiz de Zárate.

Quisieron más tarde sacar el cuerpo de Pizarro y arrastrarlo por la plaza; pero los ruegos del obispo de Quito y el prestigio de Juan de Rada estorbaron este acto de bárbara ferocidad. Por la noche dos humildes servidores del marqués lavaron el cuerpo; le vistieron el hábito de Santiago sin calzarle las espuelas de oro, que habían desaparecido; abrieron una sepultura en el terreno de la que hoy es Catedral, en el patio que aún se llama de los Naranjos, y enterraron el cadáver. Encerrados en un cajón de terciopelo con broches de oro se encuentran hoy los huesos de Pizarro, bajo el altar mayor de la catedral. Por lo menos tal es la general creencia.

Realizado el asesinato, salieron sus autores a la plaza gritando: ¡Viva el rey! ¡Muerto es el tirano! ¡Viva Almagro! ¡Póngase la tierra en justicia! Y Juan de Rada se restregaba las manos con satisfacción, diciendo: ¡Dichoso día en el que se conocerá que el mariscal tuvo amigos tales que supieron tomar venganza de su matador!

Inmediatamente fueron presos Jerónimo de Aliaga, el factor Illán Suárez de Carbajal, el alcalde del Cabildo Nicolás de Ribera el Viejo y muchos de los principales vecinos de Lima. Las casas del marqués, de su hermano Alcántara y de Picado fueron saqueadas. El botín de la primera se estimó en cien mil pesos, el de la segunda en quince mil pesos y el de la última en cuarenta mil.

A las tres de la tarde, más de doscientos almagristas habían creado un nuevo Ayuntamiento; instalado a Almagro el Mozo en palacio con título de gobernador, hasta que el rey proveyese otra cosa; reconocido a Cristóbal de Sotelo por su teniente gobernador, y conferido a Juan de Rada el mando del ejército.

Los religiosos de la Merced, que, así en Lima como en el Cuzco, eran almagristas, sacaron la custodia en procesión y se apresuraron a reconocer el nuevo gobierno. Gran papel desempeñaron siempre los frailes en las contiendas de los conquistadores. Húbolos que convirtieron la cátedral del Espíritu Santo en tribuna de difamación contra el bando que no era de sus simpatías. Y en prueba de la influencia que sobre la soldadesca tenían los sermones, copiaremos una carta que en 1553, dirigió Francisco Girón al padre Baltasar Melgarejo. Dice así la carta:

«Muy magnífico y reverendo señor: Sabido he que vuesa paternidad me hace más guerra con su lengua, que no los soldados con sus armas. Merced recibiré que haya enmienda en el negocio, porque de otra manera, dándome Dios victoria, forzarme ha vuesa paternidad que no mire nuestra amistad y quien vuesa paternidad es, cuya muy magnífica y reverenda persona guarde. —De este mi real de Pachacamac. —Besa la mano de vuesa paternidad su servidor. —*Francisco Hernández Girón*»[23].

Una observación histórica. El alma de la conjuración fue siempre Rada, y Almagro el Mozo ignoraba todos los planes de sus parciales. No se le consultó para el asesinato de Pizarro, y el joven caudillo no tuvo en él más parte que aceptar el hecho consumado.

Preso el alcalde Velázquez, consiguió hacerlo fugar su hermano el obispo del Cuzco fray Vicente Valverde[24], aquel fanático de la orden dominica que tanta influencia tuvo para la captura y suplicio de Atahualpa. Embarcáronse luego los dos hermanos para ir a juntarse con Vaca de Castro; pero, en la isla de la *Puná*[25], los indios los mataron a flechazos junto con otros diez y seis españoles. No sabemos a punto fijo si la Iglesia venera entre sus mártires al padre Valverde.

Velázquez escapó de las brasas para caer en las llamas. Los caballeros de la capa no lo habrían tampoco perdonado.

Desde los primeros síntomas de revolución, Antonio Picado se escondió en casa del tesorero Riquelme, y descubierto al día siguiente su asilo fueron a prenderlo. Riquelme dijo a los almagristas: —No sé dónde está el señor Picado— y con los ojos les hizo señas para que lo buscasen debajo de la cama. La pluma se resiste a hacer comentarios sobre tamaña felonía.

Los caballeros de la capa, presididos por Juan de Rada y con anuencia de don Diego, se constituyeron en tribunal. Cada uno enrostró a Picado el agravio que de él hubiera recibido cuando era omnipotente cerca de Pizarro; luego le

---

[23] Francisco Hernández Girón (1510-1554), conquistador español que acompañó a Francisco Pizarro en la conquista del Perú y encabezó la rebelión del Cuzco de 1553.
[24] Vicente Valverde (?-1541), sacerdote dominico español acompañó a Pizarro en la conquista del Perú y su actuación fue decisiva en la ejecución de Atahualpa, el último inca.
[25] Isla situada en el golfo de Guayaquil, en Guayas, al suroeste del Ecuador.

147

dieron tormento para que revelase dónde el marqués tenía tesoros ocultos; y por fin, el 29 de septiembre, le cortaron la cabeza en la plaza con el siguiente pregón, dicho en voz alta por Cosme Ledesma, negro ladino en la lengua española, a toque de caja y acompañado de cuatro soldado con picas y otros dos con arcabuces y cuerdas encendidas:

—Manda Su Majestad que muera este hombre por revolvedor de estos reinos, e porque quemó e usurpó muchas provisiones reales, encubriéndolas porque venían en gran daño al marqués, e porque cohechaba[26] e había cohechado mucha suma de pesos de oro en la tierra.

El juramento de los caballeros de la capa se cumplió al pie de la letra. La famosa capa le sirvió de mortaja a Antonio Picado.

### III

EL FIN DEL CAUDILLO Y DE LOS DOCE CABALLEROS

No nos proponemos entrar en detalles sobre los catorce meses y medio que Almagro el Mozo se mantuvo como caudillo, ni historiar la campaña que, para vencerlo, tuvo que emprender Vaca de Castro. Por eso, a grandes rasgos hablaremos de los sucesos.

Con escasas simpatías entre los vecinos de Lima, viose don Diego forzado a abandonar la ciudad para reforzarse en Guamanga[27] y el Cuzco, donde contaba con muchos partidarios. Días antes de emprender la retirada, se le presentó Francisco de Chaves exponiéndole una queja, y no recibiendo reparación de ella le dijo: —No quiero ser más tiempo vuestro amigo, y os devuelvo la espada y el caballo—. Juan de Rada lo arrestó por la insubordinación, y enseguida lo hizo degollar. Así concluyó uno de los caballeros de la capa.

---

[26] Sobornaba, corrompía con dádivas al juez o funcionario.
[27] Forma quechua de Huamanga, provincia del departamento de Ayacucho, capital Ayacucho.

Juan de Rada, gastado por los años y las fatigas, murió en Jauja al principiarse la campaña. Fue este un golpe fatal para la causa revolucionaria. García de Alvarado lo reemplazó como general, y Cristóbal de Sotelo fue nombrado maese de campo.

En breve estalló la discordia entre los dos jefes de ejército, y hallándose Sotelo enfermo en cama, fue García de Alvarado a pedirle satisfacción por ciertas hablillas: —No me acuerdo haber dicho nada de vos ni de los Alvarado —contestó el maese de campo—; pero si algo he dicho lo vuelvo a decir, porque, siendo quien soy, se me da una higa de los Alvarado; y esperad a que me abandone la fiebre que me trae postrado para demandarme más explicaciones con la punta de la espada. —Entonces el impetuoso García de Alvarado cometió la villanía de herirlo, y uno de sus parciales lo acabó de matar. Tal fue la muerte del segundo caballero de la capa.

Almagro el Mozo habría querido castigar en el acto el aleve matador; pero la empresa no era hacedera[28]. García de Alvarado, ensoberbecido con su prestigio sobre la soldadesca, conspiraba para deshacerse de don Diego, y luego, según le conviniese, batir a Vaca de Castro o entrar en acuerdo con él. Almagro disimuló mañosamente, inspiró confianza a Alvarado, y supo atraerlo a un convite que daba en el Cuzco Pedro de San Millán. Allí, en medio de la fiesta, un confidente de don Diego se echó sobre don García diciéndole:

—¡Sed preso!

—Preso no, sino muerto —añadió Almagro, y le dio una estocada, acabándolo de matar los otros convidados.

Así desaparecieron tres de los caballeros de la capa antes de presentar batalla al enemigo. Estaba escrito que todos habían de morir de muerte violenta y bañados en su sangre.

Entretanto, se aproximaba el momento decisivo, y Vaca de Castro hacía a Almagro proposiciones de paz y promul-

---

[28] Que puede hacerse o es fácil de hacer *(DRAE)*.

149

gaba un indulto, del que sólo estaban exceptuados los nueve caballeros de la capa que aún vivían, y dos o tres españoles más.

El domingo 16 de septiembre de 1542 terminó la guerra civil con la sangrienta batalla de Chupas[29]. Almagro, al frente de quinientos hombres, fue casi vencedor de los ochocientos que seguían la bandera de Vaca de Castro. Durante la primera hora, la victoria pareció inclinarse del lado del joven caudillo; pues Diego de Hoces, que mandaba una ala de su ejército, puso en completa derrota una división contraria. Sin el arrojo de Francisco de Carbajal, que restableció el orden en las filas de Vaca de Castro, y más que esto, sin la impericia o tradición de Pedro de Candia, que mandaba la artillería almagrista, el triunfo de los de Chile era seguro.

El número de muertos por ambas partes pasó de doscientos cuarenta, y el de los heridos fue también considerable. Entre tan reducido número de combatientes, sólo se explica un encarnizamiento igual teniendo en cuenta que los almagristas tuvieron por su caudillo el mismo fanático entusiasmo que había profesado al mariscal su padre; y ya es sabido que el fanatismo por una causa ha hecho siempre los héroes y los mártires.

Aquéllos sí eran tiempos en los que, para entrar en batalla, se necesitaba tener gran corazón. Los combates terminaban cuerpo a cuerpo, y el vigor, la destreza y lo levantado del ánimo decidían el éxito.

Las armas de fuego distaban tres siglos del fusil de aguja y eran más bien un estorbo para el soldado, que no podía utilizar el mosquete o arcabuz si no iba provisto de eslabón, pedernal y yesca para encender la mecha. La artillería estaba en la edad del babador[30]; pues los pedreros o falconetes, si para algo servían era para meter ruido como los petardos. Propiamente hablando, la pólvora se gastaba en salvas; pues no conociéndose aún escala de punterías, las balas iban por donde el diablo las guiaba. Hoy es una delicia

---

[29] Llanura entre los distritos de Mayocc y Chiara.
[30] Babero.

150

caer en el campo de batalla, así el mandria como el audaz, con la limpieza con que se resuelve una ecuación de tercer grado. Muere el prójimo matemáticamente, en toda regla, sin error de suma o pluma; y ello, al fin, debe ser un consuelo que se lleva el alma al otro barrio. Decididamente, hogaño una bala de cañón es una bala científica, que nace educada y sabiendo a punto fijo dónde va a parar. Esto es progreso, y lo demás es chiribitas[31] y agua de borrajas.

Perdida toda esperanza de triunfo, Martín de Bilbao y Jerónimo de Almagro no quisieron abandonar el campo, y se lanzaron entre los enemigos gritando: —¡A mí, que yo maté al marqués! —En breve cayeron sin vida. Sus cadáveres fueron descuartizados al día siguiente.

Pedro de San Millán, Martín Carrillo y Juan Tello fueron hechos prisioneros, y Vaca de Castro los mandó degollar en el acto.

Diego de Hoces, el bravo capitán que tan gran destrozo causara en las tropas realistas, logró escapar del campo de batalla, para ser pocos días después degollado en Guamaga.

Juan Rodríguez Barragán, que había quedado por teniente gobernador en el Cuzco, fue apresado en la ciudad y se le ajustició. Las mismas autoridades que creó don Diego, al saber su derrota, se declararon por el vendedor para obtener indultos y mercedes.

Diego Méndez y Gómez Pérez lograron asilarse cerca del Inca Manco[32] que, protestando contra la conquista, conservaba en las crestas de los Andes un grueso ejército de indios. Allí vivieron hasta fines de 1544. Habiendo un día Gómez Pérez tenido un altercado con el Inca Manco, mató a éste a puñaladas, y entonces los indios asesinaron a los dos caballeros y a cuatro españoles más que habían buscado refugio entre ellos.

---

[31] Expresar en la mirada la ilusión de que algo deseado va a suceder pronto *(DRAE)*.

[32] Manco Inca (1500-1544), hermano de Atahualpa, se sublevó en 1536 contra Pizarro y a la cabeza de 200.000 indios sitio el Cuzco, inexplicablemente no lo atacó, más tarde fue estratégicamente derrotado y asesinado.

Almagro el Mozo peleó con desesperación hasta el último momento en que, decidida la batalla, lanzó su caballo sobre Pedro de Candia, y diciéndole ¡Traidor! lo atravesó con su lanza. Entonces Diego de Méndez lo forzó a emprender la fuga para ir a reunirse con el Inca, y habriánlo logrado si a Méndez no se le antojara entrar en el Cuzco para despedirse de su querida. Por esta imprudencia fue preso el valeroso mancebo, logrando Méndez escapar para morir más tarde, como ya hemos referido, a manos de los indios.

Se formalizó proceso, y don Diego salió condenado. Apeló del fallo a la Audiencia de Panamá y al rey, y la apelación le fue denegada. Entonces dijo con entereza: —Emplazo a Vaca de Castro ante el tribunal de Dios, donde seremos juzgados sin pasión; y pues muero en el lugar donde degollaron a mi padre, ruego sólo que me coloquen en la misma sepultura, debajo de su cadáver.

Recibió la muerte —dice un cronista que presenció la ejecución— con ánimo valiente. No quiso que le vendasen los ojos por fijarlos, hasta su postrer instante, en la imagen del Crucificado; y, como lo había pedido, se le dio la misma tumba que al mariscal su padre.

Era ese joven de veinticuatro años de edad, nacido de una india noble de Panamá, de talla mediana, de semblante agraciado, gran jinete, muy esforzado y diestro en las armas; participaba de la astucia de su progenitor, excedía en la liberalidad de su padre, que fue harto dadivoso, y como él, sabía hacerse amar con locura de sus parciales.

Así, con el triste fin del caudillo y de los caballeros de la capa, quedó exterminado en el Perú el bando de los de Chile.

# La monja de la llave

CRÓNICA DE LA ÉPOCA DEL SEXTO
Y SÉPTIMO VIRREYES DEL PERÚ

## I

Corría el mes de mayo del año de gracia 1587.

Media noche era por filo cuando un embozado escalaba, en la calle que hoy es plaza de Bolívar, un balcón perteneciente a la casa habitada por el conquistador Nicolás de Ribera el Mozo, a quien el marqués don Francisco Pizarro había favorecido con pingüës repartimientos y agraciado Carlo V con el hábito de Santiago. Quien lea el acta de fundación de Lima (18 de enero de 1535) encontrará los nombres de Nicolás de Ribera el Viejo y Nicolás de Ribera el Mozo. Por la época de esta tradición la mocedad de Ribera el Mozo era una pulla, pues nuestro poblador de la ciudad de los Reyes rayaba en los ochenta diciembres.

No se necesita inspiración apostólica para adivinar que era un galán el que así penetraba en casa de Ribera el Mozo, y que el flamante caballero santiagués debía tener hija hermosa y casadera.

Doña Violante de Ribera, dicho sea en puridad, era una linda limeña de ojos más negros que una mala intención, tez aterciopelada, riza y poblada cabellera, talle de sílfide, mano infantil y el pie más mono que han calzado zapaticos de raso. Contaba entonces veinticuatro abriles muy floridos; y a tal edad, muchacha de buen palmito y sin noviaz-

153

go o quebradero de cabeza, es punto menos que imposible. En vano su padre la tenía bajo la custodia de una dueña quitañona[1], más gruñidora que mastín de hortelano e incólume hasta de la sospecha de haberse ejercitado en los días de su vida en zurcir voluntades. ¡Bonita era doña Circuncisión para tolerar trapicheos[2], ella que cumplía con el precepto todas las mañanas y que comulgaba todos los domingos!

Pero Violante tenía un hermano nombrado don Sebastián, oficial de la escolta del virrey, el cual hermano se trataba íntimamente con el capitán de escopeteros Rui Díaz de Santillana; y como el diablo no busca sino pretexto para perder a las almas, aconteció que el capitancito se le entró por el ojo derecho a la niña, y que hubo entre ambos este dialoguito:

—¿Hay quien nos escuche? —No.
—¿Quieres que te diga? —Di.
—¿Tienes un amante? —¡Yo!
—¿Quieres que lo sea? —Sí.

La honrada doña Circuncisión acostumbrada cada noche hacerse leer por su pupila la vida del santo del día, rezar con ella un rosario cimarrón mezclado de caricias al *michimorrongo*[3], y, oyendo, a las nueve las campanas de la queda, apurar una jícara[4] de soconusco[5] acompañada de bizcochos y mantecados. Pero es el caso que Violante se daba trazas para, al descuido y con cuidado, echar en el chocolate de la dueña algunas gotas de extracto de floripondios, que producían en la beata un sueño que distaba

---

[1] Muy vieja, centenaria. (Moliner dice que esta palabra se aplica a personas y advierte que no es de uso actual.)

[2] Maneras poco claras de conseguir algo.

[3] Peruanismo, gato bonito y mimoso.

[4] Americanismo del náhuatl *xicalli*, vasija en forma de taza, hecha primitivamente del fruto de la calabaza seca, pero después por lo general de loza (Morínigo).

[5] Centroamericanismo, cacao de superior calidad del que se puede beber un chocolate muy bueno (Morínigo).

154

no mucho del eterno. Así, cuando ya no se movía ni una paja en la casa ni en la calle, podía Díaz, con auxilio de una escala de cuerda, penetrar en el cuarto de su amada sin temor a importuna sorpresa de la dueña

> Madre, la mi madre,
> ¿guardas me ponéis?
> Si yo no me guardo
> no me guardaréis.

dice una copla antigua, y a fe que el poeta que la compuso supo dónde tenía la mano derecha y lo que son femeniles vivezas. Y ya sabemos que

> cuando dos que se quieren
> se ven solitos,
> se hacen unos cariños
> muy rebonitos.

En la noche de mayo de que hablamos al principio, apenas acabó el galán de escalar el balcón, cuando un acceso de tos lo obligó a llevar a la boca su pañuelo de batista, retirándole al instante teñido en sangre, y cayendo desplomado en los brazos de la joven.

No es para nuestra antirromántica pluma pintar el dolor de Violante. Mal huésped es un cadáver en la habitación de una noble y reputada doncella.

La hija de Ribera el Mozo pensó, al fin, que lo primero era esconder su falta a los ojos del anciano y orgulloso padre; y dirigiéndose al cuarto de su hermano don Sebastián, entre sollozos y lágrimas, lo informó de su comprometida situación.

Don Sebastián principió por irritarse; mas, calmándose luego se encaminó al cuarto de Violante, echó sobre sus hombros al muerto, se descolgó con él por la escala del balcón, y merced a la obscuridad ya que en esos tiempos era difícil encontrar en la calle alma viviente después de las diez de la noche, pudo depositar el cadáver en la puerta de la Concepción, cuya fábrica estaba en ese año muy avanzada.

155

Vuelto a su casa, ayudó a su hermana a lavar las baldosas del balcón, para hacer desaparecer la huella de la sangre; y terminaba tan conveniente faena, la dijo:

—¡Ira de Dios, hermana! Por lo pronto, sólo el cielo y yo sabemos tu secreto y que has cubierto de infamia las honradas canas de Ribera el Mozo. Apréstate para encerrarte en el convento, si no quieres morir entre mis manos y llevar la desesperación al alma de nuestro padre.

En aquellos tiempos se hilaba muy delgado en asunto de honra.

Y en efecto, algunos días después Violante tomaba el velo de novicia en la Encarnación, única congregación de monjas que, por entonces, existía en Lima.

Y por más honrar en la persona de su hija al caballero santiagués, asistió a la ceremonia como padrino de hábito el virrey del Perú, conde de Villardompardo.

No será fuera de oportunidad apuntar aquí que, a la muerte de Ribera el Mozo, fue demolida la casa, edificándose en el terreno la famosa cárcel de la Inquisición, tribunal que hasta entonces había funcionado en la casa fronteriza a la iglesia de la Merced.

II

Echemos, lector, el obligado parrafillo histórico, ya que incidentalmente nombramos al conde de Villardompardo, a quien las traviesas limeñas llamaban el *Temblecón*, aludiendo a la debilidad nerviosa de sus manos.

Gobierno bien fatal fue el del Excmo. Sr. D. Fernando de Torres y Portugal, conde de Villardompardo[6], séptimo virrey del Perú por S. M. don Felipe II. Sucediendo a don Martín Enríquez, de la casa de los marqueses de Alcañices, y que antes había sido virrey de México, diríase que

---

[6] Fernando de Torres y Portugal, conde de Villar Don Pardo (siglo XVI), Palma escribe Villardompardo, fue el séptimo virrey del Perú (1584-1590), se destacó sobre todo porque combatió al corsario Cavendish que saqueó los puertos norteños de Piura y Paita.

éste le legó también su desgracia en el mando; pues sabido es que don Martín apenas gobernó veintiún meses, si es que puede llamarse gobierno el de un hombre cuyas dolencias físicas no le permitían más que prepararse a bien morir.

En cuanto a obras públicas, parece que ambos virreyes sólo proyectaron una: adoquinar la *vía láctea*.

El terremoto que en 1582 arruinó a Arequipa, y el que en 1585 dejó a Piura y Lima en escombros; el tercer Concilio limense[7] presidido por el santo arzobispo Toribio de Mogrovejo[8] y que se disolvió con grave escándalo; los desastres de la flota que condujo quinientos treinta hombres para colonizar Magallanes y que sucumbieron todos, menos veinte, al rigor de las privaciones y del clima; los escesos en el Pacífico del pirata inglés Tomás Cavendish; una peste de viruelas que hizo millares de víctima en el Perú; la pérdida de las sementeras, que trajo por consecuencia una carestía tal de víveres que la fanega de trigo se vendió a diez pesos; y, por fin, la nueva del destrozo sufrido por la invencible escuadra, destinada contra la *reina virgen* Elisabeth de Inglaterra: ved en compendio la historia de don Martín Enríquez, *el Gotoso*, y de su sucesor don Fernando de Torres, *el Temblecón*.

En los tres años de su gobierno no hizo el conde Villardompardo sino amenguar el patronato, entrar en querellas ridículas con los inquisidores, dar pábulo a las disensiones de la Audiencia, dejar sin castigo a los defraudadores del fisco y permitir que en todas las esferas oficiales se entronizase la inmoralidad. Relevado con el segundo marqués de Cañete, retiróse el de Villardompardo a vivir en el conventillo franciscano del pueblo de la Magdalena, hasta que se le proporcionó navío para regresar a España.

---

[7] Famoso por sus dictámenes contra idolatrías y todo cuanto pueda significar «menoscabo de la fe».

[8] Toribio de Mogrovejo (1538-1606), inquisidor de Granada y arzobispo de Lima, fundó el Seminario de Santo Toribio.

# III

Ajusticiado en la plaza de Lima, en diciembre de 1554, el capitán don Francisco Hernández Girón, que había alzado bandera contra el rey, su viuda doña Mencía de Sosa y la madre de ésta, doña Leonor Portocarrero, fundaron en 25 de marzo de 1558, y provisionalmente en la misma casa que habitaban, un monasterio en el que profesaron en breve muchas damas de la nobleza colonial. Doña Leonor fue reconocida como abadesa y doña Mencía aceptada como subpriora.

La profesión de una de las hijas del mariscal Alvarado, que fue maese de campo del licenciado La Gasca en la campaña contra Gonzalo Pizarro[9], ocasionó un conflicto; pues realizóse con sólo el permiso del arzobispo, Loaiza[10] y sin anuencia del vicario provincial agustino, que se oponía porque doña Isabel y doña Inés de Alvarado, aunque hijas de hombre tan ilustre y rico, eran mestizas.

El mariscal dotaba a cada una de sus dos hijas con veinte mil pesos y ofrecía hacer testamento a favor del monasterio. Las monjas aprovecharon de un viaje al Cuzco del padre provincial para dar la profesión a doña Isabel, pues no eran para despreciadas su dote y las esperanzas de la herencia. Cuando regresó a Lima el vicario y se impuso de lo acontecido, castigó a las monjas cortándolas una manga del hábito. Todas las clases sociales se ocuparon con calor de este asunto, hasta que, aplacadas las iras del vicario, perdonó a las religiosas, devolviendo a cada una la manga de que la había despojado.

Esto influyó para que, puestas las monjas bajo la protección del arzobispo e interesándose por ellas la sociedad limeña, el virrey marqués de Salinas activase la fábrica del actual convento, al que se trasladaron las canonesas.

---

[9] Gonzalo Pizarro (1502-1548), conquistador español, hermano de Francisco, participó en el sometimiento del imperio de los incas. Encargado del gobierno de Quito se sublevó contra el virrey Núñez de Vela; fue vencido en Jaquijaguana y ejecutado.

[10] Jerónimo de Loayza (?-1575) fue obispo de Cartagena de Indias (1537) y de Lima (1543) y se destacó por su acción social, especialmente con los desvalidos y enfermos.

Los capítulos para elección de abadesa fueron siempre, hasta la época de la Independencia, muy borrascosos entre las canonesas; y por los años de 1634, siendo arzobispo de Lima el señor don Fernando de Arias Ugarte, la monja Ana María de Frías asesinó con un puñal a otra religiosa. Enviada la causa a Roma, la Congregación de Cardenales condenó a la delincuente a seis años de cárcel en el monasterio, privación de voz activa y pasiva, prohibición de locutorio y ayuno todos los sábados. El vulgo dice que la monja Frías fue *emparedada*, lo que no es cierto, pues en el Archivo Nacional se encuentra una copia legalizada de la sentencia expedida en Roma.

Fue éste el primer monasterio que hubo en Lima; pues el de la Concepción, fundado por una cuñada del gobernador Pizarro, y los de la Trinidad, Descalzas y Santa Clara, se erigieron durante los últimos veinticinco años del siglo de la conquista. Los de Santa Catalina, el Prado, Trinitarias y el Carmen fueron establecidos en el siglo XVII, y datan desde el pasado siglo los de Nazarenas, Mercedarias, Santa Rosa y Capuchinas de Jesús María.

Como sólo las nobles y ricas descendientes de conquistadores podían ser admitidas entre las aristocráticas canonesas de la Encarnación, pronto dispuso este monasterio de crecida renta, aparte de los donativos y protección decidida que le acordaron muchos virreyes.

Volvamos a Violante de Ribera, cuya toma de hábito y profesión solemne, que para siempre la apartaba del mundo, se realizaron con un año de intervalo en la primitiva casa de las monjas.

Las tristeza dominaba el espíritu de la joven. Su corazón era de aquellos que no saben olvidar lo que amaron.

Su profunda melancolía y una llavecita de oro que pendiente de una cadenilla de plata llevaba al cuello daban tema a las conversaciones y conjeturas de sus compañeras de claustro. Aunque monjas, no habían dejado de ser mujeres y curiosas y perdían su latín por adivinar tanto el motivo de la pena como el misterio que para ellas debía significar la cadenilla. Cansadas al fin de murmuraciones, bautizaron a Violante con el nombre de *La monja de la llave*.

Y así corrió otro año hasta que murió Violante, casi de una manera súbita, víctima de lo sufrimientos morales que la devoraban.

Entonces las monjas desprendieron de su cuello la misteriosa llavecita de oro, que tan intrigadas las había traído, y abrieron con ella una pequeña caja de sándalo que Violante guardaba cuidadosamente en un mueble de su celda.

La cajita de sándalo encerraba las cartas de amor y el pañuelo ensangrentado del capitán Rui Díaz de Santillana.

160

# Los duendes del Cuzco

"INTRODUCCIÓN"

## CRÓNICA QUE TRATA DE CÓMO EL VIRREY POETA ENTENDÍA LA JUSTICIA

Esta tradición no tiene otra fuente de autoridad que el relato del pueblo. Todos la conocen en el Cuzco tal como hoy la presento. Ningún cronista hace mención de ella, y sólo en un manuscrito de rápidas apuntaciones, que abarca desde la época del virrey marqués de Salinas hasta la del duque de la Palata, encuentro las siguientes líneas:

«En este tiempo del gobierno del príncipe de Squillace, murió malamente en el Cuzco, a mano del diablo, el almirante de Castilla conocido por el descomulgado.»

Como se ve, muy poca luz proporcionan estas líneas, y me afirman que en los *Anales del Cuzco,* que posee inéditos el señor obispo Ochoa, tampoco se avanza más, sino que el misterioso suceso está colocado en época diversa a la que yo le asigno.

Y he tenido en cuenta para preferir los tiempos de don Francisco de Borja y Aragón, no sólo la apuntación ya citada, sino la especialísima circunstancia de que, conocido el carácter del virrey poeta, son propias de él las espirituales palabras con que termina esta leyenda.

Hechas las salvedades anteriores, en descargo de mi conciencia de cronista, pongo punto redondo y entro en materia.

161

# I

Don Francisco de Borja y Aragón, príncipe de Esquilache y conde de Mayalde[1], natural de Madrid y caballero de las Órdenes de Santiago y Montesa, contaba treinta y dos años cuando Felipe III, que lo estimaba en mucho, lo nombró virrey del Perú. Los cortesanos criticaron el nombramiento, porque don Francisco sólo se había ocupado hasta entonces en escribir versos, galanteos y desafíos. Pero Felipe III, a cuyo regio oído, y contra la costumbre, llegaron las murmuraciones, dijo: —En verdad que es el más joven de los virreyes que hasta hoy han ido a Indias; pero en Esquilache hay cabeza, y más que cabeza brazo fuerte.

El monarca no se equivocó. El Perú estaba amagado por flotas filibusteras; y por muy buen gobernante que hiciese don Juan de Mendoza y Luna[2], marqués de Montesclaros, faltábale los bríos de la juventud. Jorge Spitberg[3], con una escuadra holandesa, después de talar las costas de Chile, se dirigió al Callao. La escuadra española le salió al encuentro el 22 de julio de 1615, y después de cinco horas de reñido y feroz combate frente a Cerro Azul o Cañete, se incendió la capitana, se fueron a pique varias naves, y los piratas vencedores pasaron a cuchillo los prisioneros.

El virrey marqués de Montesclaros se constituyó en el Callao para dirigir la resistencia, más por llenar el deber que porque tuviese la esperanza de impedir, con los pocos y malos elementos de que disponía, el desembarque de los

---

[1] Francisco de Borja y Aragón, príncipe de Esquilache y conde de Mayalde (1577-1658), escritor madrileño, autor entre otros de *Nápoles recuperada*, *La pasión de Nuestro Señor Jesucristo* y obras en verso, que, efectivamente, llegó a ser el duodécimo virrey del Perú entre 1615 y 1621.

[2] Juan de Mendoza y Luna, marqués de Montesclaros (1571-1628), undécimo virrey del Perú, gobernó entre 1607 y 1615.

[3] Famoso pirata noruego que asoló las costas del Pacífico Sur a principios del siglo XVII.

piratas y el consiguiente saqueo de Lima. En la ciudad de los Reyes dominaba un verdadero pánico; y las iglesias no sólo se hallaban invadidas por débiles mujeres, sino por hombres que, lejos de pensar en defender como bravos sus hogares, invocaban la protección divina contra los herejes holandeses. El anciano y corajudo virrey disponía escasamente de mil hombres en el Callao, y nótese que, según el censo de 1614, el número de habitantes de Lima ascendía a 25.454.

Pero Spitberg se conformó con disparar algunos cañonazos, que le fueron débilmente contestados, e hizo rumbo para Paita. Peralta[4] en su *Lima fundada*, y el conde de la Granja[5], en su poema de *Santa Rosa*, traen detalles sobre esos luctuosos días. El sentimiento cristiano atribuye la retirada de los piratas a milagro que realizó la Virgen limeña, que murió dos años después, el 24 de agosto de 1617.

Según unos el 18, y según otros el 23 de diciembre de 1615, entró en Lima el príncipe de Esquilache, habiendo salvado providencialmente, en la travesía de Panamá al Callao, de caer en manos de los piratas.

El recibimiento de este virrey fue suntuoso, y el Cabildo no se paró en gastos para darle esplendidez.

Su primera atención fue crear una escuadra y fortificar el puerto, lo que mantuvo a raya la audacia de los filibusteros hasta el gobierno de su sucesor, en que el holandés Jacobo L'Heremite acometió su formidable empresa pirática.

Descendiente del Papa Alejandro VI (Rodrigo Borgia) y de San Francisco de Borja, duque de Gandía, el príncipe de Esquilache, como años más tarde su sucesor y pariente el conde de Lemos, gobernó el Perú bajo la influencia de los jesuitas.

Calmada la zozobra que inspiraban los amagos filibusteros, don Francisco se contrajo al arreglo de la hacienda pública, dictó sabias ordenanzas para los minerales de Potosí

---

[4] Pedro de Peralta Barnuevo Rocha y Benavides (1663-1743), sabio y polígrafo limeño, escribió sobre casi todos los temas de su tiempo. Hizo poesía de tinte gongorino.

[5] Antonio de Oviedo y Rueda, político y poeta.

163

y Huancavelica[6], y en 20 de diciembre de 1619 erigió el tribunal de Consulado de Comercio.

Hombre de letras, creó el famoso colegio del Príncipe, para educación de los hijos de caciques, y no permitió la representación de comedias ni autos sacramentales que no hubieran pasado antes por su censura. «Deber del que gobierna —decía— es ser solícito por que no se pervierta el gusto.»

La censura que ejercía el príncipe de Esquilache era puramente literaria, y a fe que el juez no podía ser más autorizado. En la pléyade de poetas del siglo XVII, siglo que produjo a Cervantes, Calderón, Lope, Quevedo, Tirso de Molina, Alarcón y Moreto, el príncipe de Esquilache es uno de los más notables, si no por la grandeza de la idea, por la lozanía y corrección de la forma. Sus composiciones sueltas y su poema histórico *Nápoles recuperaba*, bastan para darle lugar preeminente en el español Parnaso.

No es menos notable como prosador castizo y elegante. En uno de los volúmenes de la obra *Memorias de los virreyes* se encuentra la *Relación* de su época de mando, escrito que entregó a la Audiencia para que ésta lo pasase a su sucesor don Diego Fernández de Córdova, marqués de Guadalcázar. La pureza de dicción y la claridad del pensamiento resaltan en este trabajo, digno, en verdad, de juicio menos sintético.

Para dar idea del culto que Esquilache rendía a las letras, nos será suficiente apuntar que, en Lima, estableció una academia o *club* literario, como hoy decimos, cuyas sesiones tenían lugar los sábados en una de las salas de palacio. Según un escritor amigo mío y que cultivó el ramo de crónicas, los asistentes no pasaban de doce, personajes los más caracterizados en el foro, la milicia o la iglesia. «Allí asistía el profundo teólogo y humanista don Pedro de Yarpe Montenegro, coronel de ejército; don Baltasar de Laza y Rebolledo, oidor de la Real Audiencia; don Luis de la Puente, abogado insigne; fray Baldomero Illescas, religioso

---

[6] Huancavelica, ciudad peruana, capital del departamento del mismo nombre. Sus minas de plata y mercurio la asociaban con Potosí, puesto que su mercurio permitía la obtención de la plata potosina.

franciscano, gran conocedor de los clásicos griegos y latinos; don Baltasar Moreyra, poeta, y otros cuyos nombres no han podido atravesar los dos siglos y medio que nos separan de su época. El virrey los recibía con exquisita urbanidad; y los bollos, bizcochos de garapiña[7], chocolate y sorbetes distraían las conferencias literarias de sus convidados. Lástima que no se hubieran extendido actas de aquellas sesiones, que seguramente serían preferibles a las de nuestros Congresos.»

Entre las agudezas del príncipe de Esquilache, cuentan que le dijo a un sujeto muy cerrado de mollera, que leía mucho y ningún fruto sacaba de la lectura: —Déjese de libros, amigo, y persuádase que el huevo mientras más cocido, más duro.

Esquilache, al regresar a España en 1622, fue muy considerado del nuevo monarca Felipe IV, y murió en 1658 en la coronada villa del oso y el madroño[8].

Las armas de la casa de Borja eran un toro de gules[9] en campo de oro, bordura de sinople[10] y ocho brezos[11] de oro.

Presentado el virrey poeta, pasemos a la tradición popular.

## II  ANÉCDOTA

Existe en la ciudad del Cuzco una soberbia casa conocida por la del *Almirante*[12]; y parece que el tal almirante tuvo tanto de marino, como alguno que yo me sé y que sólo ha visto el mar en pintura. La verdad es que el título era hereditario y pasaba de padres a hijos.

La casa era obra notabilísima. El acueducto y el tallado de los techos, en uno de los cuales se halla modelado el

---

[7] Americanismo, bebida refrescante hecha con corteza de piña o ananá puesta en maceración y ligeramente fermentada (Morínigo).

[8] Madrid.

[9] Color rojo heráldico.

[10] Color verde en un escudo heráldico.

[11] Arbusto ericáceo de madera dura, sirve para hacer carbón de fragua y pipas de fumador.

[12] Famosa casona colonial, hoy monumento histórico

165

busto del almirante que la fabricó, llaman preferentemente la atención.

Que vivieron en el Cuzco cuatro almirantes, lo comprueba el árbol genealógico que en 1861 presentó ante el Soberano Congreso del Perú el señor don Sixto Laza, para que se le declarase legítimo y único representante del Inca Huáscar[13], con derecho a una parte de las huaneras, al ducado de Medina de Ríoseco, al marquesado de Oropesa y varias otras gollerías. ¡Carrillo iba a costarnos el gusto de tener príncipe en casa! Pero conste, para cuando nos cansemos de la república, teórica o práctica, y proclamemos, por variar de plato, la monarquía, absoluta o constitucional, que todo puede suceder, Dios mediante y el trotecito trajinero que llevamos.

Refiriéndose a ese árbol genealógico, el primer almirante fue don Manuel de Castilla, el segundo don Cristóbal de Castilla Espinosa y Lugo, al cual sucedió su hijo don Gabriel de Castilla Vázquez de Vargas, siendo el cuarto y último don Juan de Castilla y González, cuya descendencia se pierde en la rama femenina.

Cuéntase de los Castilla, para comprobar lo ensoberbecidos que vivían de su alcurnia, que cuando rezaban el Avemaría usaban esta frase: *Santa María, madre de Dios, parienta y señora nuestra, ruega por nos.*

Las armas de los Castilla eran: escudo tronchado; el primer cuartel en gules y castillo de oro aclarado de azur; el segundo en plata, con león rampante de gules y banda de sinople con dos dragantes[14] también de sinople.

Aventurado sería determinar cuál de los cuatro es el héroe de la tradición, y en esta incertidumbre puede el lector aplicar el mochuelo a cualquiera, que de fijo no vendrá del otro barrio a querellarse de calumnia.

El tal almirante era hombre de más humos que una chimenea, muy pagado de sus pergaminos y más tieso que su

---

[13] Huáscar, decimotercero inca del Perú, fue hijo de Huayna Cápac. Gobernó entre 1525 y 1532, año en que fue asesinado.

[14] Figura heráldica que representa una cabeza de dragón con la boca abierta, mordiendo o tragando alguna cosa *(DRAE)*.

almidonada gorguera[15]. En el patio de la casa ostentábase una magnífica fuente de piedra, a la que el vecindario acudía para proveerse de agua, tomando al pie de la letra el refrán de que agua y candela a nadie se niegan.

Pero una mañana se levantó su señoría con un humor de todos los diablos, y dio orden a sus fámulos para que moliesen a palos a cualquier bicho de la canalla que fuese osado a atravesar los umbrales en busca del elemento refrigerador.

Una de las primeras que sufrió el castigo fue una pobre vieja, lo que produjo algún escándalo en el pueblo.

Al otro día el hijo ésta, que era un joven clérigo que servía la parroquia de San Jerónimo, a pocas leguas del Cuzco, llegó a la ciudad y se impuso del ultraje inferido a su anciana madre. Dirigióse inmediatamente a casa del almirante; y el hombre de los pergaminos lo llamó hijo de cabra y vela verde, y echó verbos y gerundios, sapos y culebras por esa aristocrática boca, terminando por darle una soberana paliza al sacerdote.

La excitación que causó el atentado fue inmensa. Las autoridades no se atrevían a declararse abiertamente contra el magnate, y dieron tiempo al tiempo, que a la postre todo lo calma. Pero la gente de iglesia y el pueblo declararon excomulgado al orgulloso almirante.

El insultado clérigo, pocas horas después de recibido el agravio, se dirigió a la Catedral y se puso de rodillas a orar ante la imagen de Cristo, obsquiada a la ciudad por Carlos V. Terminada su oración, dejó a los pies del Juez Supremo un memorial exponiendo su queja y demandando la justicia de Dios, persuadido que no había de lograrla de los hombres. Diz que volvió al templo al siguiente día, y recogió la querella proveída con un decreto marginal de *Como se pide: se hará justicia*. Y así pasaron tres meses, hasta que un día amaneció frente a la casa una horca y pendiente de ella el cadáver del excomulgado, sin que nadie alcanzara a descubrir los autores del crimen, por mucho que las sospechas recayeran sobre el clérigo, quien supo, con numerosos testimonios, *probar la coartada*.

---

[15] Adorno en el cuello hecho de lienzo con pliegues almidonados.

En el proceso que se siguió declararon dos mujeres de la vecindad que habían visto un grupo de hombres *cabezones*[16] *y chiquirriticos*[17], vulgo duendes, preparando la horca; y que cuando ésta quedó alzada, llamaron por tres veces a la puerta de la casa, la que se abrió al tercer aldabonazo. Poco después el almirante, vestido de gala, salió en medio de los duendes, que sin más ceremonia lo suspendieron como un racimo.

Con tales declaraciones la justicia se quedó a obscuras, y no pudiendo proceder contra los duendes, pensó que era cuerdo el sobreseimiento.

Si el pueblo cree como artículo de fe que los duendes dieron fin del excomulgado almirante, no es un cronista el que ha de meterse en atolladeros para convencerlo de lo contrario, por mucho que la gente descreía de aquel tiempo murmurara por lo bajo que todo lo acontecido era obra de los jesuitas, para acrecer la importancia y respeto debidos al estado sacerdotal.

### III

El intendente y los alcaldes del Cuzco dieron cuenta de todo al virrey, quien después de oír leer el minuciso informe le dijo a su secretario:

—¡Pláceme el tema para un romance moruno! ¿Qué te parece de esto, mi buen Estúñiga?

—Que vuecelencia debe echar una *mónita*[18] a esos sandios[19] golillas[20] que no han sabido hallar la pista de los fautores[21] del crimen.

---

[16] Cabezudos.
[17] Diminutivo de chico (Moliner).
[18] Artificio, astucia, con suavidad y halago *(DRAE)*.
[19] Necio, simple.
[20] *Golilla:* reducir a alguien para que obre bien por la represión o el castigo *(DRAE)*.
[21] Quienes favorecen o ayudan a otros. También se utiliza en sentido peyorativo *(DRAE)*.

—Y entonces se pierde lo poético del sucedido —repuso el de Esquilache sonriéndose.

—Verdad, señor; pero se habrá hecho justicia.

El virrey se quedó algunos segundos pensativo; y luego, levantándose de su asiento, puso la mano sobre el hombro de su secretario:

—Amigo mío, lo hecho está bien hecho; y mejor andaría el mundo si, en casos dados, no fuesen leguleyos trapisondistas y demás cuervos de Temis, sino duendes, los que administrasen justicia. Y con esto, buenas noches y que Dios y Santa María nos tengan en su santa guarda y nos libren de duendes y remordimientos.

¿ FUE obra del VIRREY ?

# El encapuchado

CRÓNICA DE LA ÉPOCA
DEL DECIMOSEXTO VIRREY DEL PERÚ

## I

Por el mes de noviembre del año 1651 era preciso estar curado de espanto para atreverse a pasar, después del toque de queda, por el callejón de San Francisco. Entonces, como ahora, una de las aceras de esta calleja, larga y estrecha como la vida del pobre, la formaban casas de modesto aspecto, con fondo al río; y la fronteriza era una pared de gran altura, sin más puerta que la excusada del convento de los padres seráficos. En esos tiempos, en que no había gas ni faroles públicos, aumentaba lo sombrío y pavoroso de la calle un nicho, que aun existe, con la imagen de la Dolorosa, alumbrada por una mortecina lamparilla de aceite.

Lo que traía aterrorizados a los vecinos era la aparición de un fantasma, vestido con el hábito de los religiosos y cubierta la faz con la capucha, lo que le daba por completo semblanza de amortajado. Como el miedo es el mejor anteojo de larga vista que se conoce, contaban las comadres del barrio, a quienes la curiosidad, más poderosa en las mujeres que el terror, había hecho asomar por las rendijas de las puertas, que el encapuchado no tenía sombra, que unas veces crecía hasta perderse su cabeza en las nubes y que otras se reducía a proporciones mínimas.

Un baladrón[1] de esos que tienen tantos jemes de lengua como pocos quilates de esfuerzo en el corazón, burlándose, en un corrillo, de brujas, aparecidos y diablos coronados, dijo que él era todo un hombre, que ni mandado hacer de encargo, para ponerle el cascabel al fantasma. Y ello es que entrada la noche fue a la calleja y no volvió a dar cuenta de la empresa a sus camaradas que lo esperaban anhelantes. Venida la mañana, lo encontraron privado de sentido bajo el nicho de la Virgen, y vuelto en sí, juró y perjuró que el fantasma era alma en pena en toda regla.

Con esta aventura del matón, que se comía cruda la gente, imagínese el lector si el espanto tomaría creces en el supersticioso pueblo. El encapuchado fue, pues, la comidilla obligada de todas las conversaciones, la causa de los arrechuchos de todas las viejas gruñonas y el coco de todos los muchachos mal criados.

Muchas son las leyendas fantásticas que se refieren sobre Lima, incluyendo entre ellas la tan popular del coche de Zavala, vehículo que personas de edad provecta y duros espolones nos afirman haber visto a media noche paseando la ciudad y rodeado de llamas infernales y de demonios. Para dar vida a tales consejas necesitaríamos poseer la robusta y galana fantasía de Hoffmann o de Edgard Poe. Nuestra pluma es humilde y se consagra sólo a hechos reales e históricamente comprobados como el actual, que ocurrió siendo decimosexto virrey del Perú por su majestad don Felipe IV el excelentísimo señor conde de Salvatierra.

## II

Don García Sarmiento de Sotomayor, conde de Salvatierra[2], maqués del Sobroso y caudillo mayor del reino y obispado de Jaén, fue, como virrey de México, el más podero-

---

[1] Hablador y fanfarrón que, siendo cobarde, presume de valiente *(DRAE)*.

[2] García Sarmiento y Sotomayor, conde de Salvatierra (?-1659), político español, fue virrey de Nueva España (1642-1648) y del Perú (1648-1655).

so auxiliar que tuvieron los jesuitas en su lucha con el esclarecido Palafox[3], obispo de Puebla. El rey, procediendo sagazmente, creyó oportuno separar a don García de ese gobierno, nombrándolo para Lima, donde hizo su entrada solemne y en medio de grandes festejos el día 20 de septiembre de 1648.

En su época aconteció en Quito un robo de hostias consagradas y el milagro de la aparición de un Niño Jesús en la custodia de la iglesia de Eten[4]. Los jesuitas influyeron también en el Perú, como lo habían hecho en México, sobre el ánimo del anciano y achacoso virrey, que les acordó muchas gracias y protegió eficazmente en sus misiones de Maynas[5] y del Paraguay.

Bajo este gobierno fue el famoso terremoto que arruinó el Cuzco. Hablando de esta catástrofe, dice Lorente «que un cura de la montaña, que regresaba a su parroquia, se halló suspendido sobre un abismo y sin acceso posible al terreno firme, y que siendo inútiles los esfuerzos por salvarle, murió de hambre a los cinco días de tan terrible agonía».

En 1650 hizo el conde de Salvatierra construir la elegante pila de bronce que existe en la Plaza mayor de Lima, substituyendo a la que, en 1578, había hecho colocar el virrey Toledo[6]. La actual pila costó ochenta y cinco mil pesos.

En 1655 vino el conde de Alba de Liste a relevar al de Salvatierra; mas sus dolamas[7] impidieron a éste regresar a Europa, y murió en Lima el 26 de junio de 1656.

---

[3] Juan Palafox y Mendoza (1600-1659), sacerdote y escritor español, fue obispo de Puebla de los Ángeles, virrey, capitán general y arzobispo de México.

[4] Eten, puerto del norte de Perú de la provincia de Chiclayo, en el departamento de Lambayeque.

[5] Provincia y obispado peruano en el Marañón.

[6] Francisco de Toledo (1515-1582), virrey del Perú, reprimió con excesiva energía el levantamiento de Túpac Amaru, al que ajustició junto a toda su familia en el Cuzco. Prohibió la educación de los indios, el uso del quechua y la ingestión de ciertos alimentos. Reorganizó la Universidad de San Marcos y veló por el ornato de Lima.

[7] Leves achaques de salud que aquejan a una persona.

Las armas de la casa de Sotomayor eran: escudo en plata, con tres barras de sable jaqueladas de doble barra de gules y oro.

## III

Por el año de 1648 vivía en una casa del susodicho callejón de San Francisco, vecina a la que hoy es templo masónico, un acaudalado comerciante asturiano, llamado don Gutierre de Ursán, el cual hacía dos años que había encontrado la media naranja que le faltaba en una linda chica de veinte abriles muy frescos. Llamábase Consuelo la niña, y los maldicientes decían que sabía hacer honor al nombre de pila.

Imagínense ustedes una limeñita de talle ministerial por lo flexible, de ojos de médico por lo matadores, y de boca de periodista por el aplomo y gracia en el mentir. En cuanto a carácter, tenía más veleidades, caprichos y engreimientos que alcalde de municipio, y sus cuentas conyugales andaban siempre más enredadas que hogaño las finanzas de la república. Lectora mía, Consuelito era una perla, no agraviando lo presente.

El bueno de don Gutierre tenía, entre otros moralísimos pecados, los de estar enamorado de su mujer hasta más arriba de la coronilla, ser celoso como un musulmán y muy sensible en lo que atañe a la negra honrilla. Con cualidades tales, don Gutierre tenía que oler a puchero de enfermo.

En ese año de 1648 recibió cartas que lo llamaban a España para recoger una valiosa herencia, y después de confesado y comulgado, emprendió el fatigoso viaje, dejando al frente de la casa de comercio a su hermano don Íñigo de Ursán, y encomendándole muy mucho que cuidase de su honor como de cosa propia.

Nunca tal resolviera el infeliz; pero diz que es estrella de los predestinados hacer al gato despensero. Era don Íñigo mozo de treinta años, bien encarado y apuesto, y a quien algunas fáciles aventurillas con Dulcineas de medio pelo había conquistado la fama de un Tenorio. Con este retrato, dicho se está que no hubo de parecerle mal bocado la cuñadita, y que ella no gastó muchos melindres para inscribir en el abultado registro de San Cornelio al que iba por esos mares rumbo a Cádiz.

Dice San Agustín, que si no fue santo entendido en materia geográfica (pues negó la existencia de los antípodas), lo fue en achaques de hembras: «Día llegará en que los hombres tengan que treparse a los árboles huyendo de las mujeres.» Demos gracias a Dios porque, salvo excepciones, la profecía no va camino de cumplirse en lo que resta de vida al siglo xix.

## IV

En España se encontró don Gutierre, que había creído no tener más que hacer que llegar y besar, envuelto en un pleito con motivo de la herencia, y Dios sabe si habría tenido que enmohecer en la madre patria esperando la conclusión del litigio; pues segura cosa es que mientras haya sobre la tierra papel del sello, escribas y fariseos, un pleito es gasto de dinero y de tiempo y trae más desazones que un uñero en el dedo gordo.

Llevaba ya casi dos años en España cuando el galeón de Indias le trajo, entre otras cartas de Lima, la siguiente en que, sobre poco más o menos, le decía un amigo, de esos que son siempre solícitos para dar malas nuevas:

«Señor don Gutierre de Ursán. Muy señor mío y mi dueño: Malhadada suerte es que, tratándose de tan cumplido caballero como vuesa merced, todos se hagan en Lima lenguas de lo mal guardado que anda su honor y murmuren sobre si le apunta o no le apunta hueso de más en la frente. Con este aviso, vuesa merced hará lo que mejor estime para su desagravio, que yo cumplo como amigo con poner en su noticia lo antedicho, añadiéndole que es su mismo hermano quien tan felonamente lo ultraja. Que Dios Nuestro Señor dé a vuesa merced fortaleza para echar un remiendo en la honra, y mande con imperio a su amigo, servidor y capellán, Q. B. S. M., *Críspulo Quincoces*.»

174

No era don Gutierre de la pasta de aquel marido cuyo sueño interrumpió un oficioso para darle esta nueva: —A tu
mujer se la ha llevado Fulano. —¡Pues buena plepa[8] se lleva!
—contestó el paciente, se volvió al otro lado del lecho y siguió roncando como un bendito.

## V

El 8 de diciembre de 1658 era el cumpleaños de Consuelo, y por tal causa celebrábase en la casa del callejón
de San Francisco un festín de familia en el que lucían la
clásica empanada, la sopa teóloga con menudillos, la sabrosa *carapulcra*[9] y el obligado pavo relleno, y para remo-
jar la palabra, el turbulento *motocachi*[10] y el retinto de Cataluña. Los banquetes de esos siglos eran de cosa sólida y
que se pega al riñón, y no de puro soplillo y oropel, como
los de los civilizados tiempos que alcanzamos. Verdad es
que antaño era más frecuente morir de un hartazgo apo-
plético.

Por miedo al fantasma encapuchado, las casas de ese barrio se cerraban a tranca y cerrojo con el último rayo del
crepúsculo vespertino. ¡Tonterías humanas! Las buenas
gentes no sospechaban que las almas del otro mundo, en
su condición de espíritus, tienen carta blanca para colarse,
como un vientecillo, por el ojo de la llave.

Los amigos y deudos de Consuelo estaban en el salón
con una copa más de las precisas en el cuerpo, cuando a la
primera campanada de las nueve, sin que atinasen cómo ni
por dónde había entrado, se apareció el encapuchado.

Que el espanto hizo a todos dar diente con diente, es
cosa que de suyo se deja adivinar. Los hombres juzgaron
oportuno eclipsarse, y las faldas no tuvieron otro recurso
que el tan manoseado de cerrar los ojos y desmayarse, y

---

[8] Persona, animal o cosa que tiene muchos defectos en lo físico o en lo
moral *(DRAE)*.
[9] Comida peruana hecha con papa seca y algunos tropezones de carne.
[10] Licor con muchos grados de alcohol.

¡voto a bríos[11] baco balillo! que razón había harta para tamaña confusión. ¿Quién es el guapo que se atreve a resollar fuerte en presencia de una ánima del purgatorio?

Cuando, pasada la primera impresión, regresaron algunos de los hombres y resucitaron las damas, vieron en medio del salón los cadáveres de Íñigo y de Consuelo. El encapuchado los había herido en el corazón con un puñal.


## VI

Don Gutierre, después de haber lavado con sangre la mancha de su honor, se presentó preso ante el alcalde del crimen, y en el juicio probó la criminal conducta del traidor hermano y de la liviana esposa. La justicia lo sentenció a dar mil pesos de limosna al convento de la orden, por haberse servido del hábito seráfico para asegurar su venganza y esparcido el terror en el asustadizo vecindario. Todo es ventura, dice el refrán, salir a la calle sano y volver rota la mano.

Satisfecha la multa, don Gutierre se embarcó para España, y los vecinos del callejón de San Francisco, donde desde 1848 funciona el Gran Oriente[12] de la masonería peruana, no volvieron a creer en duendes ni encapuchados.

---

[11] Juramento blasfemo.
[12] Famosa logia limeña de la masonería peruana.

176

# Un virrey hereje
## y un campanero bellaco

CRÓNICA DE LA ÉPOCA
DEL DECIMOSÉPTIMO VIRREY DEL PERÚ

I

AZOTES POR UN REPIQUE

El templo y el convento de los padres agustinos estuvieron primitivamente (1551) establecidos en el sitio que ahora es iglesia parroquial de San Marcelo, hasta que en 1573 se efectuó la traslación a la vasta área que hoy ocupan, no sin gran litigio y controversia de dominicos y mercedarios que se oponían al establecimiento de otras órdenes monásticas.

En breve los agustinianos, por la austeridad de sus costumbres y por su ilustración y ciencia, se conquistaron una especie de supremacía sobre las demás religiones. Adquirieron muy valiosas propiedades, así rústicas como urbanas, y tal fue el manejo y acrecentamiento de sus rentas que, durante más de un siglo, pudieron distribuir anualmente, por Semana Santa, cinco mil pesos en limosnas. Los teólogos más eminentes y los más distinguidos predicadores pertenecía a esta comunidad, y de los claustros de San Ildefonso, colegio que ellos fundaron en 1606 para la educación de sus novicios, salieron hombres verdaderamente ilustres.

177

Por los años de 1656, un limeño llamado Jorge Escoiquiz, mocetón de veinte abriles, consiguió vestir el hábito; pero como manifestarse más disposición para la truhanería que para el estudio, los padres, que no querían tener en su noviciado gente molondra[1] y holgazana, trataron de expulsarlo. Mas el pobrete encontró valedor en uno de los caracterizados conventuales, y los religiosos convinieron caritativamente en conservarlo y darle el elevado cargo de campanero.

Los campaneros de los conventos ricos tenían por subalternos dos muchachos esclavos, que vestían el hábito de donados. El empleo no era, pues, tan despreciable, cuando el que lo ejercía, aparte de seis pesos de sueldo, casa, refectorio y manos sucias, tenía bajo su dependencia gente a quien mandar.

En tiempo del virrey conde de Chinchón[2] creóse por el Cabildo de Lima el empleo de *campanero de la queda,* destino que se abolió medio siglo después. El campanero de la queda era la categoría del gremio, y no tenía más obligación que la de hacer tocar a las nueve de la noche campanadas en la torre de la Catedral. Era cargo honorífico y muy pretendido, y disfrutaba el sueldo de un peso diario.

Tampoco era destino para dormir a pierna suelta; pues si hubo y hay en Lima oficio asendereado y que reclame actividad, es el de campanero; mucho más en los tiempos coloniales, en que abundaban las fiestas religiosas y se echaban al vuelo las campanas por tres días lo menos, siempre que llegaba *el cajón*[3] de Españ con la plausible noticia de que el infántico real le había salido la última muela o librado con bien del sarampión y la alfombrilla[4].

Que no era el de campanero oficio exento de riesgo, nos lo dice bien claro la crucecita de madera que hoy mismo puede contemplar el lector limeño incrustada en la pared de la plazuela de San Agustín. Fue el caso que, a fines del

---

[1] Personas perezosas y torpes.
[2] Luis Jerónimo de Cabrera y Bobadilla, conde de Chinchón, décimo cuarto virrey del Perú, gobernó entre 1629 y 1639.
[3] Barco con noticias frescas.
[4] Erupción cutánea, que se diferencia del sarampión por la falta de los fenómenos catarrales *(DRAE)*.

178

siglo pasado, cogido un campanero por las aspas de la *Mónica* o campana volteadora, voló por el espacio sin necesidad de alas, y no paró hasta estrellarse en la pared fronteriza a la torre.

Hasta mediados del siglo XVII no se conocían en Lima más carruajes que las carrozas del virrey y del arzobispo, y cuatro o seis calesas pertenecientes a oidores o títulos de Castilla. Felipe II por real cédula de 24 de noviembre de 1577 dispuso que en América no se fabricaran carruajes ni se trajeran de España, dando por motivo para prohibir el uso de tales vehículos que, siendo escaso el número de caballos, éstos no debía emplearse sino en servicio militar. Las penas señaladas para los contraventores eran rigurosas. Esta real cédula, que no fue derogada por Felipe III, empezó a desobedecerse en 1610. Poco a poco fue cundiendo el lujo de hacerse arrastrar, y sabido es que ya en los tiempos de Amat pasaban de mil los vehículos que el día de la Porciúncula[5] lucían en la Alameda de los Descalzos.

Los campaneros y sus ayudantes, que vivían de perenne atalaya en las torres, tenían orden de repicar siempre que por la plazuela de sus conventos pasasen el virrey o el arzobispo, práctica que se conservó hasta los tiempos del marqués de Castel-dos-Rius[6].

Parece que el virrey conde de Alba de Liste, que, como verá el lector más adelante, sus motivos tenía para andar escamado con la gente de iglesia, salió un domingo en coche y con escolta a pagar visitas. El ruido de un carruaje era en esos tiempos acontecimiento tal, que las familias, confundiéndolo con el que precede a los temblores, se lanzaban presurosas a la puerta de la calle.

Hubo el coche de pasar por la plazuela de San Agustín; pero el campanero y sus adláteres se hallarían probablemente de regodeo y lejos del nido, pues no se movió badajo en la torre. Chocóle esta desatención a su excelencia, y

---

[5] Indulgencia plenaria que se gana el 2 de agosto en los conventos de la orden de San Francisco (Moliner).

[6] Manuel Oms de Senmenat, marqués de Castel dos Rius, decimocuarto virrey del Perú, gobernó entre 1707 y 1710.

hablando de ella en su tertulia nocturna tuvo la ligereza de culpar al prior de los agustinos. Súpolo éste, y fue al día siguiente a palacio a satisfacer al virrey, de quien era amigo personal; y averiguada bien la cosa, el campanero, por no confesar que no había estado en su puesto, dijo: que aunque vio pasar el carruaje, no creyó obligatorio el repique, pues los bronces benditos no debía alegrarse por la presencia de un virrey hereje.

Para Jorge no era éste el caso del obispo don Carlos Marcelo Corni, que cuando en 1621, después de consagrarse en Lima, llegó a Trujillo, lugar de su nacimiento y cuya diócesis iba a regir, exclamó: «Las campanas que repican más alegremente lo hacen porque son de mi familia, como que las fundió mi padre nada menos.» Y así era la verdad.

La falta, que pudo traer grave desacuerdo entre el representante del monarca y la comunidad, fue calificada por el definitorio como digna de severo castigo, sin que valiese la disculpa al campanero; pues no era un pajarraco de torre el llamado a calificar la conducta del virrey en sus querellas con la Inquisición.

Y cada padre, armado de disciplina, descargó un ramalazo penitencial sobre las desnudas espaldas de Jorge Escoiquiz.

## II

### EL VIRREY HEREJE

El excelentísimo señor don Luis Henríquez de Guzmán[7], conde de Alba de Liste y de Villaflor y descendiente de la casa real de Aragón, fue el primer grande[8] de España que vino al Perú con el título de virrey, en febrero de 1655,

---

[7] Luis Henríquez de Guzmán, conde de Alba de Liste y de Villaflor, decimoséptimo virrey, gobernó el Perú entre 1655 y 1661.

[8] Grande de España, persona que tiene el grado máximo de la nobleza española y que antiguamente podía cubrirse delante del rey si era caballero, o tomar asiento delante de la reina si era señora, y gozaba de los demás privilegios anexos a esta dignidad (DRAE).

después de haber servido igual cargo en México. Era tío del conde de Salvatierra, a quien relevó en el mando del Perú. Por Guzmán, sus armas eran escudo flaqueado, jefe y punta de azur y una caldera de oro, jaquelada[9] de gules, con siete cabezas de sierpe, flancos de plata y cinco arminios[10] de sable en sautor[11].

Magistrado de buenas dotes administrativas y hombre de ideas algo avanzadas para su época, su gobierno es notable en la historia únicamente por un cúmulo de desdichadas. Los seis años de su administración fueron seis años de lágrimas, luto y zozobra pública.

El galeón que bajo las órdenes del marqués de Villarrubia conducía a España cerca de seis millones en oro y plata y seiscientos pasajeros, desapareció en un naufragio en los arrecifes de Chanduy, salvándose únicamente cuarenta y cinco personas. Rara fue la familia de Lima que no perdió allí algún deudo. Una empresa particular consiguió sacar del fondo del mar cerca de trescientos mil pesos, dando la tercera parte a la corona.

Un año después, en 1656, el marqués de Baides, que acababa de ser gobernador de Chile, se trasladaba a Europa con tras buques cargados de riquezas, y vencido en combate naval cerca de Cádiz por los corsarios ingleses, prefirió a rendirse pegar fuego a la santabárbara[12] de su nave.

Y por fin, la escuadrilla de don Pablo Contreras, que en 1652 zarpó de Cádiz conduciendo mercancías para el Perú, fue deshecha en un temporal, perdiéndose siete buques.

Pero, para Lima, la mayor de las desventuras fue el terremoto del 13 de noviembre de 1655[13]. Publicaciones de esa

---

[9] Dividido en escaques (Moliner).
[10] Armiño, figura convencional, a manera de mota negra y larga, sobre campo de plata, que quiere representar la punta de la cola de este animal (DRAE).
[11] Moliner remite a *sotuer* del que dice: pieza que ocupa un tercio del escudo y es como una banda y una barra cruzadas.
[12] Lugar destinado a guardar la pólvora en las embarcaciones.
[13] La costa y sierra del Perú son zonas de alto riesgo de terremotos, los mismos que se han sucedido a lo largo de toda su historia. Éste es uno de los primeros de la colonia y causó grandes destrozos.

época describen minuciosamente sus estragos, las procesiones de penitencia y el arrepentimiento de grandes pecadores; y a tal punto se aterrorizaron las conciencias que se vio el prodigio de que muchos pícaros devolvieran a sus legítimos dueños fortunas usurpadas.

El 15 de marzo de 1657 otro temblor, cuya duración pasó de un cuarto de hora, causó en Chile inmensa congoja; y últimamente, la tremenda erupción del Pichincha, en octubre de 1660, son sucesos que bastan a demostrar que este virrey vino con aciaga estrella.

Para acrecentar el terror de los espíritus, apareció en 1660 el famoso cometa observado por el sabio limeño don Francisco Luis Lozano[14], que fue el primer cosmógrafo mayor que tuvo el Perú.

Y para que nada faltase a este sombrío cuadro, la guerra civil vino a enseñorearse de una parte del territorio. El indio Pedro Bohorques, escapándose del presidio de Valdivia, alzó bandera proclamándose descendiente de los Incas, y haciéndose coronar, se puso a la cabeza de un ejército. Vencido y prisionero, fue conducido a Lima, donde lo esperaba el patíbulo.

Jamaica, que hasta entonces había sido colonia española, fue tomada por los ingleses y se convirtió en foco del filibusterismo, que durante siglo y medio tuvo en constante alarma a estos países.

El virrey conde de Alba de Liste no fue querido en Lima por la despreocupación de sus ideas religiosas, creyendo el pueblo, en su candoroso fanatismo, que era él quien atraía sobre el Perú las iras del cielo. Y aunque contribuyó a que la Universidad de Lima, bajo el rectorado del ilustre Ramón Pinelo, celebrase con gran pompa el breve de Alejandro VII sobre la Purísima Concepción de María, no por eso le retiraron el apodo de *virrey hereje* que un egregio jesuita, el padre Alloza, había contribuido a generalizar; pues habiendo asistido su excelencia a una fiesta en la iglesia de San Pedro, aquel predicador lo sermoneó de lo lindo por

---

[14] Célebre astrónomo y cosmógrafo de la colonia.

que no atendía a la palabra divina, distraído en conversación con uno de los oidores.

El arzobispo Villagómez se presentó un año con quitasol en la procesión de Corpus, y como el virrey lo reprendiese, se retiró de la fiesta. El monarca los dejó iguales, resolviendo que ni virrey ni arzobispo usasen quitasol.

Opúsose el de Alba de Liste a que se consagrase fray Cipriano Medina, por no estar muy en regla las bulas que lo instituían obispo de Guamanga. Pero el arzobispo se dirigió a media noche al noviciado de San Francisco, y allí consagró a Medina.

Habiendo puesto presos los alcaldes de corte a los escribanos de la curia por desacato, el arzobispo excomulgó a aquéllos. El virrey, apoyado por la Audiencia, obligó a su ilustrísima a levantar la excomunión.

Sobre provisión de beneficios eclesiásticos tuvo el de Alba de Liste infinitas cuestiones con el arzobispo, cuestiones que contribuyeron para que el fanático pueblo lo tuviese por hombre descreído y mal cristiano, cuando en realidad no era sino celoso defensor del patronato regio.

Don Luis Henríquez de Guzmán tuvo también la desgracia de vivir en guerra abierta con la Inquisición, tan omnipotente y prestigiosa entonces. El virrey, entre otros libros prohibidos, había traído de México un folleto escrito por el holandés Guillermo Lombardo, folleto que en confianza mostró a un inquisidor o familiar del Santo Oficio. Mas éste lo denunció, y el primer día de Pascua de Espíritu Santo, hallándose su excelencia en la Catedral con todas las corporaciones, subió al púlpito un comisario del tribunal de la fe, y leyó un edicto compeliendo al virrey a entregar el libelo y a poner a disposición del Santo Oficio a su médico César Nicolás Wandier, sospechoso de luteranismo. El virrey abandonó el templo con gran indignación, y elevó a Felipe IV una fundada queja. Surgieron de aquí serias cuestiones, a las que el monarca puso término reprobando la conducta inquisitorial, pero aconsejando amistosamente al de Alba de Liste que entregase el papelucho motivo de la querella.

En cuanto al médico francés, el noble conde hizo lo posible para libertarlo de caer bajo las garras de los feroces tor-

183

niceros; pero no era cosa fácil arrebatarle una víctima a la Inquisición. En 8 de octubre de 1667, después de más de ocho años de encierro en las mazmorras del Santo Oficio, fue penitenciado Wandier. Acusáronlo, entre otras quimeras, de que con apariencias de religiosidad tenía en su cuarto un crucifijo y una imagen de la Virgen, a los que prodigaba palabras blasfemas. Después del auto de fe, en el que felizmente no se condenó al reo a la hoguera, hubo en Lima tres días de rogativas, procesión de desagravio y otras ceremonias religiosas, que terminaron trasladando las imágenes de la Catedral a la iglesia del Prado, donde presumimos que existen hoy.

En agosto de 1661, y después de haber entregado el gobierno al conde de Santisteban, regresó a España el de Alba de Liste, muy contento de abandonar una tierra en la que corría el peligro de que lo convirtiesen en chicharrón[15], quemándolo por hereje.

### III

#### LA VENGANZA DE UN CAMPANERO

Es probable que a Escoiquiz no se pasara tan aína el escozor de los ramalazos, pues juró en sus adentros vengarse del melindroso virrey que tanta importancia diera a repique más o menos.

No había aún transcurrido una semana desde el día del vapuleo, cuando una noche, entre doce y una, las campanas de la torre de San Agustín echaron un largo y entusiasta repique. Todos los habitantes de Lima se hallaban a esa hora entre palomas y en lo mejor del sueño, y se lanzaron a la calle preguntándose cuál era la halagüeña noticia que con lenguas de bronces festejaban las campanas.

---

[15] Plato peruano de trozos suculentos de cerdo frito. En España se limita al residuo de las pellas del cerdo después de derretida la manteca. Así mismo se denomina de esta manera el residuo del sebo de la manteca de otros animales.

Su excelencia don Luis Henríquez de Guzmán, sin ser por ello un libertino, tenía su trapicheo con una aristocrática dama; y cuando, dadas las diez, no había ya en Lima quien se aventurase a andar por las aceras, el virrey salía de tapadillo por una puerta excusada que cae a la calle de los Desamparados, muy rebujado en el embozo, y en compañía de su mayordomo encaminábase a visitar a la hermosa que le tenía el alma en cautiverio. Pasaba un par de horitas en sabrosa intimidad, y después de media noche regresaba a palacio con la misma cautela y misterio.

Al día siguiente fue notorio en la ciudad que un paseo nocturno del virrey había motivado el importuno repique. Y hubo corrillos y mentidero largo en las gradas de la Catedral, y todo era murmuraciones y conjeturas, entre las que tomó cuerpo y se abultó infinito la especie de que el señor conde se recataba para asistir a algún misterioso conciliábulo de herejes; pues nadie podía sospechar que un caballero tan seriote anduviese a picos pardos y con tapujos de contrabandista, como cualquier mozalbete.

Mas su excelencia no las tenía todas consigo, y recelando una indiscreción del campanero hízole secretamente venir a palacio, y encerrándose con él en su camarín, le dijo:

—¡Gran tunante![16] ¿Quién te avisó anoche que yo pasaba?

—Señor excelentísimo —respondió Escoiquiz sin turbarse—, en mi torre hay lechuzas.

—¿Y qué diablos tengo yo que ver con que las haya?

—Vuecencia, que ha tenido sus dimes y diretes con la Inquisición y que anda con ella al morro[17], debe saber que las brujas se meten en el cuerpo de las lechuzas.

—¿Y para ahuyentarlas escandalizaste la ciudad con tus cencerros? Eres un bribón de mar, y tentaciones me entran de enviarte a presidio.

—No sería digno de vuecencia castigar con tan extremo rigor a quien como yo es discreto, y que ni al cuello de su

---

[16] Se aplica a la persona desaprensiva y, a la vez, astuta y hábil para obrar en su provecho (Moliner).
[17] A cuestas.

camisa le ha contado lo que trae a todo un virrey del Perú en idas y venidas nocturnas por la calle de San Sebastián.

El caballeroso conde no necesitó de más apunte para conocer que su secreto, y con él la reputación de una dama, estaba a merced del campanero.

—¡Bien, bien! —le interrumpió—. Ata corto la lengua y que el badajo de tus campanas sea también mudo.

—Lo que soy yo, callaré como un difunto, que no me gusta informar a nadie de vidas ajenas; pero en lo que atañe al decoro de *Mónica* y de mis otras campanas, no cedo ni el canto de una uña, que no las fundió el herrero para rufianas y tapadoras de paseos pecaminosos. Si vuecencia no quiere que ellas den voces, facilillo es el remedio. Con no pasar por la plazuela salimos de compromisos.

—Convenido. Y ahora dime: ¿en qué puedo servirte?

Jorge Escoiquiz, que como se ve no era corto de genio, rogó al virrey que intercediese con el prior para volver a ser admitido en el noviciado. Hubo su excelencia de ofrecérselo, y tres o cuatro meses después el superior de los agustinianos relevaba al campanero. Y tanto hubo de valerle el encumbrado protector, que en 1660 fray Jorge Escoiquiz celebraba su primera misa, teniendo por padrino de vinajeras nada menos que al virrey hereje.

Según unos, Escoiquiz no pasó de ser un fraile de misa y olla; y según otros, alcanzó a las primeras dignidades de su convento. La verdad quede en su lugar.

Lo que es para mí punto formalmente averiguado es que el virrey, cobrando miedo a la vocinglería de las campanas, no volvió a pasar por la plazuela de San Agustín, cuando le ocurría ir de galanteo a la calle de San Sebastián.

Y aquí hago punto y rubrico,
sacando de esta conseja
la siguiente moraleja:
que no hay enemigo chico.

# La justicia mayor de Laycacota[1]

CRÓNICA DE LA ÉPOCA
DEL DECIMONONO VIRREY DEL PERÚ

(Al doctor don José Mariano Jiménez)

I

En una serena tarde de marzo del año del Señor de 1665, hallábase reunida a la puerta de su choza una familia de indios. Componíase ésta de una anciana que se decía descendiente del gran general Ollantay[2], dos hijas, Carmen y Teresa, y un mancebo llamado Tomás.

La choza estaba situada a la falda del cerro de Laycacota. Ella con quince o veinte más constituían lo que se llama una aldea de cien habitantes.

Mientras las muchachas se entretenían en hilar, la madre contaba al hijo, por la milésima vez, la tradición de su familia. Ésta no es un secreto, y bien puedo darla a conocer a mis lectores, que la hallarán relatada con extensos y curiosos pormenores en el importante libro que, con el título *Anales del Cuzco,* publicó mi ilustrado amigo y compañero de Congreso don Pío Benigno Mesa.

---

[1] Laycacota, famoso centro minero de Puno.
[2] En realidad el nombre del general fue Ollanta y la obra teatral se llama *Ollantay*. Véase la extensa nota explicativa que acompaña a esta tradición.

He aquí la tradición sobre Ollantay:

Bajo el imperio del Inca Pachacutec[3], noveno soberano del Cuzco, era Ollantay, curaca[4] de Ollantaytambo[5], el generalísimo de los ejércitos. Amante correspondido de la de las *ñustas*[6] o infantas, solicitó de Pachacutec, y como recompensa a importantes servicios, que le acordase a mano de la joven. Rechazada su pretensión por el orgulloso monarca, cuya sangre, según las leyes del imperio, no podía mezclarse con la de una familia que no descendiese directamente de Manco Capac[7], el enamorado cacique desapareció una noche del Cuzco, robándose a su querida Cusicoyllor[8].

Durante cinco años fue imposible al Inca vencer al rebelde vasallo, que se mantuvo en armas en las fortalezas de Ollantaytambo, cuyas ruinas son hoy la admiración del viajero. Pero Rumiñahui[9], otro de los generales de Pachacutec, en secreta entrevista con su rey, lo convenció de que, más que a la fuerza, era preciso recurrir a la maña y a la traición para sujetar a Ollantay. El plan acordado fue poner preso a Rumiñahui, con el pretexto de que había violado el santuario[10] de las vírgenes del Sol. Según lo pactado, se le degradó y azotó en la plaza pública para que, envilecido así, huyese del Cuzco y fuese a ofrecer sus servicios a Ollantay, que viendo en él una ilustre víctima a la vez que un general de prestigio, no podría menos que dispensarle entera confianza. Todo se realizó como inicuamente estaba previsto, y la fortaleza fue entregada por el

---

[3] Pachacútec o Pachacuti (1438-1471) gobernó el Imperio de los Incas entre 1438 y 1471. Gran guerrero y estratega, considerado por los historiadores como el verdadero fundador y unificador de la cultura quechua.

[4] Quechuismo, autoridad indígena, cacique, señor de vasallos.

[5] Ollantaytambo, distrito de la provincia de Urubamba, en el departamento de Cuzco.

[6] Las ñustas eran princesas escogidas.

[7] Mítico fundador del Imperio de los Incas, cuentan que brotó de las espumas del lago Titicaca o que salió de un de las ventanas del cerro Tamputocco, en ambas versiones acompañado de su mujer Mama Ocllo.

[8] *Cusicoyllor:* estrella de la mañana.

[9] *Rumiñahui:* ojo de piedra.

[10] Llamadas *acllas* y su santuario *acllahuasi*.

188

infame Rumiñahui, mandando el Inca decapitar a los prisioneros.

Un leal capitán salvó a Cusicoyllor y su tierna hija Imasumac, y se estableció con ellas en la falda del Laycacota, y en el sitio donde en 1669 debía erigirse la villa de San Carlos de Puno.

Concluía la anciana de referir a su hijo esta tradición, cuando se presentó ante ella un hombre, apoyado en un bastón, cubierto el cuerpo con un largo poncho[11] de bayeta[12], y la cabeza por un ancho y viejo sombrero de fieltro. El extranjero era un joven de veinticinco años, y a pesar de la ruindad de su traje, su porte era distinguido, su rostro varonil y simpático y su palabra graciosa y cortesana.

Dijo que era andaluz, y que su desventura lo traía a tal punto, que se hallaba sin pan ni hogar. Los vástagos de la hija de Pachacutec le acordaron de buen grado la hospitalidad que demandaba.

Así transcurrieron pocos meses. La familia se ocupaba en la cría de ganado y en el comercio de lanas, sirviéndola el huésped muy útilmente. Pero la verdad era que el joven español se sentía apasionado de Carmen, la mayor de las hijas de la anciana, y que ella no se daba por ofendida con ser objeto de las amorosas ansias del mancebo.

Como el platonismo, en punto a terrenales afectos, no es eterno, llegó un día en que el galán, cansado de conversar con las estrellas en la soledad de sus noches, se espontaneó con la madre, y ésta, que había aprendido a estimar al español, le dijo:

—Mi Carmen te llevará en dote una riqueza digna de la descendiente de emperadores.

El novio no dio por el momento importancia a la frase; pero tres días después de realizado el matrimonio, la anciana lo hizo levantarse de madrugada y lo condujo a una bocamina, diciéndole:

---

[11] Manta cuadrada de lana de oveja, alpaca o vicuña, con una abertura en el medio para pasar la cabeza. Queda sobre los hombros, y los extremos cubren hasta la cintura o poco más abajo (Morínigo).

[12] Tela de lana, generalmente confeccionada en telares caseros.

189

—Aquí tienes la dote de tu esposa.

Las hasta entonces ignorada, y después famosísima, mina de Laycacota fue desde ese día propiedad de don José Salcedo, que tal era el nombre del afortunado andaluz.

## II

La opulencia de la mina y la generosidad de Salcedo y de su hermano don Gaspar atrajeron, en breve, gran número de aventureros a Laycacota.

Oigamos a un historiador: «Había allí plata pura y metales, cuyo beneficio dejaba tantos marcos como pesaba el cajón. En ciertos días se sacaron centenares de miles de pesos.»

Estas aseveraciones parecerían fabulosas si todos los historiadores no estuviesen uniformes en ellas.

Cuando algún español, principalmente andaluz o castellano, solicitaba un socorro de Salcedo, éste le regalaba lo que pudiese sacar de la mina en determinado número de horas. El obsequio importaba casi siempre por los menos el valor de una barra, que representaba dos mil pesos.

Pronto los catalanes, gallegos y vizcaínos que residían en el mineral entraron en disensiones con los andaluces, castellanos y criollos favorecidos por los Salcedo. Se dieron batallas sangrientas con variado éxito, hasta que el virrey don Diego de Benavides[13], conde de Santisteban, encomendó al obispo de Arquipa, fray Juan de Almoguera, la pacificación del mineral. Los partidarios de los Salcedo derrotaron a las tropas del obispo, librando mal herido el corregidor Peredo.

En estos combates, hallándose los de Salcedo escasos de plomo, fundieron balas de plata. No se dirá que no mataban lujosamente.

Así las cosas, aconteció en Lima la muerte del de Santisteban, y la Real Audiencia asumió el poder. El gobernador

---

[13] Diego de Benavides y de la Cueva, conde de Santisteban, decimoctavo virrey del Perú entre 1661 y 1666.

190

que ésta nombró para Laycacota, viéndose sin fuerzas para hacer respetar su autoridad, entregó el mando a don José Salcedo, que lo aceptó bajo el título de *justicia mayor*. La Audiencia se declaró impotente y contemporizó con Salcedo, el cual, recelando nuevos ataques de los vascongados, levantó y artilló una fortaleja en el cerro.

En verdad que la Audiencia tenía por entonces mucho grave de que ocuparse con los disturbios que promovía en Chile el gobernador Meneses y con la tremenda y vasta conspiración del Inca Bohorques[14], descubierta en Lima casi al estallar, y que condujo al caudillo y sus tenientes al cadalso.

El orden se había por completo restablecido en Laycacota, y todos los vecinos estaban contentos del buen gobierno y caballerosidad de la justicia mayor.

Pero en 1667, la Audiencia tuvo que reconocer al nuevo virrey llegado de España.

Era éste el conde de Lemos[15], mozo de treinta y tres años, a quien, según los historiadores, *sólo faltaba sotana para ser completo jesuita*. En cerca de cinco años de mando, brilló poco como administrador. Sus empresas se limitaron a enviar, aunque sin éxito, una fuerte escuadra en persecución del bucanero Morgan[16], que había incendiado Panamá, y a apresar en las costas de Chile a Enrique Clerk. Un año después de su destrucción por los bucaneros (1670), la antigua Panamá, fundada en 1518, se trasladó al lugar donde hoy se encuentra. Dos voraces incendios, uno en febrero de 1737 y otro en marzo de 1756, convirtieron en cenizas dos terceras partes de los edificios, entre los que algunos debieron ser monumentales, a juzgar por las ruinas que aún llaman la atención del viajero.

El virrey conde de Lemos se distinguió únicamente por

---

[14] Véase la tradición *El Inca Bohorques*.

[15] Pedro Antonio de Castro y Andrade, conde de Lemos, marqués de Sarriá y de Gátiva y duque de Taurifanco, decimonoveno virrey del Perú, gobernó entre 1667 y 1672.

[16] Henry John Morgan (1635-1688), corsario inglés, ayudado por su gobierno, atacó a las colonias españolas en Centro América. Finalmente fue nombrado gobernador de Jamaica entre 1674 y 1684.

191

su devoción. Con frecuencia se le veía barriendo el piso de la iglesia de los Desamparados, tocando en ella el órgano, y haciendo el oficio de cantor en la solemne misa dominical, dándosele tres pepinillos de las murmuraciones de la nobleza, que juzgaba tales actos indignos de un grande de España.

Dispuso este virrey, bajo pena de cárcel y multa, que nadie pintase cruz en sitio donde pudiera ser pisada; que todos se arrodillasen al toque de oraciones; y escogió par padrino de uno de sus hijos al cocinero del convento de San Francisco, que era un negro con un jeme de jeta[17] y fama de santidad.

Por cada individuo de los que ajusticiaba, mandaba celebrar treinta misas; y consagró, por lo menos, tres horas diarias al rezo del oficio parvo y del rosario, confesando y comulgando todas las mañanas, y concurriendo al jubileo y a cuanta fiesta o distribución religiosa se le anunciara.

Jamás se han visto en Lima procesiones tan espléndidas como las de entonces; y Lorente, en su *Historia,* trae la descripción de una en que se trasladó desde palacio a los Desamparados, dando largo rodeo, una imagen de María que el virrey había hecho traer expresamente desde Zaragoza. Arco hubo en esa fiesta cuyo valor se estimó en más de doscientos mil pesos, tal era la profusión de alhajas y piezas de oro y plata que lo adornaban. La calle de Mercaderes lució por pavimento barras de plata, que representaban más de dos millones de ducados. ¡Viva el lujo y quien lo *trujo!*[18]

El fanático don Pedro Antonio de Castro y Andrade, conde de Lemos, marqués de Sarriá y de Gátiva y duque de Taurifanco, que cifraba su orgullo en descender de San Francisco de Borja, y que, a estar en sus manos, como él decía, habría fundado en cada calle de Lima un colegio de jesuitas, apenas fue proclamado en Lima como representante

---

[17] Llamada también *bemba* en el Perú, se refiere a los labios abultados de los negros.
[18] Trujo, Moliner dice: estrujar.

de Carlos II el *Hechizado*, se dirigió a Puno[19] con gran aparato de fuerza y aprehendió a Salcedo.

El justicia contaba con poderoso elementos para resistir; pero no quiso hacerse reo de rebeldía a su rey y señor natural.

El virrey, según muchos historiadores, lo condujo preso, tratándolo durante la marcha con extremado rigor. En breve tiempo quedó concluida la causa, sentenciado Salcedo a muerte, y confiscados sus bienes en provecho del real tesoro.

Como hemos dicho, los jesuitas dominaban al virrey. Jesuita era su confesor el padre Castillo, y jesuitas sus secretarios. Las crónicas de aquellos tiempos acusan a los hijos de Loyola de haber contribuido eficazmente el trágico fin del rico minero, que había prestado no pocos servicios a la causa de la corona y enviado a España algunos millones por el quinto de los provechos de la mina.

Cuando leyeron a Salcedo la sentencia, propuso al virrey que le permitiese apelar a España, y que por el tiempo que transcurriese desde la salida del navío hasta su regreso con la resolución de la corte de Madrid, lo obsequiaría diariamente con una barra de plata.

Y téngase en cuenta no sólo que cada barra de plata se valorizaba en dos mil duros, sino que el viaje del Callao a Cádiz no era realizable en menos de seis meses.

La tentación era poderosa, y el conde de Lemos vaciló.

Pero los jesuitas le hicieron presente que mejor partido sacaría ejecutando a Salcedo y confiscándole sus bienes.

El que más influyó en el ánimo de su excelencia fue el padre Francisco del Castillo, jesuita peruano que está en olor de santidad, el cual era padrino de bautismo de don Salvador Fernández de Castro, marqués de Almuña e hijo del virrey.

Salcedo fue ejecutado en el sitio llamado *Orcca-Pata*[20], a poca distancia de Puno.

---

[19] Ciudad de la sierra sur del Perú, capital del departamento del mismo nombre. Puerto lacustre en la orilla occidental del lago Titicaca.

[20] Paraje al sur de la ciudad de Puno.

# III

Cuando la esposa de Salcedo supo el terrible desenlace, convocó a sus deudos y les dijo:

—Mis riquezas han traído mi desdicha. Los que las codician han dado muerte afrentosa al hombre que Dios me deparó por compañero. Mirad cómo le vengáis.

Tres días después la mina de Laycacota había *dado en agua*[21], y su entrada fue cubierta con peñas, sin que hasta hoy haya podido descubrirse el sitio donde ella existió.

Los parientes de la mujer de Salcedo inundaron la mina, haciendo estéril para los asesinos del justicia mayor el crimen a que la codicia los arrastrara.

Carmen, la desolada viuda, había desaparecido, y es fama que se sepultó viva en uno de los corredores de la mina.

Muchos sostienen que la mina de Salcedo era la que hoy se conoce con el nombre del *Manto*. Éste es un error que debemos rectificar. La codiciada mina de Salcedo estaba entre los cerros Laycacota y Cancharani.

El virrey, conde de Lemos, en cuyo periodo de mando tuvo lugar la canonización de Santa Rosa[22], murió en diciembre de 1673, y su corazón fue enterrado bajo el altar mayor de la iglesia de los Desamparados.

Las armas de este virrey eran, por Castro, un sol de oro sobre gules.

En cuanto a los descendientes de los hermanos Salcedo, alcanzaron bajo el reinado de Felipe V la rehabilitación de su nombre y el título de marqués de Villarrica para el jefe de la familia.

---

[21] Inundada de manera aviesa.
[22] Santa Rosa de Lima, Isabel Flores de Oliva (1586-1617), patrona de Américas y las Islas Filipinas.

# ¡Beba, padre, que le da la vida!...

CRÓNICA DE LA ÉPOCA DE MANDO
DE UNA VIRREINA

Dama de mucho cascabel y de más temple que el acero toledano fue doña Ana de Borja, condesa de Lemos y virreina del Perú. Por tal la tuvo S. M. doña María Ana de Austria, que gobernaba la monarquía española durante la minoría de Carlos II; pues al nombrar virrey del Perú al marido, lo proveyó de real cédula, autorizándolo para que, en caso de que el mejor servicio del reino le obligase a abandonar Lima, pusiese las riendas del gobierno en manos de su consorte.

En tal conformidad, cuando su excelencia creyó indispensable ir en persona a apaciguar las turbulencias de Laycacota, ahorcando al rico minero Salcedo, quedó doña Ana en esta ciudad de los Reyes presidiendo la Audiencia, y su gobierno duró desde junio de 1668 hasta abril del año siguiente.

El conde de Bornos decía que la mujer de más ciencia sólo es apta para gobernar doce gallinas y un gallo. ¡Disparate! Tal afirmación no puede rezar con doña Ana de Borja y Aragón que, como ustedes verán, fue una de las infinitas excepciones de la regla. Mujeres conozco yo capaces de gobernar veinticuatro gallinas... y hasta dos gallos.

Así como suena, y mal que nos pese a los peruleros[1], he-

---

[1] Peruanos.

mos sido durante diez meses gobernados por una mujer...
y francamente que con ella no nos fue del todo mal, el
pandero estuvo en manos que lo sabían hacer sonar.

Y para que ustedes no digan que por mentir no pagan
los cronistas alcabala, y que los obligo a que me crean bajo
la fe de mi honrada palabra, copiaré lo que sobre el particular escribe el erudito señor de Mendiburu[2] en su *Diccionario Histórico:* «Al emprender su viaje a Puno el conde de
Lemos, encomendó el gobierno del reino a doña Aña, su
mujer, quien lo ejerció durante su ausencia, resolviendo todos los asuntos, sin que nadie hiciese la menor observación, principiando por la Audiencia, que reconocía su autoridad». Tenemos en nuestro poder un despacho de la virreina, nombrando un empleado del tribunal de Cuentas,
y está encabezado como sigue: «Don Pedro Fernández de
Castro y Andrade, conde de Lemos, y doña Ana de Borja,
su mujer, condesa de Lemos, en virtud de la facultad que
tiene para el gobierno de estos reinos, atendiendo a lo que
representa el tribunal, he venido en nombrar y nombro de
muy buena gana, etc., etc.»

Otro comprobante. En la colección de *Documentos históricos*[3] de Odriozola, se encuentra una provisión de la virreina, disponiendo aprestos marítimos contra los piratas.

Era doña Ana, en su época de mando, dama de veinti-
nueve años, de gallardo cuerpo, aunque de rostro poco
agraciado. Vestía con esplendidez y nunca se la vio en público sino cubierta de brillantes. De su carácter dicen que
era en extremo soberbio y dominador, y que vivía muy in-
fatuada con su abolorio y pergaminos.

¡Si sería chichirinada[4] la vanidad de quien, como ella,

---

[2] Manuel de Mendiburu, historiador y militar peruano, autor del *Diccionario histórico y geográfico del Perú,* Lima, 1874-1890, 8 vols. Edith Palma
en la edición española de las *Tradiciones Peruanas Completas* explica que
Palma utilizó la «primera parte, que corresponde a la época de la dominación española» (Madrid, Aguilar, 1961).

[3] Manuel de Odriozola, *Colección de Documentos históricos del Perú en las
épocas del Coloniaje después de la Conquista y de la Independencia hasta el presente,* Lima, Tip. de Aurelio Alfaro, 10 vols.

[4] Voz de capricho equivalente a *nada (DRAE).*

contaba entre los santos de la corte celestial nada menos que a su abuelo Francisco de Borja!

Las picarescas limeñas, que tanto quisieron a doña Teresa de Castro, la mujer del virrey don García, no vieron nunca de buen ojo a la condesa de Lemos, y la bautizaron con el apodo de la *Patona*. Presumo que la virreina sería mujer de mucha base.

Entrando ahora en la tradición, cuéntase de la tal doña Ana algo que no se le habría ocurrido al ingenio del más bragado[5] gobernante, y que prueba, en substancia, cuán grande es la astucia femenina y que, cuando la mujer se mete en política o en cosas de hombre, sabe dejar bien puesto su pabellón.

Entre los pasajeros que en 1668 trajo al Callao el galeón de Cádiz, vino un fraile portugués de la orden de San Jerónimo. Llamábase el padre Núñez. Era su paternidad un hombrecito regordete, ancho de espaldas, barrigudo, cuellicorto, de ojos abotagados, y de nariz roma y rubicunda. Imagínate, lector, un candidato para una apoplejía fulminante, y tendrás cabal retrato del jeronimita.

Apenas llegado éste a Lima, recibió la virreina un anónimo en que la denunciaban que el fraile no era tal fraile, sino espía o comisionado secreto de Portugal, quien, para el mejor logro de alguna maquinación política, se presentaba disfrazado con el santo hábito.

La virreina convocó a los oidores y sometió a su acuerdo la denuncia. Sus señorías opinaron por que, inmediatamente y sin muchas contemplaciones, se echase guante al padre Núñez y se le ahorcase *coram populo*. ¡Ya se ve! En esos tiempos no estaban de moda las garantías individuales ni otras candideces de la laya que hogaño se estilan, y que así garantizan al prójimo que cae debajo, como una cota de seda de un garrotazo en la espalda.

La sagaz virreina se resistió a llevar las cosas al estricote[6], y viniéndosele a las mientes algo que narra Garcilaso de Francisco de Carbajal, dijo a sus compañeros de Audien-

---

[5] Decidido y difícilmente intimidable (Moliner).
[6] Traerle a vueltas de un lado para otro.

cia: —Déjenlo vueseñorías por mi cuenta que, sin necesidad de ruido ni de tomar el negocio por donde quema, yo sabré descubrir si es fraile o monago; que el hábito no hace al monje, sino el monje al hábito. Y si resulta preste tonsurado por barbero y no por obispo, entonces sin más kiries ni letanías llamamos a Gonzalvillo para que le cuelgue por el pescuezo en la horca de la plaza.

Este Gonzalvillo, negro retinto y feo como un demonio, era el verdugo titular de Lima.

Aquel mismo día la virreina comisionó a su mayordomo para que invitase al padre Núñez a *hacer penitencia*[7] en palacio.

Los tres oidores acompañaban a la noble dama en la mesa, y en el jardín esperaba órdenes el terrible Gonzalvillo.

La mesa estaba opíparamente servida, no con esas golosinas que hoy se usan y que son como manjar de monja, soplillo y poca substancia, sino con cosas suculentas, sólidas y que se pegan al riñón. La fruta de corral, pavo, gallina y hasta *chancho enrollado*[8], lucía con profusión.

El padre Núñez no comía... devoraba. Hizo cumplido honor a todos los platos.

La virreina guiñaba el ojo a los oidores como diciéndoles:

—¡Bien engulle! Fraile es.

Sin saberlo, el padre Núñez había salido bien de la prueba. Faltábase otra.

La cocina española es cargada de especias, que naturalmente despiertan la sed.

Moda era poner en la mesa grandes vasijas de barro de Guadalajara que tiene la propiedad de conservar más fresca el agua, prestándola muy agradable sabor.

Después de consumir, como postres, una muy competente ración de alfajores[9], pastas y dulces de las monjas, no

---

[7] Comer de manera suculenta.
[8] Cerdo enrollado.
[9] Americanismo, golosina compuesta de dos piezas circulares de masa adheridas una a otra con dulces (Morínigo).

pudo el comensal dejar de sentir imperiosa necesidad de beber; que seca garganta, ni gruñe ni canta.

—¡Aquí te quiero ver, escopeta! —murmuró la condesa. Ésta era la prueba decisiva que ella esperaba. Si su convidado no era lo que por el traje revelaba ser, bebería con la pulcritud que no se acostumbra en el refectorio.

El fraile tomó con ambas manos el pesado cántaro de Guadalajara, lo alzó casi a la altura de la cabeza, recostó ésta en el respaldo de la silla, echóse a la cara el porrón[10] y empezó a despacharse a su gusto.

La virreina, viendo que aquella sed era como la de un arenal y muy frailuno el modo de apaciguarla, le dijo sonriendo:

—¡Beba, padre beba, que le da la vida!

Y el fraile, tomando el consejo como amistoso interés por su salud, no despegó la boca del porrón hasta que lo dejó sin gota. Enseguida su paternidad se pasó la mano por la frente para limpiarse el sudor que le corría a chorros, y echó por la boca un regüeldo[11] que imitaba el bufido de una ballena arponada.

Doña Ana se levantó de la mesa y salióse al balcón seguida de los oidores.

—¿Qué opinan vueseñorías?

—Señora, que es fraile y de campanillas —contestaron a una los interpelados.

—Así lo creo en Dios y en mi ánima. Que se vaya en paz el bendito sacerdote.

¡Ahora sigan ustedes si no fue mucho hombre la mujer que gobernó el Perú!

---

[10] Vasija de barro de vientre abultado para guardar agua o vino.
[11] Eructo de los gases del estómago.

# La emplazada

CRÓNICA DE LA ÉPOCA DEL VIRREY ARZOBISPO

Confieso que, entre las muchas tradiciones que he sacado a luz, ninguna me ha puesto en mayores atrenzos[1] que la que hoy traslado al papel. La tinta se me vuelve borra[2] entre los puntos de la pluma, tanto es de espinoso y delicado el argumento. Pero a Roma por todo, y quiera un buen numen sacarme airoso de la empresa, y que alcance a cubrir con un velo de decoro, siquier[3] no sea muy tupido, este mi verídico relato de un suceso que fue en Lima *más sonado que las narices.*

## I

Doña Verónica Aristizábal, no embargante[4] sus cuarenta pascuas floridas, era, por los años de 1688, lo que en toda tierra de herejes y critianos se llama una buena moza. Jamón mejor conservado, ni en Westfalia.

Viuda del conde de Puntos Suspensivos —que es un título como otro cualquiera, pues el real no se me antoja po-

---

[1] Americanismo, conflictos, apuros, dificultades.
[2] Sedimento espeso que se forma en la tinta cuando no es utilizada en su momento.
[3] Siquiera.
[4] *No embargante:* sin embargo *(DRAE).*

nerlo en letras de molde—, habíala éste, al morir, nombrado tutora de sus dos hijos, de los cuales el mayor contaba a
la sazón cinco años. La fortuna del conde era lo que se dice
señora fortuna, y consistía, amén de la casa solariega y valiosas propiedades urbanas, en dos magníficas haciendas si-
tuadas en uno de los fertilísimos valles próximos a esta ciudad de los reyes. Y perdóname, lector, que altere nombres y
que no determine el lugar de la acción, pues, al hacerlo, te
pondría los puntos sobre las íes, y acaso tu malicia te haría
sin muchos tropezones señalar con el dedo a los descendientes de la condesa de Puntos Suspensivos, como hemos
convenido en llamar a la interesante viuda. En materia de
guardar un secreto, soy canciller del sello de la Puridad.

Luego que pasaron los primeros meses de luto y que
hubo llenado fórmulas de etiqueta social, abandonó Verónica la casa de Lima, y fue con baúles y petacas[5] a establecerse en una de las haciendas. Para que el lector se forme
concepto de la importancia del feudo rústico, nos bastará
consignar que el número de esclavos llegaba a mil doscientos.

Había entre ellos un robusto y agraciado mulato, de
veinticuatro años, a quien el difunto conde había sacado de
pila y, en su calidad de ahijado, tratado siempre con especial cariño y distinción. A la edad de trece años, Pantaleón,
que tal era su nombre, fue traído a Lima por el padrino,
quien lo dedicó a aprender el empirismo rutinero que en
esos tiempos se llamaba ciencia médica, y de que tan cabal
idea nos ha legado el Quevedo limeño Juan de Caviedes[6]
en su graciosísimo *Diente del Parnaso*. Quizá Pantaleón,
pues fue contemporáneo de Caviedes, es uno de los tipos
que campean en el libro de nuestro original y cáustico
poeta.

Cuando el conde consideró que su ahijado sabía ya lo
suficiente para enmendarle una receta al mismo Hipócra-

---

[5] Americanismo del náhuatl *petlacalli*, caja hecha de cañas, caja o baúl
de madera, mimbres o cañas, forrada de cuero (Morínigo).
[6] Juan del Valle y Caviedes (1652-1698), escritor peruano de origen español, famoso por sus poemas de aguda sátira social y política.

tes, lo volvió a la hacienda con el empleo de médico y boticario, asignándole cuarto fuera de galpón[7] habitado por los demás esclavos, autorizándolo para vestir decentemente y a la moda, y permitiéndole que ocupara asiento en la mesa donde comían el mayordomo o administrador, gallego burdo[8] como un alcornoque, el primer caporal, que era otro ídem fundido en el mismo molde, y el capellán, rechoncho fraile mercedario y con más cerviguillo[9] que un berrendo de Bujama[10]. Éstos, aunque no sin murmurar por bajo, tuvieron que aceptar por comensal al flamante *dotor*[11]; y en breve, ya fuese por la utilidad de servicios que éste les prestara librándolos en más de un atracón, o porque se les hizo simpático por la agudeza de su ingenio y distinción de modales, ello es que el capellán, mayordomo y caporal no podían pasar sin la sociedad del esclavo, a quien trataban como a íntimo amigo y de igual a igual.

Por entonces llegó mi señora la condesa a establecerse en la hacienda, y aparte del capellán y los dos gallegos, que eran los empleados más caracterizados del fundo, admitió en su tertulia nocturna al esclavo, que para ella, aparte el título de ahijado y protegido de su difunto, tenía la recomendación de ser el don Preciso para aplicar un sedativo contra la jaqueca, o administrar una pócima en cualquiera de los achaques a que es tan propensa nuestra flaca naturaleza.

Pero Pantaleón, no sólo gozaba del prestigio que da la ciencia, sino que su cortesanía[12], su juventud y su vigorosa belleza física formaban contraste con la vulgaridad y aspecto del mercedario y los gallegos. Verónica era mujer, y

---

[7] Americanismo del náhuatl *calpulli,* casa grande, gran cobertizo con paredes o sin ellas destinado a la vivienda de los esclavos o peones de una hacienda.

[8] Persona ignorante y zafia *(DRAE).*

[9] Parte exterior del cuello cuando es abultada y gruesa.

[10] *Berrendo de Bujama:* toro negro de la hacienda de Bujama, ubicada en el distrito peruano de Mala, provincia de Cañete.

[11] En el Perú se *concede* el máximo título académico a los médicos, abogados y hasta a los dentistas, tengan o no el consiguiente doctorado académico en su especialidad.

[12] Atención, agrado, urbanidad, comedimiento *(DRAE).*

202

con eso está dicho que su imaginación debía dar mayores proporciones al contraste. El ocio y aislamiento de vida en una hacienda, los nervios siempre impresionables en las hijas de Eva, la confianza que para calmarlos se tiene en el *agua de melisa*[13], sobre todo si el médico que la propina es joven, buen mozo e inteligente, la frecuencia e intimidad del trato y... ¡qué sé yo!..., hicieron que a la condesa le clavara el pícaro de Cupido un acerado dardo en mitad del corazón. Y como *cuando el diablo no tiene que hacer, mata moscas con el rabo,* y en levas de amor no hay tallas, sucedió... lo que ustedes sin ser brujos ya habrán adivinado. Con razón dice una copla:

> Pocos eclipses el sol
> y mil la luna padece;
> que son al desliz más prontas
> que los hombres las mujeres.

## II

Lector: un cigarrillo o un palillo para los dientes, y hablemos de historia colonial.

El señor don Melchor de Liñán y Cisneros[14] entró en Lima, con el carácter de arzobispo, en febrero de 1678; pero teniendo el terreno tan bien preparado en la corte de Madrid que, cinco meses después, Carlos II, destituyendo al conde de Castellar, nombraba a su ilustrísima virrey del Perú; y entre otras mercedes, concedióle más tarde el título que el arzobispo transfirió a uno de sus hermanos.

Sus armas eran las de los Liñán: escudo bandado de oro y gules.

El virrey conde de Castellar entregó bien provistas las reales cajas, y el virrey arzobispo se cuidó de no incurrir en la nota de derrochador. Sino de riqueza, puede afirmarse que

---

[13] Agua de torongil.
[14] Arzobispo Melchor de Liñán y Cisneros, vigésimo primero virrey del Perú, entre 1678 y 1681.

no fue de penuria la situación del país bajo el gobierno de Liñán y Cisneros, quien, hablando de la Hacienda, decía muy espiritualmente que era preciso guardarla de los muchos que la guardaban, y defenderla de los muchos que la defendían.

Desgraciadamente, lo soberbio de su carácter y la mezquina rivalidad que abrigara contra su antecesor, hostilizándolo indignamente en el juicio de residencia, amenguan ante la historia el nombre del virrey arzobispo.

Bajo esta administración fue cuando los vecinos de Lima enviaron barrillas de oro para el *chapín de la reina*[15], nombre que se daba al obsequio que hacían los pueblos al monarca cuando éste contraía matrimonio: era, digámoslo así, el regalo de boda que ofrecían los vasallos.

Los brasileños se apoderaron de una parte del territorio fronterizo a Buenos Aires, y su ilustrísima envió con presteza tropas que, bajo el mando del maestre de campo don José de Garro, gobernador del río de la Plata, los desalojaron después de reñidísima batalla. La paz de Utrecht vino a poner término a la guerra, obteniendo Portugal ventajosas concesiones de España.

Los filibusteros Juan Guarin (Warlen) y Bartolomé Chearps, apoyados por los indios del Darién[16], entraron por el mar del Sur, hicieron en Panamá algunas presas de importancia, como la del navío *Trinidad,* saquearon los puertos de Barbacoas, Ilo y Coquimbo[17], incendiaron la Serena[18], y el 9 de febrero de 1681 desembarcaron en Arica[19]. Gaspar de Oviedo, alférez real y justicia mayor de la provincia, se puso a la cabeza del pueblo, y después de ocho horas de encarnizado combate, los piratas tuvieron que acogerse a sus naves, dejando entre los muertos al capitán Guarin y

---

[15] Servicio pecuniario que hacía el reino de Castilla en ocasión de casamiento de los reyes *(DRAE).*

[16] Región americana comprendida entre la costa de Panamá y el noroeste de Colombia. En ella se fundó Santa María la Antigua de Darién, la primera población española de América del Sur.

[17] Puertos de Colombia, Perú y Chile, respectivamente.

[18] Puerto chileno.

[19] Arica fue puerto peruano hasta 1883.

once prisioneros. Liñán de Cisneros equipó precipitadamente en el Callao dos buques, los artilló con treinta piezas y confirió su mando al general Pantoja; y aunque es verdad que nuestra escuadra no dio caza a los piratas, sus maniobras influyeron para que éstos, desmoralizados ya con el desastre de Arica, abandonasen nuestros mares. En cuanto a los once prisioneros, fueron ajusticiados en la Plaza mayor de Lima.

Fue esta época de grandes cuestiones religiosas. Las competencias de frailes y jesuitas en las misiones de Mojos, Carabaya y Amazonas, un tumultuoso capítulo de las monjas de Santa Catalina, en Quito, muchas de las cuales abandonaron la clausura, y la cuestión del obispo Mollinedo en los canónigos del Cuzco, por puntos de disciplina, darían campo para escribir largamente. Pero la conmoción más grave fue la de los franciscanos de Lima, que el 23 de diciembre de 1680, a las once de la noche, pusieron fuego a la celda del comisario general de la Orden fray Marcos Terán.

Bajo el gobierno de Liñán de Cisneros, vigésimo primo virrey del Perú, se recibieron en Lima los primeros ejemplares de la *Recopilación de leyes de Indias*[20], impresión hecha en Madrid en 1680; se prohibió la fabricación de aguardientes que no fuesen de los conchos puros del vino, y se fundó el conventillo de Santa Rosa de Viterbo para beatas franciscanas.

### III

*El mayor monstruo los celos,* es el título de una famosa comedia del teatro antiguo español, y a fe que el poeta anduvo acertadísimo en el mote.

Un año después de establecida la condesa en la hacienda, hizo salir de un convento de monjas de Lima a una esclavita, de quince a diez y seis abriles, fresca como un sor-

---

[20] Promulgadas a partir de 1542 por Carlos I.

205

bete, traviesa como un duende, alegre como una misa de aguinaldo y con un par de ojos negros, tan negros que parecían hechos de tinieblas. Era la predilecta, la *engreída*[21] de Verónica. Antes de enviarla al monasterio para que perfeccionase su educación aprendiendo labores de aguja y demás cosas en que son tan duchas las buenas madres, su ama la había pagado maestros de música y baile; y la muchacha aprovechó tan bien las lecciones que no había en Lima más diestra tañedora de arpa, ni timbre de voz más puro y flexible para cantar la *bella Aminta* y el *pastor feliz*, ni pies más ágiles para trenzar una *sajuriana*[22], ni cintura más cenceña[23] y revolucionaria para bailar un bailecito de la tierra.

Describir la belleza de Gertrudis sería para mí obra de romanos. Pálido sería el retrato que emprendiera yo hacer de la mulata, y basta que el lector se imagine uno de esos tipos de azúcar refinada y canela de Ceylán, que hicieron decir al licencioso ciego de la Merced[24], en una copla que yo me guardaré de reproducir con exactitud:

> Canela y azúcar fue
> la bendita Magdalena...
> Quien no ha querido a una *china*,
> no ha querido cosa buena

La llegada de Gertrudis a la hacienda despertó en el capellán y el médico todo el apetito que inspira una golosina. Su reverencia frailuna dio en padecer de distracciones cuando abría su libro de horas; y el médico boticario se preocupó con la mocita a extremo tal que, en cierta ocasión, administró a uno de sus enfermos palaja en vez de goma arábiga, y en un tumbo de dado estuvo que lo despachase sin postillón al país de las calaveras.

---

[21] Americanismo, preferida, muy encariñada.
[22] Peruanismo, baile antiguo que se ejecuta entre dos personas, zapateando y escobillando el suelo.
[23] Delgada, enjuta.
[24] Fray Francisco del Castillo (1714-1770), poeta limeño ciego y famoso por sus apicaradas improvisaciones.

Alguien ha dicho (y por si nadie ha pensado en decir tal paparrucha, direla yo) que un rival tiene ojos de telescopio para descubrir, no digo un cometa crinito[25], sino una pulga en el cielo de sus amores. Así se explica que el capellán no tardase en comprender y adquirir pruebas de que entre Pantaleón y Gertrudis existían lo que, en política, llamaba uno de nuestros prohombres connivencias criminales. El despechado rival pensó entonces en vengarse, y fue a la condesa con el chisme, alegando hipócritamente que era un escándalo y un faltamiento a tan honrada casa que dos esclavos anduviesen entretenidos en picardihuelas que la moral y la religión condenan. ¡Bobería! *No se fundieron campanas para asustarse del repique.*

Probable es que si el mercedario hubiera podido sospechar que Verónica había hecho de su esclavo algo más que un médico, se habría abstenido de acusarlo. La condesa tuvo la bastante fuerza de voluntad para dominarse, dio las gracias al capellán por el cristiano aviso, y dijo sencillamente que ella sabría poner orden en su casa.

Retirado el fraile, Verónica se encerró en su dormitorio para dar expansión a la tormenta que se desarrollaba en su alma. Ella, que se había dignado descender del pedestal de su orgullo y preocupaciones para levantar hasta su altura a un miserable esclavo, no podía perdonar al que traidoramente la engañaba.

Una hora después, Verónica, afectando serenidad de espíritu, se dirigió al trapiche e hizo llamar al médico. Pantaleón se presentó en el acto, creyendo que se trataba de asistir a algún enfermo. La condesa, con el tono severo de un juez, lo interrogó sobre las relaciones que mantenía con Gertrudis, y exasperada por la tenaz negativa del amante, ordenó a los negros que, atándolo a una argolla de hierro, lo flagelasen cruelmente. Después de media hora de suplicio, Pantaleón estaba casi exánime. La condesa hizo suspender el castigo y volvió a interrogarlo. La víctima no retrocedió en su negativa: y más irritada que antes, la conde-

---

[25] Es un cometa cuya cola o cabellera está dividida en varios ramales divergentes *(DRAE)*.

sa lo amenazó con hacerlo arrojar en una paila[26] de miel hirviendo.

La energía del infortunado Pantaleón no se desmintió ante la feroz amenaza, y abandonando el aire respetuoso con que hasta ese instante había contestado a las preguntas de su ama, dijo:

—Hazlo, Verónica, y dentro de un año, tal un día como hoy, a las cinco de la tarde, te cito ante el tribunal de Dios.

—¡Insolente! —gritó la condesa, cruzando con su chicotillo el rostro del infeliz—. ¡A la paila! ¡A la paila con él! ¡Horror!

Y el horrible mandato quedó cumplido en el instante.

## IV

La condesa fue llevada a sus habitaciones en completo estado de delirio. Corrían los meses, el mal se agravaba, y la ciencia se declaró vencida. La furiosa loca gritaba en sus tremendos ataques:

—¡Estoy emplazada!

Y así llegó la mañana del día en que expiraba el fatal plazo, y ¡admirable fenómeno!, la condesa amaneció sin delirio. El nuevo capellán que había reemplazado al mercedario fue llamado por ella y le oyó en confesión, perdonándola en nombre de Aquel que es todo misericordia.

El sacerdote dio a Gertrudis su carta de libertad y una suma de dinero que la obsequiaba su ama. La pobre mulata, cuya fatal belleza fue la causa de la tragedia, partió una hora después para Lima, y tomó el hábito de donada en el monasterio de las clarisas.

Verónica pasó tranquila el resto del día.

El reloj de la hacienda dio la primer campanada de las cinco. Al oírla, la loca saltó de su lecho, gritando:

—¡Son las cinco! ¡Pantaleón! ¡Pantaleón!

Y cayó muerta en medio del dormitorio.

---

[26] Vasija grande y de amplio fondo donde se cocina para mucha gente o se disuelven sustancias como la parafina o la grasa para el jabón.

# Muerta en vida

## I

Laura Venegas era bella como un sueño de amor en la primavera de la vida. Tenía por padre a don Egas de Venegas, ganacha[1] de la Real Audiencia de Lima, viejo más seco que un arenal, hinchado de prosopopeya y que nunca volvió atrás de lo que una vez pensara. Pertenecía a la secta de los infalibles, que, de paso sea dicho, son los más propensos a engañarse.

Con padre tal, Laura no podía ser dichosa. La pobre niña amaba locamente a un joven médico español llamado don Enrique de Padilla, el cual, desesperado de no alcanzar el consentimiento del viejo, había puesto mar de por medio y marchado a Chile. La resistencia del golilla, hombre de voluntad de hierro, nacía de su decisión por unir los veinte abriles de Laura con los cincuenta octubres de un compañero de oficio. En vano Laura, agotando el raudal de sus lágrimas, decía a su padre que ella no amaba al que la deparaba por esposo.

---

[1] Juez o magistrado.

—¡Melindres[2] de muchachas! —la contestaba el flemático padre

¡El amor se cría! Palabras que envenenaron muchas almas, dando vida más tarde al remordimiento. La casta virgen, fiada en ellas, se dejaba conducir al altar, y nunca sentía brotar en su espíritu el amor prometido.

¡El amor se cría! Frase inmoral que servía de sinapismo para debilitar los latidos del corazón de la mujer, frase típica que pinta por completo el despotismo en la familia.

En aquellos siglos había dos expedientes soberanos para hacer entrar en vereda a las hijas y a las esclavas.

¿Era una esclava ligera de cascos o se espontaneaba sobre algún chichisbeo[3] de su ama? Pues la panadería de don Jaime, el catalán, o de cualquier otra desalmado, no estaba lejos, y la infeliz criada pasaba allí semanas o meses sufriendo azotaina diaria, cuaresmal ayuno, trabajo crecido y todos los riesgos del más bárbaro tratamiento. Y cuenta que esos siglos no fueron librepensadores, como el actual, sino siglos cristianos, de evangélico ascetismo y suntuosas procesiones; siglos, en fin, de fundaciones monásticas, de santo y de milagro.

Para las hijas desobedientes al paternal precepto se abrían las puertas de un monasterio. Como se ve, el expediente era casi tan blando como el de la panadería.

Laura, obstinada en no arrojar de su alma el recuerdo de Enrique, prefirió tomar el velo de novicia en el convento de Santa Clara; y un año después pronunció los solemnes votos, ceremonia que solemnizaron con su presencia los cabildantes y oidores, presididos por el virrey, recién llegado entonces a Lima.

---

[2] Americanismo, en sentido familiar, el *melindre* es la delicadeza afectada y excesiva en palabras, acciones y ademanes.
[3] Galanteo permanente, por lo general, de un hombre a una dama.

# II

Don Carmine Nicolás Caracciolo[4], grande de España, príncipe de Santo Buono, duque de Castel de Sangro, marqués de Buquianico, conde de Esquiabi, de Santobido y de Capracota, barón de Monteferrato, señor de Nalbelti, Frainenefrica, Gradinarca y Castelnovo, recibió el mando del Perú de manos de obispo de la Plata don fray Diego Morcillo Rubio de Auñón, que había sido virrey interino desde el 15 de agosto hasta el 3 de octubre de 1716.

Para celebrar su recepción, Peralta, el poeta de la *Lima fundada*, publicó un panegírico del virrey napolitano, y Bermúdez de la Torre[5], otro titulado *El sol en el zodíaco*. Ambos libros son un hacinamiento de conceptos extravagantes y de lisonjas cortesanas en estilo gongorino y campanudo.

De un virrey que, como el excelentísimo señor don Carmine Nicolás Caracciolo, necesitaba un carromato para para cargar sus títulos y pergaminos, apenas hay huella en la historia del Perú. Sólo se sabe de su gobierno que fue impotente para poner diques al contrabando, que los misioneros hicieron grandes conquistas en las montañas[6], y que en esa época se fundó el colegio de Ocopa[7].

Los tres años y tres meses del mando del príncipe de Santo Buono se hicieron memorables por una epidemia que devastó el país, excediendo de sesenta mil el número de víctimas en la raza indígena.

Fue bajo el gobierno de este virrey cuando se recibió una real cédula prohibiendo *carimbar*[8] a los negros esclavos.

---

[4] Carmine Nicolás Caracciolo, príncipe de Santo Buono, de familia napolitana de origen griego, fue el vigésimo sexto virrey del Perú entre 1716 y 1720.

[5] Pedro José Bermúdez de la Torre (¿1665?-1745), poeta y abogado peruano. Sus obras más notables son *El triunfo de Judith* y *Telémaco en la isla de Calipso*.

[6] Peruanismo, se refiere a la amazonía o región de la selva.

[7] Famoso convento de franciscanos en la sierra central del Perú, fue fundado por Francisco de San José en 1725 y se convirtió en un enclave misionero de penetración a la selva.

[8] Americanismo de *carimbo*, hierro que se usaba para marcar a los esclavos (Morínigo).

Llamábase *carimba* cierta marca que con hierro hecho ascua ponían los amos en la piel de esos infelices.

Solicitó entonces el virrey la abolición de la *mita*[9] pues muchos encomenderos[10] habían llevado el abuso hasta el punto de levantar horca y amenazar con ella a los indios *mitayos*[11]; pero el monarca dio carpetazo a la bien intencionada solicitud del príncipe de Santo Buono.

Ninguna obra pública, ningún progreso, ningún bien tangible ilustran la época de un virrey de tantos títulos.

Una tragedia horrible —dice Lorente —impresionó entonces a la piadosa ciudad de los reyes. Encontróse ahorcado de una ventana a un infeliz chileno, y en su habitación una especie de testamento, hecho la víspera del suicidio, en el que dejaba su alma al diablo si conseguía dar muerte a su mujer y a un fraile de quien ésta era barragana. Cinco días después fueron hallados, en un callejón, los cadáveres putrefactos de la adúltera y de su cómplice.

El 15 de agosto de 1719, pocos minutos antes de las doce del día, se obscureció de tal manera el cielo que hubo necesidad de encender luces en las casas. Fue éste el segundo eclipse total de sol experimentado en Lima después de la conquista, y dio motivo para procesión de penitencia y rogativas.

El mismo fray Diego Morcillo, elevado ya a la dignidad de arzobispo de Lima, fue nombrado por Felipe V virrey en propiedad, y reemplazó al finchado[12] príncipe de Santo Buono en 16 de enero de1720. Del virrey arzobispo decía

---

[9] *Mita:* ésta es una de tantas palabras por las que Palma luchó para que fueran admitidas en el *Diccionario* de la Academia hace un siglo y su propuesta fue desestimada. En el *DRAE* de 1992 aparece la siguiente definición: «(Del quechua *mit'a*, turno, semana de trabajo.) f. Repartimiento que en América se hacía por sorteo en los pueblos de indios, para sacar el número correspondiente de vecinos que debían emplearse en los trabajos públicos // 2. Tributo que pagaban los indios del Perú», *op. cit.*, pág. 978. No se alude a que se trataba de un trabajo forzoso, obligatorio y gratuito.

[10] Personas encargadas de hacer cumplir en las encomiendas, haciendas o minas, el trabajo compulsivo y gratuito de los indios.

[11] Indios obligados a la mita.

[12] Se dice de la persona envanecida por un cargo público o la fama personal.

la murmuración que a fuerza de oro compró el nombramiento de virrey: tanto le había halagado el mando en los cincuenta días de su interinato. Lo más notable que ocurrió en los cuatro años que gobernó el mitrado fue que principiaron los disturbios del Paraguay entre los jesuitas y Antequera[13], y que el pirata inglés Juan Cliperton apresó el galeón en que venía de Panamá el marqués de Villacocha con su familia.

### III

Y así como así, transcurrieron dos años, y sor Laura llevaba con resignación la clausura.

Una tarde hallábase nuestra monja acompañando en la portería a una anciana religiosa, que ejercía las funciones de tornera, cuando se presentó el nuevo médico nombrado para asistir a las enfermas del monasterio.

Por entonces, cada convento tenía un crecido número de moradoras, entre religiosas, educandas y sirvientas; y el de Santa Clara, tanto por espíritu de moda cuanto por la gran área que ocupaba, era el más poblado de Lima.

Fundado este convento por Santo Toribio, se inauguró el 4 de enero de 1606; y a los ocho años de su fundación —dice un cronista— contaba con ciento cincuenta monjas de velo negro y treinta y cinco de velo blanco, número que fue, a la vez que las rentas, aumentándose hasta el de cuatrocientas de ambas clases.

Las dos monjas, al anuncio del médico, se cubrieron el rostro con el velo; la portera le dio entrada, y la más anciana, haciendo oír el metálico sonido de una campanilla de plata, precedía en el claustro al representante de Hipócrates.

Llegaron a la celda de la enferma, y allí sor Laura, no pudiendo sofocar por más tiempo sus emociones, cayó sin

---

[13] José de Antequera y Castro (1689-1731), abogado y político panameño, protector de indios en la audiencia de Charcas, provocó la revolución de los comuneros del Paraguay a la que se sumó; fue condenado a muerte y murió en un motín.

sentido. Desde el primer momento había reconocido en el nuevo médico a su Enrique. Una fiebre nerviosa se apoderó de ella poniendo en peligro su vida y haciendo precisa la frecuente presencia del médico.

Una noche, después de las doce, dos hombres escalaban cautelosamente una tapia del convento, conduciendo un pesado bulto, y poco después ayudaban a descender a una mujer.

El bulto era un cadáver robado del hospital de Santa Ana.

Media hora más tarde, las campanas del monasterio se echaban a vuelo anunciando incendio en el claustro. La celda de sor Laura era presa de las llamas.

Dominado el incendio, se encontró sobre el lecho un cadáver completamente carbonizado.

Al siguiente día, y después del ceremonial religioso, se sepultaba en el panteón del monasterio a la que fue en el siglo Laura Venegas. ¿Y... y?

> ¡Aleluya! ¡Aleluya!
> Sacristán de mi vida,
> toda soy tuya.

## VI

Pocos meses después, Enrique, acompañado de una bellísima joven, a la que llamaba su esposa, fijó su residencia en una ciudad de Chile.

¿Ahogaron sus remordimientos? ¿Fueron felices? Puntos son estos que no incumbe al cronista averiguar.

# Un virrey y un arzobispo

CRÓNICA DE LA ÉPOCA DEL TRIGÉSIMO VIRREY DEL PERÚ

La época del coloniaje[1], fecunda en acontecimientos que de una manera providencial fueron preparando el día de la Independencia del Nuevo Mundo, es un vénero poco explotado aún por las inteligencias americanas.

Por eso, y perdónese nuestra presuntuosa audacia, cada vez que la fiebre de escribir se apodera de nosotros, demonio tentador al que mal puede resistir la juventud, evocamos en la soledad de nuestras noches al genio misterioso que guarda la historia del ayer de un pueblo que no vive de recuerdos ni de esperanzas, sino de actualidad.

Lo repetimos: en América la tradición apenas tiene vida. La América conserva todavía la novedad de un hallazgo y el vapor de un fabuloso tesoro apenas principiado a explotar.

Sea por la indolencia de los gobiernos en la conservación de los archivos, o por descuido de nuestros antepasados en no consignar los hechos, es innegable que hoy sería muy difícil escribir una historia cabal de la época de los virreyes. Los tiempos primitivos del imperio de los Incas, tras los que está la huella sangrienta de la conquista, han llegado hasta nosotros con fabulosos e inverosímiles colores. Parece que igual suerte espera a los tres siglos de la dominación española.

Entretanto, toca a la juventud hacer algo para evitar que la

---

[1] Periodo histórico en que formaron parte de la nación española como colonia (Morínigo).

215

tradición se pierda completamente. Por eso, en ella se fija de preferencia nuestra atención, y para atraer la del pueblo creemos útil adornar con las galas del romance toda narración histórica. Si al escribir estos apuntes sobre el fundador de Talca y los Ángeles no hemos logrado nuestro objeto, discúlpesenos en gracia de la buena intención que nos guiara y de la inmensa cantidad de polvo que hemos aspirado al hojear crónicas y deletrear manuscritos en países donde, aparte de la escasez de documentos, no están los archivos muy fácilmente a disposición del que quiere consultarlos.

*FUENTES, ESCRITURA, ORALIDAD*
*DIDACTISMO*

## I

### EL NÚMERO 13

El excelentísimo señor don José Manso de Velazco[2], que mereció de título de conde de Superunda por haber reedificado el Callao (destruido a consecuencia del famoso terremoto de 1746), se encargó del mando de los reinos del Perú el 13 de julio de 1745, en reemplazo del marqués de Villagarcía. Maldita la importancia que un cronista daría a esta fecha si, según cuentan añejos papeles, ella no hubiera tenido marcada influencia en el ánimo y porvenir del virrey; y aquí con venia tuya, lector amigo, va mi pluma a permitirse un rato de charla y moraleja.

Cuando más inteligente o audaz es el hombre, parece que su espíritu es más susceptible de acoger una superstición. El vuelo o el canto de un pájaro es para muchos un sombrío augurio, cuyo prestigio no alcanza a vencer la fuerza del raciocinio. Sólo el necio no es supersticioso. César en una tempestad confiaba en su fortuna. Napoleón, el que repartía tronos como botín de guerra, recordaba al dar una batalla la brillantez del sol de Austerlitz, y aun es fama que se hizo decir la buenaventura por una echadora de cartas (mademoseille Lenormand).

---

[2] José Antonio Manso de Velasco, conde de Superunda (1688-1765), trigésimo virrey del Perú de 1745 a 1761.

Pero la preocupación nunca es tan palmaria como cuando se trata del número 13. La casualidad hizo algunas veces que de trece convidados a un banquete, uno muriera en el término del año; y es seguro que de allí nace el prolijo cuidado con que los cabalistas cuentan las personas que se sientan a una mesa. Los devotos explican que la desgracia del 13 surge de que Judas completó este número en la divina cena.

Otra de las particularidades del 13, conocido también por *docena de fraile,* es la de designar las monedas que se dan en arras cuando un prójimo resuelve hacer la última calaverada. Viene de allí el horror instintivo que los solteros le profesan, horror que no sabremos decir si es o no fundado, como no osaríamos declararnos partidarios o enemigos de la santa coyunda matrimonial.

Quejábase un prójimo de haber asistido a un banquete en que eran trece los comensales: —¿Y murió alguno? ¿Aconteció suceso infausto? —¡Cómo no! (contestó el interrogado). En ese año... me casé.

El hecho es que cuando el virrey quedó solo en Palacio con su secretario Pedro Bravo de Ribera, no pudo excusarse de decirle:

—Tengo para mí, Pedro, que mi gobierno me ha de traer desgracia. El corazón me da que este otro 13 no ha de parar en bien.

El secretario sonrió burlonamente de la superstición de su señor, en cuya vida, que él conocía a fondo, habría probablemente alguna aventura en la que desempeñara papel importante el fatídico número a que acababa de aludir.

Y que el corazón fue leal profeta para el virrey (pues en sus quince años de gobierno abundaron las desgracias) nos lo comprueba una rápida reseña histórica.

Poco más de un año llevaba en el mando don José Manso de Velazco cuando aconteció la ruina del Callao, y tras ella una asoladora epidemia en la sierra, y el incendio del archivo de gobierno que se guardaba en casa del marqués de Salinas, incendio que se tuvo por malicioso. Temblores formidables en Quito, Latacunga, Trujillo y Concepción de Chile, la inundación de Santa, un incendio que devoró a Panamá y la rebelión de los indios de Huarochirí, que se sofocó ahorcando a los principales cabecillas, figuran entre los sucesos siniestros de esa época.

En agosto de 1747 fundóse a inmediaciones del destruido Callao el pueblo de Bellavista; se elevó el convento de Ocopa a colegio de *propaganda fide;* se consagró la iglesia de los padres descalzos; la monja y literata sor María Juana, con otras cuatro capuchinas, fundó un monasterio en Cajamarca; se observó el llamado cometa de Newton; se estableció el estanco de tabacos; se extinguió la Audiencia de Panamá, y en 1755 se formó un censo en Lima, resultando empadronados 54.000 habitantes.

## II

### QUE TRATA DE UNA EXCOMUNIÓN, Y DE CÓMO POR ELLA EL VIRREY Y EL ARZOBISPO SE CONVIRTIERON EN ENEMIGOS

La obligación de motivar el capítulo que a éste sigue nos haría correr el riesgo de tocar con hechos que acaso pudieran herir quisquillosas susceptibilidades, si no adoptáramos el partido de alterar nombres y narrar el suceso a galope. En una hacienda del valle de Ate, inmediata a Lima, existía un pobre sacerdote que desempeñaba las funciones de capellán del fundo. El propietario, que era nada menos que un título de Castilla, por cuestiones de poca monta y que no son del caso referir, hizo una mañana pasear por el patio de la hacienda, caballero en un burro y acompañado de rebenque, al bueno del capellán, el cual diz que murió a poco de vergüenza y de dolor.

Este horrible castigo, realizado en un ungido del Señor, despertó en el pacífico pueblo una gran conmoción. El crimen era inaudito. La Iglesia fulminó excomunión mayor contra el hacendado, en la que se mandaba derribar las paredes del patio donde fue escarnecido el capellán y que se sembrase sal en el terreno, amén de otras muchas ritualidades de las que haremos gracia al lector.

218

Nuestro hacendado, que disfrutaba de gran predicamento en el ánimo del virrey y que aindamáis[3] era pariente por afinidad del secretario Bravo, se encontró amparado por éstos, que recurrieron a cuantos medios hallaron a sus alcances para que menguase en algo el rigor de la excomunión. El virrey fue varias veces a visitar al arzobispo con tal objeto; pero éste se mantuvo erre que erre.

Entretanto cundía ya en el pueblo una especie de somatén[4] y crecían los temores de un serio conflicto para el gobierno. La multitud, cada vez más irritada, exigía el pronto castigo del sacrílego; y el virrey, convencido de que el metropolitano no era hombre de provecho para su empeño, se vio, mal su grado, en la precisión de ceder.

¡Vive Dios, que aquéllos sí eran tiempos para la Iglesia! El pueblo, no contaminado aún con la impiedad, que, al decir de muchos, avanza a pasos de gigante, creía entonces con la fe del carbonero. ¡Pícara sociedad que ha dado en la maldita fiebre de combatir las preocupaciones y errores del pasado! ¡Perversa raza humana que tiende a la libertad y al progreso, y que en su roja bandera lleva impreso el imperativo de la civilización; ¡Adelante! ¡Adelante![5]

Repetimos que muy en embrión y con gran cautela hemos apuntado este curioso hecho, desentendiéndonos de adornarlo con la multitud de glosas y de incidentes que sobre él corren. Las viejas cuentan que cuando murió el hacendado, desapareció su cadáver, que de seguro recibió sepultura eclesiástica, arrebatado por el que pintan a los pies de San Miguel, y que en las altas horas de la noche paseaba por las calles de Lima en un carro inflamado por llamas infernales y arrastrado por una cuádriga diabólica. Hoy mismo hay gentes que creen en estas paparruchas[6] a pie juntillas. Dejemos al pueblo con sus locas creencias y hagamos punto y *acápite*.

---

[3] Del gallego o portugués *ainda mais*, aún más, además *(DRAE)*.

[4] Palabra de origen catalán, era un cuerpo de civiles armados que al toque de una campana se reunían para perseguir y capturar a un delincuente.

[5] Grito de guerra de las huestes católicas medievales.

[6] Americanismo, viene de *páparo*, miembro de una etnia ya extinguida del istmo de Panamá: noticia falsa de algún suceso, esparcida entre el pueblo.

# III

## DE CÓMO EL ARZOBISPO DE LIMA CELEBRÓ MISA DESPUÉS DE HABER ALMORZADO

Sabido es que para los buenos habitantes de la república Lima las cuestiones de fueros y de regalías entre los poderes civil y eclesiástico han sido siempre piedrecilla de escándalo. Aun los que hemos nacido en estos asenderados tiempos, recordamos muchas *enguinfingalfas*[7] entre nuestros presidentes y el metropolitano o los obispos. Mas en la época en que por su majestad don Fernando VI mandaba estos reinos del Perú el señor conde de Superunda estaban casi contrabalanceados los dos poderes, y harto tímido era su excelencia para recurrir a golpes de autoridad. Cuestioncillas, fútiles acaso en su origen, como la que en otro capítulo dejamos consignada, agriaron los espíritus del virrey y del arzobispo Barroeta hasta engendrar entre los dos una seria odiosidad.

«Grande fue la competencia —dice Córdova Urrutia[8]— entre el arzobispo y el virrey, por haber dispuesto aquél que se le tocase órgano al entrar en la Catedral y no al representante del monarca, y levantado quitasol, al igual de éste, en las procesiones. Las quejas fueron a la corte y ésta falló contra el arzobispo.»

El conde de Superunda, en su relación de mando, dice hablando del arzobispo: «Tuvo la desgracia de encontrar genios de fuego conocidos por turbulentos y capaces de alterar la república más bien ordenada. Éstos le indujeron a mandar sin reflexión, persuadiéndolo que debía mandar su jurisdicción con vigor, y que ésta se extendía sin límite. Y como obraba sin experiencia, brevemente se llenó de tropiezos con su Cabildo y varios tribunales. Los caminos a que induje muchas veces al arzobispo, atendiendo su deco-

---

[7] Trapacerías.
[8] José María de Córdova y Urrutia es autor de dos libros que sirvieron como fuente al tradicionista: *Noticias históricas y estadísticas sobre Lima* (1839) y *Las tres épocas del Perú o compendio de su historia* (1844).

ro y la tranquilidad de la ciudad, eran máximas muy contrarias a las de sus consultores, y no perdieron tiempo en persuadirle que se subordinaba con desaire de su dignidad y que debía dar a conocer que era arzobispo, desviándose del virrey, que tanto le embarazaba. El concepto que le merecían los que así le aconsejaban, y la inclinación del arzobispo a mandar despóticamente, lo precipitaton a escribirme una esqueleta privada con motivo de cierta cuestión particular, diciéndome que lo dejase obrar, y procuró retirarse cuanto pudo de mi comunicación. A poco tiempo se aumentaron las competencias con casi todos los tribunales y se llenó de edictos y mandatos la ciudad, poniéndose en gran confusión su vecindario. Si se hubieran de expresar todos los incidentes y tropiezos que se ofrecieron posteriormente al gobierno con el arzobispo, se formaría un volumen o historia de mucho bulto.»

Y prosigue el conde de Superunda narrando la famosa querella del quitasol o baldaquino, en la procesión de la novena de la Concepción, que tuvo lugar por los años de 1752. No cumpliendo ella a nuestro propósito, preferimos dejarla en el tintero y contraernos a la última cuestión entre el representante de la corona y el arzobispo de Lima.

Práctica era que sólo cuando pontificaba el metropolitano se sentase bajo un dosel inmediato al del virrey, y para evitar que el arzobispo pudiera sufrir lo que la vanidad calificaría de un desaire, iba siempre a palacio un familiar la víspera de la fiesta, con el encargo de preguntar si su excelencia concurriría o no.

En la fiesta de Santa Clara, monasterio fundado por Santo Toribio de Mogrovejo y al que legó su corazón, encontró Manso el medio, infalible en su concepto, de humillar a su adversario, contestando al mensajero que se sentía enfermo y que por lo tanto no concurriría a la función. Prepaáronse sillas para la Real Audiencia, y a las doce de la mañana se dirigió Barroeta a la iglesia y se arrellanó bajo el dosel; mas con gran sorpresa vio poco después que entraba el virrey, precedido por las distintas corporaciones.

¿Qué había decidido a su excelencia a alterar así el ceremonial? Poca cosa. La certidumbre de que su ilustrísima acababa de almorzar, en presencia de legos y eclesiásticos, una tísica o robusta polla en estofado, que tanto no se cuidó de averiguar el cronista, con su correspondiente apéndice de bollos y chocolate de las monjas.

Convengamos en que era durilla la posición del arzobispo, que sin echarse a cuestas lo que él creía un inmenso ridículo, no podía hacer bajar su dosel. Su ilustrísima se sentía tanto más confundido cuanto más altivas y burlonas eran las miradas y sonrisas de los palaciegos. Pasaron así más de cinco minutos sin que diese principio la fiesta. El virrey gozaba en la confusión de Barroeta, y todos veían asegurado su triunfo. La espada humillaba a la sotana.

Pero el bueno del virrey hacía su cuenta sin la huéspeda[9], o lo que es lo mismo, olvidaba que quien hizo la ley hizo la trampa. Manso habló al oído de uno de sus oficiales, y éste se acercó al arzobispo manifestándole, en nombre de su excelencia, cuán extraño era que permaneciese bajo dosel y de igual a igual quien no pudiendo celebrar misa, por causa de la consabida polla del almuerzo, perdía el privilegio en cuestión. El arzobispo se puso de pie, paseó su mirada por el lado de los golillas de la Audiencia y dijo con notable sangre fría:

—¡Señor oficial! Anuncie usted a su excelencia que pontifico.

Y se dirigió resueltamente a la sacristía, de donde salió en breve revestido.

Y lo notable del cuento es que lo hizo como lo dijo.

## IV

### DONDE LA POLLA EMPIEZA A INDIGESTARSE

Dejamos a la imaginación de nuestros lectores calcular el escándalo que produciría la aparición del arzobispo en el altar mayor, escándalo que subió de punto cuando lo

---

[9] El *Diccionario* de la Academia de 1992 acepta *huéspeda*, como femenino de *huésped*.

vieron consumir la divina Forma. El virrey no desperdició la ocasión de esparcir la cizaña en el pueblo, con el fin de que la grey declarase que su pastor había incurrido en flagrante sacrilegio. ¡Bien se barrunta que su excelencia no conocía a esa sufrida oveja que se llama pueblo! Los criollos, después de comentar largamente el suceso, se disolvían con esta declaratoria, propia del fanatismo de aquella época:

—Pues que comulgó su ilustrísima después de almorzar, licencia tendría de Dios.

Acaso por estas quisquillas se despertó el encono de la gente de claustro contra el virrey Manso; pues un fraile, predicando el sermón del Domingo de Ramos, tuvo la insolencia de decir que Cristo había entrado en Jerusalén montado en un burro *manso,* bufonería con la que creyó poner en ridículo a su excelencia.

Entretanto, el arzobispo no dormía, y mientras el virrey y la Real Audiencia dirigían al monarca y su Consejo de Indias una fundada acusación contra Barroeta, éste reunía en su palacio al Cabildo eclasiástico. Ello es que se extendió acta de lo ocurrido, en la que después de citar a los santos padres, de recurrir a los breves secretos de Paulo III y otros pontífices, y de destrozar los cánones, fue aprobada la conducta del que no se paró en pollas ni en panecillos con tal de sacar avante lo que se llama fueros y dignidad de la Iglesia de Cristo. Con el acta ocurrió el arzobispo a Su Santidad, quien dio por bueno su proceder.

El Consejo de Indias no se sintió muy satisfecho, y aunque no increpó abiertamente a Barroeta, lo tildó de poco atento en haber recurrido a Roma sin tocar antes con la corona. Y para evitar que en lo sucesivo se renovasen las rencillas entre las autoridades política y religiosa, creyó conveniente su sacra real majestad trasladar a Barroeta a la silla archiepiscopal de Granada, y que se encargase de la de Lima el señor don Diego del Corro, que entró en la capital en 26 de noviembre de 1758 y murió en Jauja después de dos años de gobierno.

Don Pedro Antonio de Barroeta y Ángel, natural de la

Rioja en Castilla la Vieja, es entre los arzobispos que ha tenido Lima uno de los más notables por la moralidad de su vida y por su instrucción e ingenio. Hizo reimprimir las sinodales de Lobo Guerrero, y durante los siete años que, según Unanue, duró su autoridad, publicó varios edictos y reglamentos para reformar las costumbres del clero, que, al decir de un escritor de entonces, no eran muy evangélicas. A juzgar por el retrato que de él existe en la sacristía de la Catedral, sus ojos revelan la energía del espíritu y su despejada frente muestra claros indicios de inteligencia. Consiguió hacerse amar del pueblo, mas no de los canónigos, a quienes frecuentemente hizo entrar en vereda, y sostuvo con vigor los que, para el espíritu de su siglo y para su educación, consideraba como privilegios de la Iglesia.

En cuanto a nosotros, si hemos de ser sinceros, declaramos que no nos viene al magín[10] medio de disculpar la conducta del arzobispo en la fiesta de Santa Clara; porque creemos, creencia de que no alcanzarán a apearnos todos los teólogos de la cristiandad, que la religión del Crucificado, religión de verdad severa, no puede permitir dobleces ni litúrgicos lances teatrales. Antes de sacar triunfante el orgullo, la vanidad clerical; antes de hacer elásticas las leyes sagradas; antes de abusar de la fe de un pueblo y sembrar en él la alarma y la duda, debió el ministro del Altísimo recordar las palabras del libro inmortal: *¡Ay de aquel por quien venga el escándalo!* Quémese la casa y no salga humo, era el refrán con que nuestros abuelos condenaban el escándalo.

## V

### AGUDEZAS EPISCOPALES

Y por si no vuelve a presentárseme ocasión para hablar del arzobispo Barroeta, aprovecho ésta y saco a relucir algunas agudezas suyas. Cuando pasan rábanos, comprarlos.

Visitando su ilustrísima los conventos de Lima, llegó a

---

[10] Imaginación.

uno donde encontró a los frailes arremolinados contra su provincial o superior. Quejábase la comunidad de que éste tiranizaba a sus inferiores, hasta el punto de prohibir que ninguno pusiese pie fuera del umbral de la portería sin previa licencia. El provincial empezó a defender su conducta: pero le interrumpió el señor Barroeta diciéndole:

—¡Calle, padre; calle, calle, calle!

El provincial se puso candado en la boca, el arzobispo echó una bendición y tomó el camino de la puerta, y los frailes quedaron contentísimos viendo desairado a su guardián.

Cuando le pasó a éste la estupefacción se dirigió al palacio arzobispal, y respetuosamente se querelló ante su ilustrísima de que, a presencia de la comunidad, le hubiera impuesto silencio.

—Lejos, muy lejos —le contestó Barroeta— estoy de ser grosero con nadie, y menos con su reverencia, a quien estimo. ¿Cuáles fueron mis palabras?

—Su ilustrísima interrumpió mis descargos diciéndome: «¡Calle, calle, calle!»

—¡Bendito de Dios! ¿Qué pedían los frailes? ¿Calle? Pues déles calle su reverencia, déjelos salir a la calle y lo dejarán en paz. No es culpa mía que su paternidad no me entendiera y que tomara el ascua por donde quema.

Y el provincial se despidió, satisfecho de que en el señor Barroeta no hubo propósito de agravio.

Fue este arzobispo aquel de quien cuentan que al salir del pueblo de Mala[11], lugarejo miserable y en el que su ilustrísima y comitiva tuvieron que conformarse con mala cena y peor lecho, exclamó:

> Entre médanos de arena,
> para quien bien se regala,
> no tiene otra cosa Mala
> que tener el agua buena.

Y para concluir, vaya otra agudeza de su ilustrísima. Parienta suya era la marquesa de X... y persona cuyo em-

---

[11] En los tiempos de Palma era una caleta de pescadores en la provincia de Cañete.

225

peño fue siempre atendido por el arzobispo. Interesóse ésta un día para que confiriese un curato vacante a cierto clérigo su protegido. Barroeta, que tenía poco concepto de la ilustración y moralidad del pretendiente, desairó a la marquesa. Encaprichóse ella, acudió a España, gastó largo, y en vez de curato consiguió para su ahijado una canonjía metropolitana. Con la real cédula en mano, fue la marquesa a visitar al arzobispo y le dijo:

—Señor don Pedro, el rey hace canónigo al que usted no quiso hacer cura.

—Y mucho dinero le ha costado el conseguirlo, señora marquesa.

—Claro está —contestó la dama—; pero toda mi fortuna la habría gastado con gusto por no quedarme con el desaire en el cuerpo.

—Pues, señora mía, si su empeño hubiera sido por canonjía, de balde se la hubiera otorgado; pero dar cura de almas a un molondro[12]... *nequaquam.* El buen párroco necesita cabeza, y para ser buen canónigo[13] no se necesita poseer más que una cosa buena.

—¿Qué cosa? —preguntó la marquesa.

—Buenas posaderas para repantigarse en un sillón del coro.

## VI

### DONDE SE ECLIPSA LA ESTRELLA DE SU EXCELENCIA

Después de diez y seis años de gobierno, sin contar los que había pasado en la presidencia de Chile, el conde de Superunda, que había solicitado de la corte su relevo, entregó el mando al excelentísimo señor don Manuel de Amat y Juniet el 12 de octubre de 1761.

El de Superunda es, sin disputa, una de las más notables figuras de la época del coloniaje. A él debe Chile la funda-

---

[12] Torpe.
[13] De ninguna manera.

226

ción de seis de sus más importantes ciudades, y la historia, justiciera siempre, le consagra páginas honrosas. El pueblo nunca es ingrato para con los que se desvelan por su bien, halagüeña verdad que, por desgracia, ponen frecuentemente en olvido los hombres públicos en Sudamérica. Manso, mientras ejerció la presidencia de Chile, fue recto en la administración, conciliador con las razas conquistadora y conquistada, infatigable en promover mejoras materiales, tenaz en despertar en la muchedumbre el hábito del trabajo. Con tan dignos antecedentes pasó al virreinato del Perú, en donde se encontró combatido por rastreras intrigas que entrabaron la marcha de su gobierno e hicieron inútiles sus buenas disposiciones. Por otra parte, su antecesor le entregaba el país en un estado de violenta conmoción. *Apu Inca,* al frente de algunas tribus rebeldes y ensorberbecidas por pequeños triunfos alcanzados sobre las fuerzas españolas, amenazaba desde Huarochirí[14] un repentino ataque sobre la capital. Manso desplegó toda su actividad y energía, y en breve consiguió apresar y dar muerte al caudillo, cuya cabeza fue colocada en el arco del Puente de Lima. No se nos tilde de faltos de amor a la causa americana porque llamamos rebelde a Apu Inca. Las naciones se hallan siempre dispuestas a recibir el bienhechor rocío de la libertad, y en nuestro concepto, dando fe a documentos que hemos podido consultar, Apu Inca no era ni el apóstol de la idea redentora ni el descendiente de Manco Capac. Sus pretensiones eran las del ambicioso sin talento, que, usurpando un nombre, se convierte en jefe de una horda. Él proclamaba el exterminio de la raza blanca, sin ofrecer al indígena su rehabilitación política. Su causa era la de la barbarie contra la vicilización.

Cansado Manso de los azares que lo rodeaban en el Perú, regresábase a Europa por Costa Firme[15], cuando, por

---

[14] Distrito de la provincia de Matucana, en la sierra del departamento de Lima.

[15] Conocida también como Tierra Firme, es el nombre que atribuyeron los primeros españoles, en especial R. de Bastida, en 1500, al territorio continental de América del Sur situado al sur de las Antillas entre Darién y la isla Margarita.

227

su desdicha, tocó el buque que lo conducía en la isla de Cuba, asediada a la sazón por los ingleses.

Don Modesto de la Fuente[16], en su *Historia de España*, trae curiosos pormenores acerca del famoso sitio de la Habana, en el que verá el lector cuán triste papel cupo desempeñar al conde de Superumda. Como teniente general, presidió el consejo de guerra reunido para decidir la rendición o resistencia de las plazas amenazadas; *mas ya fuese que el aliento de Manso se hubiese gastado con los años,* como lo supone el marqués de Obando, o porque en realidad creyese imposible resistir, arrastró la decisión del consejo a celebrar una capitulación, en virtud de la que un navío inglés condujo a Manso y sus compañeros al puerto de Cádiz.

Del juicio a que en el acto se les sujetó resultaba que la capitulación fue cobarde a ignominiosos los artículos consignados en ella, y que el conde de Superunda, causa principal del desastre, merecía ser condenado a la pérdida de honores y empleos, con la añadidura, nada satisfactoria, de dos años de encierro en la fortaleza de Monjuich[17].

Don José Manso, hombre de caridad ejemplar, no sacó por cierto una fortuna de su dilatado gobierno en el Perú. Cuéntase que habiéndole un día pedido limosna un pordiosero, le dio la empuñadura de su espada, que era de maciza plata, y notorios son los beneficios que prodigó a la multitud de familias que sufrieron las consecuencias del horrible terremoto que arruinó a Lima en 1746. Por ende, al salir de la prisión de Monjuich, se encontró el de Superunda tan falto de recursos como el más desarrapado mendigo.

---

[16] Modesto de la Fuente, historiador y ensayista español, publicó entre 1850 y 1859 su monumental *Historia General de España* y dirigió y redactó él solo el periódico *Fray Gerundio*.

[17] Cerro desde el que se divisa la ciudad de Barcelona, un poco como el de San Cristóbal de Lima.

## DONDE AUMENTA EN BRILLO LA ESTRELLA
### DE SU ILUSTRÍSIMA

Empezaba la primavera del año de 1770, cuando paseando una tarde por la Vega el arzobispo de Granada, encontró un ejército de chiquillos que, con infantil travesura, retozaban por las calles de árboles. La simpatía que los viejos experimentan por los niños nos la explicamos recordando que la ancianidad y la infancia, «el ataúd y la cuna», están muy cerca de Dios.

Su ilustrísima se detuvo mirando con paternal sonrisa aquella alegre turba de escolares, disfrutando de la recreación que, en los días jueves, daban los preceptores de aquellos tiempos a sus discípulos. El *dómine*[18] se hallaba sentado en un banco de césped, absorbido en la lectura en un libro, hasta que un familiar del arzobispo vino a sacarlo de su ocupación llamándolo en nombre de su ilustrísima.

Era el *dómine* un viejo venerable, de facciones francas y nobles, y que a pesar de su pobreza, llevaba la raída ropilla con cierto aire de distinción. Poco tiempo hacía que, establecido en Granada, dirigía una escuela, siendo conocido bajo el nombre del maestro Velazco y sin saberse nada de la historia de su vida.

Apenas lo miró el arzobispo, cuando reconoció en él al conde de Superunday lo estrechó en los brazos. Pasado el primer transporte vinieron las confidencias; y por último, Barroeta lo comprometió a vivir a su lado y aceptar sus favores y protección. Manso rehusaba obstinadamente, hasta que su ilustrísima le dijo:

—Paréceme, señor conde, que aún me conserva rencor vueseñoría y creeré que por soberbia rechaza mi apoyo, o que me injuria suponiendo que en la adversidad trato de humillarlo.

---

[18] En esta oportunidad Palma utiliza la palabra *dómine* en su acepción de *maestro*.

—¡El poder, la gloria, la riqueza no son más que vanidad de vanidades! Y si imagináis, señor arzobispo, que por altivez no aceptaba vuestro amparo, desde hoy abandonaré la escuela para vivir en vuestra casa.

El arzobispo lo abrazó nuevamente y lo hizo montar en su carroza.

—Así como así —agregó el conde—, vuestro ministerio os obliga a curarme de mi loco orgullo. *¡Debellare superbos!*[19].

## VIII

Desde aquel día, aunque amargadas por el recuerdo de sus desventuras y de la ingratitud del soberano, que al fin le devolvió su clase y honores, fueron más llevaderas y tranquilas las horas del desgraciado Superunda.

---

[19] Vence a los soberbios.

# Rudamente, pulidamente, mañosamente

## CRÓNICA DE LA ÉPOCA DEL VIRREY AMAT

### I

EN QUE EL LECTOR HACE CONOCIMIENTO CON UNA HEMBRA DEL COCO[1], DE RECHUPETE[2] Y TILÍN[3]

Leonorcia Michel era lo que hoy llamaríamos un limeña de *rompe y rasga,* lo que en los tiempos del virrey Amat se conocía por una mocita de *tecum*[4] y de las que amarran la liga encima de la rodilla. Veintisiete años con más mundo que el que descubrió Colón, color sonrosado, ojos de más preguntas y respuestas que el catecismo, nariz de escribano por lo picaresca, labios retozones, y una tabla de pecho como para asirse de ella un náufrago, tal era en compendio la muchacha. Añádanse a estas perfecciones brevísimo pie, torneada pantorrilla, cintura estrecha, aire de taco[5] y sandunguero[6], de esos que hacen estremecer hasta a los muer-

---

[1] Posiblemente, Palma sugiere que se trata de una mujer espigada, alta y garbosa, que produce respeto con solo verla.
[2] Muy exquisita y agradable *(DRAE).*
[3] *Hacer tilín:* conmover, impresionar.
[4] *Tecum:* contigo, dada a la compañía.
[5] *Aire de taco:* desenfado, desenvoltura, desembarazo *(DRAE).*
[6] Americanismo, gracia y salero al hablar y al caminar.

tos del campo santo. La moza, en fin, no era *boccato di cardenale*, sino *boccato* de concilio ecuménico.

Paréceme que con el retrato basta y sobra para esperar mucho de esa pieza de tela emplástica[7], que

> era como el canario
> que va y se baña,
> y luego se sacude
> con arte y maña.

Leonorcica, para colmo de venturanza, era casada con un honradísimo pulpero español, más bruto que el que asó la manteca, y a la vez más manso que todos los carneros juntos de la cristiandad y morería. El pobrete no sabía otra cosa que aguar el vino, vender gato por liebre y ganar en su comercio muy buenos cuartos, que su bellaca mujer se encargaba de gastar bonitamente en cintajos y faralares[8], no para más encariñar a su cónyuge, sino para engatusar a los oficiales de los regimientos del rey. A la chica, que de suyo era tornadiza, la había agarrado el diablo por la milicia y... ¡échele usted un galgo a su honestidad! Con razón decía uno: —Algo tendrá el matrimonio, cuando necesita bendición de cura.

El pazguato[9] del marido, siempre que la sorprendía en gatuperios[10] y juegos nada limpios con los militares, en vez de coger una tranca[11] y derrengarla, se conformaba con decir:

—Mira, mujer, que no me gustan militronchos[12] en casa y que un día me pican las pulgas y hago una que sea sonada.

—Pues mira, ¡arrastrado!, no tienes más que empe-

---

[7] Pegajosa, que puede llegar a ser molesta como un emplasto.

[8] De *faralá*, volante, adorno compuesto de una tira de tafetán o de otra tela, que rodea las basquiñas y briales o vestidos y enaguas femeninos *(DRAE)*.

[9] Persona poco advertida que se pasma y admira de todo lo que ve y oye.

[10] Embrollos o enjuagues galantes.

[11] Palo grueso y fuerte.

[12] Americanismo, viene de juntar las palabras militar y troncha, trozo o lonja de carne apetitosa.

zar —contestaba la mozuela, puesta en jarras[13] y mirando entre ceja y ceja a su víctima.

Cuentan que una vez fue el pulpero a aquerellarse ante el provisor y a solicitar divorcio, alegando que su conjunta lo trataba mal.

—¡Hombre de Dios! ¿Acaso te pega? —le preguntó su señoría.

—No, señor —contestó el pobre diablo—, no me pega..., pero me la pega.

Este marido era de la misma masa de aquel otro que cantaba:

> mi mujer me han robado
> tres días ha:
> ya para bromas basta:
> vuelvanmela.

Al fin la cachaza[14] tuvo su límite, y el marido hizo... una que fue sonada. ¿Perniquebró a su costilla? ¿Le rompió el bautismo a algún galán? ¡Quiá! Razonando filosóficamente, pensó que era tontuna[15] perderse un hombre por perrerías de una mala pécora; que de hembras está más que poblado este pícaro mundo, y que, como dijo no sé quién, las mujeres son como las ranas, que por una que zabulle salen cuatro a flor de agua.

De la noche a la mañana traspasó, pues, la pulpería, y con los reales que el negocio le produjo se trasladó a Chile, donde en Valdivia puso una cantina.

¡Qué fortuna la de las anchovetas! En vez de ir al puchero se las deja tranquilamente en el agua.

Esta metáfora traducida a buen romance quiere decir que Leonorcica, lejos de lloriquear y tirarse de las greñas, tocó generala, revistó a sus amigos de cuartel, y de entre ellos, sin más recancamusas[16], escogió para amante de re-

---

[13] Con las manos en la cintura.
[14] Americanismo, desvergüenza, descaro.
[15] Dicho o hecho tonto *(DRAE)*.
[16] *Cancamusa:* maña que utilizan algunas persona para encubrir un engaño.

lumbrón al alférez del regimiento de Córdoba don Juan Francisco Pullido, mocito que andaba siempre más emperejilado que rey de baraja fina.

## II

—Si ha caído bajo tu dominio, lector amable, mi primer libro de *Tradiciones*, habrás hecho conocimiento con el excelentísimo señor don Manuel Amat y Juniet, trigésimo primo virrey del Perú por su majestad Fernando VI. Ampliaremos hoy las noticias históricas que sobre él teníamos consignadas.

La capitanía general de Chile fue, en el siglo pasado, un escalón para subir al virreinato. Manso de Velazco, Amat, Jáuregui, O'Higgins y Avilés, después de haber gobernado en Chile, vinieron a ser virreyes del Perú.

A fines de 1771 se hizo Amat cargo del gobierno. «Traía —dice un historiador— la reputación de activo, organizador, inteligente, recto hasta el rigorismo y muy celoso de los intereses públicos, *sin olvidar la propia conveniencia*.». Su valor personal lo había puesto a prueba en una sublevación de presos en Santiago. Amat entró solo en la cárcel, y recibido a pedradas, contuvo con su espada a los rebeldes. Al otro día ahorcó docena y media de ellos. Como se ve, el hombre no se andaba en repulgos[17].

Amat principió a ejercer el gobierno cuando, hallándose más encarnizada la guerra de España con Inglaterra y Portugal, las colonias de América recelaban una invasión. El nuevo virrey atendió perfectamente a poner en pie de defensa la costa desde Panamá a Chile, y envió eficaces auxilios de armas y dinero al Paraguay y Buenos Aires. Organizó en Lima milicias cívicas, que subieron a cinco mil hombres de infantería y dos mil de caballería, y él mismo se hizo reconocer por coronel del regimiento de nobles, que contaba con

---

[17] Inquietud de conciencia que sienten las personas sobre la bondad o maldad de un acto suyo.

cuatrocientas plazas. Efectuada la paz, Carlos III premió a Amat con la cruz de San Jenaro, y mandó a Lima veintidós hábitos de caballeros de diversas Órdenes para los vecinos que más se habían distinguido por su entusiasmo en la formación, equipo y disciplina de las milicias.

Bajo su gobierno se verificó el Concilio provincial de 1772, presidido por el arzobispo don Diego Parada, en que fueron confirmados los cánones del Concilio de Santo Toribio.

Hubo de curioso en este Concilio que habiendo investigado Amat al franciscano fray Juan de Marimón, su paisano, confesor y aun pariente, con el carácter de teólogo representante del real patronato, se vio en el conflicto de tener que destituirlo y desterrarlo por dos años a Trujillo. El padre Marimón, combatiendo en la sesión del 28 de febrero al obispo Espiñeyra y al crucífero Durán, que defendían la doctrina del probabilismo, anduvo algo cáustico con sus adversarios. Llamado al orden Marimón, contestó, dando una palmada sobre la tribuna: —Nada de gritos, ilustrísimo señor, que respetos guardan respetos, y si su señoría vuelve a gritarme, yo tengo pulmón más fuerte y le sacaré ventaja—. En uno de los volúmenes de *Papeles varios* de la Biblioteca de Lima se encuentran un opúsculo del padre agonizante Durán, una carta del obispo fray Pedro Ángel de Espiñeyra, el decreto de Amat y una réplica de Marimón, así como el sermón que pronunció éste en las exequias del padre Pachi, muerto en olor de santidad.

El virrey, cuyo liberalismo en materia religiosa se adelantaba a su época, influyó, aunque sin éxito, para que se obligase a los frailes a hacer vida común y a reformar sus costumbres, que no eran ciertamente evangélicas. Lima encerraba entonces entre sus murallas la bicoca[18] de mil trescientos frailes, y los monasterios de monjas la pigricia[19] de setecientas mujeres.

Para espiar a los frailes que andaban en malos pasos por los barrios de Abajo el Puente, hizo Amat construir el balcón de palacio que da a la plazuela de los Desamparados,

---

[18] Americanismo, dicho en tono sarcástico es algo abundante, exagerado.

[19] Americanismo, pequeñez.

y se pasaba muchas horas escondido tras de las celosías.

Algún motivo de tirria debieron darle los frailes de la Merced, pues siempre que divisaba hábito de esa comunidad murmuraba entre dientes: «¡Buen blanco!» Los que lo oían pensaban que el virrey se refería a la tela del traje, hasta que un curioso se atrevió a pedirle aclaración, y entonces dijo Amat: «¡Buen blanco para una bala de cañón!»

En otra ocasión hemos hablado de las medidas prudentes y acertadas que tomó Amat para cumplir la real orden por la que fueron expulsados los miembros de la Compañía de Jesús. El virrey inauguró inmediatamente en el local del colegio de los jesuitas el famoso Convictorio de San Carlos, que tantos hombres ilustres ha dado a la América.

Amotinada en el Callao a los gritos de ¡Viva el rey y muera su mal gobierno! la tripulación de los navios *Septentrión* y *Astuto,* por retardo en el pagamento de sueldos, el virrey enarboló en un torreón la bandera de justicia, asegurándola con siete cañonazos. Fue luego a bordo, y tras brevísima información mandó colgar de las entenas[20] a los dos cabecillas y diezmó la marinería insurrecta, fusilando diez y siete. Amat decía que la justicia debe ser como el relámpago.

Amat cuidó mucho de la buena policía, limpieza y ornato de Lima. Un hospital para marineros en Bellavista; el templo de las Nazarenas, en cuya obra trabajaba a veces como carpintero; la Alameda y plaza de Ancho para las corridas de toros, y el Coliseo, que ya no existe, para las lidias de gallos, fueron de su época. Emprendió también la fábrica, que no llegó a terminarse, del Paseo de Aguas y que, a juzgar por lo que aún se ve, habría hecho competencia a Saint-Cloud y a Versalles.

Licencioso en sus costumbres, escandalizó bastante al país con sus aventuras amorosas. Muchas páginas ocuparían las historietas picantes en que figura el nombre de Amat unido al de Micaela Villegas, la Perricholi, actriz del teatro de Lima.

Sus contemporáneos acusaron a Amat de poca pureza en el manejo de los fondos públicos, y daban por prueba

---

[20] Palos encorvados y muy visibles a los cuales están aseguradas las velas latinas en las embarcaciones de esta clase.

de su acusación que vino de Chile con pequeña fortuna y que, a pesar de lo mucho que derrochó con la Perricholi, que gastaba un lujo insultante, salió del mando millonario. Nosotros ni quitamos ni ponemos, no entramos en esas honduras y decimos caritativamente que el virrey supo, en el juicio de residencia, hacerse absolver de este cargo, como hijo de la envidia y de la maledicencia humanas.

En julio de 1776, después de cerca de quince años de gobierno, lo reemplazó el escelentísimo señor don Amnuel Guirior.

Amat se retiró a Cataluña, país de su nacimiento, en donde, aunque octogenario y achacoso, contrajo matrimonio con una joven sobrina suya. Las armas de Amat eran: escudo en oro con una ave de siete cabezas de azur.

## III

### DONDE EL LECTOR HALLARÁ TRES RETRUÉCANOS NO REBUSCADOS SINO HISTÓRICOS

Por los años de 1772 los habitantes de esta, hoy prácticamente republicana, ciudad de los Reyes, se hallaban poseídos del más profundo pánico. ¿Quién era el guapo que después de las diez de la noche asomaba las narices por esas calles? Una carrera de gatos o ratones en el techo bastante para producir en una casa soponcios[21] femeniles, alarmas masculinas y barullópolis[22] mayúsculo.

La situación no era para menos. Cada dos o tres noches se realizaba algún robo de magnitud, y según los cronistas de esos tiempos, tales delitos salían, en la forma, de las prácticas hasta entonces usadas por los discípulos de Caco[23]. Caminos subterráneos, forados abiertos por medio del fuego, escalas de alambre y otras invenciones mecáni-

---

[21] Desmayos.

[22] Neologismo, confusión generalizada en una ciudad.

[23] Monstruo de la mitología romana, mitad hombre y mitad sátiro, fue un incontrolado bandido hasta que Hércules, a quien le había robado ganado, lo mató.

cas revelaban, amén de la seguridad de sus golpes, que los ladrones no sólo eran hombres de enjundia y pelo en pecho, sino de imaginativa y cálculo. En la noche del 10 de julio ejecutaron un robo que se estimó en treinta mil pesos.

Que los ladrones no eran gentuza de poco más o menos, lo reconocía el mismo virrey, quien, conversando una tarde con los oficiales de guardia que lo acompañaban a la mesa, dijo con su acento de catalán cerrado.

—¡Muchi diablus de latrons!

—En efecto, excelentísmo señor —le repuso el alférez don Juan Francisco Pulido—. Hay que convenir en que roban *pulidamente*.

Entonces el teniente de artillería don José Manuel Martínez Ruda lo interrumpió.

—Perdone el alférez. Nada de pulido encuentro; y lejos de eso, desde que desvalijan una casa contra la voluntad de su dueño, digo que proceden *rudamente*.

—¡Bien! Señores oficiales, se conoce que hay chispa —añadió el alcalde ordinario don Tomás Muñoz, y que era, en cuanto a sutileza, capaz de sentir el galope del caballo de copas—. Pero no en vano empuño yo una vara que hacer caer *mañosamente* sobre esos pícaros que traen al vecindario con el credo en la boca.

## IV

DONDE SE COMPRUEBA QUE A LA LARGA EL TORO FINA
EN EL MATADERO Y EL LADRÓN EN LA HORCA

Al anochecer del 31 de julio del susodicho año de 1772, un soldado entró cautelosamente en la casa del alcalde ordinario don Tomás Muñoz, y se entretuvo con él una hora en secreta plática.

Poco después circulaban por la ciudad rondas de alguaciles y agentes de la policía que fundó Amat con el nombre de *encapados* [24].

---

[24] Palma nunca descuida una oportunidad para ser satírico. La Academia acepta *encapar* como poner la capa.

En la mañana del 1.º de agosto todo el mundo supo que en la cárcel de corte y con gruesas barras de grillos se hallaban aposentados el teniente Ruda, el alférez Pulido, seis soldados del regimiento de Saboya, tres del regimiento de Córdoba y ocho paisanos. Hacíanles también compañía doña Leonor Michel y doña Manuel Sánchez, queridas de los oficiales, y tres mujeres del pueblo, mancebas de soldados. Era justo que quienes estuvieron a las maduras participasen de las duras. Quien comió la carne que roa el hueso.

El proceso, curiosísimo en verdad y que existe en los archivos de la excelentísima Corte Suprema, es largo para extractado. Baste saber que el 13 de agosto no quedó en Lima títere que no concurriese a la Plaza mayor, en la que estaban formadas las tropas regulares y milicias cívicas.

Después de degradados con el solemne ceremonial de las ordenanzas militares los oficiales Ruda y Pulido, pasaron junto con nueve de sus cómplices a balancearse en la horca, alzada frente al callejón de Petateros. El verdugo cortó luego las cabezas, que fueron colocadas en escarpias[25] en el Callao y en Lima.

Los demás reos obtuvieron pena de presidio, y cuatro fueron absueltos, contándose entre éstos doña Manuela Sánchez, la querida de Ruda. El proceso demuestra que si bien fue cierto que ella percibió los provechos, ignoró siempre de dónde salían las misas.

V

EN QUE SE COPIA UNA SENTENCIA
QUE PUEDE ARDER EN UN CANDIL

«En cuanto a doña Leonor Michel, receptora de especies furtivas, la condeno a que sufra cincuenta azotes, que le darán en su prisión de mano de verdugo, y a ser rapada de cabeza y cejas, y después de pasada tres veces por la horca,

---

[25] Del catalán *escarpia*, clavo que tiene el extremo opuesto a la punta doblado en ángulo recto, para que se sostenga lo que se cuelga de él (Moliner).

será conducida al real beaterio de Amparadas de la Concepción de esta ciudad a servir en los oficios más bajos y viles de la casa, reencargándola a la madre superiora para que la mantenga con la mayor custodia y precaución, ínterin[26] se presenta ocasión de navío que salga para la plaza de Valdivia, adonde será trasladada en partida de registro *a vivir en unión de su marido,* y se mantendrá perpetuamente en dicha plaza. —Dio y pronunció esta sentencia el excelentísimo señor don Manuel de Amat y Juniet, caballero de la Orden de San Juan, del Consejo de su Majestad, su gentilhombre de cámara con entrada, teniente general de sus reales ejércitos, virrey, gobernador y capitán general de estos reinos del Perú y Chile; y en ella firmó su nombre estando haciendo audiencia en su gabinete, en los Reyes, a 11 de agosto de 1772, siendo testigo don Pedro Juan Sanz, su secretario de cámara, y don José Garmendia, que lo es de cartas.— *Gregorio González de Mendoza,* escribano de su majestad y Guerra.»

¡Cáscaras! ¿No les parece a ustedes que la sentencia tiene tres pares de perendengues[27]?

Ignoramos si el marido entablaría recurso de fuerza al rey por la parte en que, sin comerlo ni beberlo, se le obligaba a vivir en ayuntamiento[28] y con la media naranja que le dio la Iglesia, o si cerró los ojos y aceptó la libranza, que bien pudo ser; pues para todo hay genios en la viña del Señor.

---

[26] Entretanto. La Academia recomienda que *ínterin* vaya precedida del artículo el o de un demostrativo, además la considera paroxítona.

[27] Pendientes o aretes femeninos. Palma se refiere a las gónadas masculinas.

[28] Relación íntima.

# El resucitado

CRÓNICA DE LA ÉPOCA DEL TRIGÉSIMO SEGUNDO VIRREY

A principios del actual siglo existía en la Recolección de los descalzos un octogenario de austera virtud y que vestía el hábito de hermano lego. El pueblo, que amaba mucho al humilde monje, conocíalo sólo con el nombre de *el Resucitado*. Y he aquí la auténtica y sencilla tradición que sobre él ha llegado hasta nosotros.

## I

En el año de los tres sietes (número apocalíptico y famoso por la importancia de los sucesos que se realizaron en América) presentóse un día en el hospital de San Andrés un hombre que frisaba en los cuarenta agostos, pidiendo ser medicinado en el santo asilo. Desde el primer momento los médicos opinaron que la dolencia del enfermo era mortal, y le previnieron que alistase el bagaje para pasar a mundo mejor.

Sin inmutarse oyó nuestro individuo el fatal dictamen, y después de recibir los auxilios espirituales o de tener *el práctico*[1] *a bordo,* como decía un marino, llamó a Gil Paz, ecónomo del hospital, y díjole, sobre poco más o menos:

---

[1] Marino experimentado que dirige el desplazamiento de los buques para el correcto atraque en un puerto.

241

—Hace quince años que vine de España, donde no dejo deudos, pues soy un pobre expósito. Mi existencia en Indias ha sido la del que honradamente busca el pan por medio del trabajo; pero con tan aviesa fortuna que todo mi caudal, fruto de mil privaciones y fatigas, apenas pasa de cien onzas de oro que encontrará vuesa merced en un cincho que llevo al cuerpo. Si como creen los físicos, y yo con ellos, su Divina Majestad es servida llamarme a su presencia, lego a vuesa merced mi dinero para que lo goce, pidiéndole únicamente que vista mi cadáver con una buena mortaja del seráfico padre San Francisco, y pague algunas misas en sufragio de mi alma pecadora.

Don Gil juró por todos los santos del calendario cumplir religiosamente con los deseos de moribundo, y que no sólo tendría mortaja y misas, sino un decente funeral. Consolado así el enfermo, pensó que lo mejor que le quedaba por hacer era morirse cuanto antes; y aquella misma noche empezaron a enfriársele las extremidades, y a las cinco de la madrugada era alma de la otra vida.

Inmediatamente pasaron las peluconas[2] al bolsillo del ecónomo, que era un avaro más ruin que la encarnación de la avaricia. Hasta su nombre revela lo menguado del sujeto: *¡¡¡Gil Paz!!!* No es posible ser más tacaño de letras ni gastar menos tinta para una firma.

Por entonces no existía aún en Lima el cementerio general que, como es sabido, se inauguró el martes 31 de mayo de 1808; y aquí es curioso consignar que el primer cadáver que se sepultó en nuestra necrópolis al día siguiente fue el de un pobre de solemnidad llamado Matías Isurriaga, quien, cayéndose de un andamio sobre el cual trabajaba como albañil, se hizo tortilla en el atrio mismo del cementerio. Los difuntos se enterraban en un corralón o campo santo que tenía cada hospital, o en las bóvedas de las iglesias, con no poco peligro de la salubridad pública.

---

[2] Monedas de una onza de oro acuñadas con el busto de uno de los reyes de la casa de Borbón desde Felipe V (1700) hasta Carlos IV (1808).

242

Nuestro don Gil reflexionó que el finado le había pedido muchas gollerías; que podía entrar en la fosa común sin asperges, responsos ni sufragios; y que, en cuanto a ropaje, bien aviado iba con el raído pantalón y la mugrienta camisa con que lo había sorprendido la flaca.

—En el hoyo no es como en el mundo —filosofaba Gil Paz—, donde nos pagamos de exterioridades y apariencias, y muchos hacen papal por la tela del vestido. ¡Vaya una pechuga[3] la del difunto! No seré yo, en mis días, quien halague su vanidad, gastando los cuatro pesos que importa la jerga franciscana. ¿Querer lujo hasta para pudrir tierra? ¡Hase visto presunción de la laya[4]! ¡Milagro no le vino en antojo que lo enterrasen con guantes de gamuza, botas de campana y gorguera de encaje! Vaya al agujero como está el muy bellaco, y agradézcame que no lo mande en el traje que usaba el padre Adán antes de la golosina.

Y dos negros esclavos del hospital cogieron el cadáver y lo transportaron al corralón que servía de cementerio.

Dejemos por un rato en reposo al muerto, y mientras el sepulturero abre la zanja fumemos un cigarrillo, charlando sobre el gobierno y la política de aquellos tiempos.

## II

El excelentísimo señor don Manuel Guirior[5], natural de Navarra y de la familia de San Francisco Javier, caballero de la Orden de San Juan, teniente general de la real armada, gentilhombre de cámara y marqués de Guirior, hallábase como virrey en el nuevo reino de Granada, donde había contraído con doña María Ventura, joven bogotana, cuando fue promovido por Carlos III al gobierno del Perú.

---

[3] Americanismo, desenfado, sinvergüencería.
[4] Del portugués *laia,* calidad, especie, clase *(DRAE).*
[5] Manuel Guirior, marqués de Guirior (1708-1788), militar español, fue el trigésimo segundo virrey del Perú entre 1775 y 1780, antes fue virrey de Nueva Granada.

Guirior, acompañado de su esposa, llegó a Lima de incógnito el 17 de julio de 1776, como sucesor de Amat. Su recibimiento público se verificó con mucha pompa el 3 de diciembre, es decir, a los cuatro meses de haberse hecho cargo del gobierno. La sagacidad de su carácter y sus buenas dotes administrativas le conquistaron en breve el aprecio general. Atendió mucho a la conversión de infieles, y aun fundó en Chanchamayo[6] colonias y fortalezas, que posteriormente fueron destruidas por los salvajes. En Lima estableció el alumbrado público con pequeño gravamen de los vecinos, y fue el primer virrey que hizo publicar bandos contra el diluvio[7] llamado juego de carnavales. Verdad es que, entonces como ahora, bandos tales fueron letra muerta.

Guirior fue el único, entre los virreyes, que cedió a los hospitales los diez pesos que, para sorbetes y pastas, estaban asignados por real cédula a su excelencia siempre que honraba con su presencia una función de teatro. En su época se erigió el virreinato de Buenos Aires y quedó terminada la demarcación de límites del Perú, según el tratado de 1777 entre España y Portugal, tratado que después nos ha traído algunas desazones con el Brasil y el Ecuador.

En el mismo aciago año de los tres siete nos envió la corte al consejero de Indias don José Areche[8], con el título de superintendente y visitador general de la real Hacienda, y revestido de facultades omnímodas tales, que hacían casi irrisoria la autoridad del virrey. La verdadera misión del enviado regio era la de exprimir la naranja hasta dejarla sin jugo. Areche elevó la contribución de indígenas a un mi-

---

[6] Provincia y valle del río del mismo nombre en la Selva Alta del Perú.
[7] Alude a la manera especial que existe en el Perú de «jugar los carnavales» mojando a los del sexo opuesto con cubos de agua.
[8] José Antonio de Areche, administrador español, fue nombrado visitador general del virreinato del Perú en 1776. Encausó al virrey Guirior después de destituirlo y reprimió de manera cruel y sangrienta la insurrección de Túpac Amaru II en 1781. Al volver a España fue inculpado por diversos cargos.

llón de pesos; creó la junta de diezmos; los estancos y alca-
balas dieron pingües rendimientos; abrumó de impuestos
y socaliñas[9] a los comerciantes y mineros, y tanto ajustó la
cuerda que en Huaraz, Lambayeque, Huánuco, Pasco,
Huancavelica, Moquegua y otros lugares estallaron serios
desórdenes, en los que hubo corregidores, alcabaleros y
empleados reales ajusticiados por el pueblo. «La excitación
era tan grande —dice Lorente— que en Arequipa los muchachos de una escuela dieron muerte a uno de sus camaradas que, en sus juegos, había hecho el papel de aduanero,
y en el llano de Santa Marta dos mil arequipeños osaron,
aunque con mal éxito, presentar batalla a las milicias reales.» En el Cuzco se descubrió muy oportunamente una
vasta conspiración encabezada por don Lorenzo Fardán y
un indio cacique, los que, aprehendidos, terminaron su
existencia en el cadalso

Guirior se esforzó en convencer al superintendente de
que iba por mal camino; que era mayúsculo el descontento, y que con el rigorismo de sus medidas no lograraría establecer los nuevos impuestos, sino crear el peligro de que
el país en masa recurriese a la protesta armada, previsión
que dos años más tarde y bajo otro virrey, vino a justificar
la sangrienta rebelión de Tupac-Amaru. Pero Areche pensaba que el rey lo había enviado al Perú para que, sin pararse
en barras, enriqueciese el real tesoro a expensas de la tierra
conquistada, y que los peruanos eran siervos cuyo sudor,
convertido en oro, debía pasar a las arcas de Carlos III. Por
lo tanto, informó al soberano que Guirior lo embarazaba
para esquilmar el país y que nombrase otro virrey, pues su
excelencia maldito si servía para lobo rapaz y carnicero.
Después de cuatro años de gobierno, y sin la más leve fórmula de cortesía, se vio destituido don Manuel Guirior, trigésimo segundo virrey del Perú, y llamado a Madrid, donde murió pocos meses de su llegada.

Vivió una vida bien vivida.

---

[9] De *sacaliña*, ardid con que se saca algo a quien no está en la obligación de darlo *(DRAE)*.

Así en el juicio de residencia como en el secreto que se le siguió, salió victorioso el virrey y fue castigado Areche severamente.

### III

En tanto que el sepulturero abría la zanja, una brisa fresca y retozona oreaba el rostro del muerto, quien ciertamente no debía estarlo en regla, pues sus músculos empezaron a agitarse débilmente, abrió luego los ojos y, al fin, por uno de esos maravillosos instintos del organismo humano, hízose cargo de su situación. Un par de minutos que hubiera tardado nuestro español en volver de su paroxismo o catalepsia, y las paladas de tierra no le habrían dejado campo para rebullirse y protestar.

Distraído el sepulturero con su lúgubre y habitual faena, no observó la resurrección que se estaba verificando hasta que el muerto se puso sobre sus puntales y empezó a marchar con dirección a la puerta. El búho de cementerio cayó accidentado, realizándose casi al pie de la letra aquello que canta la copla:

> el vivo se cayó muerto
> y el muerto partió a correr.

Encontrábase don Gil en la sala de San Ignacio vigilando que los topiqueros[10] no hiciesen mucho gasto de azúcar para endulzar las tisanas[11] cuando una mano se posó familiarmente en su hombro y oyó una voz cavernosa que le dijo: ¡Avariento! ¿Dónde está mi mortaja?

Volvióse aterrorizado don Gil. Sea el espanto de ver un resucitado de tan extraño pelaje, o sea la voz de la conciencia hubiese hablado en él muy alto, es el hecho que el infeliz perdió desde ese instante la razón. Su sacrílega avaricia tuvo la locura por castigo.

---

[10] Personas encargadas de la atención médica externa o ambulatoria.
[11] Infusión hecha a base de plantas que se toma con fines medicinales.

En cuanto al español, quince días más tarde salía del hospital completamente restablecido, y después de repartir en limosnas las peluconas causa de la desventura de don Gil, tomó el hábito de lego en el convento de los padres descalzos, y personas respetables que lo conocieron y trataron nos afirman que alcanzó a morir en olor de santidad, allá por los años de 1812.

# El corregidor de tinta

CRÓNICA DE LA ÉPOCA DEL TRIGÉSIMO TERCIO VIRREY

> Ahorcaban a un delincuente
> y decía su mujer:
> —No tengas pena, pariente;
> todavía puede ser
> que la soga se reviente.

*(Anónimo)*

## I

Era el 4 de noviembre de 1780, y el cura de Tungasuca[1], para celebrar a su santo patrón, que lo era también de su majestad Carlos III, tenía congregados en opíparo almuerzo a los más notables vecinos de la parroquia y algunos amigos de los pueblos inmediatos que, desde el amanecer, habían llegado a felicitarlo por su cumpleaños.

El cura don Carlos Rodríguez era un clérigo campechano[2], caritativo y poco exigente en el cobro de los diezmos y demás provechos parroquiales, cualidades apostólicas que lo hacían el ídolo de sus feligreses. Ocupaba aquella mañana la cabecera de la mesa, teniendo a su izquierda a

---

[1] Distrito de Tinta en la provincia de Canchis, Cuzco, en la sierra sur del Perú.

[2] Americanismo, franqueza, sencillez y buen humor (Morínigo).

248

un descendiente de los Incas, llamado don José Gabriel Tupac-Amaru[3], y a su derecha a doña Micaela Bastidas[4], esposa del cacique. Las libaciones se multiplicaban y, como consecuencia de ellas, reinaba la más expansiva alegría. De pronto sintióse el galope de un caballo que se detuvo a la puerta de la casa parroquial, y el jinete, sin descalzarse las espuelas, penetró en la sala del festín.

El nuevo personaje llamábase don Antonio de Arriaga[5], corregidor de la provincia de Tinta, hidalgo español muy engreído con lo rancio de su nobleza y que despotizaba, por plebeyos, a europeos y criollos. Grosero en sus palabras, brusco de modales, cruel para con los indios de la mita y avaro hasta el extremo de que si en vez de nacer hombre hubiera nacido reloj, por no dar no habría dado ni las horas, tal era su señoría. Y para colmo de desprestigio, el provisor y canónigos del Cuzco lo habían excomulgado solemnemente por ciertos avances contra la autoridad eclesiástica

Todos los comensales se pusieron de pie a la entrada del corregidor, quien, sin hacer atención en el cacique don José Gabriel, se dejó caer sobre la silla que éste ocupaba, y noble indio fue a colocarse a otro extremo de la mesa, sin darse por entendido de la falta de cortesía del empingorotado español. Después de algunas frases vulgares, de haber refocilado[6] el estómago con las viandas y remojado la palabra, dijo su señoría:

—No piense vuesa merced que me he pegado un trote desde Yanoca[7] sólo por darle saludes.

---

[3] José Gabriel Condorcanqui, Túpac Amaru II (1740-1781), cacique de Pampamarca, Surimana y Tugasuca, descendiente de los soberanos incas del Perú se levantó en armas contra el virreinato y su rebelión se extendió hasta Argentina, Alto Perú y Nueva Granada. Vencido en 1781, fue ejecutado junto a su mujer, sus familiares y seguidores, de manera cruel.

[4] Micaela Bastidas, colaboró extrechamente con la rebelión de Túpac Amaru II, su esposo. Después de presenciar la ejecución de sus hijos y familiares fue ahorcada en una plaza pública. (Véase *Habla Micaela*, de Alfonsina Barrionuevo.)

[5] Pablo Joseph de Arriaga, visitador y autor de *La extirpación de la idolatría en el Perú* (1621).

[6] Alegrado.

[7] Capital de la provincia de Espinar en el departamento del Cuzco.

—Usiría[8] sabe —contestó el párroco— que cualquiera que sea la causa que lo trae es siempre bien recibido en esta humilde choza.

—Huélgome por vuesa merced de haberme convencido personalmente de la falsedad de un aviso que recibí ayer, que a haberlo encontrado real, juro cierto que no habría reparado en hopalandas[9] ni tonsura para amarrar a vuesa merced y darle una zurribanda[10] de que guardara memoria en los días de su vida; que mientras yo empuñe la vara, ningún monigote me ha de resollar gordo.

—Dios me es testigo de que no sé a qué vienen las airadas palabras de su señoría —murmuró el cura, intimidado por los impertinentes conceptos de Arriaga.

—Yo me entiendo y bailo solo, señor don Carlos. Bonito es mi pergenio[11] para tolerar que en mi corregimiento, a mis barbas, como quien dice, se lean censuras ni esos papelotes de excomunión que contra mí reparte el viejo loco que anda de provisor en el Cuzco, y ¡por el ánima de mi padre, que esté en gloria, que tengo de hacer mangas y capirotes con el primer cura que se me descantille[12] en mi jurisdicción! ¡Y cuenta que se me suba la mostaza a las narices y me atufe[13] un tantico, que en un verbo me planto en el Cuzco y torno chanfaina[14] y picadillo a esos canónigos barrigudos y abarraganados[15]!

Y enfrascado el corregidor en sus groseras baladronadas, que sólo interrumpía para apurar gordos tragos de vino, no observó que don Gabriel y algunos de los convidados iban desapareciendo de la sala.

---

[8] Vuestra señoría.

[9] Según Oviedo viene de *hopalanda* y cita a Joan Corominas que la define como: «vestidura talar larga y pomposa».

[10] Zurra o castigo con muchos golpes *(DRAE)*.

[11] De *pergeño*, disposición exterior de una persona *(DRAE)*.

[12] De *descantillar*, quitar algo de una cantidad, particularmente de dinero (Moliner).

[13] Americanismo, enfade, enojo.

[14] Americanismo, enredos (Morínigo).

[15] Ponerse a vivir juntos un hombre y una mujer como si estuvieran casados, sin estarlo (Moliner).

## II

A las seis de la tarde el insolente hidalgo galopaba en dirección a la villa de su residencia, cuando fue enlazado su caballo; y don Antonio se encontró en medio de cinco hombres armados, en los que reconoció a otros tantos de los comensales del cura.

—Dése preso vuesa merced —le dijo Tupac-Amaru, que era el que acaudillaba el grupo.

Y sin dar tiempo al maltrecho corregidor para que opusiera la menor resistencia, le remacharon un par de grillos y le condujeron a Tungasuca. Inmediatamente salieron indios con pliegos para el Alto Perú[16] y otros lugares, y Tupac-Amaru alzó bandera contra España.

Pocos días después, el 10 de noviembre, destacábase una horca frente a la capilla de Tungasuca; y el altivo español, vestido de uniforme y acompañado de un sacerdote que lo exhortaba a morir cristianamente, oyó al pregonero estas palabras:

*Ésta es la justicia que don José Gabriel I, por la gracia de Dios, Inca, rey del Perú, Santa Fe, Quito, Chile, Buenos Aires y continente de los mares del Sur, duque y señor de los Amazonas y del gran Paititi, manda hacer en la persona de Antonio de Arriaga por tirano, alevoso, enemigo de Dios y sus ministros, corruptor y falsario.*

Enseguida el verdugo, que era un negro esclavo del infeliz corregidor, le arrancó el uniforme en señal de degradación, le vistió una mortaja y le puso la soga al cuello. Mas al suspender el cuerpo, a pocas pulgadas de la tierra, reventó la cuerda; y Arriaga, aprovechando la natural sorpresa que en los indios produjo este incidente, echó a correr en dirección a la capilla, gritando: ¡Salvo soy! ¡A iglesia me llamo! ¡La iglesia me vale!

---

[16] El actual territorio de Bolivia que durante el virreinato perteneció al Perú.

251

Iba ya el hidalgo a penetrar en sagrado, cuando se le interpuso el Inca Tupac-Amaru y lo tomó del cuello, diciéndole:

—¡No vale la iglesia a tan gran pícaro como vos! ¡No vale la iglesia a un excomulgado por la Iglesia!

Y volviendo el verdugo a apoderarse del sentenciado, dio pronto remate a su sangrienta misión.

III

Aquí deberíamos dar por terminada la tradición; pero el plan de nuestra obra exige que consagremos algunas líneas por vía de epílogo al virrey en cuya época de mando aconteció este suceso.

El excelentísimo señor don Agustín de Jáuregui[17], natural de Navarra y de la familia de los condes de Miranda y de Tebas, caballero de la Orden de Santiago y teniente general de los reales ejércitos, desempeñaba la presidencia de Chile cuando Carlos III relevó con él, injusta y desairosamente, al virrey don Manuel Guirior. El caballero de Jáuregui llegó a Lima el 21 de junio de 1780, y francamente, que ninguno de sus antecesores recibió el mando bajo peores auspicios.

Por una parte, los salvajes de Chanchamayo acababan de incendiar y saquear varias poblaciones civilizadas; y por otra, el recargo de impuestos y los procedimientos tiránicos del visitador Areche habían producido serios disturbios, en los que muchos corregidores y alcabaleros fueron sacrificados a la cólera popular. Puede decirse que la conflagración era general en el país, sin embargo de que Guirior había declarado en suspenso el cobro de las odiosas y exageradas contribuciones, mientras con mejor acuerdo volvía el monarca sobre sus pasos.

---

[17] Agustín de Jáuregui y Aldecoa (1712-1784), trigésimo tercero virrey del Perú, gobernó entre 1780 y 1784, se hizo famoso porque debeló y castigó la sublevación de Túpac Amaru II.

Además en 1779 se declaró la guerra entre España e Inglaterra, y reiterados avisos de Europa afirmaban al nuevo virrey que la reina de los mares alistaba una flota con destino al Pacífico.

Jáuregui (apellido que, en vascuence, significa *demasiado señor),* en previsión de los amagos piráticos, tuvo que fortificar y artillar la costa, organizar milicias y aumentar la marina de guerra, medidas que reclamaron fuertes gastos, con los que se acrecentó la penuria pública.

Apenas hacía cuatro meses que don Agustín de Jáuregui ocupaba el solio de los virreyes, cuando se tuvo noticia de la muerte dada al corregidor Ariaga, y con ella de que en una extensión de más de trescientas leguas era proclamado por Inca y soberano del Perú el cacique Tupac-Amaru.

No es del caso historiar aquí esta tremenda revolución que, como es sabido, puso en grave peligro al gobierno colonial. Poquísimo faltó para que entonces hubiese quedado realizada la obra de la Independencia.

El 6 de abril, viernes de Dolores del año 1781, cayeron prisioneros el Inca y sus principales vasallos, con los que se ejercieran los más bárbaros horrores. Hubo lenguas y manos cortadas, cuerpos descuartizados, horca y garrote vil. Areche autorizó barbaridad y media.

Con el suplicio del Inca, de su esposa doña Micaela, de sus hijos y hermanos, quedaron los revolucionarios sin un centro de unidad. Sin embargo, la chispa no se extinguió hasta julio de 1783, en que tuvo lugar en Lima la ejecución de don Felipe Tupac, hermano del infortunado Inca, caudillo de los naturales de Huarochirí. «Así —dice el deán Funes— terminó esta revolución, y difícilmente presentará la historia otra ni más justificada ni menos feliz.»

Las armas de la casa de Jáuregui eran: escudo cortinado, el primer cuartel en oro con un roble copado y un jabalí pasante; el segundo de gules y un castillo de plata con bandera; el tercero de azur, con tres flores de lis.

Es fama que el 26 de abril de 1784 el virrey don Agustín de Jáuregui recibió el regalo de un canastillo de cerezas, fruta a la que era su excelencia muy aficionado, y que apenas hubo comido dos o tres cayó al suelo sin sentido. Treinta horas después se abría en palacio la gran puerta del salón de recepciones; y en un sillón, bajo el dosel, se veía a Jáuregui vestido de gran uniforme. Con arreglo al ceremonial del caso el escribano de cámara, seguido de la Real Audiencia, avanzó hasta pocos pasos del dosel, y dijo en voz alta por tres veces: ¡Excelentísimo señor don Agustín de Jáuregui! luego, volviéndose al concurso, pronunció esta frase obligada: Señores, no responde. ¡Falleció! ¡Falleció! ¡Falleció! Enseguida sacó un protocolo, y los oidores estamparon en él sus firmas.

Así vengaron los indios la muerte de Tupac-Amaru.

# La gatita de Mari-Ramos que halaga con la cola y araña con las manos

CRÓNICA DE LA ÉPOCA
DEL TRIGÉSIMO CUARTO VIRREY DEL PERÚ

(A Carlos Toribio Robinet)

Al principiar la Alameda de Acho y en la acera que forma espalda a la capilla de San Lorenzo, fabricada en 1834, existe una casa de ruinoso aspecto, la cual fue, por los años de 1788, teatro no de uno de esos cuentos de entre dijes y babador, sino de un drama que la tradición se ha encargado de hacer llegar hasta nosotros con todos sus terribles detalles.

I

Veinte abriles muy galanos; cutis de ese gracioso moreno aterciopelado que tanta fama dio a las limeñas, antes de que cundiese la maldita moda de adobarse el rostro con menjurjes, y de andar a la rebatiña[1] y como albañil en pared con los polvos de rosa y arroz; ojos más negros que noche de trapisonda y velados por rizadas pestañas; boca in-

---

[1] Andar a la rebatiña es tratar de coger una cosa disputándosela de las manos con otros que también la desean.

255

citante, como un azucarillo amerengado; cuerpo airoso, si los hubo, y un pie que daba pie para despertar en el prójimo tentación de besarlo; tal era, en el año de gracia de 1776, Benedicta Salazar.

Sus padres, al morir, la dejaron sin casa ni canastilla y al abrigo de una tía entre bruja y celestina, como dijo Quevedo, y más gruñona que mastín piltrafero, la cual tomó a capricho casar a la sobrina con un su compadre, español que de a legua revelaba en cierto tufillo ser hijo de Cataluña, y que aindamáis tenía las manos callosas y la barba más crecida que deuda pública. Benedicta miraba al pretendiente con el mismo fastidio que a mosquito de trompetilla, y no atreviéndose a darle calabazas como melones, recurrió al manoseado expediente de hacerse archidevota, tener padre de espíritu y decir que su aspiración era a monjío y no a casorio.

El catalán, atento a los repulgos de la muchacha, murmuraba:

> niña de los muchos novios,
> que con ninguno te casas;
> si te guardas para un rey
> cuatro tiene la baraja.

De aquí surgían desazones entre sobrina y tía. La vieja la trataba de gazmoña y papahostias, y la chica rompía a llorar como una bendita de Dios, con lo que enfureciéndose más aquella megera, la gritaba: —¡Hipócrita! A mí no me engatuses con purisimitas[2]. ¿A qué vienen esos lloriqueos? Eres como el perro de Juan Molleja, que antes que le caiga el palo ya se queja. ¿Conque monjío? Quien no te conozca que te compre, saquito de cucarachas. Cualquiera diría que no rompe plato, y es capaz de sacarle los ojos al verdugo Grano de Oro. ¿Si no conoceré yo las uvas de mi majuelo? ¿Conque te apestan las barbas? ¡Miren a la remilgada de Jurquillos, que llevaba los huevos para freírlos! ¡Pues has de ver toros y cañas como yo pille al alcance de mis uñas al barbilampiño que te baraja el juicio! ¡Miren, miren a la ga-

---

[2] Diminutivo de Purísima, antonomástico de la Virgen María.

tita de Mari-Ramos, que hacía ascos a los ratones y engullía los gusanos! ¡Malhaya la niña de la media almendra!

Como estas peloteras[3] eran pan cotidiano, las muchachas de la vecindad, envidiosas de la hermosura de Benedicta, dieron en bautizarla con el apodo de *Gatita de Mari-Ramos;* y pronto en la parroquia entera los mozalbetes y demás niños zangolotinos[4] que la encontraban al paso, saliendo de misa mayor, la decían:

—¡Qué modosita y qué linda que va la Gatita de Mari-Ramos!

La verdad del cuento es que la tía no iba descaminada en sus barruntos. Un petimetre, don Aquilino de Leuro, era el quebradero de cabeza de la sobrina; y ya fuese que ésta se exasperara de andar siempre al morro por un quítame allá esas pajas, o bien que su amor hubiese llegado a extremo de atropellar por todo respeto, dando al diablo el hato y el garabato, ello es que una noche sucedió... lo que tenía que suceder. La gatita de Mari-Ramos se escapó por el tejado, en amor y compañía de un gato pizpireto[5], que olía a almizcle y que tenía la mano suave.

## II

Démos tiempo al tiempo y no andemos con lilailas[6] y recancanillas[7]. Es decir, que mientras los amantes apuran la luna de miel para dar entrada a la de hiel, podemos echar, lector carísimo, el consabido parrafillo histórico.

El excelentísimo señor don Teodoro de Croix[8], caballero de Croix, comendador de la muy distinguida orden teutó-

---

[3] Americanismo de *pelotero,* alborotador (Morínigo).

[4] Personas, especialmente niños, que se mueven de un lugar a otro sin sosiego.

[5] La Academia no consigna el uso masculino de esta palabra.

[6] De *lelilí,* vocerío de moros *(DRAE).*

[7] Tono especial o insistencia con que se dice una cosa (Moliner).

[8] Francisco Teodoro de Croix (1730-1790) nació en Francia pero desde muy joven se incorporó al ejército español. Trigésimo cuarto virrey del Perú entre 1784 y 1790.

nica en Alemania, capitán de guardias valonas y teniente general de los reales ejércitos, hizo su entrada en Lima el 6 de abril de 1784.

Durante largos años había servido en México bajo las órdenes de su tío (el virrey marqués de Croix), y vuelto a España, Carlos III lo nombró su representante en estos reinos del Perú. «Fue su excelencia —dice un cronista— hombre de virtud eminente, y se distinguió mucho por su caridad, pues varias veces se quedó con la vela en la mano porque el candelero de plata había dado a los pobres, no teniendo moneda con que socorrerlos; frecuentaba sacramentos y era un verdadero cristiano.»

La administración del caballero de Croix, a quien llamaban *el Flamenco,* fue de gran beneficio para el país. El virreinato se dividió en siete intendencias, y éstas en distritos o subdelegaciones. Estableciéronse la Real Audiencia[9] del Cuzco y el tribunal de Minería, repobláronse los valles de Vítor[10] y Acobamba[11], y el ejemplar obispo Chávez de la Rosa[12] fundó en Arequipa la famosa casa de huérfanos, que no pocos hombres ilustres ha dado después a la república.

Por entonces llegó al Callao, consignado al conde de San Isidro, el primer navío de la Compañía de Filipinas; y para comprobar el gran desarrollo del comercio en los cinco años del gobierno de Croix, bastará consignar que la importación subió a cuarenta y dos millones de pesos y la exportación a treinta y seis.

Las rentas del Estado alcanzaron a poco más de cuatro y medio millones, y los gastos no excedieron de esta cifra, viéndose por primera y única vez entre nosotros realizado el fenómeno del equilibrio en el presupuesto. Verdad es que, para lograrlo, recurrió el virrey al sistema de economías, dis-

---

[9] Real Audiencia, organismo judicial y de gobierno, integrado por los oidores.
[10] Distrito de Arequipa.
[11] Capital de la provincia de Acobamba, Huancavelica.
[12] Famoso obispo peruano, estableció en Arequipa, la ciudad sureña arquetípica por sus revoluciones, un centro de ayuda a menores del que salieron célebres personajes de la vida pública del Perú.

minuyendo empleados, cercenando sueldos, licenciando los batallones de Soria y Extremadura, y reduciendo su escolta a la tercera parte de la fuerza que mantuvieron sus predecesores desde Amat.

La querella entre el marqués de Lara, intendente de Huamanga, y el señor López Sánchez, obispo de la diócesis, fue la piedra de escándalo de la época. Su ilustrísima, despojándose de la mansedumbre sacerdotal, dejó desbordar su bilis hasta el extremo de abofetear al escribano real que le notificaba una providencia. El juicio terminó, desairosamente para el iracundo prelado, por fallo del Consejo de Indias.

Lorente, en su *Historia*, habla de un acontecimiento que tiene alguna semejanza con el proceso del falso nuncio de Portugal. «Un pobre gallego —dice— que había venido en clase de soldado y ejercido después los poco lucrativos oficios de mercachifle y corredor de muebles, cargado de familia, necesidades y años, se acordó que era hijo natural de un hermano del cardenal patriarca, presidente del Consejo de Castilla, y para explotar la necedad de los ricos, fingió recibir cartas del rey y de otros encumbrados personajes, las que hacía contestar por un religioso de la Merced. La superchería no podía ser más grosera, y sin embargo engañó con ella a varias personas. Descubierta la impostura y amenazado con el tormento, hubo de declararlo todo. Su farsa se consideró como crimen de Estado, y por circunstancias atenuantes salió condenado a diez años de presidio, enviándose para España, bajo partida de registro, a su cómplice el religioso.»

El sabio don Hipólito Unanue[13] que con el seudónimo de *Aristeo* escribió eruditos artículos en el famoso *Mercurio peruano*[14]; el elocuente mercedario fray Cipriano Jerónimo

---

[13] Hipólito Unanue (1755-1833), científico y político peruano, propició la investigación en la medicina y en la botánica. Fundó el colegio de medicina de San Fernando. Diputado a las Cortes de Cádiz, Ministro de Hacienda del libertador San Martín y entre 1826 y 1827 sustituyó a Simón Bolívar en el Consejo de Ministros.

[14] Revista científica editada por la Sociedad Académica Amantes del País, bisemanario entre 1781-1784.

Calatayud, que firmaba sus escritos en el mismo periódico con el nombre de *Sofronio;* el egregio médico Dávalos, tan ensalzado por la Universidad de Montpellier; el clérigo Rodríguez de Mendoza[15], llamado por su vasta ciencia el *Bacón del Perú* y que durante treinta años fue rector de San Carlos; el poeta andaluz Terralla y Landa[16], y otros hombres no menos esclarecidos formaban la tertulia de su excelencia, quien, a pesar de su ilustración y del prestigio de tan inteligente círculo, dictó severas órdenes para impedir que se inrodujesen en el país las obras de los enciclopedistas.

Este virrey, tan apasionado por el cáustico y libertino *poeta de las adivinanzas,* no pudo soportar que el religioso de San Agustín fray Juan Alcedo le llevase personalmente y recomendase la lectura de un manuscrito. Era éste una sátira, en medianos versos, sobre la conducta de los españoles en América. Su excelencia calificó la pretensión de desacato a su persona, y el pobre hijo de Apolo fue desterrado a la metrópoli para escarmiento de frailes murmuradores y de poetas de aguachirle.

El caballero de Croix se embarcó para España el 7 de abril de 1790, y murió en Madrid en 1791 a poco de su llegada a la patria.

### III

¿Hay huevos?
—A la otra esquina por ellos

*(Popular)*

Pues, señores, ya que he escrito el resumen de la historia administrativa del gobernante, no dejaré en el tintero, pues con su excelencia se relaciona, el origen de un juego que conocen todos los muchachos de Lima. Nada pondré de

---

[15] Toribio Rodríguez de Mendoza (1750-1828), religioso precursor de la independencia y renovador de la educación peruana.
[16] Famoso poeta autor de una poesía satírica. Palma le dedicó la tradición *El poeta de las adivinanzas.*

mi estuche, que hombre verídico es el compañero de *La Broma*[17] que me hizo el relato que van ustedes a leer.

Es el caso que el excelentísimo señor don Teodoro de Croix tenía la costumbre de almorzar diariamente cuatro huevos frescos, pasados por agua caliente; y era sobre este punto tan delicado, que su mayordomo, Julián de Córdova y Soriano, estaba encargado de escoger y comprar él mismo los huevos todas las mañanas.

Mas si el virrey era delicado, el mayordomo llevaba la cansera y la avaricia hasta el punto de regatear con los pulperos para economizar un piquillo en la compra; pero al mismo tiempo que esto intentaba había de escoger los huevos más grandes y más pesados, para cuyo examen llevaba un anillo y ponía además los huevos en la balanza. Si un huevo pasaba por el anillo o pesaba un adarme menos que otro, lo dejaba.

Tanto llegó a fastidiar a los pulperos de la esquina del Arzobispo, esquina de Palacio, esquina de las Mantas y esquina de Judíos, que encontrándose éstos un día en Cabildo para elegir balanceador, recayó la conversación sobre el mayordomo don Julián de Córdova y Soriano, y los susodichos pulperos acordaron no venderle más huevos.

Al día siguiente al del acuerdo presentóse don Julián en una de las pulperías, y el mozo le dijo: —No hay huevos, señor don Julián. Vaya su merced a la otra esquina por ellos.

Recibió el mayordomo igual contestación en las cuatro esquinas, y tuvo que ir más lejos para hacer su compra. Al cabo de poco tiempo, los pulperos de ocho manzanas a la redonda de la plaza estaban fastidiados del cominero[18] don Julián y adoptaron el mismo acuerdo de sus cuatro camaradas.

No faltó quien contara al virrey los trotes y apuros de su mayordomo para conseguir huevos frescos, y un día que estaba su excelencia de buen humor le dijo:

—Julián, ¿en dónde compraste hoy los huevos?

---

[17] Periódico satírico limeño.
[18] Persona preocupada por pequeñeces y minucias *(DRAE)*.

—En la esquina de San Andrés.

—Pues mañana irás a la otra esquina por ellos.

—Segurito, señor, y ha de llegar día en que tenga que ir a buscarlos a Jetafe[19].

Contado el origen de infantil juego de los *huevos*, párece-me que puedo dejar en paz al virrey y seguir con la tradición.

## IV

Dice un refrán que la mula y la paciencia se fatigan si hay apuro, y lo mismo pensamos del amor. Benedicta y Aquilino se dieron tanta prisa que, medio año después de la escapatoria, hastiado el galán se despidió a la francesa, esto es, sin decir abur y ahí queda el queso para que se lo almuercen los ratones, y fue a dar con su humanidad en el Cerro de Pasco, mineral boyante a la sazón. Benedicta pasó días y semanas esperando la vuelta del humo o, lo que es lo mismo, la del ingrato que la dejaba más desnuda que cerrojo; hasta que, convencida de su desgracia, resolvió no volver al hogar de la tía, sino arrendar un entresuelo[20] en la calle de la Alameda.

En su nueva morada era por demás misteriosa la existencia de nuestra gatita. Vivía encerrada y evitando entrar en relaciones con la vecindad. Los domingos salía a misa de alba, compraba sus provisiones para la semana y no volvía a pisar la calle hasta el jueves, al anochecer, para entregar y recibir trabajo. Benedicta era costurera de la marquesa de Sotoflorido, con sueldo de ocho pesos semanales.

Pero por retraída que fuese la vida de Benedicta y por mucho que al salir rebujase el rostro entre los pliegues del manto, no debió la tapada parecerle costal de paja a un vecino del cuarto de reja, quien dio en la flor, siempre que la

---

[19] Actualmente: Getafe. Pueblo cercano a Madrid.
[20] *Entresuelo:* piso bajo levantado a más de un metro sobre el nivel de la calle.

atisbaba, de dispararla a quemarropa un par de chicoleos[21], entremezclados con suspiros, capaces de sacar de quicio a una estatua de piedra berroqueña[22].

Hay nombres que parecen una ironía, y uno de ellos era el del vecino Fortunato, que bien podía, en punto a femeniles conquistas, pasar por el más infortunado de los mortales. Tenía hormiguillo por todas las muchachas de la feligresía de San Lázaro, y así se desmorecían y ocupaban ellas de él como del gallo de la Pasión que, con arroz graneado, ají mirasol[23] y culantrillo[24], debió ser guiso de chuparse los dedos.

Era el tal —no gallo de la Pasión, sino Fortunato—, lo que se conoce por un pobre diablo, no mal empatillado[25] y de buena cepa, como que pasaba por hijo natural del conde de Pozosdulces. Servía de amanuense en la escribanía mayor del gobierno, cuyo cargo de escribano mayor era desempañado entonces por el marqués de Salinas, quien pagaba a nuestro joven veinte duros al mes, le daba por pascua del Niño Dios un decente aguinaldo y se hacía de la vista gorda cuando era asunto de que el mocito agenciase lo que en tecnicismo burocrático se llama *buscas legales*[26].

Forzoso es decir que Benedicta jamás paró mientes en los arrumacos del vecino, ni lo miró a hurtadillas y ni siquiera desplegó los labios para desahuciarlo, diciéndole. «Perdone, hermano, y toque a otra puerta, que lo que es en ésta no se da posada al peregrino.»

Mas una noche, al regresar la joven de hacer entrega de costuras, halló a Fortunato bajo el dintel de la casa, y antes de que éste la endilgase uno de sus habituales piropos, ella

---

[21] Piropos.

[22] *Piedra berroqueña:* granito irrompible.

[23] *Ají mirasol:* ají es una palabra que procede del taíno, se trata del fruto de una planta herbácea de la familia de las solanáceas que sirve para condimentar las comidas; los hay muy picantes y otros dulces. Antes de ser usado, al ají mirasol se le deshidrata.

[24] *Culantro:* cilantro. El culantrillo es más bien un medicamento pectoral y emenagogo, que provoca el ciclo mensual femenino.

[25] Encastado.

[26] Dinero que se sisa a los clientes, encausados y querellantes.

con voz dulce y argentina como una lluvia de perlas y que al amartelado[27] mancebo debió parecerle música celestial, le dijo:

—Buenas noches, vecino.

El plumario, que era mozo muy socarrón y amigo de donaires, díjose para el cuello de su camisa: —Al fin ha arriado bandera esta prójima y quiere parlamentar. Decididamente tengo mucho aquel y mucho garabato para con las hembras, y a la que le guiño el ojo izquierdo, que es el del corazón, no lo queda más recurso que darse por derrotada.

> Yo domino de todas la arrogancia,
> conmigo no hay Sagunto ni Numancia...

Y con airecillo de terne[28] y de conquistador, siguió sin más circunloquios a la costurera hasta del entresuelo. La llave era dura, y el mocito, a fuer de cortés, no podía permitir que la niña se maltratase la mano. La gratitud por tan magno servicio exigía que Benedicta, entre ruborosa y complacida, murmurase un —Pase usted adelante, aunque la casa no es como para la persona.

Suponemos que esto o cosa parecida sucedería, y que Fortunato no se dejó decir dos veces que le permitían entrar en la gloria, que tal es para todo enamorado una mano de conversación a solas con una chica como un piñón de almendra. Él estuvo apasionado y decidor:

> Las palabras amorosas
> son las cuentas de un collar,
> en saliendo la primera
> salen todas las demás.

Ella, con palabritas cortadas y melindres, dio a entender que su corazón no era de cal y ladrillo; pero que como los hombres son tan pícaros y reveseros[29], había que dar largas y cobrar confianza, antes de aventurarse en un juego en

---

27 Americanismo, perdidamente enamorado (Morínigo).
28 Que se jacta de valiente. Procede de la voz gitana *terno*, joven.
29 Americanismo, hipócritas, falsos, desleales.

que casi siempre todos los naipes se vuelven malillas. Él juró, por un calvario de cruces, no sólo amarla eternamente, sino las demás paparruchas que es de práctica jurar en casos tales, y para festejar la aventura añadió que en su cuarto tenía dos botellas del riquísimo moscatel que había venido de regalo para su excelencia el virrey. Y rápido como un cohete descendió y volvió a subir, armado de las susodichas limetas[30] y lo deshizo de un puñete.

Fortunato no daba la victoria por un ochavo menos. La familia que habitaba en el principal se encontraba en el campo, y no había que temer ni el pretexto del escándalo. Adán y Eva no estuvieron más solos en el paraíso cuando se concertaron para aquella jugarreta cuyas consecuencias, sin comerlo ni beberlo, está pagando la prole, y siglos van y siglos vienen sin que la deuda se finiquite. Por otra parte, el galán contaba con el refuerzo del moscatellillo, y como reza el refrán, de menos hizo Dios a Cañete[31] y lo deshizo de un puñete.

Apuraba ya la segunda copa, buscando en ella bríos para emprender un ataque decisivo, cuando en el reloj del Puente empezaron a sonar las campanadas de las diez, y Benedicta con gran agitación y congoja exclamó:

—¡Dios mío! ¡Estamos perdidos! Entre usted en este otro cuarto y suceda lo que sucediere, ni una palabra ni intente salir hasta que yo lo busque.

Fortunato no se distinguía por la bravura, y de buena gana habría querido tocar de suela: pero sintiendo pasos en el patio, la carne se le volvió de gallina, y con la docilidad de un niño se dejó encerrar en la habitación contigua.

## V

Abramos un corto paréntesis para referir lo que había pasado pocas horas antes.

A las siete de la noche, cruzando Benedicta por la esquina de Palacio, se encontró con Aquilino. Ella, lejos de re-

---

[30] Botella de vientre ancho y corto, y cuello bastante largo *(DRAE)*.
[31] Provincia del departamento de Lima.

procharle su conducta, le habló con cariño, y en gracia de la brevedad diremos que, como donde hubo fuego siempre quedan cenizas, el amante solicitó y obtuvo una cita para las diez de la noche.

Benedicta sabía que el ingrato la había abandonado para casarse con la hija de un rico minero; y desde entonces juró en Dios y en su ánima vivir para la venganza. Al encontrarse aquella noche con Aquilino y acordarle una cita, la fecunda imaginación de la mujer trazó rápidamente su plan. Necesitaba un cómplice, se acordó del plumario, y he aquí el secreto de su repentina coquetería para con Fortunato.

Ahora volvamos al entresuelo.

## VI

Entre los dos reconciliados amantes no hubo quejas ni recriminaciones, sino frases de amor. Ni una palabra sobre lo pasado, nada sobre la deslealtad del joven que nuevamente la engañaba, callándola que ya no era libre y prometiéndola no separarse más de ella. Benedicta fingió creerlo y lo embriagaba de caricias para mejor afianzar su venganza.

Entretanto el moscatel desempeñaba una función terrible. Benedicta había echado un narcótico en la copa de su seductor. Aquí cabe el refrán: más mató la cena que curó Avicena.

Rendido Leuro al soporífico influjo, la joven lo ató con fuertes ligaduras a las columnas de su lecho, sacó un puñal, y esperó impasible durante una hora a que empezara a desvanecerse el poder narcótico.

A las doce mojó su pañuelo en vinagre, lo pasó por la frente del narcotizado, y entonces principió la horrible tragedia.

Benedicta era tribunal y verdugo.

Enrostró a Aquilino la villanía de su conducta, rechazó sus descargos y luego le dijo:

—¡Estás sentenciado! Tienes un minuto para pensar en Dios.

266

Y con mano segura hundió el acero en el corazón del hombre a quien tanto había amado...

...............................................................................................

El pobre amanuense temblaba como la hoja de un árbol. Había oído y visto todo por un agujero de la puerta.

Benedicta, realizada su venganza, dio vuelta a la llave y lo sacó del encierro.

—Si aspiras a mi amor —le dijo— empieza por ser mi cómplice. El premio lo tendrás cuando este cadáver haya desaparecido de aquí. La calle está desierta, la noche es lóbrega, el río corre en frente de la casa... Ven y ayúdame.

Y para vencer toda vacilación en el ánimo del acobardado mancebo, aquella mujer, alma de demonio encarnada en la figura de un ángel, dio un salto como la pantera que se lanza sobre una presa y estampó un beso de fuego en los labios de Fortunato.

La fascinación fue completa. Ese beso llevó a la sangre y a la conciencia del joven el contagio del crimen.

Si hoy, con los faroles de gas y el crecido personal de agentes de policía, es empresa de guapos aventurarse después de las ocho de la noche por la Alameda de Acho[32], imagínese el lector lo que sería ese sitio en el siglo pasado y cuando sólo en 1776 se había establecido el alumbrado para las calles centrales de la ciudad.

La obscuridad de aquella noche era espantosa. No parecía sino que la naturaleza tomaba su parte de complicidad en el crimen.

Entreabrióse el postigo de la casa y por él salió cautelosamente Fortunato, llevando al hombro, cosido en una manta, el cadáver de Aquilino. Benedicta lo seguía, y mientras con una mano lo ayudaba a sostener el peso, con la otra, armada de una aguja con hilo grueso, cosía la manta a la casaca del joven. La zozobra de éste y las tinieblas servían de auxiliares a un nuevo delito.

Las dos sombras vivientes llegaron al pie del parapeto del río.

---

[32] Conocida también como la Alameda de los Descalzos que conducía a la plaza de toros de Acho, una de las más antiguas del mundo.

268

Fortunato, con su fúnebre carga sobre los hombros, subió el tramo de adobes y se inclinó para arrojar el cadáver. ¡Horror!... El muerto arrastró en su caída al vivo.


## VII


Tres días después unos pescadores encontraron en las playas de Bocanegra el cuerpo del infortunado Fortunato. Su padre, el conde de Pozosdulces, y su jefe, el marqués de Salinas, recelando que el joven hubiera sido víctima de algún enemigo, hicieron aprehender a un individuo sobre el que recaían no sabemos qué sospechas de mala voluntad para con el difunto.

Y corrían los meses y la causa iba con pies de plomo, y el pobre diablo se encontraba metido en un dédalo de acusaciones, y el fiscal veía pruebas clarísimas en donde todos hallaban el caos, y el juez vacilaba, para dar sentencia, entre horca y presidio.

Pero la Providencia, que vela por los inocentes, tiene resortes misteriosos para hacer la luz sobre el crimen.

Benedicta, moribunda y devorada por el remordimiento, reveló todo a un sacerdote, rogándole que para salvar al encarcelado hiciese pública su confesión; y he aquí cómo en la forma de proceso ha venido a caer bajo nuestra pluma de cronista la sombría leyenda de la *Gatita de Mari-Ramos*.

# El virrey de la adivinanza

CRÓNICA DE LA ÉPOCA DEL TRIGÉSIMO OCTAVO
VIRREY DEL PERÚ

Preguntábamos hace poco tiempo a cierto anciano, amigote nuestro, sobre la edad que podría contar una respetable matrona de nuestro conocimiento; y el buen viejo, que gasta más agallas que un ballenato, nos dijo después de consultar su caja de polvillo:

—To le sacaré de curiosidad, señor cronista. Esa señora nació dos años antes de que se volviera a España *el virrey de la adivinanza...* Conque ajuste usted la cuenta.

La respuesta nada tenía de satisfactoria; porque así sabíamos quién fue el susodicho virrey, como la hora en que el goloso padre Adán dio el primer mordisco a la agridulce manzana del Edén.

—¿Y quién era ese señor adivino?

—¡Hombre! ¿No lo sabe usted? El virrey Abascal[1], ese virrey a quien debe Lima su cementerio y la mejor escuela de Medicina de América, y bajo cuyo gobierno se recibió la última partida de esclavos africanos, que fueron vendidos a seiscientos pesos cada uno.

Pero por más que interrogamos al setentón nada pudi-

---

[1] José Fernando de Abascal y Sousa (1743-1827), trigésimo octavo virrey del Perú, de 1806 a 1816. Creó la primera escuela de medicina de América y abolió la Inquisición, pero ya había empezado la guerra emancipadora de San Martín y Bolívar y el objetivo era Lima.

270

mos sacar en limpio, porque él estaba a obscuras en punto a la adivinanza. Echámonos a tomar lenguas, tarea que nos produjo el resultado que verá el lector, si tiene la paciencia de hacernos compañía hasta el fin de este relato.

# I

## ¡FORTUNA TE DÉ DIOS!

Cuentan que el asturiano don Fernando de Abascal era en sus verdes años un hidalgo segundón, sin más bienes que su gallarda figura y una rancia ejecutoria que probaba siete ascendencias de sangre azul, sin mezcla de moro ni judío. Viéndose un día sin blanca y aguijado por la necesidad, entró como dependiente de mostrador en una, a la sazón famosa, hostería de Madrid contigua a la Puerta del Sol, hasta que su buena estrella le deparó conocimiento con un bravo alférez del real ejército, apellidado Valleriestra, constante parroquiano de la casa, quien brindó a Fernandino una plaza en el regimiento de Mallorca. El mancebo asió la ocasión por el único pelo de la calva, y después de gruesas penurias y dos años de soldadesca, consiguió plantarse la jineta; y tras un gentil sablazo, recibido y devuelto en el campo de batalla de 1775, pasó sin más examen a oficial. A contar de aquí, empezó la fortuna a sonreír a don Fernando, tanto que en menos de un lustro ascendió a capitán como una loma.

Una tarde en que a inmediaciones de uno de los sitios reales disciplinaba su compañía, acertó a pasar la carroza en que iba de paseo su majestad, y por uno de esos caprichos frecuentes no sólo en los monarcas, sino en los gobernantes republicanos, hizo parar el carruaje para ver evolucionar a los soldados. Enseguida mandó llamar al capitán, le preguntó su nombre, y sin más requilorio le ordenó regresar al cuartel y constituirse en arresto.

Dábase de calabazadas nuestro protagonista, inquiriendo en su magín la causa que podría haberlo hecho incurrir en el real desagrado; pero cuanto más se devanaba el cale-

271

tre, más se perdía en extravagantes conjeturas. Sus camaradas huían de él como de un apestado, que cualidad de las almas mezquinas es abandonar al amigo en la hora de la desgracia, viniendo por ende a aumentar su zozobra el aislamiento a que se veía condenado.

Pero como no queremos hacer participar al lector de la misma angustia, diremos de una vez que todo ello era una amable chanza del monarca, quien vuelto a Madrid llamó a su secretario, y abocándose con él:

—¿Sabes —le interrogó— si está vacante el mando de algún regimiento?

—Vuestra majestad no ha nombrado aún el jefe que ha de mandar, en la campaña del Rosellón, el regimiento de las *Órdenes militares*.

—Pues extiende un nombramiento de coronel para el capitán don José Fernando de Abascal, y confiérele ese mando.

Y su majestad salió dejando cariacontecido a su ministro.

Caprichos de esta naturaleza eran sobrado frecuentes en Carlos IV. Paseando una tarde en coche, se encontró detenido por el Viático que marchaba a casa de un moribundo. El rey hizo subir en su carroza al sacerdote, y cirio en mano acompañó al Sacramento hasta el lecho del enfermo. Era éste un abogado en agraz que, restablecido de su enfermedad, fue destinado por Carlos IV a la Audiencia del Cuzco, en donde el zumbón[2] y epigramático pueblo lo bautizó con el apodo del *oidor del Tabardillo*[3]. Sigamos con Abascal.

Veinticuatro horas después salía de su arresto, rodeado de las felicitaciones de los mismos que poco antes le huían cobardemente. Solicitó luego una entrevista con su majestad, en la que tras de darle las gracias por sus mercedes, se avanzó a significarle la curiosidad que lo aquejaba de saber lo que motivara su castigo.

El rey, sonriendo con aire paternal, le dijo:

---

[2] Dícese del que frecuentemente anda burlándose o tiene el genio festivo y poco serio *(DRAE)*.
[3] Insolación.

—¡Ideas, coronel, ideas!

Terminada la campaña de Rosellón, en que halló gloriosamente tumba de soldado el comandante en jefe del ejército don Luis de Carbajal y Vargas, conde de la Unión y natural de Lima, fue Abascal ascendido a brigadier y trasladado a América con el carácter de presidente de la Real Audiencia de Guadalajara.

Algunos años permaneció en México don Fernando, sorprendiéndose cada día más del empeño que el rey se tomaba en el adelanto de su carrera. Claro es también que Abascal prestaba importantísimos servicios a la corona. Baste decir que al ser trasladado al Perú con el título de virrey, hizo su entrada en Lima, por retiro del excelentísimo señor don Gabriel de Avilés, a fines de julio de 1806, anunciándose como mariscal de campo, y que seis años después fue nombrado marqués de la Concordia, en memoria de un regimiento que fundó con este nombre para calmar la tempestad revolucionaria y del que, por más honrarlo, se declaró coronel.

Abascal fue, hagámosle justicia, esclarecido militar, hábil político y acertado administrador.

Murió en Madrid en 1821, a los setenta y siete años de edad, invistiendo la alta clase de capitán general.

Sus armas de familia eran: escudo en cruz; dos cuarteles en gules con castillo de plata, y dos en oro, con un lobo de sable pasante.

## II

### GAJES DEL OFICIO

Allá por los años de 1815, cuando la popularidad de virrey don josé Fernando de Abascal comenzaba a convertirse en humo, cosa en que siempre viene a parar el incienso que se quema a los magnates, tocóle a su excelencia asistir a la Catedral en compañía del Cabildo, Real Audiencia y miembros de la por entonces magnífica Universidad de San Marcos, para solemnizar una fiesta de tabla. Habíase

273

encargado del sermón un reverendo de la orden de predicadores, varón muy entendido en súmulas[4], gran comentador de los santos padres, y sobre cuyo lustroso cerviguillo descansaba el doctoral capelo.

Subió su paternidad al sagrado púlpito, ensartó unos cuantos latinajos, y después de media hora en que echó flores por el pico ostentando una erudición indigesta y gerundiana, descendió muy satisfecho entre los murmullos del auditorio.

Su excelencia, que tenía la pretensión de hombre entendido y apreciador del talento, no quiso desperdiciar la ocasión que tan a las manos se le presentaba, aunque para sus adentros el único mérito que halló al sermón fue el de la brevedad, en lo cual, según el sentir de muy competentes críticos de esa época, no andaba el señor marqués descaminado. Así es que cuando el predicador se hallaba más embelesado en la sacristía, recibiendo plácemes de sus allegados y aduladores, fue sorprendido por un ayuda de campo del virrey que en nombre de su excelencia le invitaba a comer en palacio. No se lo hizo por cierto repetir el convidado y contestó que, con sacrificios de su modestia, concurriría a la mesa del virrey.

Un banquete oficial no era en aquellos tiempos tan expansivo como en nuestros días de congresos constitucionales; sin embargo de que ya, por entonces, empezaba la república a sacar los pies del plato, y se hablaba muy a las callandas de patria y de libertad. Pero, volviendo a los banquetes, antes de que se me vaya el santo al cielo por echar una mano de político palique[5], si bien no lucía en ellos la pulcra porcelana, se ostentaba en cambio la deslumbradora vajilla de plata, y si se desconocía la cocina francesa con todos sus encantos, el gusto gastronómico encontraba mucho de sólido y suculento, y váyase lo uno por lo otro.

Nuestro reverendo, que así hilvanaba un sermón como devoraba un pollo en alioli[6] o una sopa teóloga con prosai-

---

[4] Principios elementales de lógica.
[5] Con discurso de poca importancia.
[6] Del catalán *allioli*, de ajos machados y aceite.

274

cas tajadas de tocino, hizo cumplido honor a la mesa de su excelencia; y aun agregan que se puso un tanto chispo[7] menudeando tragos de catalán y Valdepeñas, vinos, que, sin bautizar, salían de las moriscas cubas que el marqués reservaba para los días de mantel largo, junto con el exquisito y alborotador aguardiente de *Motocachi*[8].

Terminada la comida, el virrey se asomó al balcón que mira a la calle de los Desamparados, y allí permaneció en sabrosa plática con su comensal hasta la hora del teatro, única distracción que se permitía su excelencia. El fraile, a quien el calorcillo del vino prestaba más locuacidad de la precisa, dio gusto a la lengua, desatándola en bellaquerías que su excelencia tomó por frutos de un ingenio esclarecido.

Ello es que en esa noche el padre obtuvo una pingüe capellanía, con la añadidura de una cruz de brillantes para adorno de su rosario.

## III

### SUCESOS NOTABLES EN LA ÉPOCA DE ABASCAL

A los cuatro meses de instalado en el gobierno don José Fernando de Abascal, y en el mismo día en que se celebraba la inauguración de la junta propagadora del fluido vacuno[9], llegó a Lima un propio con pliegos que comunicaban la noticia de la reconquista de Buenos Aires por Liniers. El propio, que se apellidaba Otayza, hizo el viaje de Buenos Aires a Lima en treinta y tres días, y quedó inutilizado para volver a montar a caballo. El virrey le asignó una pensión vitalicia de cincuenta pesos; que lo rápido de tal viaje raya, hoy mismo, en lo maravilloso y hacía al que lo efectuó digno de recompensa.

---

[7] Americanismo de *chispearse*, embriagarse ligeramente (Morínigo).

[8] Aguardiente con muchos grados de alcohol.

[9] Palma se refiere a la vacuna antivariólica traída por el doctor Salvani. Ante el entusiasmo por su aplicación fue necesario crear una entidad que la controlara y difundiera.

El 1º de diciembre de 1806 se sintió en Lima un temblor que duró dos minutos y que hizo oscilar las torres de la ciudad. La braveza del mar en el Callao fue tanta, que las olas arrojaron por sobre la barraca del capitán del puerto una ancla que pesaba treinta quintales. Gastáronse ciento cincuenta mil pesos en reparar las murallas de la ciudad, y nueve mil en construir el arco o portada de Maravillas.

En 1808 se instaló el Colegio de abogados y se estrenó el cementerio general, en cuya fábrica se emplearon ciento diez mil pesos. Dos años después se inauguró solemnemente el colegio de San Fernando para los estudiantes de Medicina.

Entre los acontecimientos notables de los años 1812 y 1813 consignaremos el gran incendio de Guayaquil que destruyó media ciudad, un huracán que arrancó de raíz varios árboles de la alameda de Lima, terremotos en Ica y Piura y la abolición del Santo Oficio.

En octubre de 1807 se vio en Lima un cometa, y en noviembre de 1811[10] otro que durante seis meses permaneció visible sin necesidad de telescopio.

Los demás sucesos importantes —y no son pocos— de la época de Abascal se relacionan con la guerra de Independencia, y exigirían de nosotros un estudio ajeno a la índole de las *Tradiciones*.

## IV

QUE TRATA DEL INGENIOSO MEDIO DE QUE SE VALIÓ UN FRAILE
PARA OBLIGAR AL MARQUÉS A RENUNCIAR EL GOBIERNO

El virrey, que se encontraba hacía algún tiempo en lucha abierta con los miembros del Cabildo y el alto clero, se burlaba de los pasquines y anónimos que pululaban, no sólo en las calles, sino hasta en los corredores de palacio. La grita popular que amenazaba tomar las serias proporciones de un motín, tampoco le inspiraba temores, porque su

---

[10] Podía ser visto a simple vista en todo el Perú, especialmente en las zonas andinas.

excelencia contaba con dos mil quinientos soldados para su resguardo, y con cuerdas nuevas de cáñamo para colgar racimos humanos en una horca.

Que Abascal era valiente hasta la temeridad lo comprueba, entre muchas acciones de su vida, la que vamos a apuntar. Hallábase, como buen español, durmiendo siesta en la tarde del 7 de noviembre de 1815 cuando le avisaron que en la plaza de Santa Catalina estaba formado el regimiento de Extremadura en plena rebeldía contra sus jefes, y que la desmoralización se había extendido ya a los cuarteles de húsares y dragones. El virrey montó precipitadamente a caballo, y sin esperar escolta penetró solo en los cuarteles de los sublevados, bastando su presencia y energía para restablecer el orden.

Realizada por entonces la Independencia de algunas Repúblicas americanas, la idea de libertad hacía también su camino en el Perú. Abascal había sofocado la revolución en Tacna y en el Cuzco, y sus esfuerzos por el momento se consagraban a vencerla en el Alto Perú. Mientras él permaneciese al frente del poder juzgaban los patriotas de Lima que era casi imposible salir avante.

Felizmente, el premio otorgado por Abascal al molondro predicador vino a sugerir a otro religioso agustino, el padre Molero, hombre de ingenio y de positivo mérito, que sus motivos tendría para sentirse agraviado, la idea salvadora que sin notable escándalo fastidiase a su excelencia obligándole a irse con la música a otra parte. Para ejecutar su plan le fue necesario ganarse al criado en cuya lealtad abrigaba más confianza el virrey, y he aquí cómo se produjo el mayor efecto a que un sermoncillo de mala muerte diera causa.

Una mañana, al acercarse el marqués de la Concordia a su mesa de escribir, vio sobre ella tres saquitos, los que mandó arrojar a la calle después de examinar su contenido. Su excelencia se encolerizó, dio voces borrascosas, castigó criados, y aun es fama que se practicaron dos o tres arrestos. La broma probablemente no le había llegado a lo vivo hasta que se repitió a los quince días.

Entonces no alborotó el cotarro, sino que muy tranquilamente anunció a la Real Audiencia que no sentándole bien los aires de Lima y necesitando su salud de los cuidados de su hija única, la hermosa Ramona Abascal —que recientemente casada con el brigadier Pereira había partido para España—, se dignase apoyar la renuncia que iba a dirigir a la corte. En efecto, por el primer galeón que zarpó del Callao para Cádiz envió el consabido memorial, y el 7 de julio de 1816 entregó el mando a su favorito don Joaquín de la Pezuela.

Claro, muy claro vio Abascal que la causa de la corona era perdida en el Perú, y como hombre cuerdo prefirió retirarse con todos sus laureles. Él escribió a uno de sus amigos de España estas proféticas palabras: «Harto he hecho por atajar el torrente, y no quiero, ante la historia y ante mi rey, cargar con la responsabilidad de que el Perú se pierda para España entre mis manos. Tal vez otro logre lo que yo no me siento con fuerzas para alcanzar.»

La honradez política de Abascal y su lealtad al monarca superan a todo elogio. Una espléndida prueba de esto son las siguientes líneas, que transcribimos de su biógrafo don José Antonio de Lavalle[11].

«España, invadida por las huestes de Napoleón, veía atónita los sucesos del Escorial, el viaje a Bayona y la prisión de Valencey, e indignada de tanta audacia, levantábase contra el usurpador. Pero con la prisión del rey se había perdido el centro de gravedad en la vasta monarquía de Fernando VII; y las provincias americanas, aunque tímidamente aún, comenzaban a manifestar sus deseos de separarse de una corona que moralmente no existía ya. Dicen que, en Lima, se le instó a Abascal para que colocase sobre sus sienes la corona de los Incas. Asegúrase que Carlos IV le ordenó que no obedeciese a su hijo; que José Bonaparte le brindó honores, y que Carlota, la princesa del Brasil, le dio sus plenos poderes. El noble anciano no se dejó deslumbrar por el brillo de una corona. Con lágrimas en los ojos cerró los oídos a la voz del que ya no era su rey; despreció indignado los ofrecimientos del invasor de su patria, y llamó respetuosamente a su deber a la hermana de Fernando. La población de Lima esperaba con la mayor ansiedad el día destinado para jurar a Fernan-

---

[11] También autor de una biografía sobre Pablo de Olavide.

do VII; pues nadie ignoraba las encontradas intrigas que rodeaban a Abascal, la gratitud que éste tenía a Carlos IV y la amistad que le unía a Godoy. El anhelo general en Lima era la Independencia bajo el reinado de Abascal. Nobleza, clero, ejército y pueblo lo deseaban, y lo esperaban. Las tropas formadas en la Plaza, el pueblo apiñado en las calles, las corporaciones reunidas en palacio aguardaban una palabra. Abascal, en su gabinete, era vivamente instado por sus amigos. Hombre al fin, sus ojos se deslumbraron con el esplendor del trono, y dicen que vaciló un momento. Pero volviendo luego en sí, tomó su sombrero y salió con reposado continente al balcón de palacio, y todos le escucharon atónitos hacer la solemne proclamación de Fernando VII y prestar juramento al nuevo rey. Un grito inmenso de admiración y entusiasmo acogió sus palabras, y el rostro del anciano se dilató con el placer que causa la conciencia del deber cumplido; placer tanto más intenso cuanto más doloroso ha sido vencer, para alcanzarlo, la flaca naturaleza de la humanidad.»

## V

### LA CURIOSIDAD SE PENA

Ahora saquemos del limbo al lector.

El contenido de los saquitos que tan gran resultado produjeron era:

### SAL-HABAS-CAL

Sin consultar brujas descifró su excelencia esta charada en acción *Sopla, vivo te lo doy, y si muerto me lo das, tú me lo pagarás.*

He aquí por qué tomó el *tole*[12] para España el excelentísimo señor don José Fernando de Abascal, y por qué es llamado el *virrey del acertijo.*

_____

[12] Partir aceleradamente *(DRAE)*. Esta palabra aparece en cursiva en la edición corregida por Palma, lo que significa que no había sido aprobada, todavía, por la Academia.

279

# Con días y ollas venceremos

A principios de junio de 1821, y cuando acababan de iniciarse las famosas negociaciones o armisticio de Punchauca[1] entre el virrey La Serna[2] y el general San Martín[3], recibió el ejército patriota, acantonado en Huaura, el siguiente santo, seña y contraseña: *Con días —y ollas— venceremos.*

Para todos, exceptuando Monteagudo, Luzuriaga, Guido y García del Río, el santo y seña era una charada estúpida, una frase disparatada; y los que juzgaban a San Martín más cristiana y caritativamente se alzaban de hombros murmurando: «¡Extravagancias del general!»

Sin embargo, el santo y seña tenía malicia o entripado, y es la síntesis de un gran suceso histórico. Y de eso es de lo que me propongo hoy hablar, apoyando mi relato, más

---

[1] El Armisticio de Punchauca permitió la entrada de San Martín en Lima sin derramamiento de sangre. Duró apenas 20 días.

[2] José de la Serna y Martínez de Hinojosa (1769-1833), militar y político español fue el último virrey del Perú; se hizo cargo del virreinato en 1821, año en que San Martín juraba la independencia en Lima. La Serna se mantuvo en la sierra y en la costa meridional hasta el 9 de diciembre de 1824, año en que el general Sucre le derrotó en la batalla de Ayacucho.

[3] José de San Martín (1778-1850), militar y político argentino. Hizo la carrera militar en España de 1789 a 1811 en que viajó a América y organizó los célebres granaderos a caballo. Consolidó la independencia de Chile y libertó a Perú en 1821. Fue nombrador Protector del país andino hasta 1822. Al no llegar a un entendimiento con Bolívar se alejó de la política y del ejército. Murió en Francia.

que en la tradición oral que he oído contar al amanuense de San Martín y a otros soldados de la patria vieja, en la autoridad de mi amigo el escritor bonaerense don Mariano Pelliza, que a vuela pluma se ocupa del santo y seña en uno de sus interesantes libros.

FUENTES

I

San Martín, por juiciosas razones que la historia consigna y aplaude, no quería deber la ocupación de Lima al éxito de una batalla, sino a los manejos y ardides de la política. Sus impacientes tropas, ganosas de habérselas cuanto antes con los engreídos realistas, rabiaban mirando la aparente pachorra del general; pero el héroe argentino tenía en mira, como acabamos de apuntarlo, pisar Lima sin consumo de pólvora y sin, lo que para él importaba más, exponer la vida de sus soldados, pues en verdad no andaba sobrado de ellos.

En correspondencia secreta y constante con los patriotas de la capital, confiaba en el entusiasmo y actividad de éstos para conspirar, empeño que había producido ya, entre otros hechos de importancia para la causa libertadora, la defección del batallón Numancia.

Pero, con frecuencia, los espías y las partidas de exploración o avanzadas lograban interceptar las comunicaciones entre San Martín y sus amigos, frustrando no pocas veces el desarrollo de un plan. Esta contrariedad, reagravada con el fusilamiento que hacían los españoles de aquellos a quienes sorprendían con cartas en clave, traía inquieto y pensativo al emprendedor caudillo. Era necesario encontrar a todo trance un medio seguro y expedito de comunicación.

Preocupado con este pensamiento, paseaba una tarde el general, acompañado de Guido y un ayudante, por la larga y única calle de Huaura, cuando, a inmediaciones del puente, fijó su distraída mirada en un caserón viejo que en el patio tenía un horno para fundición de ladrillos y obras de alfarería. En aquel tiempo, en que no llegaba por acá la porcelana hechiza, era éste lucrativo oficio; pues así la vajilla de uso diario como los utensilios de cocina eran de barro cocido y calcinado en el país, salvos tal cual jarrón de Guadalajara y las escudillas de plata, que ciertamente figuraban sólo en la mesa de gente acomodada.

San Martín tuvo una de esas repentinas y misteriosas inspiraciones que acuden únicamente al cerebro de los hombres de genio, y exclamó para sí: —¡Eureka! Ya está resuelta la X del problema.

El dueño de la casa era un indio entrado en años, de espíritu despierto y gran partidario de los insurgentes. Entendióse con él San Martín, y el alfarero se comprometió a fabricar una olla con doble fondo, tan diestramente preparada que el ojo más experto no pudiera descubrir la trampa.

El indio hacía semanalmente un viajecito a Lima, conduciendo dos mulas cargadas de platos y ollas de barro, que aún no se conocían por nuestra tierra las de peltre o cobre estañado. Entre estas últimas y sin diferenciarse ostensiblemente de las que componían el resto de la carga, iba la *olla revolucionaria,* llevando en su doble fondo importantísimas cartas en cifra. El conductor se dejaba registrar por cuanta partida de campo encontraba, respondía con naturalidad a los interrogatorios, se quitaba el sombrero cuando el oficial del piquete pronunciaba el nombre de Fernando VII, nuestro amo y señor, y lo dejaban seguir su viaje, no sin hacerle gritar antes ¡Viva el rey! ¡Muera la patria! ¿Quién demonios iba a imaginarse que ese pobre indio viejo andaba tan seriamente metido en belenes de política?

Nuestro alfarero era, como cierto soldado, gran repentista o improvisador de coplas que, tomado prisionero por un coronel español, éste, como por burla o para hacerlo renegar de su bandera, le dijo:

—Mira, palangana[4], te regalo un peso si haces una cuarteta con el pie forzado que voy a darte:

---

[4] Peruanismo, fanfarrón, pedante.

Viva el séptimo Fernando
con su noble y leal nación.

—No tengo el menor *conveniente*, señor coronel —contestó el prisionero—. Escuche usted:

Viva el séptimo Fernando
con su noble y leal nación;
pero es con la condición
de que en mí no tenga mando...
y venga mi patacón[5].

## II

Vivía el señor don Francisco Javier de Luna Pizarro[6], sacerdote que ejerció desde entonces gran influencia en el país, en la casa fronteriza a la iglesia de la Concepción, y él fue el patriota designado por San Martín para entenderse con el *ollero*. Pasaba éste a las ocho de la mañana por la calle de la Concepción pregonando con toda la fuerza de sus pulmones: *¡Ollas y platos! ¡Baratos! ¡Baratos!*, que, hasta hace pocos años, los vendedores de Lima podían dar tema para un libro por la especialidad de sus pregones. Algo más. Casas había en que para saber la hora no se consultaba reloj, sino el pregón de los vendedores ambulantes.

Lima ha ganado en civilización; pero se ha despoetizado, y día por día pierde todo lo que de original y típico hubo en sus costumbres.

Yo he alcanzado esos tiempos en los que parece que, en Lima, la ocupación de los vecinos hubiera sido tener en continuo ejercicio los molinos de masticación llamados dientes y muelas. Juzgue el lector por el siguiente

---

[5] Americanismo de *petaca*, caja o baúl grande de madera o caña forrada de cuero.
[6] Francisco Javier de Luna Pizarro (1780-1855), sacerdote y político peruano. Presidió el Congreso Constituyente en 1822 y 1827.

cuadrito de cómo distribuían las horas en mi barrio, allá cuando yo andaba haciendo novillos por huertas y murallas, y muy distante de escribir tradiciones y *dragonear* de poeta, que es otra forma de matar el tiempo o hacer novillos.

La *lechera* indicaba las seis de la mañana.

La *tisanera*[7] y la *chichera*[8] de Terranova daban su pregón a las siete en punto.

El, *bizcochero* y la vendedora de *leche-vonagre*, que gritaba *¡a la cuajadita!*, designaban las ocho, ni minuto más ni minuto menos.

La vendedora de *zanguito de ñajú*[9] y *choncholíes*[10] marcaba las nueve, hora de canónigos.

La *tamalera*[11] era anuncio de las diez.

A las once pasaban la *melonera* y la mulata de convento vendiendo *ranfañote*[12], *cocada*[13], *bocado de rey*, *chacaquitas de cancha y de maní*[14], *y fréjoles colados*[15].

A las doce aparecían el *frutero* de canasta llena y proveedor de empanaditas de picadillo.

La una era indefectiblemente señalada por el vendedor de *ante con ante*[16], la *arrocera*[17] y el *alfajorero*[18].

---

[7] Vendía diferentes tipos de hierbas aromáticas y medicinales.

[8] Expendedora de chicha, bebida peruana prehispánica hecha de jora de maíz, molle y maní.

[9] Golosina preparada con harina.

[10] Del quechua *chunchullí*, tripas menudas, plato de tripa aderezadas con salsa de ají, cebolla y ajos (Morínigo).

[11] Americanismo, procede del náhuatl *tamalli*, masa de maíz rellena de carne y especias envuelta en la espata verde del maíz o en hojas de plátano, cocida al vapor (Morínigo).

[12] Golosina peruana.

[13] Americanismo, dulce hecho con la pulpa del coco.

[14] Maíz y maní confitados con chancaca. La chancaca (Americ.) es una masa preparada con azúcar moreno.

[15] *Fréjoles colados:* dulce preparado con la aluvia o judía, planta oriunda del Perú.

[16] Frutas caladas y rellenas.

[17] Vendedora de arroz con leche y arroz zambito si era con cacao molido.

[18] Peruanismo de *alfajor*, dulce limeño compuesto por dos piezas circulares y delgadas de harina entre las que se ponía un relleno, generalmente, de un dulce de leche llamado manjar blanco.

284

*COSTUMBRISMO*

A las dos de la tarde la *picaronera*[19], el *humitero*[20] y el de la *rica causa*[21] *de Trujillo* atronaban con sus pregones.

A las tres el *melcochero*[22], la *turronera*[23] y el *anticuchero*[24] o vendedor de *bisteque en palito*[25] clamoreaban con más puntualidad que la Mari-Angola de la Catedral.

A las cuatro gritaban la *picantera* y el de la *piñita de nuez*[26].

A las cinco chillaban el *jazminero*[27], el de las *caramanducas*[28] y el vendedor de flores de trapo, que gritaba: *¡Jardín, jardín! ¿Muchacha, no hueles?*

A las seis canturreaban el *raicero*[29] y el *galletero*[30].

A las siete de la noche pregonaban el *caramelero*, la *mazamorrera*[31] y la *champucera*[32].

A las ocho el *heladero* y el *barquillero*[33].

---

[19] Americanismo de *picarón*, especie de buñuelo circular y con un hueco en medio.

[20] Peruanismo de *humita*, del quechua *huminta*, torta de maíz tierno machacado. Es una comida hecha de maíz tierno o choclo machacado, condimentado con fritada de cebollas, ajos, pimientos, tomates y queso. Porciones de esta mezcla se envuelven en las hojas del maíz verde llamada chala y se hierven en agua (Morínigo).

[21] Del quechua *causay*, vida, sustento. Es una comida típica del Perú hecha de papas o patatas sancochadas y machacadas acompañadas de pescado desmenuzado, aceitunas, ají y queso (Morínigo).

[22] Peruanismo de *melcocha*, pasta blanca correosa de azúcar y leche.

[23] El turrón peruano difiere del español por ser parecido al alfajor pero con soportes retangulares de color azafrán y con un baño acaramelado.

[24] Peruanismo de *anticucho*, trocitos de corazón de ternera, ensartados con palitos, cocinados a la parrilla, parecido al actual pincho moruno español.

[25] Peruanismo, vendedora de guisos cargados con ají picante.

[26] Dulce hecho con azúcar, nuez, canela y leche.

[27] Vendedor de pequeños arreglos florales hechos a base de jazmines.

[28] Flores.

[29] Vendía raíces medicinales, especialmente unas que mascadas protegían la dentadura y daban buen aliento.

[30] Vendedor de galletas vistosas, variadas y generalmente hechas el mismo día.

[31] Americanismo de *mazamorra*, dulce a base de la fécula del maíz hervido.

[32] Americanismo de *champuz* o *champús*, mazamorra hecha de harina de maíz, *mote* (maíz tierno hervido) y azúcar (Morínigo).

[33] Hojas delgadas de pasta hechas con harina sin levadura y miel, tenía diferentes formas y tamaños.

285

Aun a las nueve de la noche, junto con el toque de cubre-fuego, el *animero* o sacristán de la parroquia, salía con capa colorada y farolito en mano pidiendo para las ánimas benditas del purgatorio o para la cera de Nuestro Amo. Este prójimo era el terror de los niños rebeldes para acostarse.

Después de esa hora, era el *sereno* del barrio quien reemplazaba a los relojes ambulantes, cantando, entre piteo y piteo: —¡*Ave María Purísima! ¡Las diez han dado! ¡Viva el Perú, y sereno!* Que eso sí para los serenos de Lima, por mucho que el tiempo estuviese nublado o lluvioso, la consigna era declararlo ¡sereno! Y de sesenta en sesenta minutos se repetía el canticio hasta el amanecer.

Y hago caso omiso de innumerables pregones que se daban a una hora fija.

¡Ah, tiempos dichosos! Podía en ellos ostentarse por pura *chamberinada*[34] un cronómetro; pero para saber con fijeza la hora en que uno vivía, ningún reloj más puntual que el pregón de los vendedores. Ése sí que no discrepaba pelo de segundo ni había para qué limpiarlo o enviarlo a la enfermería cada seis meses. ¡Y luego la baratura! Vamos; si cuando empiezo a hablar de antiguallas se me va el santo al cielo y corre la pluma sobre el papel como caballo desbocado. Punto a la digresión, y sigamos con nuestro insurgente *ollero*.

Apenas terminaba su pregón en cada esquina, cuando salían a la puerta todos los vecinos que tenían necesidad de utensilios de cocina.

## III

Pedro Mazanares, mayordomo del señor Luna Pizarro, era un negrito retinto, con toda la lisura[35] criolla de los *budingas*[36] y mataperros[37] de Lima, gran decidor de desvergüenzas, *cantador*[38], guitarrista y navajero, pero muy leal a

---

[34] Americanismo, adorno, relumbrón.
[35] Peruanismo, coquetería, gracia, salero.
[36] Procedente de una etnia africana.
[37] Peruanismo, travieso, pícaro.
[38] Coplero.

su mano y muy mimado por éste. Jamás dejaba de acudir al pregón y pagar un real por una olla de barro; pero al día siguiente volvía a presentarse en la puerta, utensilio en mano, gritando: —Oiga usted, so *cholo*[39] ladronazo, con sus ollas que se *chirrean*[40] toditas... Ya puede usted cambiarme esta que le compré ayer, antes de que se la rompa en la *tutuma*[41] para enseñarlo a no engañar al marchante. ¡Pedazo de pillo!

El alfarero sonreía como quien desprecia injurias, y cambiaba la olla.

Y tanto se repitió la escena de compra y cambio de ollas y el agasajo de palabrotas, soportadas siermpre con paciencia por el indio, que el barbero de la esquina, andaluz entrometido, llegó a decir una mañana:

—¡Córcholis! ¡Vaya con el cleriguito para cominero! Ni yo, que soy un pobre de hacha, hago tanta alharaca por un miserable real. ¡Recórcholis! Oye, *macuito*[42]. Las ollas de barro y las mujeres que también son de barro, se toman sin lugar a devolución, y el que se lleva chasco ¡contracórcholis! se mama el dedo meñique, y ni chista ni mista y se aguanta el clavo, sin molestar con gritos y lamentaciones al vecindario.

—Y a usted, so godo de cuernos, cascabel sonajero, ¿quién le dio vela en este entierro? —contestó con su habitual insolencia el negrito Manzanares—. Vaya usted a desollar barbas y cascar liendres, y no se meta en lo que no le va ni le viene, so adefesio en misa de una, so chapetón embreado[43] y de ciento en carga...

Al oírse apostrofar así, se le avinagró al andaluz la mostaza, y exclamó ceceando:

—¡María Zantísima! Hoy me pierdo... ¡Aguárdate, gallinazo[44] de muladar!

---

[39] Americanismo, mestizo de sangre europea e indígena *(DRAE)*.
[40] Producen chirridos, dar sonido agudo un sustancia al penetrarla un calor intenso; como cuando se fríe tocino en el aceite hirviendo *(DRAE)*.
[41] Peruanismo, cabeza.
[42] Peruanismo, era un apodo propio de negros, de uso anticuado.
[43] Pringado.
[44] Peruanismo, ave rapaz de color negro.

287

Y echando mano al puñalito o limpiadientes, se fue sobre Perico Manzanares, que sin esperar la embestida se refugió en las habitaciones de su amo. ¡Quién sabe si la camorra entre el barbero y el mayordomo habría servido para despertar sospechas sobre las ollas, que de pequeñas causas han surgido grandes efectos! Pero, afortunadamente, ella coincidió con el último viaje que hizo el alfarero trayendo olla contrabandista: pues el escándalo pasó el 5 de julio, y al amanecer del siguiente día abandonaba el virrey La Serna la ciudad, de la cual tomaron posesión los patriotas en la noche del 9.

Cuando el indio, a principios de junio, llevó a San Martín la primera olla devuelta por el mayordomo del señor Luna Pizarro, hallábase el general en su gabinete dictando la orden del día. Suspendió la ocupación, y después de leer las cartas que venían en el doble fondo, se volvió a sus ministros García del Río y Monteagudo y les dijo sonriendo:

—Como lo pide el suplicante.

Luego se aproximó al amanuense y añadió:

—Escribe, Manolito, santo, seña y contraseña para hoy: *Con días —y ollas— venceremos.*

La victoria codiciada por San Martín era apoderarse de Lima sin quemar pólvora; y merced a las ollas que llevaban en el vientre ideas más formidables siempre que los cañones modernos, el éxito fue tan espléndido, que el 28 de julio se juraba en Lima la Independencia y se declaraba la autonomía del Perú. Junín y Ayacucho[45] fueron el corolario.

---

[45] Las batallas de Junín, 6 de agosto de 1824, y la de Ayacucho, 9 de diciembre del mismo año, decidieron la independencia de América continental.

*Tercera Serie*

# La achirana del Inca

## (A Teodorico Olachea)

En 1412 el inca Pachacutec[1], acompañado de su hijo el príncipe imperial Yupanqui y de su hermano Capac-Yunpanqui, emprendió la conquista del valle de Ica, cuyos habitantes, si bien de índole pacífica, no carecían de esfuerzo y elementos para la guerra. Comprendiólo así el sagaz monarca, y antes de recurrir a las armas propuso a los iqueños que se sometiesen a su paternal gobierno. Aviniéronse éstos de buen grado, y el inca y sus cuarenta mil guerreros fueron, cordial y espléndidamente, recibidos por los naturales.

Visitando Pachacutec el feraz territorio que acababa de sujetar a su dominio, detúvose una semana en el *pago*[2] llamado Tate. Propietario del pago era una anciana a quien acompañaba una bellísima doncella, hija suya.

El conquistador de pueblos creyó también de fácil conquista el corazón de la joven; pero ella, que amaba a un galán de la comarca, tuvo la energía, que sólo el verdadero amor inspira, para resistir a los enamorados ruegos del prestigioso y omnipotente soberano.

Al fin, Pachacutec perdió toda esperanza de ser correspondido, y tomando entre sus manos las de la joven, la dijo, no sin ahogar antes un suspiro:

---

[1] Pachacutec fue un gran conquistador, reorganizó la sociedad inca y formó el imperio

[2] Lugar de descanso y reaprovisionamiento.

—Quédate en paz, paloma[3] de este calle, y que nunca la niebla del dolor tienda su velo sobre el cielo de tu alma. Pídeme alguna merced que, a ti y a los tuyos, haga recordar siempre el amor que me inspiraste.

—Señor —le contestó la joven, poniéndose de rodillas y besando la orla del manto real—, grande eres y para ti no hay imposible. Venciérasme con tu nobleza, a no tener ya el alma esclava de otro dueño. Nada debo pedirte, que quien dones recibe obligada queda; pero si te satisface la gratitud de mi pueblo, ruégote que des agua a esta comarca. Siembra beneficios y tendrás cosecha de bendiciones. Reina, señor, sobre corazones agradecidos más que sobre hombres que, tímidos, se inclinan ante ti, deslumbrados por tu esplendor.

—Discreta eres, doncella de la negra crencha, y así me cautivas con tu palabra como con el fuego de tu mirada. ¡Adiós, ilusorio ensueño de mi vida! Espera diez días, y verás realizado lo que pides. ¡Adiós, y no te olvides de tu rey!

Y el caballeroso monarca, subiendo al *anda de oro*[4] que llevaban en hombros los nobles del reino, continuó su viaje triunfal.

Durante diez días los cuarenta mil hombres del ejército se ocuparon en abrir el cauce que empieza en los terrenos del Molino y del Trapiche y termina en Tate, heredad o pago donde habitaba la hermosa joven de quien se apasionara Pachacutec.

El agua de la *achirana del Inca* suministra abundante riego a las haciendas que hoy se conocen con los nombres de Chabalina, Belén, San Jerónimo, Tacama, San Martín, Mercedes, Santa Bárbara, Chanchajaya, Santa Elena, Vistaalegre, Sáenz, Parcona, Tayamana, Pongo, Pueblo Nuevo, Sonumpe y, por fin, Tate[5].

Tal, según la tradición, es el origen de la *achirana*, voz que significa *lo que corre limpiamente hacia lo que es hermoso.*

---

[3] Mujer amada, en lenguaje inca.
[4] Los incas no caminaban, eran siempre llevado en andas.
[5] La achirana existe hasta hoy

# Una aventura del virrey-poeta

## I

El bando de los *vicuñas*[1], llamado así por el sombrero que usaban sus afiliados, llevaba la peor parte en la guerra civil de Potosí. Los vascongados dominaban por el momento, porque el corregidor de la imperial villa, don Rafael Ortiz de Sotomayor, les era completamente adicto.

Los vascongados se habían adueñado de Potosí, pues ejercían los principales cargos públicos. De los veinticuatro regidores del Cabildo la mitad eran vascongados, y aun los dos alcaldes ordinarios pertenecían a esa nacionalidad, no embargante expresa prohibición de una real pragmática. Los criollos, castellanos y andaluces formaban alianza para destruir o equilibrar por lo menos el predominio de aquéllos, y tal fue el origen de la lucha que durante muchos años ensangrentara esa región, y a la que el siempre victorioso general de los *vicuñas,* don Francisco Castillo, puso término en 1624, casando a su hija doña Eugenia con don Pedro de Oyanume, uno de los principales vascongados.

En 1617 el virrey, príncipe de Esquilache, escribió a Ortiz de Sotomayor una larga carta sobre puntos de gobierno, en la cual, sobre poco más o menos, se leía lo siguiente: «E catad, mi buen don Rafael, que los bandos potosinos tras-

---

[1] Peruanismo del quechua *huicuña,* camélido rumiante más pequeño que la llama pero de lana muy fina y apreciada en todo el mundo. Vive en los Andes peruanos, bolivianos y argentinos.

de aquellos caballerosos hidalgos que se hacían matar por su rey o por su dama.

Hay cariños históricos, y en cuanto a mí confieso que me lo inspira y muy entusiasta el virrey-poeta, doblemente noble por sus heredados pergaminos de familia y por los que él borroneara con su elegante pluma de prosador y de hijo mimado de las musas. Cierto es que acordó en su gobierno demasiada influencia a los jesuitas; pero hay que tener en cuenta que el descendiente de un general de la Compañía, canonizado por Roma, mal podía estar exento de preocupaciones de raza. Si en ello pecaba, la culpa era de su siglo y no se puede exigir de los hombres que sean superiores a la época en que les cupo en suerte vivir.

En las demás iglesias, el virrey encontró siempre al paso a la dama y se repitió cautelosamente el mismo cambio de sonrisas y miradas.

> Por Dios, si no me quieres
> que no me mires;
> ya que no me rescates,
> no me cautives.

En la última estación, cuando un paje iba a colocar sobre el escabel[6] un cojinillo de terciopelo carmesí con flecadura de oro, el de Esquilache, inclinándose hacia él, le dijo rápidamente

—Jeromillo, tras de aquella pilastra hay caza mayor. Sigue la pista.

Parece que Jeromillo era diestro en cacerías tales, y que en él se juntaban olfato de perdiguero y ligereza de halcón; pues cuando su excelencia, de regreso a palacio, despidió la comitiva, ya lo esperaba el paje en su camarín.

—Y bien, Mercurio, ¿quién es ella? —le dijo el virrey, que, como todos los poetas de su siglo, era aficionado a la mitología.

—Este papel, que trasciende a sahumerio, se lo dirá a vuecencia —contestó el paje, sacando del bolsillo una carta.

---

[6] Tarima pequeña donde se pone un cojín para descansar los pies.

—¡Por Santiago de Compostela! ¿Billetico tenemos? ¡Ah, galopín! Vales más de lo que pesas, y tengo de inmortalizarte en unas octavas reales que dejen atrás a mi poema de *Nápoles*.

Y acercándose a una lamparilla, leyó:

> Siendo el galán cortesano
> y de un santo descendiente,
> que haya ayunado es corriente
> como cumple a un buen cristiano.
> Pues besar quiere mi mano,
> según su fina expresión,
> le acuerdo tal pretensión,
> si es que a más no se propasa,
> y honrada estará mi casa
> si viene a hacer colación.

La misteriosa dama sabía bien que iba a habérselas con un poeta, y para más impresionarlo recurrió al lenguaje de Apolo.

—¡Hola, hola! —murmuró don Francisco—. Marisabidilla es la niña; como quien dice, Minerva encarnada en Venus. Jeromillo, estamos de aventura. Mi capa, y dame las señas del Olimpo de esa diosa.

Media hora después el virrey, recatándose en el embozo, se dirigía a casa de la dama.

### III

Doña Leonor de Vasconcelos, bellísima española y viuda de Alonso Yáñez, el decapitado por el corregidor de Potosí, había venido a Lima resuelta a vengar a su marido, y ella era la que, tan mañosamente y poniendo en juego la artillería de Cupido, atraía a su casa al virrey del Perú. Para doña Leonor era el príncipe de Esquilache el verdadero matador de su esposo.

Habitaba la viuda de Alonso Yáñez una casa con fondo al río en la calle de Polvos Azules, circunstancia que, unida a frecuente ruidos de pasos varoniles en el patio e interior

297

de la casa, despertó cierta alarma en el espíritu del aventurero galán.

Llevaba ya don Francisco media hora de ceremoniosa plática con la dama, cuando ésta le reveló su nombre y condición, procurando traer la conferencia al campo de las explicaciones sobre los sucesos de Potosí; pero el astuto príncipe esquivaba el tema, lanzándose por los vericuetos de la palabrería amorosa.

Un hombre tan avisado como el de Esquilache no necesitaba de más para comprender que se le había tendido una celada, y que estaba en una casa que probablemente era por esa noche el cuartel general de los *vicuñas*, de cuya animosidad contra su persona tenía ya algunos barruntos.

Llegó el momento de dirigirse al comedor para tomar la colación prometida. Consistía ella en ese agradable revoltijo de frutas que los limeños llamamos *ante*[7], en tres o cuatro conservas preparadas por las monjas, y en el clásico *pan de dulce*[8]. Al sentarse a la mesa cogió el virrey una garrafa de cristal de Venecia que contenía un delicioso Málaga, y dijo:

—Siento, doña Leonor, no honrar tan excelente Málaga, porque tengo hecho voto de no beber otro vino que un soberbio pajarete[9], producto de mis viñas en España.

—Por mí no se prive el señor virrey de satisfacer su gusto. Fácil es enviar uno de mis criados donde el mayordomo de vuecencia.

—Adivina vuesa merced, mi gentil amiga, el propósito que tengo.

Y volviéndose a un criado le dijo:

—Mira, tunante. Llégate a palacio, pregunta por mi paje Jeromillo, dale esta llavecita, y dile que me traiga las dos botellas de pajarete que encontrará en la alacena de mi dormitorio. No olvides el recado, y guárdate esa onza para pan de dulce.

---

[7] Macedonia.
[8] Panecillo de harina y huevo muy esponjoso y recubierto de azúcar impalpable en la parte superior.
[9] Vino licoroso, muy suave y delicado *(DRAE)*.

El criado salió, prosiguiendo el de Esquilache con aire festivo:

—Tan exquisito es mi vino, que tengo que encerrarlo en mi propio cuarto; pues el bellaco de mi secretario Estúñiga tiene, en lo de catar, propensión de mosquito, e inclinación a escribano en no dejar botella de la que no se empeñe en dar fe. Y ello ha de acabar en que me amosque un día y le rebane las orejas para escarmiento de borrachos.

El virrey fiaba su salvación a la vivacidad de Jeromillo y no desmayaba en locuacidad y galantería. Para librarse de lazos, antes cabeza que brazos, dice el refrán.

Cuando Jeromillo, que no era ningún necio de encapillar, recibió el recado, no necesitó de más apuntes para sacar en limpio que el príncipe de Esquilache corría grave peligro. La alacena del dormitorio no encerraba más que dos pistoletes con incrustaciones de oro, verdadera alhaja regia que Felipe III había regalado a don Francisco el día en que éste se despidiera del monarca para venir a América.

El paje hizo arrestar al criado de doña Leonor, y por algunas palabras que se le escaparon al fámulo[10] en medio de la sorpresa, acabó Jeromillo de persuadirse que era urgente volar en socorro de su excelencia.

Por fortuna, la casa de la aventura sólo distaba una cuadra del palacio; y pocos minutos después el capitán de la escolta con un piquete de alarbaderos sorprendía a seis de los *vicuñas* conjurados para matar al virrey o para arrancarle por la fuerza alguna concesión en daño de los vascongados.

Don Francisco, con su burlona sonrisa, dijo a la dama:

—Señora mía, las mallas de vuestra red eran de seda y no extrañéis que el león las haya roto. ¡Lástima es que no hayamos hecho hasta el fin vos el papel de Judith, y yo el de Holofernes!

Y volviéndose al capitán de la escolta, añadió:

—Don Jaime, dejad en libertad a esos hombres, y ¡cuenta con que se divulgue el lance y ande mi nombre en len-

---

[10] Criado.

guas! Y vos, señora mía, no me toméis por un felón, y honrad más al príncipe de Esquilache, que os jura, por los cuarteles de su escudo, que si ordenó reprimir con las armas de la ley los escándalos de Potosí, no autorizó a nadie para cortar cabezas que no estaban sentenciadas.

## IV

Un mes después doña Elonor y los *vicuñas* volvían a tomar el camino de Potosí; pero la misma noche en que abandonaron Lima, una ronda encontró en una calleja el cuerpo de Ortiz de Sotomayor con un puñal clavado en el pecho.

# Una excomunión famosa

## I

Tiempos de fanatismo religioso fueron sin duda aquellos en que, por su majestad don Felipe II, gobernaban estos reinos del Perú don Andrés Hurtado de Mendoza[1], marqués de Cañete y montero mayor del rey. Y no lo digo por la abundancia de fundaciones, ni por la suntuosidad de las fiestas, ni porque los ricos dejasen su fortuna a los conventos, empobreciendo con ello a sus legítimos herederos, ni porque, como lo pensaban los conquistadores, todo crimen e inmundicia que hubiera sobre la conciencia se lavaba dejando, en el trance del morir, un buen legado para misas, sino porque la Iglesia había dado en la flor de tomar cartas en todo y para todo, y por un quítate allá esas pajas le endilgaba al prójimo una excomunión mayor que lo volvía tarumba[2].

Sin embargo de que era frecuente el espectáculo de enlutar templos y apagar candelas, nuestros antepasados se impresionaban cada vez más con el tremendo aparato de las excomuniones. En algunas de mis leyendas tradicionales he tenido oportunidad de hablar más despacio sobre muchas de las que se fulminaron contra ladrones sacríle-

---

[1] Andrés Hurtado de Mendoza y Fernández de Bobadilla, marqués de Cañete (? -1661), político español, gobernó el virreinato del Perú entre 1556 y 1561.

[2] Persona abobada (Morínigo).

gos y contra alcaldes y gente de justicia que, para apoderarse de un delincuente, osaron violar la santidad del asilo en las iglesias. Pero todas ellas son chirinola[3] y cháchara celeste, parangonadas con una de las que el primer arzobispo de Lima, don fray Jerónimo de Loayza, lanzó en 1561. Verdad es que su señoría ilustrísima no anduvo nunca parco en esto de entredichos, censuras y demás actos terroríficos, como lo prueba el hecho de que, antes de que la Inquisición viniera a establecerse por estos trigales, el señor Loayza celebró tres autos de fe[4]. Otra prueba de mi aseveración es que amenazó con ladrillazo de Roma (nombre que daba el pueblo español a las excomuniones) al mismo *sursum corda*[5], es decir, a todo un virrey del Perú. He aquí el lance:

Cuéntase que cuando el virrey don Francisco de Toledo vino de España, trajo como capellán de su casa y persona a un clérigo un tanto ensimismado, disputador y atrabiliario, al cual el arzobispo creyó oportuno encarcelar, seguir juicio y sentenciar a que regresase a la metrópoli. El virrey puso el grito en el cielo y dijo, en un arrebato de cólera que si su capellán iba desterrado, no haría el viaje solo, sino acompañado del fraile arzobispo. Súpolo éste, que faltar no pudo oficioso que con chisme fuese, y diz que su excelencia amainó, tan luego como tuvo aviso de que el arzobispo había tenido reunión de teólogos y que, como resultado de ella, traía el ceño fruncido y se estaban cosiendo en secreto bayetas negras. El cleriguillo, abandonado por su padrino el virrey, marchó a España bajo partida de registro.

Pero la excomunión que ha puesto por hoy la péñola en mis manos es excomunión mayúscula y, por ende, merece capítulo aparte.

---

[3] Pelea, disputa.
[4] Los autos de fe iniciaron en el Perú su nefasta andadura el 15 de noviembre de 1573.
[5] Latinismo, arriba los corazones.

## II

El decenio de 1550 a 1560 pudo dar en el Perú nombre a un siglo que llamaríamos sin empacho el siglo de las gallinas, del pan, del vino, del aceite y de los pericotes. No explicaremos.

Sábese por tradición, que los indios bautizaron a las gallinas con el nombre de *hualpa*, sincopando el de su último inca Atahualpa. El padre Blas Valera (cuzqueño) dice que cuando cantaban los gallos, los indios creían que lloraban por la muerte del *inca*, por lo cual llamaron al gallo *hualpa*. El mismo cronista refiere que durante muchos años no se pudo lograr que las gallinas españolas empollasen en el Cuzco, lo que se conseguía en los valles templados. En cuanto a los pavos, fueron traídos de México.

Garcilaso, Zárate, Gómara[6] y muchos historiadores y cronistas dicen que fue por entonces cuando doña María de Escobar, esposa del conquistador Diego de Chávez, trajo de España medio almud de trigo que repartió a razón de veinte o treinta granos entre varios vecinos. De las primeras cosechas se enviaron algunas fanegas a Chile y otros pueblos de la América.

Casi con la del trigo coincidió la introducción de los pericotes o ratones en un navío que, por el estrecho de Magallanes, vino al Callao. Los indios dieron a esta plaga de dañinos inmigrantes el nombre de *hucuchas*, que significa salidos del mar. Afortunadamente, el español Montenegro había traído gatos en 1537, y es fama que don Diego de Almagro le compró uno en seiscientos pesos. Los naturales, no alcanzando a pronunciar bien el *mizmiz* de los castellanos, los llamaron *michitus*.

Y aquí, por vía de ilustración, apuntaremos que en los primeros veinte años de la conquista el precio mínimo de un caballo era de cuatro mil pesos, trescientos el de una vaca, quinientos pesos el de un burro, doscientos el de un cerdo, ciento el de una cabra o de una oveja, y por un pe-

---

[6] Inca Garcilaso de la Vega, Agustín de Zárate y López de Gómara, cronistas muy próximos a los primeros momentos de la conquista.

que sucedió, y así se lo dirá a ustedes el primer cronista que hojeen.

Aquel día las campanas clamorearon como nunca; y por fin, después de otras imponentes ceremonias de rito, el ilustrísimo señor arzobispo fulminó excomunión mayor contra el ladrón de la estaca.

Pero ni por esas.

El ladrón sería algún descreído o *espirt fort*, de esos que pululan en este siglo del gas y del vapor, pensará el lector.

Pues se lleva un chasco de marca.

En aquellos tiempos una excomunión pesaba muchas toneladas en la conciencia.


## III

Tres años transcurrieron y la estaca no parecía[9].

Verdad es que ni pizca de falta le hacía a Ribera, quien tuvo la fortuna de ver multiplicados los dos olivos que le dejara el ladrón y disponía ya de estacas para vender y regalar. Presumo que los famosos olivares de Camaná[10], tierra clásica por sus aceitunas y por otras cosas que prudentemente me callo, pues no quiero andar al rodapelo con los camanejos, tuvieron por fundador un retoño de la *Huerta perdida*.

Un día presentóse al arzobispo, con cartas de recomendación, un caballero recién llegado en un navío que, con procedencia de Valparaíso, había dado fondo en el Callao; y bajo secreto de confesión le reveló que él era el ladrón de la celebérrima estaca, la cual había llevado con gran cautela a su hacienda de Chile, y que, no embargante la excomunión, la estaca se había aclimatado y convertídose en un famoso olivar.

Como la cosa pasó bajo secreto de confesión, no me creo autorizado para poner en letras de impreta el nombre del pecador, tronco de una muy respetable y acaudalada familia de la república vecina.

---

[9] Dejarse ver alguna cosa *(DRAE)*.
[10] Capital de la provincia del mismo nombre en el departamento de Arequipa.

Todo lo que puedo decirte, lector, es que el comején de la excomunión traía en constante angustia a nuestro hombre. El arzobispo convino en levantársela, pero imponiéndole la penitencia de restituir la estaca con el mismo misterio con que se la había llevado.

¿Cómo se las compuso el excomulgado? No sabré decir más sino que una mañana, al visitar don Antonio su jardinillo, se encontró con la viajera, y al pie de ella un talego de a mil duros con un billete sin firma, en que se le pedía cristianamente un perdón que él acordó, con tanta mejor voluntad cuanto que le caían de las nubes muy relucientes monedas.

El hospital de Santa Ana, cuya fábrica emprendía entonces el arzobispo Loayza, recibió también una limosna de dos mil pesos, sin que nadie, a excepción del ilustrísimo, supiera el nombre del caritativo.

Lo positivo es que quien ganó con creces en el negocio fue don Antonio de Ribera.

En Sevilla la estaca le había costado media peseta.

## IV

A la muerte del comendador don Antonio de Ribera, del hábito de Santiago, su viuda, doña Inés Muñoz, fundó en 1573 el monasterio de la Concepción, tomando en él el velo de monja y donándole su inmensa fortuna.

El retrato de doña Inés Muñoz de Ribera se encuentra aún en el presbiterio de la iglesia, y sobre su sepulcro se lee:

> Este cielo animado en breve esfera
> depósito es de un sol que en él reposa,
> el sol de la gran madre y generosa
> doña Inés de Muñoz y de Ribera.
> Fue de Ana-Guanca[11] encomendera,
> de don Antonio de Ribera esposa,
> de aquel que tremoló con mano airosa
> del Alférez Real la real bandera.

---

[11] Ana-Guanca, en realidad es *Hanan Wanka*, región de la nación wanka en el valle del Mantaro en la sierra central del Perú de gran riqueza agrícola y ganadera.

# Los azulejos de San Francisco

TRADICIÓN EN QUE SE PRUEBA QUE NI ESTANDO
BAJO LA HORCA HA DE PERDERSE LA ESPERANZA

## I

*Sepan cuantos presentes estén, que la muy justificada y Real
Audiencia de esta ciudad de los Reyes del Perú ha condenado a sufrir muerte ignominiosa en la horca a Alonso Godínez, natural de
Guadalajara en España, por haber asesinado a Marta Villosla-
da, sin temor a la justicia divina ni humana. ¡Quien tal hizo que
tal pague! Sirva a todos los presentes de lección para que no lleguen
a verse en semejante trance. Paso a la justicia.*

Tal era el pregón que, a las once de la mañana del día 13
de noviembre de 1619, escuchaba la muchedumbre en la Plaza mayor de Lima. Frente a la bocacalle del callejón de Petateros levantábase la horca destinada para el suplicio del reo.

Oigamos lo que se charlaba en un grupo de ociosos y
noticieros, reunidos en el tendejón[1] de un pasamanero.

—¡Por la cruz de mis calzones, qué guapo mozo se pierde —decía un mozalbete andaluz bien encarado— por culpa de una mala pécora, casquivana y rabicortona! ¿Si cree-
rá este virrey que despabilar a un prójimo es como componer jácaras[2] y coplas de ciego?

---

[1] Tienda pequeña.
[2] Romance alegre en que, generalmente, se referían cosas de la gente ru-
fianesca (Moliner).

308

—Déjese de murmuraciones, Gil Menchaca, que la justicia es justicia y sabe lo que se pesca; y no por dar suelta a la sin pelos, tenga usarced el aperreado[3] fin de don Martín de Robles, que no ningún rapabolsillos, sino todo un hidalgo de gotera[4], y que finó feamente por burlas que dijo del virrey marqués de Cañete —contestó el pasamanero, que era un catalán cerrado.

—Pues yo, señor Montufar, no dejo que se me cocinen en el buche las palabras, y largo el arcabuzazo, y venga lo que viniere; y digo y repito que no es justo penar de muerte los pecados de amor.

—Buen cachidiablo[5] será el tal condenado... De fijo que ha de ser peor que un cólico miserere.

—¡Quedo, señor Montufar! Alonso Godínez es honrado y bravo a carta cabal.

—Y con toda su honradez y bravura, eche usarced por arriba o eche por abajo —insistió el catalán—, una pícara hembra lo trae camino de la horca.

—¡Reniego de las mujeres y de los petardos que dan! La mejorcita corta un pelo en el aire. ¡Malhaya el bruto que se pirra por ellas! Yo lo digo, y firma el rey.

—No hable el señor Gil Menchaca contra las faldas, que mal con ellas y peor sin ellas, ni chato ni narigón; y vuesa merced con toda su farándula[6] es el primero en relamerse cuando tropieza con un palmito como el mío —dijo terciando en el diálogo una graciosa tapada[7], más mirada y remirada que estampa de devocionario.

El andaluz guiñó el ojo, diciendo:

—¡Viva la sal de Lima! ¡Adiós, manojito de claveles! ¡Folgad[8], gallinas, que aquí está el gallo!

---

[3] Género de suplicio antiguo que consistía en entregar a alguien a los perros para que lo despedazaran y lo mataran.

[4] Continuación frecuente y sucesiva de cosas molestas *(DRAE)*.

[5] Exorcista. El que adopta vestimentas que fingen al diablo.

[6] Charla engañosa *(DRAE)*.

[7] Mujer ataviada con un mantón que le cubría un ojo y le dejaba el otro al descubierto.

[8] Esta palabra tiene una notable connotación sexual.

A tus labios rosados,
niña graciosa,
van a buscar almíbar
las mariposas.

Y se preparaba a echar tras la tapada, cuando el oleaje del populacho y un ronco son de tambores y cornetas dieron a conocer la aproximación de la fúnebre escolta.

Un hermano de la cofradía de la Caridad se detuvo frente al grupo, pronunciando estas fatídicas palabras con un sonsonete gangoso y particular.

—¡Hagan bien para hacer bien por el alma del que van a ajusticiar!...

—Tome, hermano —gritó Gil Menchaca echando dos columnarias[9] en el platillo de las ánimas, generosidad que imitaron los del grupo—. ¡Pues como yo pudiera se había de salvar mi paisano! Sobre que no merece morir en la plaza, como un perro de casta cruzada, sino cristianamente en un convento de frailes.

—Y en convento morirá —murmuró una voz.

Todos se volvieron sorpendidos, y vieron que el que así había hablado era nada menos que el guardián[10] de San Francisco, que, abriéndose paso entre la multitud, se dirigía a la horca, a cuyo pie se encontraba ya el reo.

Era éste un hombre de treinta años, en la plenitud del vigor físico. Su aspecto, a la vez que valor, revelaba resignación.

El crimen que lo llevaba al suplicio era haber dado muerte a su manceba en castigo de una de esas picardihuelas que, desde que el mundo es mundo, comete el sexo débil; por supuesto, arrastrado por su misma debilidad.

Llegado el guardián al sitio donde se elevaba el fatal palo, y cuando el verdugo terminaba de arreglar los bártulos del oficio, sacó un pliego de la manga y lo entregó al capitán de la escolta. Luego, tomando del brazo al condena-

---

[9] Americanismo de *columnaria*, moneda de plata acuñada en América durante el siglo XVIII.
[10] Es la máxima autoridad en los conventos de los franciscanos.

do, atravesó con él por entre la muchedumbre, que los siguió palmoteando hasta la portería del convento de San Francisco.

Alonso Godínez había sido indultado por su excelencia don Francisco de Borja y Aragón, príncipe de Esquilache.

## II

Echemos un parrafillo histórico.

La iglesia y convento de San Francisco, de Lima, son obras verdaderamente monumentales. «En el mismo año de la fundación de Lima —dice un cronista— llegaron los franciscanos, y Pizarro les concedió un terreno bastante reducido, en el cual principiaron a edificar. Pidieron luego aumento del terreno, y el virrey, marqués de Cañete, les acordó todo el que pudieran cercar en una noche. Bajo la fe de esta promesa colocaron estacas, tendieron cuerdas y al amanecer eran los franciscanos dueños de una extensión de cuatrocientas varas castellanas de frente, obstruyendo una calle pública. El Cabildo reclamó por el abuso; pero el virrey hizo tasar todo el terreno y pagó el importe de su propio peculio.»

Mientras se terminaba la fábrica del templo, cuya consagración solemne se hizo en 1673, la comunidad franciscana levantó una capilla provisional en el sitio que hoy ocupa la de Nuestra Señora del Milagro. Esos frailes no usaban manteles, ni colchón, y sus casullas para celebrar misas eran de paño o de tafetán.

No cuadra al carácter ligero de las *Tradiciones* entrar en detalles sobre todas las bellezas artísticas de esta fundación. La fachada y torres, el arco toral, la bóveda subterránea, los relieves de la medida naranja y naves laterales, las capillas, el estanque donde se bañaba San Francisco Solano, el jardín, las dieciséis fuentes, la enfermería, todo, en fin, llama la atención del viajero. El mismo cronista dice, hablando del primer claustro: «Cuanto escribiéramos sobre el imponderable mérito de sus techos sería insuficiente para encomiar la mano que los talló; cada ángulo es de diferente labor, y el conjunto del molduraje[11] y de sus ensambladuras tan magníficamente trabajadas, no sólo manifiestan la habilidad de los operarios, sino que también dan una idea de la opulencia de aquella época.»

Pero, hijos legítimos de España, no sabemos conservar, sino destruir. Hoy los famosos techos del claustro son pasto de la polilla. ¡Nuestra incuria es fatal! Los lienzos, obra de notables pintores del viejo mundo y en los que el convento poseía un tesoro, han desaparecido. Parece que sólo queda en Lima el cuadro de la *Comunión de San Jerónimo*, original del Dominiquino, y que es uno de los que forman la rica galería de pinturas del señor Ortiz de Zeballos.

Entretanto, lestores míos, ¿cuánto piensan ustedes que cuesta a los frailes la madera empleada en ese techo espléndido? Un pocillo[12] de chocolate... Y no se rían ustedes, que la tradición es auténtica.

Diz que existía en Lima un acaudalado comerciante español, llamado Juan Jiménez Menacho, con el cual ajustaron los padres un contrato para que los proveyese de madera para la fábrica. Corrieron días, meses y años sin que, por mucho que el acreedor cobrase, pudiesen pagarle con otra cosa que con palabras de buena crianza, moneda que no sabemos haya tenido nunca curso en plaza.

Llegó así el año de 1638. Jiménez Menacho, convaleciente por entonces de una grave enfermedad, fue invitado por el guardián para asistir a la fiesta del Patriarca. Terminada ésta, fue cuestión de pasar al refectorio, donde estaba preparado un monacal refrigerio, al que hizo honores nada menos que su excelencia don Pedro de Toledo y Leyva marqués de Mancera, y decimoquinto virrey de estos reinos por su majestad don Felipe IV.

Jiménez Menacho, cuyo estómago se hallaba delicado,

---

[11] Americanismo, molduras.
[12] Americanismo, jarro, generalmente de ojalata o peltre, de forma cilíndrica y con asa, que usa la gente pobre para tomar sus bebidas en la mesa (Morínigo).

no pudo aceptar más que una taza de chocolate. Vino el momento de abandonar la mesa, y el comerciante, a quien los frailes habían colmado de atenciones y agasajos, dijo inclinándose hacia el guardián:

—Nunca bebí soconusco, y ya sabe su reverencia que soy conocedor.

—Que se torne en salud para el alma y para el cuerpo, hermano.

—Que ha de aprovechar al alma, no lo dudo, porque es chocolate bendito y con goce de indulgencia. En lo que atañe al cuerpo, créame su paternidad que me siento refocilado, y justo es que pague esta satisfacción con una limosna en bien de la orden seráfica.

Y colocó junto al pocillo el legajo de documentos. Todos llevaban su firma al pie de la cancelación.

Pocos años después moría tan benévolo como generoso acreedor, que obsequió también al convento las baldosas de la portería. En ella se lee aún esta inscripción:

JIMÉNEZ MENACHO DIO DE LIMOSNA ESTOS AZULEJOS.
VUESTRAS REVERENCIAS LO ENCOMIENDEN A DIOS.
AÑO DE 1643

En conclusión, la monumental fábrica de San Francisco se hizo toda con limosnas de los fieles.

Y téngase en consideración que se gastaron en ella dos millones doscientos cienta mil pesos. ¡Gastar es!

«En este convento —dice el cronista— se halla el cuerpo de San Francisco Solano[13], aunque sus religiosos ignoran el sitio donde está y sólo conservan el ataúd y la calavera, que exponen al público por el mes de julio en el novenario del santo.» También enseñan los frailes una gran cruz de madera y de la cual no hay devoto que no se lleve una astilla. La suegra de un amigo mío carga como reliquia dos astillitas; pero ni por esas se le dulcifica el carácter a la condenada vieja.

---

[13] Francisco Solano (1549-1610), sacerdote, famoso por sus prédicas en las plazas públicas y fundador de la Recolección de los Descalzos. Fue santificado en 1726.

# III

Volvamos a Alonso Godínez.

La *cacica*[14] doña Catalina Huanca[15] hizo venir de España, y como obsequio para el convento, algunos millares de azulejos o ladrillos vidriados, formándose de la unión de varios de ellos imágenes de santos. Pero doña Catalina olvidó lo principal, que era mandar traer un inteligente para colocarlos.

Años hacía, pues, que los azulejos estaban arrinconados, sin que encontrase en Lima obrero capaz de arreglarlos en los pilares correspondientes.

En la mañana en que debía ser ahorcado Alonso Godínez fue a confesarlo el guardián de San Francisco, y de la plática entre ambos resultó que el reo era hombre entendido en obras de alfarería. No echó el guardián en saco roto tan importante descubrimiento; y sin pérdida de tiempo fue a palacio y obtuvo del virrey y de los oidores que se perdonara la vida al delincuente, bajo condición de que vestiría el hábito de lego y no pondría nunca los pies fuera de las puertas del convento.

Alonso Godínez no tan sólo colocó en un año los azulejos, sino que fabricó algunos, según lo revela esta chabacana rima que se lee en los ángulos del primer claustro:

> Nuevo oficial trabajá,
> que todos gustan de veros
> estar haciendo pucheros
> del barro de por acá.

Por fin, Alonso Godínez alcanzó a morir en olor de santidad, y uno de los cuarenta a quienes las crónicas franciscanas reputan entre los venerables de la orden que han florecido en Lima.

---

[14] Americanismo del taíno *cacique,* mujer que ejerce el cacicazgo o es esposa del cacique.
[15] Véase la tradición *Los tesoros de Catalina Huanca.*

# Traslado a Judas

## CUENTO DISPARATADO DE LA TÍA CATITA

Que no hay causa tan mala que no deje resquicio para defensa, es lo que querían probar las viejas con la frase: —Traslado a Judas—. Ahora oigan ustedes el cuentecito: fíjense en lo substancioso de él y no paren mientes en pormenores; que en punto a anacronismos, es la narradora anacronismo con faldas.

Mucho orden en las filas, que la tía Catita[1] tiene la palabra. Atención, y mano al botón. Ande la rueda y coz con ella.

Han de saber ustedes, angelitos de Dios, que uno de los doce apóstoles era colorado como ají y rubio como la candela. Mellado de un diente, bizco de mirada, narigudo como ave de rapiña y alicaído de orejas, era su merced feo hasta para feo.

En la parroquia donde lo cristianaron púsole el cura Judas por nombre, correspondiéndole el apellido de Iscariote, que, si no estoy mal informada, hijo debió ser de algún *bachiche*[2] pulpero.

Travieso salió el nene, y a los ocho años era el primer

---

[1] Hipocorístico de Catalina.
[2] Peruanismo, italiano.

mataperros de su barrio. A esa edad ya tenía hecha su reputación como ladrón de gallinas.

Aburrido con él su padre, que no era mal hombre, le echó una repasata[3] y lo metió por castigo en un barco de guerra, como quien dice anda, mula, y piérdete.

El capitán del barco era un gringo borrachín, que le tomó cariño al pilluelo y lo hizo su pajecico de cámara.

Llegaron al cabo de años a un puerto; y una noche en que el capitán después de beberse setente y siete *grogs*[4], se quedó dormido debajo de la mesa, su engreído Juditas lo desvalijó de treinta onzas de oro que tenía al cinto, y se desertó embarcado en el *chichorro*[5], que es un botecito como una cáscara de nuez, y... ¡la del humo!

Cuando pisó la playa se dijo: pies, ¿para qué os quiero?, y anda, anda, no paró hasta Europa.

Anduvo Judas la Ceca y la Meca y la Tortoleca, visitando cortes y haciendo pedir pita[6] a las treinta onzas del gringo. En París de Francia casi le echa guante la policía, porque el capitán había hecho parte telegráfico pidiendo una cosa que dicen que se llama extradición, y que debe ser alguna trampa para cazar pajaritos. Judas olió a tiempo el ajo, tomó pasaje de segunda en el ferrocarril, y ¡abur!, hasta Galilea. Pero, ¿adónde irá el buey que no are?, a lo que es lo mismo, el que es ruin en su villa, ruin será en Sevilla.

Allí, haciéndose el santito y el que no ha roto un plato, se presentó al Señor, y muy compungido le rogó que lo admitiese entre sus discípulos. Bien sabía el pícaro que a buena sombra se arrimaba para verse libre de persecuciones de la policía y requisitorias del juez; que los apóstoles eran como los diputados en lo de gozar de inmunidad.

Poquito a poco fue el hipocritonazo ganándole la voluntad al Señor, y tanto que lo nombró limosnero del aposto-

---

[3] Reconvenir o regañar a una persona.
[4] Bebida alcohólica.
[5] Americanismo, embarcación pequeña y frágil.
[6] *Pedir pita:* peruanismo, «pedir tregua o piedad», anota Oviedo, página 161.

lado. A peores manos no podía haber ido a parar el caudal de los pobres.

Era por entonces no sé si prefecto, intendente o gobernador de Jerusalén un caballero medio bobo, llamado don Poncio Pilatos el catalán, sujeto a quien manejaban como un zarandillo un tal Anás y un tal Caifás, que eran dos bribones que se perdían de vista. Éstos, envidiosos de las virtudes y popularidad del Señor, a quien no eran dignos de descalzar una sandalia, iban y venían con chismes y más chismes donde Pilatos; y le contaban esto, y lo otro, y lo de más allá, y que el Nazareno había dado proclama revolucionaria incitando al pueblo para echar abajo al gobierno. Pero Pilatos, que para hacer una alcaldada tenía escrúpulos de Marigargajo, les contestó: —Compadritos, la ley me ata las manos para tocar ni un pelo de la túnica del ciudadano Jesús. Mucha andrónima[7] es el latinajo aquel del *hábeas corpus*. Consignan ustedes del Sanedrín (que así llamaban los judíos al Congreso) que declare la patria en peligro y eche al huesero las garantías individuales, y entonces dénse una vueltecita por acá y hablaremos.

Anás y Caifás no dejaron eje por mover, y armados ya de las *extraordinarias*[8], le hurgaron con ellas la nariz al gobernante, quien estornudó *ipso facto* un mandamiento de prisión. Líbrenos Dios de estornudos tales *per omnia saecula saecula saeculorum. Amén*[9], que con *amén* se sube al Edén.

A fin de que los corchetes no diesen golpe en vago, resolvieron aquellos dos canallas ponerse al habla con Judas, en quien por la pinta adivinaron que debía ser otro que tal. Al principio se manifestó el rubio medio ofendido y les dijo: —¿Por quién me han tomado ustedes, caballeros—. Pero cuando vio relucir treinta monedas, que le trajeron a

---

[7] Embuste, enredo con que se pretende alucinar. Según el *Diccionario* de la Académica posiblemente viene de Andrómeda.

[8] Esta tradición apareció en 1883, inmediatamente después de la Guerra del Pacífico y pocas veces Palma se muestra tan mordaz con personajes y acontecimientos políticos inmediatos. Oviedo indica que se refiere a las «facultades extraordiarias» que se tomaban ciertas personas en funciones públicas.

[9] Por los siglos de los siglos. Así sea.

la memoria reminiscencias de las treinta onzas del gringo, y a las que había dado finiquito, se dejó de melindres y exclamó: —Esto ya es otra cosa, señores míos. Tratándome con buenos modos, yo soy hombre que atiendo a razones. Soy de ustedes, y manos a la obra.

La verdad es que Judas, como limosnero, había metido cinco y sacado seis, y estaba con el alma en un hilo temblando de que, al hacer el ajuste de cuentas, quedase en transparencia el gatuperio.

El pérfido Judas no tuvo, pues, empacho para vender y sacrificar a su Divino Maestro.

Al día siguiente y muy con el alba, Judas, que era extranjero en Jerusalén y desconocido para el vecindario, se fue a la plaza del mercado y se anduvo de grupo en grupo ganoso de averiguar el cómo el pueblo comentaba los sucesos de la víspera.

—Ese Judas es un pícaro que no tiene coteja —gritaba uno que en sus mocedades fue escribano de hipotecas.

—Dicen que desde chico era ya un peine —añadía un tarambana[10].

—Se conoce. ¡Y luego, cometer tal felonía por tan poco dinero! ¡Puf, qué asco! —argüía un jugador de gallos con coracita.

—Hasta en eso ha sido ruin— comentaba una moza de trajecito a media pierna—. Balandrán de desdichado, nunca saldrá de empeñado.

—¡Si lo conociera yo, de la paliza que le arrimaba en los lomos lo dejaba para el hospital de tísicos! —decía, con aire de matón, un jefe de club que en todo bochinche se colocaba en sitio donde no llegasen piedras—. Pero por las *aleluyas* lo veremos hasta quemado.

Y de corrillo en corrillo iba Judas oyéndose poner como trapo sucio. Al cabo se le subió la pimienta a la nariz de pico de loro, y parándose sobre la mesa de un carnicero, gritó:

—¡Pido la palabra!

—La tiene el extranjero —contestó uno que, por la prosa que gastaba, sería lo menos vocal de junta consultiva.

---

[10] Astuto.

Y el pueblo se volvió todo oídos para escuchar la arenga.

—¿Vuesas mercedes conocen a Judas?

—¡No! ¡No! ¡No!

—¿Han oído sus descargos?

—¡No! ¡No! ¡No!

—Y entonces, pedazos de cangrejo, ¿cómo fallan sin oírlo? ¿No saben vuesas mercedes que las apariencias suelen ser engañosas?

—¡Por Abraham, que tiene razón el extranjero! —exclamó uno que dice que era regidor del municipio.

—¡Que se corra traslado[11] a Judas!

—Pues yo soy Judas.

Estupefacción general. Pasado un momento gritaron diez mil bocas:

—¡Traslado a Judas! ¡Traslado a Judas! ¡Sí, sí! ¡Que se defienda! ¡Que se defienda!

Restablecida la calma, tosió Judas para limpiarse los arrabales de la garganta, y dijo:

—Contesto al traslado. Sepan vuesas mercedes que en mi conducta nada hay de vituperable, pues todo no es más que una burleta que les hecho a esos mastuerzos de Anás y Caifás. Ellos están muy sí señor y muy en ello de que no se les escapa Jesús de Nazareth. ¡Toma tripita! ¡Flojo chasco se llevan, por mi abuela! A todos consta que tantos y tan portentosos milagros ha realizado el Maestro, que naturalmente debéis confiar en que hoy mismo practicará uno tan sencillo y de pirapao[12] como el salir libre y sano del poder de sus enemigos, destruyendo así sus malos propósitos y dejándolos con un palmo de narices, gracias a mí que lo he puesto en condición de ostentar su poder celeste. Entonces sí que Anás y Caifás se tirarán de los pelos al ver la sutileza con que les he birlado sus monedas, en castigo de su inquin a y mala voluntad para con el Salvador. ¿Qué me decís ahora, almas de cántaro?

—Hombre, que no eres tan pícaro como te juzgábamos,

---

[11] *Correr traslado:* notificar o dar aviso, poner en sus manos un expediente.

[12] Rápidamente.

sin dejar por eso de ser un grandísimo bellaco —contestó un hombre de muchas canas y de regular meollo, que era redactor en jefe de uno de los periódicos más *populares* de Jerusalén.

Y la turba, después de oír la opinión del Júpiter de la prensa, prorrumpió en un: ¡Brabo! ¡Bravo! ¡Viva Judas!

Y se disolvieron los grupos sin que la gendarmería hubiese tenido para qué tomar cartas en esa manifestación plebiscitaria, y cada prójimo entró en casita diciendo para sus adentros:

—En verdad, en verdad que no se debe juzgar de ligero. Traslado a Judas.

# Los apóstoles y la Magdalena

El cronista Martínez Vela, en sus *Anales de la villa imperial del Potosí*, habla extensamente sobre el asunto que hoy me sirve de tema para esta tradioncilla. Citada la autoridad histórica, a fin de que nadie murmure contra lo auténtico del hecho, toso, escupo, mato la salivilla y digo:

## I

Allá por los años del Señor de 1657 era grande la zozobra que reinaba entre los noventa mil habitantes de la villa, y en puridad de verdad que la alarma tenía razón de ser. Era el caso que a todos traía con el credo en la boca la aparición de doce ladrones capitaneados por una mujer. Un zumbón los llamó *los doce apóstoles y la Magdalena*, y el mote[1] se popularizó, y los mismos bandidos lo aceptaron con orgullo. Verdad es que más tarde aumentó el número, cosa que no sucedió con el apostolado de Cristo.

Los apóstoles practicaban el comunismo, no sólo en la población, sino en los caminos, y con tan buena suerte y astucia que burlaron siempre los lazos que les tendiera el corregidor don Francisco Sarmiento. Lo único que supo éste de cierto fue que todos los de la banda eran aventureros españoles.

Pero de repente los muy bribones no se conformaron con desvalijar al prójimo, sino que se pusieron a disposi-

---

[1] Peruanismo, apodo, sobrenombre.

ción de todo el que quería satisfacer una venganza pagando a buen precio un puñal asesino. Ítem, cuando penetraban en casa donde había muchachas, cometían en la honestidad de ellas desaguisados de gran calibre; y a propósito de esto, cuenta el candoroso cronista, con puntos y comas, un milagro que yo referiré con rapidez y como quien toca un carbón hecho ascua.

Fueron una noche los apóstoles a una casa habitada por una señora y sus dos hijas, mocitas preciosas como dos carbunclos. A los ladrones se les despertó el apetito ante la belleza de las niñas, y las pusieron en tan grave aprieto que madre y muchachas llamaron en su socorro a las que viven en el purgatorio, que en lances tales tengo para mí son preferibles a los gendarmes, guardias civiles y demás bichos de la policía moderna. Y quién te dice, lector, que las ánimas benditas no fueron sordas al reclamo, como sucede hogaño con el *piteo*[2] de los celadores, y en un cerrar y abrir de ojos se coló un regimiento de ellas por las rendijas de la puerta; con lo cual se apoderó tal espanto de esos tunos, que tomaron el tole[3], dejando un talego con dos mis pesos de a ocho, que sirvió de gran alivio a las tres mujeres. No dice el cronista si dieron su parte de botín, en misas, a las tan solícitas ánimas del otro mundo; pero yo presumo que las pagarían con ingratitud, visto que las pobrecillas no han vuelto a meterse en casa ajena y que dejan que cada cual salga de compromisos como pueda, sin tomarse ya ellas el trabajo de hacer siquiera un milagrito de pipiripao[4].

## II

Pues, señor, iba una noche corriendo aventuras por la calle de Copacabana el bachiller Simón Tórtolo, cleriguillo enamoradizo y socarrón, cuando de pronto se halló rodeado por una turba de encapados.

---

[2] Peruanismo, abuchear.
[3] Escapar apresuradamente.
[4] Ofrecer comida suculenta y en abundancia.

—¿Quién vive? —preguntó el clérigo deshonrando su apellido, es decir, sin atortolarse.

—*Los doce apóstoles* —contestó uno.

—Que sea enhorabuena, señores míos. ¿Y qué desean vuesas mercedes?

—Poca cosa, y que con los maravedises del bolsillo entregue la sotana y el m anteo.

—Pues por tan parva materia no tendremos querella —repuso con sorna el bachiller.

Y quitándose sotana y manteo, prendas que en aquel día había estrenado, las dobló, formó con ellas un pequeño lío, y al terminar dijo:

—Gran fortuna es para mí haber encontrado, en mi peregrinación sobre la tierra, a doce tan cumplidos y privilegiados varones como vuesas mercedes. ¿Conque vuesas mercedes son los apóstoles?

—Ya se lo hemos dicho —contestó con aspereza uno de ellos, que por lo cascarrabias y llevar la voz de mando debía ser San Pedro—; y despache, que corre prisa.

Mas Simón Tórtolo, colocándose el lío bajo el brazo, partió a correr gritando:

—¡Apóstoles, sigan a Cristo!

Los ladrones lo intentaron; pero el clérigo, a quien no embarazaba la sotana, corría como un gamo y se les escapó fácilmente.

—¡Paciencia! —se dijeron los cacos—, que quien anda a tomar pegas coge unas blancas y otras negras. No se ha muerto Dios de viejo, y mañana será otro día; que manos duchas, pescan truchas, y el que hoy nos hizo burla sufrirá más tarde la escarapulla[5].

### III

Poco después desaparecía de la villa una señora principal. Buscáronla sus deudos con gran empeño, y transcurridos algunos días fue hallado el cadáver en el Arenal con la

---

[5] Riña, especialmente entre mujeres *(DRAE)*.

cabeza separada del tronco. Este crimen produjo tan honda conmoción que el vecindario reunió en una hora cincuenta mil pesos, y se fijaron carteles ofreciendo esa suma por recompensa al que entregase a los asesinos.

Como el de Cristo, tuvo también su Judas este apostolado; que no hay mejor remiendo que el del mismo paño y nadie conoce a la olla como el cucharón, salvo que aquí la traición no se pagara con treinta dineros roñosos, sino con un bocado muy suculento. Gracias a este recurso, todos los de la banda fueron atados al rollo, y tras de pública azotaina, suspendidos en la horca. Sólo la Magdalena escapó de caer en manos de la justicia. Suponemos cristianamente que, andando los tiempos, tan gran pecadora llegaría a ser otra Magdalena arrepentida.

# La trenza de sus cabellos

AL POETA ESPAÑOL DON TOMÁS RODRÍGUEZ RUBÍ,
AUTOR DE UN DRAMA QUE LLEVA EL MISMO TÍTULO
QUE ESTA TRADICIÓN

## I

### DE CÓMO MARIQUITA MARTÍNEZ
### NO QUISO QUE LA LLAMASEN MARIQUITA LA PELONA

Allá por los años de 1734 paseábase muy risueña por estas calles de Lima Mariquita Martínez, muchacha como una perla, mejorando lo presente, lectora mía. Paréceme estarla viendo, no porque yo la hubiese conocido, ¡qué diablos! (pues cuando ella comía pan de trigo, este servidor de ustedes no pasaba de la categoría de proyecto en la mente del Padre Eterno), sino por la pintura que de sus prendas y garabato hizo un coplero de aquel siglo, que por la pinta debió ser enamoradizo y andar bebiendo los vientos tras de ese pucherito de mixtura. Marujita era de esas limeñas que tienen más gracia andando que un obispo confirmando, y por las que dijo un poeta:

> Parece en Lima más clara
> la luz, que cuando hizo Dios
> el sol que al mundo alumbrara,
> puso amoroso en la cara
> de cada limeña, dos.

325

En las noches de luna era cuando había que ver a Mariquita paseando, Puente arriba y Puente abajo, con albísimo traje de zaraza[1], pañuelo de tul blanco, zapatito de cuatro puntos y medio, dengue[2] de resucitar difuntos, y la cabeza cubierta de jazmines. Los rayos de la luna prestaban a la belleza de la joven un no sé qué de fantástico; y los hombres, que nos pirramos[3] siempre por esas fantasías de carne y hueso, la echaban una andanada de requiebros, a los que ella, por no quedarse con nada ajeno, contestaba con aquel oportuno donaire que hizo proverbiales la gracia y agudeza de la limeña.

Mariquita era de las que dicen: Yo no soy la *salve* para suspirar y gemir. ¡Vida alegre, y hacer sumas hasta que se rompa el lápiz o se gaste la pizarra!

En la época colonial casi no se podía transitar por el Puente en las noches de luna. Era ése el punto de cita para todos. Ambas aceras estaban ocupadas por los jóvenes elegantes, que a la vez que con el airecito del río hallaban refrigerio al calor canicular, deleitaban los ojos clavándolos en las limeñas que salían a aspirar la fresca brisa, embalsamando la atmósfera con el suave perfume de los jazmines que poblaban sus cabelleras.

La moda no era lucir constantemente aderezos de rica pedrería, sino flores; y tal moda no podía ser más barata para padres y maridos, que con medio real de plata salían de compromisos, y aun sacaban alma del purgatorio. Tenían, además, la ventaja de satisfacer curiosidades sobre el estado civil de las mujeres, pues las solteras acostumbraban ponerse las flores al lado izquierdo de la cabeza y las casadas al derecho.

Todas las tardes de verano cruzaban por las calles de Lima varios muchachos y al pregón de *¡el jazminero!*, salían las jóvenes a la ventana de reja, y compraban un par de hojas de plátano, sobre las que había una porción de jazmi-

---

[1] Americanismo, tela de algodón estampado.
[2] Americanismo, exagerado contoneo, especialmente de las caderas.
[3] De *pirrarse*, desear con vehemencia una cosa. La Academia recomienda que se utilice siempre con la preposición por.

nes, diamelas, aromas, suches, azahares, flores de chirimo-
ya y otras no menos perfumadas. La limeña de entonces
buscaba sus adornos en la naturaleza, y no en el arte.

La antigua limeña no usaba elixires odontálgicos ni polvos para los dientes; y, sin embargo, era notable la regularidad y limpieza de éstos. Ignorábase aún que en la caverna de
una muela se puede esconder una California de oro, y que
con el marfil se fabricarían mandíbulas que nada tendrían
que envidiar a las que Dios nos regalara. ¿Saben ustedes a
quién debían la limeña la blancura de sus dientes? Al *raícero*.
Como el jazminero, era éste otro industrioso ambulante que
vendía ciertas raíces blandas y jugosas, que las jóvenes se entretenían en morder restregándolas sobre los dientes.

Parece broma; pero la industria decae. Ya no hay jazmi-
neros ni racieros, y es lástima; que a haberlos, les caería encima una contribución municipal que los partiera por el
eje, en estos tiempos en que hasta los perros pagan su cuota por ejercer el derecho a ladrar. Y, con venia de ustedes,
también se han eclipsado el *pajuelero* o vendedor de me-
chas azufradas, el *puchero* o vendedor de puntas de cigarros,
el *anticuchero* y otros industriosos.

Digresiones a un lado, y volvamos a Mariquita.

La limeña de marras no conoció peluquero ni *castañas*,
sino uno que otro ricito volado en los días de repicar gordo,
ni fierros calientes ni papillotas, ni usó jamás aceitillo, bálsa-
mos, glicerina ni pomada para el pelo. El agua de Dios y san
se acabó, y las cabelleras eran de lo bueno lo mejor.

Pero hoy dicen las niñas que el agua pudre la raíz del
pelo, y no estoy de humor para armar gresca con ellas sosteniendo la contraria. También los borrachos dicen que
prefieren el licor, porque el agua cría ranas y sabandijas.

Mariquita tenía su diablo en su mata de cabellos. Su orgullo era lucir dos lujosas trenzas que, como dijo Zorrilla
pintando la hermosura de Eva,

la medían en pie la talla entera.

Una de esas noches de luna iba Mariquita por el Puente
lanzando una mirada a éste, esgrimiendo una sonrisa a

aquél, endilgando una pulla al de más allá, cuando de improviso un hombre la tomó por la cintura, sacó una afilada navaja, y ¡zis! ¡zas!, en menos de un periquete le rebanó una trenza.

Gritos y confusión. A Mariquita le acometió la pataleta, la gente echó a correr, hubo cierre de puertas, y a palacio llegó la noticia de que unos corsarios se habían venido a la chita callando por la boca del río y tomado la ciudad por sorpresa.

En conclusión, la chica quedó *mocha*[4], y para no dar campo a que la llamasen *Mariquita la pelona*, se llamó a bien vivir, entró en un beaterio y no se volvió a hablar de ella.

## II

### DE CÓMO LA TRENZA DE SUS CABELLOS FUE CAUSA DE QUE EL PERÚ TUVIERA UNA GLORIA ARTÍSTICA

El sujeto que por berrinche, había trasquilado a Mariquita era un joven de veintiséis años, hijo de un español y de una india. Llamábase Baltasar Gavilán[5]. Su padre le había dejado algunos cuartejos; pero el muchacho, encalabrinado con la susodicha hembra, se dio a gastar hasta que vio el fondo de la bolsa, que ciertamente no podía ser perdurable como las cinco monedas de Juan Espera-en-Dios, alias el Judío Errante.

Era padrino de Baltasar el guardián de San Francisco, fraile de muchas campanillas y circunstancias, quien, aunque profesaba al ahijado gran cariño, echó un sermón de tres horas al informarse del motivo que tenía en cuitas al mancebo. El alcalde del crimen reclamó, en los primeros días, la persona del delincuente; pero fuese que Mariquita

---

[4] Americanismo, persona o animal falto de un miembro o una parte de un miembro (Morínigo).

[5] Baltasar Gavilán, famoso escultor peruano; su talle sobre la muerte le dio mucha celebridad.

meditara que, aunque ahorcaran a su enemigo, no por eso había de recobrar la perdida trenza, o, lo más probable, que el influjo de su reverencia alcanzase a torcer las narices a la justicia, lo cierto es que la autoridad no hizo hincapié en el artículo de extradición.

Baltasar, para distraerse en su forzada vida monástica, empezó por labrar un trozo de madera y hacer de él los bustos de la Virgen, el Niño Jesús, los tres Reyes Magos, y, en fin, todos los accesorios del misterio de Belén. Aunque las figuras eran de pequeñas dimensiones, el conjunto quedó lucidísimo, y los visitantes del guardián propalaban que aquello era una maravilla artística. Alentado con los elogios, Gavilán se consagró a hacer imágenes de tamaño natural, no sólo en madera, sino en piedra de Huamanga[6], algunas de las cuales existen en diversas iglesias de Lima.

La obra más aplaudida de nuestro artista fue una *Dolorosa*, que no sabemos si se conserva aún en San Francisco. El virrey marqués de Villagarcía, noticioso[7] del mérito del escultor, quiso personalmente convencerse, y una mañana se presentó en la celda convertida en taller. Su excelencia, declarando que los palaciegos se habían quedado cortos en el elogio, departió familiarmente con el artista; y éste, animado por la amabilidad del virrey, le dijo que ya le aburría la clausura, que harto purgada estaba su falta en tres años de vida conventual, y que anhelaba ancho campo y libertad. El marqués se rascó la punta de la oreja, y le contestó que la sociedad necesitaba un desagravio, y que pues en el Puente había dado el escándalo, era preciso que en el Puente se ostentase una oreja cuyo mérito hiciese olvidar la falta del hombre para admirar el genio del artista. Y con esto, su excelencia giró sobre los talones y tomó el camino de la puerta.

Cinco meses después, en 1738, celebrábase en Lima, con solemne pompa y espléndidos festejos, la colocación sobre el arco del Puente de la estatua ecuestre de Felipe V.

En la descripción que de estas fiestas hemos leído, son

----

[6] Piedra muy cotizada por su parecido con el mármol.
[7] Sabedor o que tiene noticia de una cosa *(DRAE)*.

grandes los encomios que se atributan al artista. Desgraciadamente para su gloria no le sobrevivió su obra; pues en el famoso terremoto de 1746, al derrumbarse una parte del arco, vino al suelo la estatua.

Y aquí queremos consignar una conciencia curiosa. Casi a la vez que caía de su pedestal el busto del monarca, recibióse en Lima la noticia de la muerte de Felipe V a consecuencia de una apoplejía fulminante, que es como quien dice un terremoto en el organismo.

### III

#### DE CÓMO UNA ESCULTURA DIO LA MUERTE AL ESCULTOR

Los padres agustinianos sacaban, hasta poco después de 1824, la célebre procesión de Jueves Santo, que concluía, pasada la medianoche, con no poco barullo, alharaca de viejas y escapatoria de muchachas. Más de veinte eran las andas que componían la procesión, y en la primera de ellas iba una perfecta imagen de la Muerte con su guadaña y demás menesteres, obra soberbia del artista Baltasar Gavilán.

El día en que Gavilán dio la última mano al esqueleto fueron a su taller los religiosos y muchos personajes del país, mereciendo entusiasta y unánime aprobación el buen desempeño del trabajo. El artista alcanzaba un nuevo triunfo.

Baltasar, desde los tiempos en que vivió aislado en San Francisco, se había entregado con pasión al culto de Baco, y es fama que labró sus mejores efigies en completo estado de embriaguez.

Hace poco leí un magnífico artículo sobre Edgardo Poe y Alfredo de Musset, titulado *El alcoholismo en literatura*. Baltasar puede dar tema para otro escrito que titularíamos *El alcoholismo en las Bellas Artes*.

El alcohol retemblaba el espíritu y el cuerpo de nuestro artista; era su ninfa Egeria, por decirlo así. Idea y fuerza, sentimiento y verdad, todo lo hallaba Baltasar en el fondo de una copa.

331

Para celebrar el buen término de la obra que le enco-
mendaron los agustinos, fuese Baltasar con sus amigos a la
casa de bochas, y se tomó una turca soberana. Agarrándo-
se de las paredes pudo, a las diez de la noche, volver a su
taller, cogió pedernal, eslabón y pajuela, y encendiendo
una vela de sebo se arrojó vestido sobre la cama.

A media noche despertó. La mortecina luz despedía un
extraño reflejo sobre el esqueleto colocado a los pies del lecho. La guadaña de la Parca parecía levantada sobre Baltasar.

Espantado, y bajo la influencia embrutecedora del alcohol, desconoció la obra de sus manos. Dio horribles gritos,
y acudiendo los vecinos comprendieron, por la incoheren-
cia de sus palabras, la alucinación de que era víctima.

El gran escultor peruano murió loco el mismo día en
que terminó el esqueleto, de cuyo mérito hablan aún con
mucho aprecio las personas que, en los primeros años de la
Independencia, asistieron a la procesión de Jueves Santo.

332

# Santiago el Volador

Difícilmente se encontrará limeño que, en su infancia por lo menos, no haya concurrido a funciones de títeres. Fue una española, doña Leonor de Goromar, la primera que, en 1693, solicitó y obtuvo licencia del virrey conde de la Monclova para establecer un espectáculo que ha sido y será la delicia infantil, y que ha inmortalizado los nombres de ño[1] Pancho, ño Manuelito y ño Valdivieso, el más eximio titiritero de nuestros días.

Entre los muñecos de títeres los que de más popularidad disfrutan son ño Silverio, ña Gerundia González, Chocolatito, Mochuelo, Piticalzón, Perote y Santiago el Volador. Los primeros son tipos caprichosos; pero lo que es el último fue individuo tan de carne y hueso como los que hoy comemos pan. Y no fue tampoco un quídam[2], sino un hombre de ingenio y la prueba está en que escribió un originalísimo libro que inédito se encuentra en la Biblioteca Nacional, y del que poseo una copia.

Este manuscrito, en el que la tinta, con el transcurso de los años, ha tomado color entre blanco y rubio, debió haber pasado por muchas aduanas y corrido recios temporales antes de llegar a ser numerado en la sección de manus-

---

[1] Americanismo, tratamiento de consideración que se dan entre sí los hombres mayores que se consideran socialmente iguales y que dan los más jóvenes a los mayores. Morínigo dice que es anticuado y de uso rural.

[2] Sujeto despreciable y de poco valor, cuyo nombre se ignora o se quiere omitir *(DRAE)*.

critos; pues no sólo carece de sus últimas páginas, sino, lo que es verdaderamente de sentir, que, según colijo por la lectura del texto, debieron ser quince.

Titúlase la obra NUEVO SISTEMA DE NAVEGACIÓN POR LOS AIRES, *por Santiago de Cárdenas, natural de Lima en el Perú.*

Por el estilo se ve que, en materia de letras, era el autor hombre muy a la pata la llana, circunstancia que él confiesa con ingenuidad. Hijo de padres pobrísimos, aprendió a leer no muy de corrido, y a escribir signos, que así son letras como garabatos para apurar la paciencia de un paleógrafo.

El 1736 contaba Santiago de Cárdenas diez años de edad, y embarcóse en calidad de grumete o pilotín en un navío mercante que hacía la carrera entre el Callao y Valparaíso.

El vuelo de una ave, que él llama *tijereta,* despertó en Santiago la idea de que el hombre podía también enseñorearse del espacio, ayudado por un aparato que reuniese las condiciones que en su libro designa.

Precisamente, muchas de las más admirables invenciones y descubrimientos humanos débense a causas triviales, si no a la casualidad. La oscilación de una lámpara trajo a Galileo la idea del péndulo; la caída de una manzana sugirió a Newton su teoría de la atracción; la vibración de la voz en el fondo de un sombrero de copa inspiró a Edison el fonógrafo; sin los estremecimientos de una rana moribunda Galvani no habría apreciado el poder de la electricidad, inventando el telégrafo, y por fin, sin una hoja de papel arrojada casualmente en la chimenea y ascendente aquélla por el humo y el calórico, no habría Montgolfier inventado en 1783 el globo aerostático. ¿Por qué, pues, Santiago en el vuelo del pájaro *tijereta* no habría de encontrar la causa primaria de una maravilla que inmortalizase su nombre?

Diez años pasó navegando, y su preocupación constante era estudiar el vuelo de las aves. Al fin, y por consecuencia del cataclismo de 1746, en que se fue a pique la nave en que él servía, tuvo que establecerse en Lima, donde se ocupó en oficios mecánicos, en los que, según él mismo cuenta, era muy hábil; pues llegó a hacer de una pieza guantes, bonetes de clérigo y escarpines de vicuña, con la circunstancia de que *el paño más fino no alcanza la delicadeza de mis obras, que en varias artes entro y salgo con la misma destreza que si las hubiera aprendido por reglas; pero, desgraciadamente, las medras las he gastado sin medrar.*

Siempre que Santiago lograba ver juntos algunos reales, desaparecía de Lima e iba a vivir en los cerros de Amancaes, San Jerónimo o San Cristóbal, que están a pocas millas de la ciudad. Allí se ocupaba en contemplar el vuelo de los pájaros, cazarlos y estudiar su organismo. Sobre este particular hay en su libro muy curiosas observaciones.

Después de doce años de andar subiendo y bajando cerros, y de perseguir a los cóndores y a todo bicho volátil, sin exclusión ni de las moscas, creyó Santiago haber alcanzado al término de sus fatigas, y gritó *¡Eureka!*

En noviembre de 1761 presentó un memorial al excelentísimo señor virrey don Manuel de Amat y Juniet, en el que decía que por medio de un aparato o máquina que había inventado, pero para cuya construcción le faltaban recursos pecuniarios, era el volar cosa más fácil que sorberse un huevo fresco, y de menos peligro que el persignarse. Otrosí, impetraba del virrey una audiencia para explayarle su teoría.

Probable es que su excelencia se prestara a oírlo, y que se quedara después de las explicaciones tan a obscuras como antes. Lo que sí aparece del libro es que Amat puso la solicitud en conocimiento de la Real Audiencia, según lo comprueba este decreto:

*Lima y noviembre 6 de 1761.* —*Remítase al doctor don Cosme Bueno, catedrático de Prima de Matemáticas, para que oyendo al suplicante le suministre el auxilio correspondiente.* Tres firmas y una rúbrica.

Mientras don Cosme Bueno[3], el hombre de más ciencia que por entonces poseía el Perú, formulaba su informe, era este asunto el tema obligado de las tertulias, y en la maña-

---

[3] Cosme Bueno (1711-1798), famoso médico, cosmógrafo, matemático y óptico.

na del 22 de noviembre un ocioso o malintencionado esparció la voz de que a las cuatro de la tarde iba Cárdenas a volar, por vía de ensayo, desde el cerro de San Cristóbal[4] a la Plaza mayor.

Oigamos al mismo Santiago relatar las consecuencias del embuste: «En el genio del país, tan novelero y ciego de ver cosas prodigiosas, no quedó noble ni plebeyo que no se aproximase al cerro u ocupase los balcones, azoteas de las casas y torres de las iglesias. Cuando se desengañaron de que no había ofrecido a nadie volar, en semejante oportunidad, desencadenó Dios su ira, y el pueblo me rodeó en el atrio de la Catedral, diciéndome: —O vuelas o te matamos a pedradas—. Advertido de lo que ocurría, el señor virrey mandó una escolta de tropa que me defendiese, y rodeado de ella fui conducido a palacio, libertándome así de los agravios de la muchedumbre.»

Desde este día nuestro hombre se hizo de moda. Todos olvidaron que se llamaba Santiago de Cárdenas para decirle Santiago *el Volador,* apodo que el infeliz soportaba resignado, pues de incomodarse habría habido compromiso para sus costillas.

Hasta el Santo Oficio de la Inquisición tuvo que tomar cartas en protección de Santiago, prohibiendo por un edicto que se cantase la *Pava,* cancioncilla indecente de la plebe, en la cual Cárdenas servía de pretexto para herir la honra del prójimo.

Excuso copiar las cuatro estrofas de la *Pava* que hasta mí han llegado, porque contienen palabras y conceptos extremadamente obscenos. Para muestra basta un botón:

> Cuando voló una marquesa,
> un fraile también voló,
> pues recibieron lecciones
> De Santiago el Volador.
> ¡Miren qué pava para el marqués!
> ¡Miren qué pava para los tres!

---

[4] Cerro muy cercano a Lima desde donde se divisaba toda la ciudad en tiempos de Palma.

Al fin, don Cosme Bueno explicó su informe con el título *Disertación sobre el arte de volar*. Dividiólo en dos partes. En la primera apoya la posibilidad de volar; pero en la segunda destruye ésta con serios argumentos. La disertación del doctor Bueno corre impresa, y honra la erudición y talento del informante.

Sin embargo de serle desfavorable el informe, Santiago de Cárdenas no se dio por vencido. «Dejé pasar un año —dice— y presenté mi segundo memorial. Las novedades de la guerra con el inglés y las nuevas que de Buenos Aires llegaban me parecieron oportunidad para ver realizado mi proyecto.»

Algunos comerciantes, acaso por burlarse del *Volador*, le ofrecieron la suma necesaria para que construyese el aparato, siempre que el gobierno lo autorizase para volar. Santiago se comprometía a servir de correo entre Lima y Buenos Aires, y aun si era preciso iría hasta Madrid, viaje que él calculaba hacer en tres jornadas, en este orden: «Un día para volar de Lima a Portobelo, otro día de Portobelo a La Habana, y el tercero de La Habana a Madrid.» Añade: «Todavía es mucho tiempo, pues si alcanzo a volar como el cóndor (ochenta leguas por hora) me bastará menos de un día para ir a Europa.»

«Este memorial —dice Cárdenas— no causó en Lima la admiración y alboroto del primero, y confieso que, con la sagacidad de que me dotó el cielo, había ya conseguido partidarios para mi proyecto.» Aquí es del caso decir con el refrán: un loco hace ciento.

En cuanto al virrey Amat, con fecha 6 de febrero de 1763, puso a la solicitud al siguiente decreto: *No ha lugar*.

Otro menos perseverante que Santiago habría abandonado el proyecto; pero mi paisano, que aspiraba a ser émulo de Colón en la constancia, se puso entonces a escribir un libro con el propósito de remitirlo al rey con un memorial, cuyo tenor copia en el proemio de su abultado manuscrito.

Parece también que el duque de San Carlos se había constituido protector del Ícaro limeño, y ofrecídole solemnemente hacer llegar el libro a manos del monarca; pero

337

en 1766, cuando Cárdenas terminó de escribir, el duque se había ausentado del Perú.

Pocos meses después, el espíritu de Santiago Cárdenas emprendía el vuelo al mundo donde cuerdos y locos son medidos por un rasero.

El autor de un curioso manuscrito titulado *Viaje al globo de la luna*, libro que existe en la Biblioteca de Lima, y que debió escribirse por los años de 1790, dice, hablando de Santiago de Cárdenas: «Este buen hombre, que era, en efecto, de fina habilidad para trabajos mecánicos, estaba a punto de perder el seso con su teoría de volar, y hablaba desde luego aún mejor que lo hiciera. Él se había hecho retratar a la puerta de su tienda, en la calle pública, vestido de plumas y con alas extendidas en acción de volar, ilustrando su pintura con dísticos latinos y castellanos, alusivos a su ingenio y al arte de volar, que blasonaba poseer. Recuerdo esta inscripción: *ingenio posem superas volitare per arces me nisi paupertas in vita deprimeret*[5]. Acechaba con el mayor estudio el vuelo de las aves, discurría sobre la gravedad y leyes de sus movimientos, en muchos casos con acertado criterio. Una tarde se alborotó el vulgo de la ciudad por el rumor vago que corrió de que el tal hombre se arrojaba a volar por lo más encumbrado del cerro de San Cristóbal. Y sucedió que el tal *Volador* (que ignorante del rumor salía descuidado de su casa) hubo menester refugiarse en el sagrado de una iglesia para libertarse de una feroz tropa de muchachos que lo seguía con gran algazara. Cierto chusco mantuvo en expectación al pueblo diseminado por las faldas del monte y riberas del Rímac; porque trepando al cerro en una mula que cubría con su capa y extendidos sus vuelos con ambos brazos, daba a la curiosidad popular una adelantada idea de un volapié, como lo hacen los grandes pájaros para desprenderse del suelo. Así gritaba la chusma: —¡Ya vuela! ¡Ya vuela! ¡Ya vuela!»

También Mendiburu, en su *Diccionario Histórico*, consagra un artículo a don Hurtado y Villafuerte, hacendado en

---

[5] Con ingenio podría revolotear por las superiores cimas si la miseria no me abatiera en la vida.

Arequipa, quien por los años de 1810 domesticó un cóndor, el cual se remontó hasta la cumbre del más alto cerro de Uchumayo, llevando encima un muchacho, y descendió después con su jinete. Hurtado y Villafuerte, en una carta que publicó por entonces en la *Minerva Peruana,* periódico de Lima, cree en la posibilidad de viajar sirviendo de cabalgadura un cóndor, y calcula que siete horas bastarían para ir de Arequipa a Cádiz.

La obra de Cárdenas es incuestionablemente ingeniosa, y contiene observaciones que sorprenden, por ser fruto espontáneo de una inteligencia sin cultivo. Pocos términos científicos emplea; pero el hombre se hace entender.

Después de desarrollar largamente su teoría, se encarga de responder a treinta objeciones; y tiene el candor de tomar por lo serio y dar respuesta a muchas que le fueron hechas con reconocida intención de burla.

Yo no atinaré a dar una opinión sobre si la navegación aérea es paradoja que sólo tiene cabida en cerebros que están fuera de su caja, o si es hacedero que el hombre domine el espacio cruzado por las aves. Pero lo que sí creo con toda sinceridad es que Santiago de Cárdenas no fue un charlatán embaucador, sino un hombre convencido y de grandísimo ingenio.

Si Santiago de Cárdenas fue un loco, preciso es convenir en que su locura ha sido contagiosa. Hoy mismo, más de un siglo después de su muerte, existe en Lima quien desde hace veinte años persigue la idea de entrar en competencia con las águilas. Don Pedro Ruiz es de aquellos seres que tienen la fe de que habló Cristo y que hace mover los montes.

Una observación: don Pedro Ruiz no ha podido conocer el manuscrito de que me he ocupado, y, ¡particular coincidencia!, su punto de partida y las condiciones de su aparato son, en buen análisis, los mismos que imaginó el infeliz protegido del duque de San Carlos.

Concluyamos. Santiago de Cárdenas aspiró a inmortalizarse, realizando acaso el más portentoso de los descubrimientos, y, ¡miseria humana!, su nombre vive sólo en los fastos titiritescos de Lima.

Hasta después de muerto lo persigue la rechifla popular. El destino tiene ironías atroces.

## IV

### DONDE SE VE QUE PARA TODO AQUILES HAY UN HOMERO

Inmenso era el gentío que ocupaba la Plaza mayor de Lima en la mañana del 13 de octubre de 1815.

Todos querían conocer a un bandido que robaba por amor al arte, repartiendo entre los pobres aquello de que despojaba a los ricos.

El *Rey del Monte* y tres de sus compañeros estaban condenados a muerte de horca.

La ene de palo se alzaba fatídica en el sitio de costumbre, frente al callejón de Petateros.

El virrey Abascal, que había recibido varios avisos de que grupos del pueblo se preparaban a armar un motín para libertar al sentenciado, rodeó la plaza con tropas reales y milicias cívicas.

La excitación no pasó de oleadas y refunfuños, y el verdugo, Pancho Sales, llenó tranquilamente sus funciones.

Al día siguiente se vendía al precio de un real de plata un chabacano romance, en que se relataban con exageración gongorina las proezas del ahorcado. Del mérito del romance encomiástico bastará a dar una idea este fragmento:

Más que Rey, Cid de los montes
fue por su arrojo tremendo,
por fortunado en la lidia,
por generoso y mañero;
Roldán de tez africana,
desafiador de mil riesgos,
no le rindieron bravuras,
sino ardides le rindieron.

Por supuesto, que el poeta agotó la edición y pescó buenos cuartos.

# Dónde y cómo el diablo perdió
## el poncho

CUENTO DISPARATADO

—Y sépase usted, querido, que perdí la chaveta, y anduve en mula chúcara[1] y con estribos largos por una muchacha nacida en la tierra donde al diablo le quitaron el poncho.

Así terminaba la narración de una de las aventuras de su mocedad mi amigo don Adeodato de la Mentirola, anciano que militó al lado del coronel realista Sanjuanena y que, hoy mismo, prefiere a todas las repúblicas teóricas y prácticas, habidas y por haber, el paternal gobierno de Fernando VII. Quitándole esta debilidad o manía, es mi amigo don Adeodato una alhaja de gran precio. Nadie mejor informado que él en los trapicheos de Bolívar con las limeñas, ni nadie como él sabe al dedillo la antigua crónica escandalosa de esta ciudad de los Reyes. Cuenta las cosas con cierta llaneza de lenguaje que pasma; y yo, que me pirro por averiguar la vida y milagros, no de los que viven, sino de los que están pudriendo tierra y criando malvas con el cogote, ando pegado a él como botón a la camisa, y le doy cuerda, y el señor de la Mentirola *afloja*[2] lengua.

---

[1] Peruanismo, del quechua *churu*, duro, arisco, bravío, mal domado. Por lo general se aplica a los animales.

[2] Americanismo, soltar, ceder (Morínigo).

341

—¿Y dónde y cómo fue que el diablo perdió el poncho?
—le interrogué.

—¡Cómo! ¿Y usted que hace décimas, y que la echa de cronista o de historietista, y que escribe en los papeles públicos, y que ha sido diputado a Congreso, ignora lo que en mi tiempo sabían hasta los chicos de la *amiga*[3]? Así son las reputaciones literarias desde que *entró la Patria*[4]! ¡Hojarasca y soplillo! ¡Oropel, puro oropel!

—¡Qué quiere usted, don Adeodato! Confieso mi ignorancia y ruégole que me ilustre: que enseñar al que no sabe, precepto es de la doctrina cristiana.

Parece que el contemporáneo de Pezuela y La Serna se sintió halagado con mi humildad; porque, tras encender un cigarrillo, se arrellanó cómodamente en el sillón, y soltó la sin hueso con el relato que va enseguida. Por supuesto que, como ustedes saben, ni Cristo ni sus discípulos soñaron en trasmontar los Andes (aunque doctísimos historiadores afirman que el apóstol Tomás o Tomé predicó el Evangelio en América), ni en estos tiempos se conocían el telégrafo, el vapor y la imprenta. Pero háganse ustedes de la vista miope con esos y otros anacronismos, y ahí va *ad pedem litterae*[5] la conseja.

## I

Pues, señor, cuando Nuestro Señor Jesucristo peregrinaba por el mundo, caballero en mansísima borrica, dando vista a los ciegos y devolviendo a los tullidos el uso y abuso de sus miembros, llegó a una región donde la arena formaba horizonte. De trecho en trecho alzábase enhiesta y gárrula una palmera, bajo cuya sombra solían detenerse el Divino Maestro y sus discípulos escogidos, los que, como quien no quiere la cosa, llenaban de dátiles las alforjas.

---

[3] Americanismo, escuela de niños pequeños.
[4] Alusión sarcástica al desgobierno y falta de seriedad en el desarrollo de la vida intelectual de quienes añoraban el antiguo régimen.
[5] Al pie de la letra.

Aquel arenal parecía ser eterno; algo así como Dios, sin principio ni fin. Caía la tarde y los viajeros tenían ya entre pecho y espalda el temor de dormir sirviéndoles de toldo la bóveda estrellada, cuando con el último rayo de sol dibujóse en lontananza la silueta de un campanario.

El Señor se puso la mano sobre los ojos, formando visera para mejor concentrar la visual, y dijo:

—Allí hay población. Pedro, tú que entiendes de náutica y geografía, ¿me sabrás decir qué ciudad es ésa?

San Pedro se relamió con el piropo y contestó:

—Maestro, esa ciudad es Ica.

—¡Pues pica, hombre, pica!

Y todos los apóstoles hincaron con un huesecito el anca de los rucios, y a galope pollinesco se encaminó la comitiva al poblado.

Cerca ya de la ciudad se apearon todos para hacer una mano de *toilette*. Se perfumaron las barbas con bálsamo de Judea, se ajustaron las sandalias, dieron un brochazo a la túnica y al manto, y siguieron la marcha, no sin prevenir antes el buen Jesús a su apóstol favorito:

—Cuidado, Pedro, con tener malas pulgas y cortar orejas. Tus genialidades nos ponen siempre en compromisos.

El apóstol se sonrojó hasta el blanco de los ojos; y nadie habría dicho, al ver su aire bonachón y compungido, que había sido un cortacaras.

Los iqueños recibieron en palmas, como se dice, a los ilustres huéspedes; y aunque a ellos les corriera prisa continuar su viaje, tan buenas trazas se dieron los habitantes para detenerlos, y fueron tales los agasajos y festejos, que se pasaron ocho días como un suspiro.

Los vinos de Elías, Boza y Falconi anduvieron a boca qué quieres. En aquellos ocho días fue Ica un remedo de la gloria. Los médicos no pelechaban, ni los boticarios vendían drogas: no hubo siquiera un dolor de muelas o un sarampioncito vergonzante.

A los escribanos les crió moho la pluma, por no tener ni un mal testimonio de que dar fe. No ocurrió la menor pelotera en los matrimonios y, lo que es verdaderamente milagroso, se les endulzó la ponzoñosa a las serpien-

tes de cascabel que un naturalista llama suegras y cuña-
das.

Bien se conocía que en la ciudad moraba el Sumo Bien.
En Ica se respiraban paz, alegría y dicha.

La amabilidad, gracia y belleza de las iqueñas inspiraron
a San Juan un soneto con estrambote, que se publicó a la
vez en el *Comercio, Nacional* y *Patria.* Los iqueños, entre
copa y copa, comprometieron al apóstol-poeta para que es-
cribiese el Apocalipsis,

> pindárico poema, inmortal obra,
> dónde falta razón; mas genio sobra,

como dijo un poeta amigo mío.

En estas y las otras, terminaba el octavo día, cuando el
Señor recibió un parte telegráfico en que lo llamaban con
urgencia a Jerusalén, para impedir que la Samaritana le
arrancase el moño a la Magdalena; y recelando que el cariño popular pusiera obstáculos al viaje, llamó al jefe de los
apóstoles, se encerró con él, y le dijo:

—Pedro, compónte como puedas; pero es preciso que
con el alba tomemos el *tole,* sin que nos sienta alma viviente. Circunstancias hay en que tiene uno que despedirse a la
francesa.

San Pedro redactó el artículo del caso en la orden general, lo puso en conocimiento de sus subalternos, y los huéspedes anochecieron y no amanecieron bajo techo.

La Municipalidad tenía dispuesto un *albazo*[6] para aquella madrugada; pero se quedó con los crespos hechos. Los
viajeros habían atravesado ya la laguna de Huacachina y
perdídose en el horizonte.

Desde entonces, las aguas de Huacachina adquirieron la
virtud de curar todas las dolencias, exceptuando las morde-
duras de los *monos bravos*[7].

---

[6] Peruanismo, música que se da a la madrugada frente a la vivienda de
la persona a quien se festeja (Morínigo).
[7] Posiblemente se refiere a un giro convencional de aquellos días, ahora ya desaparecido.

344

Cuando habían ya puesto algunas millas de por medio, el Señor volvió el rostro a la ciudad y dijo:

—¿Conque dices, Pedro, que esta tierra se llama Ica?

—Sí, señor, Ica.

—Pues, hombre, ¡qué tierra tan rica!

Y alzando la mano derecha, la bendijo en el nombre del Padre, y del Hijo, y del Espíritu Santo.

## II

Como los corresponsales de los periódicos hubieran escrito a Lima, describiendo larga, menuda y pomposamente los jolgorios y comilonas, recibió el *Diablo*, por el primer vapor de la mala de Europa, la noticia y pormenores transmitidos por todos nuestros órganos de publicidad.

Diz que *Cachano*[8] se mordió de envidia el hocico, ¡pícaro trompudo! y que exclamó:

—¡Caracoles! ¡Pues yo no he de ser menos que Él! No faltaba más... A mí nadie me echa la pata encima.

Y convocando incontinenti a doce de sus cortesanos, los disfrazó con las caras de los apóstoles. Porque eso sí, *Cucufo* sabe más que un cómico y que una coqueta en esto de adobar el rostro y remedar fisonomías.

Pero como los corresponsales hubieran olvidado describir el traje de Cristo y el de sus discípulos, se imaginó el *Maldito* que, para salir del atrenzo, bastaríale consultar las estampas de cualquier álbum de viajes. Y sin más ni menos, él y sus camaradas se calzaron botas granaderas, y echáronse sobre los hombros capa de cuatro puntas, es decir, *poncho*.

---

[8] Palma hace gala de su recopilación popular de nombres con que se conocía al diablo, algunos de ellos recompuestos e inventados por el tradicionista, con las características iconográficas que describen al siniestro personaje como Cachano, Cucufo, posiblemente de cucufato, Carrampempe, el Patudo, Rabudo, Tiñoso, Uñas largas, Cornudo, Maldito, Maligno, Patón y Su Majestad Infernal. En el imperio de los incas no existió el concepto de diablo. Véase Isabel Córdova, *El diablo en la ideología del mundo andino*, Lima, 1988.

345

Los iqueños, al divisar la comitiva, creyeron que era el Señor que regresaba con sus escogidos, y salieron a recibirlo, resueltos a echar esta vez la casa por la ventana, para que no tuviese el Hombre-Dios motivo de aburrimiento y se decidiese a sentar para siempre sus reales en la ciudad.

Los iqueños eran hasta entonces felices, muy felices, archifelices. No se ocupaban de política, pagaban sin chistar la contribución, y les importaba un pepino que gobernase el preste Juan o el moro Muza. No había entre ellos chismes ni quisquillas de barrio y de casa a casa. No pensaban sino en cultivar los viñedos y hacerse todo el bien posible los unos a los otros. Rebosaban, en fin, tanta ventura y bienandanza que daban dentera a las comarcas vecinas.

Pero *Carrampempe,* que no puede mirar la dicha ajena sin que le castañeteen de rabia las mandíbulas, se propuso desde el primer instante meter la cola y llevarlo todo al barrisco.

Llegó el *Cornudo* a tiempo que se celebraba en Ica el matrimonio de un mozo como un carnero con una moza como una oveja. La pareja era como mandada hacer de encargo, por la igualdad de condición y de caracteres de los novios, y prometía vivir siempre en paz y en gracia de Dios.

—Ni llamado con campanilla podría haber venido yo en mejor oportunidad —pensó el *Demonio*—. ¡Por vida de Santa Tecla, abogada de los pianos roncos!

Pero desgraciadamente para él, los novios habían confesado y comulgado aquella mañana; por ende, no tenían vigor sobre ellos las asechanzas y tentaciones del *Patudo.*

A las primeras copas bebidas en obsequio de la dichosa pareja, todas las cabezas se trastornaron, no con aquella alegría del espíritu noble, expansiva y sin malicia que reinó en los banquetes que honrara el Señor con su presencia, sino con el delirio sensual e inmundo de la materia.

Un mozalbete, especie de don Juan Tenorio en agraz, principió a dirigir palabras subversivas a la novia; y una jamona[9], jubilada en el servicio, lanzó al novio miradas de codicia. La vieja aquella era petróleo purito, y buscaba en

---

[9] Peruanismo, mujer madura que se ha quedado para vestir santos, es decir, solterona.

el joven una chispa de fosfórica correspondencia para producir un incendio que no bastasen a apagar la bomba Garibaldi[10] ni todas las compañías de bomberos. No paró aquí la cosa.

Los abogados y escribanos se concertaron para embrollar pleitos; los médicos y boticarios celebraron acuerdo para subir el precio del *agua fontis;* las suegras se propusieron sacarles los ojos a los yernos; las mujeres se tornaron pedigüeñas y antojadizas de joyas y trajes de terciopelo; los hombres serios hablaron de club y de bochinche; y, para decirlo de una vez, hasta los municipales vociferaron sobre la necesidad de imponer al prójimo contribución de diez centavos por cada estornudo.

Aquello era la anarquía con todos sus horrores. Bien se ve que el *Rabudo* andaba metido en la danza.

Y corrían las horas, y ya no se bebía por copas, sino por botellas, y los que antaño se arreglaban pacíficas *monas*[11], se arrimaron esa noche una *mona* tan brava... tan brava... que rayaba en hidrofóbica.

La pobre novia que, como hemos dicho, estaba en gracia de Dios, se afligía e iba de un lado para otro, rogando a todos que pusiesen paz entre dos guapos que, armados de sendas estacas, se estaban suavizando el cordobán[12] a garrotazos.

—El diablo se les ha metido en el cuerpo: no puede ser por menos —pensaba para sí la infeliz, que no iba descaminada en la presunción, y acercándose al *Uñas largas* lo tomó del poncho, diciéndole:

—Pero, señor, vea usted que se matan...

—¿Y a mí qué me cuentas? —contestó con gran flema el *Tiñoso*—. Yo no soy de esta parroquia... ¡Que se maten enhorabuena! Mejor para el cura y para mí, que le serviré de sacristán.

La muchacha, que no podía por cierto calcular todo el alcance de una frase vulgar, le contestó:

---

[10] Famosa compañía de bomberos de la república.
[11] Borracheras.
[12] Piel de cabra.

—¡Jesús! ¡Y qué malas entrañas había su merced tenido! La cruz le hago.

Y unió la acción a la palabra.

No bien vio el *Maligno* los dedos de la chica formando las aspas de una cruz, cuando quiso escaparse como perro a quien ponen maza; pero, teniéndolo ella sujeto del poncho, no le quedó al *Tunante* más recurso que sacar la cabeza por la abertura, dejando la capa de cuatro puntas en manos de la doncella.

El *Patón* y sus acólitos se evaporaron, pero es fama que desde entonces viene, de vez en cuando, Su Majestad Infernal a la ciudad de Ica en busca de su poncho. Cuando tal sucede, hay larga francachela entre los *monos bravos* y...

Pin-pin,
San Agustín,
Que aquí el cuento tiene fin.

348

*Cuarta Serie*

# Tres cuestiones históricas
## sobre Pizarro

¿SUPO O NO SUPO ESCRIBIR? ¿FUE O NO FUE MARQUÉS
DE LOS ATAVILLOS? ¿CUÁL FUE Y DÓNDE ESTÁ SU GONFALÓN
DE GUERRA?

## I

Variadísimas y contradictorias son las opiniones históricas sobre si Pizarro supo o no escribir, y cronistas sesudos y minuciosos aseveran que ni aun conoció la O por redonda. Así se ha generalizado la anécdota de que estando Atahualpa en la prisión de Cajamarca, uno de los soldados que lo custodiaban le escribió en la uña la palabra *Dios*. El prisionero mostraba lo escrito a cuantos le visitaban, y hallando que todos, excepto Pizarro, acertaban a descifrar de corrido los signos, tuvo desde ese instante en menos al jefe de la conquista, y lo consideró inferior al último de los españoles. Deducen de aquí malignos o apasionados escritores que don Francisco se sintió lastimado en su amor propio, y que por tan pueril quisquilla se vengó del inca haciéndole degollar.

Duro se nos hace creer que quien hombreándose[1] con lo más granado de la nobleza española, pues alanceó toros en presencia de la reina doña Juana y de su corte, adquiriendo por su gallardía y destreza de picador fama tan imperecede-

---

[1] Teniendo familiaridad.

ra como la que años más tarde se conquistara por sus hazañas en el Perú; duro es, repetimos, concebir que hubiera
sido indolente hasta el punto de ignorar el abecedario, tanto más cuanto que Pizarro, aunque soldado rudo, supo estimar y distinguir a los hombres de letras.

Además, en el siglo del emperador Carlos V no se des-
cuidaba tanto como en los anteriores la instrucción. No se
sostenía ya que eso de saber leer y escribir era propio de se-
gundones y de frailes, y empezaba a causar risa la fórmula
usada por los Reyes Católicos en el pergamino con que
agraciaban a los nobles a quienes hacían la merced de
nombrar ayudas de Cámara, título tanto o más codiciado
que el hábito de las órdenes de Santiago, Montesa, Alcántara y Calatrava. Una de las frases más curiosas y que, díga-
se lo que se quiera en contrario, encierra mucho de ofensi-
vo a la dignidad del hombre, era la siguiente: «Y por cuanto vos (Perico el de los Palotes) nos habéis probado *no saber
leer ni escribir y ser expedito en el manejo de la aguja,* hemos venido en nombraros ayuda de nuestra real Cámara, etc.»

Pedro Sancho[2] y Francisco de Jerez[3], secretarios de Pizarro antes que Antonio Picado[4] desempeñara tal empleo,
han dejado algunas noticias sobre su jefe; y de ellas, lejos
de resultar la sospecha de tan suprema ignorancia, aparece
que el gobernador *leyó cartas.*

No obstante, refiere Montesinos en sus *Anales del Perú*[5]
que en 1525 se propuso Pizarro aprender a leer, que su empeño fue estéril y que contentóse sólo con aprender a firmar. Reíase de esto Almagro, y agregaba que firmar sin sa-

---

[2] Pedro Sancho es autor de *Historia de la Expedición de Francisco Pizarro*,
Colección de Documentos Literarios del Perú, dirigida por Manuel Odriozola, Lima, 1873.

[3] Francisco de Jerez escribió la *Verdadera relación de la conquista del Perú
y provincia del Cuzco llamada la Nueva Castilla, conquistada por Francisco Pizarro...* Sevilla, siglo XVI, también integra la Colección de Documentos
Históricos del Perú, de Manuel de Odriozola, Lima.

[4] Sancho y Jerez fueron, además de secretarios de Pizarro, cronistas y
testigos directos de los primeros momentos de la conquista, mientras que
Picado no ha dejado textos documentales.

[5] Fernando de Montesinos.

352

ber leer era lo mismo que recibir una herida sin poder darla.

Tratándose de Almagro el Viejo es punto históricamente comprobado que no supo leer.

Lo que sí está para nosotros fuera de duda, como lo está para el ilustre Quintana[6], es que don Francisco Pizarro no supo escribir, por mucho que la opinión de sus contemporáneos no ande uniforme en este punto. Bastaría para probarlo tener a la vista el contrato de compañía celebrado en Panamá, a 10 de marzo de 1525, entre el clérigo Luque, Pizarro y Almagro, que concluye literalmente así: «Y porque no saben firmar el dicho capitán Francisco Pizarro y Diego de Almagro, firmaron por ellos en el registro de esta carta Juan de Panés y Álvaro del Quiro.»

Un historiador del pasado siglo dice:

«En el archivo eclesiástico de Lima he encontrado varias cédulas e instrumentos firmados del marqués (en gallarda letra), los que mostré a varias personas, cotejando unas firmas con otras, admirado de las audacias de la calumnia con que intentaron sus enemigos desdorarlo y apocarlo, vengando así contra este gran capitán las pasiones propias y heredadas.»

En oposición a éste, Zárate[7] y otros cronistas dicen que Pizarro sólo sabía hacer dos rúbricas, y que en medio de ellas, el secretario ponía estas palabras: *El marqués Francisco Pizarro.*

Los documentos que de Pizarro he visto en la Biblioteca de Lima, sección de manuscritos, tienen todos las dos rúbricas. En unos se lee *Franx.º Piçarro,* y en muy pocos *El marqués.* En el Archivo Nacional y en el del Cabildo existen también varios de estos autógrafos.

Poniendo término a la cuestión de si Pizarro supo o no firmar, me decido por la negativa, y he aquí la razón más concluyente que para ello tengo:

En el Archivo general de Indias, establecido en la que

---

[6] Manuel José Quintana, *Vidas de españoles célebres,* Madrid, Imprenta Real, 1807.

[7] Agustín de Zárate, *Historia del Descubrimiento y la conquista del Perú,* Madrid, 1853.

fue Casa de Contratación en Sevilla, hay varias cartas en las que, como en los documentos que poseemos en Lima, se reconoce, hasta por el menos entendido en paleografía, que la letra de la firma es, a veces, de la misma mano del pendolista o amanuense que escribió el cuerpo del documento. «Pero si duda cupiese —añade un distinguido escritor bonaerense, don Vicente Quesada, que en 1874 visitó el Archivo de Indias—, he visto en una información, en la cual Pizarro declara como testigo, que el escribano *da fe* de que, después de prestada la declaración, la señaló con las *señales que acostumbra hacer,* mientras que da fe en otras declaraciones de que los testigos las *firman* a su presencia.»

## II

Don Francisco Pizarro no fue marqués de los Atavillos ni marqués de las Charcas, como con variedad lo llaman muchísimos escritores. No hay documento oficial alguno con que se puedan comprobar estos títulos, ni el mismo Pizarro, en el encabezamiento de órdenes y bandos, usó otro dictado que éste: *El marqués.*

En apoyo de nuestra creencia, citaremos las palabras de Gonzalo Pizarro cuando, prisionero de Gasca, lo reconvino éste por su rebeldía e ingratitud para con el rey, que tanto había distinguido y honrado a don Francisco: —La merced que su majestad hizo a mi hermano fue solamente el título y nombre de marqués, sin darle estado alguno, y si no díganme cuál es.

El blasón y armas del marqués Pizarro era el siguiente: Escudo puesto a mantel: en la primera parte, en oro, águila negra, columnas y aguas; y en rojo, castillo de oro, orla de ocho lobos, en oro; en la segunda parte, puesto a mantel en rojo, castillo de oro con una corona; y en plata, león rojo con una F, y debajo, en plata, león rojo; en la parte baja, campo de plata, once cabezas de indios y la del medio coronada; orla total con cadenas y ocho grifos, en oro; al timbre, coronel de marqués.

En una carta que con fecha 10 de octubre de 1537 dirigió Carlos V a Pizarro se leen estos conceptos que vigorizan nuestra afirmación: «Entretanto os llamaréis marqués, como os lo escribo, que, por no saber el nombre que tendrá la tierra que en repartimiento se os dará, no se envía ahora dicho título»; y como hasta la llegada de Vaca de Castro no se habían determinado por la corona las tierras y vasallos que constituirían el marquesado, es claro que don Francisco no fue sino marqués a secas, o marqués sin marquesado, como dijo su hermano Gonzalo.

Sabido es que Pizarro tuvo en doña Angelina, hija de Atahualpa, un niño a quien se bautizó con el nombre de Francisco, el que murió antes de cumplir quince años. En doña Inés Huaylas o Yupanqui, hija de Manco-Capac, tuvo una niña, doña Francisca, la cual casó en España en primeras nupcias con su tío Hernando, y después con don Pedro Arias.

Por cédula real, y sin que hubiera mediado matrimonio con doña Angelina o doña Inés, fueron declarados legítimos los hijos de Pizarro. Si éste hubiera tenido tal título de marqués de los Atavillos, habríanlo heredado sus descendientes. Fue casi un siglo después, en 1628, cuando don Juan Fernando Pizarro, nieto de doña Francisca, obtuvo del rey el título de marqués de la Conquista.

Piferrer, en su *Nobiliario español*[8], dice que, según los genealogistas, era muy antiguo e ilustre el linaje de los Pizarro; que algunos de ese apellido se distinguieron con Pelayo en Covadonga, y que luego sus descendientes se avecindaron en Aragón, Navarra y Extremadura. Y concluye estampando que las armas del linaje de los Pizarro son: «Escudo de oro y un pino con piñas de oro, acompañado de dos lobos empinantes al mismo y de dos pizarras al pie del tronco.» Estos genealogistas se las pintan para inventar abolengos y entroncamientos. ¡Para el tonto que crea en los muy embusteros!

---

[8] Francisco Piferrer, *Nobiliario de los reinos y señoríos de España*, Madrid, 1856-60. Este libro en seis volúmenes constituye uno de los textos clásicos sobre la heráldica española por su prolijidad de información sobre las armas, blasones de pueblos, villas, ciudades, provincias y reinos de España.

# III

Acerca de la bandera de Pizarro hay también un error que me propongo desvanecer.

Jurada en 1821 la Independencia del Perú, el Cabildo de Lima pasó al generalísimo don José de San Martín un oficio, por el cual la ciudad le hacía el obsequio del *estandarte de Pizarro*. Poco antes de morir en Bologne, este prohombre de la revolución americana hizo testamento devolviendo a Lima la obsequiada bandera. En efecto, los albaceas hicieron formal entrega de la preciosa reliquia a nuestro representante en París, y éste cuidó de remitirla al gobierno del Perú en una caja muy bien acondicionada. Fue esto en los días de la fugaz administración del general Pezet, y entonces tuvimos ocasión de ver el clásico estandarte depositado en uno de los salones del ministerio de Relaciones exteriores. A la caída de este gobierno, el 6 de noviembre de 1865, el populacho saqueó varias de las oficinas de palacio, y desapareció la bandera, que acaso fue despedazada por algún rabioso demagogo, que se imaginaría ver en ella un comprobante de las calumnias que, por entonces, inventó el espíritu de partido para derrocar al presidente Pezet, vencedor en los campos de Junín y Ayacucho, y a quien acusaban sus enemigos políticos de *connivencias criminales* con España, para someter nuevamente el país al yugo de la antigua metrópoli.

Las turbas no raciocinan ni discuten , y mientras más absurda sea la especie más fácil aceptación encuentra.

La bandera que nosotros vimos tenía, no las armas de España, sino las que Carlos V acordó a la ciudad por real cédula de 7 de diciembre de 1537. Las armas de Lima eran: un escudo en campo azul con tres coronas regias en triángulo, y encima de ellas una estrella de oro cuyas puntas tocaban las coronas. Por orla, en campo colorado, se leía este mote en letras de oro: *Hoc signum vere regum est*[9]. Por tim-

---

[9] Este signo, verdaderamente, es de reyes.

bre y divisa dos águilas negras con corona de oro, una J y una K (primeras letras de *Karolus* y *Juana*, los monarcas), y encima de estas letras una estrella de oro. Esta bandera era la que el alférez real por juro de heredad paseaba el día 5 de enero en las procesiones de Corpus y Santa Rosa, proclamación de soberano, y otros actos de igual solemnidad.

El pueblo de Lima dio impropiamente en llamar a ese estandarte la bandera de Pizarro, y sin examen aceptó que ése fue el pendón de guerra que los españoles trajeron para la conquista. Y pasando sin refutarse de generación en generación, el error se hizo tradicional e histórico.

Ocupémonos ahora del verdadero estandarte de Pizarro.

Después del suplicio de Atahualpa, se encaminó al Cuzco don Francisco Pizarro, y creemos que fue el 16 de noviembre de 1533 cuando verificó su entrada triunfal en la augusta capital de los Incas.

El estandarte que en esa ocasión llevaba su alférez Jerónimo de Aliaga era de la forma que la gente de iglesia llama gonfalón. En una de sus caras, de damasco color grana, estaban bordadas las armas de Carlos V; y en la opuesta, que era de color blanco según unos, o amarillo según otros, se veía pintado al apóstol Santiago en actitud de combate sobre un caballo blanco, con escudo, coraza y casco de plumeros o airones, luciendo cruz roja en el pecho y una espada en la mano derecha.

Cuando Pizarro salió del Cuzco (para pasar el valle de Jauja y fundar la ciudad de Lima), no lo hizo en son de guerra, y dejó depositada su bandera o gonfalón en el templo del Sol, convertido ya en catedral cristiana. Durante las luchas civiles de los conquistadores, ni almagristas, ni gonzalistas, ni gironistas, ni realistas se atrevieron a llevarlo a los combates, y permaneció como objeto sagrado en un altar. Allí, en 1825, un mes después de la batalla de Ayacucho, lo encontró el general Sucre; éste lo envió a Bogotá, y el gobierno inmediatamente lo remitió a Bolívar, quien lo regaló a la municipalidad de Caracas, donde actualmente se conserva. Ignoramos si tres siglos y medio de fecha habrán bastado para convertir en hilachas el emblema marcial de la conquista.

# Hermosa entre las hermosas

## (A Ricardo Rosell)

Dice usted, amigo mío, que con cuatro paliques, dos mentiras y una verdad hilvano una tradición. Pues si en ésta que le dedico, hay algo que peque contra el octavo mandamiento, culpa será del cronista agustino que apunta el suceso, y no de su veraz amigo y colombroño[1].

## I

Gran persona es en la historia de la conquista del Perú Diego Maldonado. Compañero de don Francisco Pizarro en la zinguizarra [2] de Cajamarca, tocóle del rescate del inca Atahualpa la puchuela[3] de siete mil setecientas setenta onzas de oro y trescientos setenta y dos marcos de plata; y fue tal su comezón de atesorar, y tan propicia fuele la suerte, que cuando se fundó Lima era conocido con el apodo de *el Rico*.

---

[1] Palma responde, de alguna manera, a cierta corriente que surgió al publicar su Segunda y Tercera Serie de tradiciones en las que se le achacaba, como dice en este párrafo, de juntar cuatros conversaciones, dos inventos y una verdad, y con ellas hacer una tradición.

[2] Peruanismo, riña ruidosa. La Academia reconoce que también suele utilizarse esta palabra en Venezuela.

[3] Peruanismo del quechua *puchu*, residuo, pequeñez, bagatela, poca cantidad de algo.

A ser más justiciera la historia debió cambiarle el mote y llamarlo *el Afortunado;* que fortuna, y no poca, fue para él librar varias veces de morir a manos del verdugo, albur que merecido se tenía por sus desaguisados y vilezas. No hubo pelotera civil en la que no batiese el cobre, principiando siempre por azuzador de la revuelta para luego terminar sirviendo al rey. Dios lo tenga entre santos; pero mucho, mucho gallo fue su merced don Diego Maldonado, *el Rico.*

El aprieto mayúsculo en que se vio este conquistador fue cuando el famoso Francisco de Carvajal[4], que entre chiste y chiste ahorcaba gente que era un primor, quiso medirle con una cuerda la anchura del pescuezo. Carvajal, que ahorcó al padre Pantaleón con el breviario al cuello, sólo porque en el bendito libro había escrito con lápiz estas palabras: *Gonzalo es tirano,* tenía capricho en dar pasaporte para el mundo de donde no se vuelve al revoltoso y acaudalado don Diego. Pero el poeta lo dijo:

> Poderoso caballero
> es don dinero;

y Maldonado compró sin regatear algunos años más de perrerías. Un día de éstos me echaré a averiguar cuál fue su fin; que tengo para mí debió ser desastroso y digno de la ruindad de su vida.

Cuando afianzada ya la conquista, se vieron los camaradas del marqués convertidos de aventureros en señores de horca, cuchillo[5], pendón y caldera, que no otra cosa fueron, por más dibujos con que la historia se empeñe en dorarnos la píldora, hizo don Diego venir de España a un su sobrino, llamado don Juan de Maldonado y Buendía, el

---

[4] Francisco de Carvajal, llamado El Demonio de los Andes, véase la tradición homónima que le dedica Palma.
[5] *Señores de horca y cuchillo:* se conocía así a quienes eran amos y señores de vidas y haciendas, llegando a disponer de la vida de sus súbditos como auténticos señores feudales. Los pendones son las banderas y banderías que tomaron los conquistadores en el Perú y la caldera son las figuras artificiales que se pintaba con las asas levantadas, terminadas en cabezas de serpientes que, según el *DRAE,* en España era señal de ricahombría.

era físicamente imposible llegar a tiempo para luchar brazo a brazo con la fiera.

Hizo fuego y la bala pasó sin tocar al tigre.

Cargó nuevamente el arma y apuntó, en el momento mismo en que el irritado animal hacía presa en la joven. No había salvación para la infeliz.

Entonces el español vaciló por un segundo, y se sintió morir; pero, haciendo un esfuerzo supremo, descargó el arma.

Era preciso hacer menos cruel y dolorosa la agonía de su amada.

Cuando Maldonado llegó al llano, el tigre se revolcaba moribundo, pero sin desprenderse de su presa.

La bala del capitán había atravesado también el corazón de la princesa.

Y aquella alma de bronce que no se habría conmovido ante un cataclismo universal, aquel hombre curtido en los peligros, sintió desprenderse de sus ojos una lágrima, la primera que el dolor le había arrancado en su vida, y se alejó murmurando con la sublime resignación de los fatalistas:

—¡Estaba escrito! ¡Dios lo ha querido!

## III

Una semana después tomaba el hábito de religioso agustino, en el convento del Cuzco, el capitán don Juan de Maldonado y Buendía.

Catequizó muchos infieles, merced a su profundo conocimiento de las lenguas quichua y aimará[16], alcanzó a desempeñar las primeras dignidades de su orden, y murió en olor de santidad por los años de 1583.

---

[16] La fortaleza del *quichua* o *runa simi*, hablar del pueblo, y de aimara, obligó a los doctrineros de la colonia a dominar estos idiomas en los que se escribieron los primeros lexicones, catecismos y fragmentos de la Biblia para el adoctrinamiento religioso de los nativos del Perú.

# El verdugo real del Cuzco

## I

Había en Sevilla, por los años de 1541, dos jóvenes hidalgos, amigos de uña y carne, gallardos, ricos y calaveras.

El mayor de ellos llamábase don Carlos, y abusando de la intimidad y confianza que le acordaba su amigo don Rafael, sedujo a la hermana de éste. ¡Pecadillos de la mocedad!

Pero como sobre la tierra no hay misterio que no se trasluzca, y a la postre y con puntos y comas se sabe todo, hasta lo de la callejuela, adquirió don Rafael certidumbre de su afrenta, y juró por las once mil[1] y por los innumerables de Zaragoza lavar con sangre el agravio. Echóse a buscar al seductor; pero éste, al primer barrunto que tuvo de haberse descubierto el gatuperio, desapareció de Sevilla sin que alma viviente pudiera dar razón de su paradero.

Al fin, y después de meses de andar tomando lenguas, supo el ultrajado hermano, por informes de un oficial de la Casa de Contratación, que don Carlos había pasado a Indias, escondiendo su nombre verdadero bajo el de Antonio de Robles.

Don Rafael realizó[2] inmediatamente su ya mercada ha-

---

[1] Por las once mil vírgenes.
[2] De realizar, vender, convertir en dinero mercaderías o cualesquiera otros bienes. Se usa más comúnmente hablando de la venta a bajo precio para reducirlos pronto a dinero (DRAE).

cienda; encerró en el convento a la desventurada hermana, y por el primer galeón que zarpó de Cádiz para el Callao vínose al Perú en busca de venganza y no de desagravio.

## II

La víspera del Corpus del año 1547 un gentil mancebo de veintiocho años presentóse, a seis leguas de distancia del Cuzco, al capitán Diego Centeno y pidióle plaza de soldado. Simpático y de marcial aspecto era el mozo, y el capitán, que andaba escaso de gente (pues, según cuenta Garcilaso, sólo había podido reunir cuarenta y ocho hombres para la arriesgada empresa que iba a acometer), lo aceptó de buen grado, destinándolo cerca de su persona.

Antonio de Robles, favorito de Gonzalo Pizarro, estaba encargado de la defensa del Cuzco, y contaba con una guarnición de trescientos soldados bien provistos de picas y arcabuces. Pero la estrella del *muy magnífico* gobernador del Perú comenzaba a menguar, y el espíritu de defección se apoderaba de sus partidarios. En la imperial ciudad érale ya hostil el vecindario, que emprendía un trabajo de mina sobre la lealtad de la guarnición.

Centeno, fiando más en la traición que en el esfuerzo de los suyos, pasada ya la media noche, atacó con sus cuarenta y ocho hombres a los trescientos de Robles, que, formados en escuadrón, ocupaban la Plaza mayor. Al estruendo de la arcabucería salieron los vecinos en favor de los que atacaban, y pocos minutos después la misma guarnición gritaba: ¡Centeno, y viva el rey!

La bandera de Centeno lucía, además de las armas reales, este mote[3] en letras de oro:

> Aunque mucho se combata
> al fin se defiende e mata.

---

[3] Emblema o sentencia breve que llevaban los antiguos caballeros en una bandera o estandarte antes de una batalla.

A los primeros disparos, Pedro de Maldonado (a quien se conocía con el sobrenombre del *Gigante,* por ser el hombre más corpulento que hasta entonces se viera en el Perú) guardóse en el pecho el libro de Horas[4] en que estaba rezando, y armado de una pica, salió a tomar parte en el bochinche. Densa era la obscuridad, y el *Gigante,* sin distinguir amigo ni enemigo, se lanzó sobre el primer bulto que al alcance de la pica le vino. Encontróse con Diego Centeno, y como Pedro de Maldonado más que por el rey se batía por el gusto de batirse, arremetió sobre el caudillo con tanta bravura que, aunque ligeramente, lo hirió en la mano izquierda y en el muslo, y que tal vez habría dado cuenta de él si el recién alistado en aquel día no disparara su arcabuz, con tan buen acierto, que vino al suelo el *Gigante.*

En este asalto o combate hubo mucho ruido y poca sangre; pues no corrió otra que la de Centeno; que, como hemos dicho, la guarnición apenas si aparentó resistencia. Ni aun Maldonado el *Gigante* sacó rasguño; porque la pelota del arcabuz dio en el libro de Horas, atravesando el forro del pergamino y cuarenta páginas, suceso que se calificó de milagro patente y dio mucho que hablar a la gente devota.

Después de tan fácil victoria, que fue como el gazpacho del tío Damián, mucho caldo y poco pan, llamó Centeno al soldado que le librara la vida y díjole:

—¿Cómo te llamas valiente?

—Nombre tuve en España; pero en Indias llámanme Juan Enríquez, para servir a vueseñoría.

—Hacerte merced quiero, que de agradecido precio. Dime, ¿te convendría un alferazgo?

—Perdone vueseñoría, no pico tan alto.

—¿Qué quieres ser entonces, muchacho?

—Quiero ser verdugo real —contestó el soldado con voz sombría.

Diego Centeno y los que con él estaban se estremecieron.

—Pues, Juan Enríquez —contestó el capitán después de

---

[4] Se refiere al *Libro de las Horas,* el que contiene las horas canónicas o rezos litúrgicos de las distintas horas del día (Moliner).

breve pausa—, verdugo real te nombro, y harás justicia en el Cuzco.

Y pocas horas después empezaba Juan Enríquez a ejercer las funciones de su nuevo empleo, cortando con mucho desembarazo la cabeza del capitán don Antonio de Robles.

## III

De apuesto talle y de hermoso rostro, habría sido Juan Enríquez lo que se llama un buen mozo, a no inspirar desapego el acerado sarcasmo de sus palabras y la sonrisa glacial e irónica que vagaba por sus labios.

Era uno de esos seres sin ventura que viven con el corazón despedazado, y que, dudando de todo, llegan a alimentar sólo desdén por la humanidad y por la vida.

Satisfecha ya su venganza en Antonio de Robles, el pérfido seductor de su hermana, pensó Juan Enríquez que no había rehabilitación para quien pretendió el cargo de ejecutor de la justicia humana.

El verdugo no encuentra corazones que le amen ni manos que estrechen las suyas. El verdugo inspira asco y terror. Lleva en sí algo del cementerio. Es menos que un cadáver que paseara por la tierra, porque en los muertos hay siquiera un no sé qué de santidad.

Fue Juan Enríquez quien ajustició a Gonzalo Pizarro, a Francisco de Carvajal y a los demás capitanes vencidos en Saxahuamán[5]; y pues viene a cuento, refiramos lo que pasó entre él y aquellos dos desdichados.

Al poner la venda sobre los ojos de Gonzalo, éste le dijo:

—No es menester. Déjala, que estoy acostumbrado a ver la muerte de cerca.

—Complazco a vueseñoría —le contestó el verdugo—, que yo siempre gusté de la gente brava.

Y a tiempo que desenvainaba el alfanje, le dijo Pizarro:

—Haz bien tu oficio, hermano Juan.

—Yo se lo prometo a vueseñoría —contestó Enríquez.

---

[5] Saxahuamán, fortaleza inca en el Cuzco.

«Y diciendo esto —añade Garcilaso— con la mano izquierda le alzó la barba que la tenía crecida de un palmo, según era la moda, y de un revés le cortó la cabeza con tal facilidad como si fuera una hoja de lechuga, y se quedó con ella en la mano enseñándola a los circunstantes.»

Cuentan que cuando fue a ajusticiar a Carvajal, éste le dijo:

—Hermano Juan, pues somos del oficio, trátame como de sastre a sastre.

—Descuide vuesa merced y fíe en mi habilidad, que no he de darle causa de queja para cuando nos veamos en el otro mundo.

Fue Juan Enríquez quien, por orden del presidente La Gasca, le sacó la lengua por el colodrillo[6] a Gonzalo de los Nidos, *el Maldiciente*, y al ver lo trabajoso de la bárbara operación, exclamó:

—¡Pues había sido obra desarmar a un escorpión!

Es tradicional también que siempre que Juan Enríquez hacía justicia se quedaba gran rato contemplando con melancolía el cadáver; pero luego, como avergonzado de su debilidad, se dibujaba en su boca la fatídica sonrisa que le era habitual, y se ponía a canturrear:

¡Ay abuelo! ¡Ay abuelo!
Sembrasteis alazor y naciónos anapelo[7].


IV

Al siguiente día de rebelado don Francisco Hernández Girón, Juan Enríquez, que era muy su amigo y partidario, se puso más borracho que un mosquito y salió por las calles del Cuzco cargado de cordeles, garrotes y alfanje, para

---

[6] Parte posterior y baja de la cabeza por donde ésta se une con las vértebras del cuello.

[7] *Alazor, anapelo:* El alazor es una planta con flores color de azafrán que se usa para teñir, cuya semilla blanca, ovalada y lustrosa produce aceite comestible; el anapelo, llamado también acónito, tiene flores azules o amarillas y su semilla suele ser muy venenosa.

ahorcar y cortar pescuezos de los que no siguiesen su bandera.

Derrotado el caudillo un año después, cayó Juan Enríquez en poder del general don Pablo Meneses, junto con Álvarado y Cobos, principales tenientes de Girón, y diez capitanes más.

Meneses condenó a muerte a los doce, y volviéndose al verdugo le dijo:

—Juan Enríquez, pues sabéis bien el oficio, dad garrote a estos doce caballeros, vuestros amigos, que los señores oidores os lo pagarán.

El verdugo, comprendiendo la burla de estas palabras, le contestó:

—Holgárame de no ser pagado, que la paga ha de ser tal, que después que concluya con estos compañeros, venga yo a hacer cabal la docena del fraile. Aceituna comida, hueso fuera.

Y dirigiéndose a los sentenciados, añadió:

—¡Ea señores, dejen vuesas mercedes hacer justicia, y confórtense con saber que mueren de mano de amigo!

Y habiendo Juan Enríquez dado término a la tarea, dos negros esclavos de Meneses finalizaron con el verdugo real del Cuzco, echándole al cuello un cordel con nudo escurridizo.

# Los tesoros de Catalina Huanca

Los *huancas*[1] o indígenas del valle de Huancayo constituían, a principios del siglo XI, una tribu independiente
y belicosa, a la que el inca Pachacutec logró, después de
fatigosa campaña, someter a su imperio, aunque recono-
ciendo por cacique a Oto Apu Alaya y declarándole el
derecho de transmitir título y mando a sus descendientes.

Prisionero Atahualpa, envió Pizarro fuerzas al riñón del
país; y el cacique de Huancayo fue de los primeros en reconocer el nuevo orden de gobierno, a trueque de que respe-
tasen sus antiguos privilegios. Pizarro, que a pesar de los
pesares fue sagaz político, apreció la conveniencia del pacto; y para más halagar al cacique e inspirarle mayor confianza, se unió a él por un vínculo sagrado, llevando a la
pila bautismal, en calidad de padrino, a Catalina Apu-Alaya[2], heredera del título y dominio.

El pueblo de San Jerónimo[3], situado a tres leguas caste-

---

[1] *Los huancas... una tribu independiente y belicosa:* en realidad los wankas
fueron una etnia. Formaron una nación que luchó mucho por su independencia hasta ser avasallados por los incas después de sangrientas batallas. El valle de Huancayo empieza en Jauja, primera capital del Perú, a
250 kilómetros de Lima, donde se asentaba la ciudadela de Tunanmarka,
capital de la nación, y se prolongaba hasta el cañón de Socos en Chon-
gos Bajo.
[2] Catalina Apu-Alaya es personaje histórico. Al morir su padre asumió
el cacicazgo.
[3] San Jerónimo de Tunán.

llanas de Huancayo y a tres kilómetros del convento de Ocopa[4], era por entonces cabeza del cacicazgo.

Catalina Huanca, como generalmente es llamada la protagonista de esta leyenda, fue mujer de gran devoción y caridad. Calcúlase en cien mil pesos ensayados el valor de los azulejos y maderas que obsequió para la fábrica de la iglesia y convento de San Francisco; y asociada al arzobispo Loayza[5] y al obispo de la Plata fray Domingo de Santo Tomás[6], edificó el hospital de Santa Ana. En una de las salas de este santo asilo contémplase el retrato de doña Catalina, obra de pincel churrigueresco.

Para sostenimiento del hospital, dio además la cacica fincas y terrenos de que era en Lima poseedora. Su caridad para con los pobres, a los que socorría con esplendidez, se hizo proverbial.

En la real caja de censos de Lima estableció una fundación, cuyo producto debía emplearse en pagar parte de la contribución correspondiente a los indígenas de San Jerónimo, Mito, Orcotuma, Concepción, Cincos[7], Chupaca y Sicaya, pueblecitos inmediatos a la capital del cacicazgo.

Ella fue también la que implantó en esos siete pueblos la costumbre, que aún subsiste, de que todos los ciegos de esa jurisdicción se congreguen en la festividad anual del patrón titular de cada pueblo y sean vestidos y alimentados a expensas del mayordomo, en cuya casa se les proporciona además alojamiento. Como es sabido, en los lugares de la sierra esas fiestas duran de ocho a quince días, tiempo en que los ciegos disfrutan de festines, en los que la *pacha-manca*[8] de carnero y la *chicha de joira*[9] se consumen sin medida.

---

[4] Famoso por ser el punto de partida de misioneros hacia la selva que, en realidad, establecieron enclaves en la amazonía que luego formaron parte del territorio nacional.

[5] Arzobispo Jerónimo de Loayza.

[6] Domingo de Santo Tomás también participó en la elaboración de la primera gramática y del primer lexicón de la lengua quechua.

[7] Sincos. Todos estos pueblos han crecido en importancia.

[8] Peruanismo del quechua *pachamanca*: olla de la tierra, es un forma de cocinar debajo de la tierra enterrado los alimentos junto a piedras muy calientes.

[9] Fríjol maduro.

Murió Catalina Huanca en los tiempos del virrey marqués de Guadalcázar, de cerca de noventa años de edad, y fue llorada por grandes y pequeños.

Doña Catalina pasaba cuatro meses del año en su casa solariega de San Jerónimo, y al regresar a Lima lo hacía en una litera de plata y escoltada por trescientos indios. Por supuesto, que en todos los villorrios y caseríos del tránsito era esperada con grandes festejos. Los naturales del país la trataban con las consideraciones debidas a una reina o dama de mucho cascabel, y aun los españoles la tributaban respetuoso homenaje.

Verdad es que la codicia de los conquistadores estaba interesada en tratar con deferencia a la cacica, que, anualmente, al regresar de su paseo a la sierra, traía a Lima (¡y no es chirigota!) cincuenta acémilas cargadas de oro y plata. ¿De dónde sacaba doña Catalina esa riqueza? ¿Era el tributo que la pagaban los administradores de sus minas y demás propiedades? ¿Era acaso parte de un tesoro que durante siglos, y de padres a hijos, habían ido acumulando sus antecesores? Esta última era la general creencia.

## II

Cura de San Jerónimo, por los años de 1642, era un fraile dominico muy mucho[10] celoso del bien de los feligreses, a los que cuidaba así en salud del alma como en la del cuerpo. Desmintiendo el refrán —el abad de lo que canta yanta—, el buen párroco de San Jerónimo jamás hostilizó a nadie para el pago de diezmos y primicias, ni cobró pitanza por entierro o casamiento, ni recurrió a tanta y tanta socaliña de frecuente uso entre los que tienen cura de almas a quienes esquilmar como el pastor a los carneros.

¡Cuando yo digo que su paternidad era *avis rara!*

Con tan evangélica conducta, entendido se está que el padre cura andaría siempre escaso de maravedises y mendi-

---

[10] En el lenguaje familiar y en las de carácter enfático se utiliza *muy mucho* hasta nuestros días en España.

gando bodigos[11], sin que la estrechez en que vivía le quitara un adarme de buen humor ni un minuto de sueño. Pero llegó día en que, por primera vez, envidiara el fausto que rodeaba a los demás curas sus vecinos. Por esto se dijo, sin duda, lo de:

> Abeja y oveja
> y parte en la igreja[12],
> desea a su hijo la vieja.

Fue el caso que, por un oficio del Cabildo eclesiástico, se le anunciaba que el ilustrísimo señor arzobispo don Pedro Villagómez acababa de nombrar un delegado o visitador de la diócesis.

Y como acontece siempre en idéntico caso, los curas se prepararon para echar la casa por la ventana, a fin de agasajar al visitador y su comitiva.

Y los días volaban, y a nuestro vergonzante dominico le corrían letanías por el cuerpo y sudaba avellanas, cavilando en la manera de recibir dignamente la visita.

Pero por más que se devanaba la sesera, sacaba siempre en limpio que donde no hay harina todo es mohína[13], y que de los codos no salen lonjas de tocino.

Reza el refrán que nunca falta quien dé un duro para un apuro; y por esta vez el hombre para el caso fue aquel en quien menos pudo pensar el cura; como si dijéramos, el último triunfo de la baraja humana, que por tal ha sido siempre tenido el prójimo que ejerce los oficios de sacristán y campanero de parroquia.

Éralo de la de San Jerónimo un indio que apenas podía llevar a cuestas el peso de su partida de bautismo, arrugado como pasa, nada aleluyado y que apestaba a miseria a través de sus harapos.

Hízose en breve cargo de la congoja y atrenzos[14] del

---

[11] Panecillos que se lleva de ofrenda a los templos católicos.
[12] Arcaísmo, iglesia.
[13] Tristeza.
[14] Americanismo de *atrenzo*, cargo de conciencia, conflicto.

buen dominico, y una noche, después de toque de queda y cubrefuego, acercóse a él y le dijo:

—*Taita*[15] cura, no te aflijas. Déjate vendar los ojos y ven conmigo, que yo te llevaré adonde encuentres más plata que la que necesites.

Al principio pensó el reverendo que su sacristán había empinado el codo más de lo razonable; pero tal fue el empeño del indio y tales su seriedad y aplomo, que terminó el cura por recordar el refrán —del viejo el consejo y del rico el remedio— y por dejarse poner un pañizuelo sobre los ojos, coger su bastón, y apoyado en el brazo del campanero echarse a andar por el pueblo.

Los vecinos de San Jerónimo, entonces como hoy, se entregaban a Morfeo a la misma hora en que lo hacen las gallinas; así es que el pueblo estaba desierto como un cementerio y más obscuro que una madriguera. No había, pues, que temer importuno encuentro, ni menos aún miradas curiosas.

El sacristán, después de las marchas y contramarchas necesarias para que el cura perdiera la pista, dio en una puerta tres golpecitos cabalísticos, abrieron y penetró con el dominico en un patio. Allí se repitió lo de las vueltas y revueltas, hasta que empezaron a descender escalones que conducían a un subterráneo.

El indio separó la venda de los ojos del cura, diciéndole:

—*Taita*, mira y coge lo que necesites.

El dominico se quedó alelado y como quien ve visiones; y a permitírselo sus achaques, hábito y canas, se habría, cuando volvió en sí de la sorpresa, echado a hacer zapatetas y a cantar.

Uno, dos, tres y cuatro,
cinco, seis, siete,
¡en mi vida he tenido
gusto como éste!

Hallábase en una vasta galería, alumbrada por hachones de resina sujetos a las pilastras. Vio ídolos de oro colocados

---

[15] Peruanismo del quechua *taita*, padre, señor.

sobre andamios de plata, y barras de este reluciente metal profusamente esparcidas por el suelo.

¡Pimpinela! ¡Aquel tesoro era para volver loco al Padre Santo de Roma!

## III

Una semana después llegaba a San Jerónimo el visitador, acompañado de un clérigo secretario y de varios monagos[16].

Aunque el propósito de su señoría era perder pocas horas en esa parroquia, tuvo que permanecer tres días; tales fueron los agasajos de que se vio colmado. Hubo toros, comilonas, danzas y demás festejos de estilo; pero todo con un boato y esplendidez que dejó maravillados a los feligreses.

¿De dónde su pastor, cuyos emolumentos apenas alcanzaban para un mal puchero, había sacado para tanta bambolla?[17] Aquello era de hacer perder su latín al más despierto.

Pero desde que continuó viaje el visitador, el cura de San Jerónimo, antes alegre, expansivo y afectuoso, empezó a perder carnes como si lo chuparan brujas, y a ensimismarse y pronunciar frases sin sentido claro, como quien tiene el caletre fuera de su caja.

Llamó también y mucho la atención, y fue motivo de cuchicheo al calor de la lumbre para las comadres del pueblo, que desde ese día no se volvió a ver al sacristán ni vivo ni pintado, ni a tener noticia de él, como si la tierra se lo hubiera tragado.

La verdad es que en el espíritu del buen religioso habíanse despertado ciertos escrúpulos, a los que daba mayor pábulo la repentina desaparición del sacristán. Entre ceja y ceja clavósele al cura la idea de que el indio había sido el

---

[16] Niños que ayudan a misa y hacen otros servicios en la iglesia (DRAE).

[17] Americanismo, presunción, fanfarronería (Morínigo).

374

demonio en carne y hueso, y por ende regalo del infierno el oro y plata gastados en obsequiar al visitador y su comitiva. ¡Digo, si su paternidad tenía motivo, y gordo, para perder la chaveta!

Y a tal punto llegó su preocupación y tanto melancolizósele el ánimo, que se encaprichó en morirse, y a la postre le cantaron *gori-gori*.

En el archivo de los frailes de Ocopa hay una declaración que prestó el moribundo sobre los tesoros que el diablo le hizo ver. El *Maldito* lo había tentado por la vanidad y la codicia.

Existe en San Jerónimo la casa de Catalina Huanca. El pueblo cree a pie juntillas que en ella deben estar escondidas en un subterráneo las fabulosas riquezas de la cacica, y aun en nuestros tiempos se han hecho excavaciones para impedir que las barras de plata se pudran o críen moho en el encierro.

# El alcalde de Paucarcolla[1]

### DE CÓMO EL DIABLO, CANSADO DE GOBERNAR EN LOS INFIERNOS, VINO A SER ALCALDE EN EL PERÚ

La tradición que voy a contar es muy conocida en Puno, donde nadie osará poner en duda la realidad del sucedido. Aun recuerdo haber leído algo sobre este tema en uno de los cronistas religiosos del Perú. Excúseme que altere el nombre del personaje, porque, en puridad de verdad, he olvidado el verdadero. Por lo demás, mi relato difiere poco del popular.

Es preciso convenir en que lo que llaman civilización, luces y progreso del siglo, nos ha hecho un flaco servicio al suprimir al diablo. En los tiempos coloniales en que su merced andaba corriendo cortes, gastando más prosopopeya que el cardenal Camarlengo, y departiendo familiarmente con la prole del padre Adán, apenas si se ofrecía cada cincuenta años un caso de suicidio o de amores incestuosos. Por respeto a los tizones y al plomo derretido, los pecadores se miraban y remiraban para cometer crímenes que hogaño son moneda corriente. Hoy el diablo no se mete, para bueno ni para malo, con los míseros mortales; ya el diablo pasó de moda, y ni en el púlpito lo zarandean los frailes; ya el diablo se murió, y lo enterramos.

---

[1] Paucarcolla, distrito de la provincia de Puno en el departamento del mismo nombre en la sierra sur del Perú.

Cuando yo vuelva, que de menos nos hizo Dios, a ser diputado a Congreso, tengo que presentar un nuevo proyecto de ley resucitando al diablo y poniéndolo en pleno ejercicio de sus antiguas funciones. Nos hace falta el diablo; que nos lo devuelvan. Cuando vivía el diablo y había infierno, menos vicios y picardías imperaban en mi tierra.

Protesto contra la supresión del enemigo malo, en nombre de la historia *pirotécnica* y de la literatura *fosforescente*. Eliminar al diablo es matar la tradición.

## I

Paucarcolla es un pueblecito ribereño del Titicaca[2], que fue en el siglo XVII capital del corregimiento[3] de Puno, y de cuya ciudad dista sólo tres leguas.

*In diebus illis*[4] (creo que cuando Felipe III tenía la sartén por el mango) fue alcalde de Paucarcolla un tal don Ángel Malo..., y no hay que burlarse, porque éste es un nombre como otro cualquiera, y hasta aristocrático por más señas. ¿No tuvimos, ya en tiempo de la República, un don Benigno Malo, estadista notable del Ecuador? ¿Y no hubo, en época del coloniaje, un don Melchor Malo, primer conde de Monterrico, que dio su nombre a la calle que aún hoy se llama de Melchor Malo? Pues entonces, ¿por qué el alcalde de Paucarcolla no había de llamarse don Ángel Malo? Quede zanjada la cuestión de nombre, y adelante con los faroles.

Cuentan que un día aparecióse en Paucarcolla, y como vomitado por el Titicaca, un joven andaluz, embozado en una capa grana con fimbria de chinchilla.

No llegaban por entonces a una docena los españoles avecindados en el lugar, y así éstos como los indígenas aco-

---

[2] Lago entre Puno de Perú y La Paz de Bolivia, es el más grande de América del Sur (8.340 km²) y el más alto y navegable (3.812 m sobre el nivel del mar). La mitología cuenta que «de sus espumas» salieron Manco Cápac y Mama Ocllo, fundadores del Imperio de los Incas.
[3] Corregimiento
[4] En aquellos días.

gieron con gusto al huésped que, amén de ser simpático de persona, rasgueaba la guitarra primorosamente y cantaba seguidillas con muchísimo salero. Instáronlo para que se quedara en Paucarcolla, y aceptando él el partido, diéronle terrenos, y echóse nuestro hombre a trabajar con tesón, siéndole en todo y por todo propicia la fortuna.

Cuando sus paisanos lo vieron hecho ya un potentado, empezaron las hablillas, hijas de la envidia, y no sabemos con qué fundamento decíase de nuestro andaluz que era moro converso y descendiente de una de las familias que, después de la toma de Granada por los Reyes Católicos, se refugiaron en las crestas de las Alpujarras[5].

Pero a él se le daba un rábano de que lo llamasen cristiano nuevo, y dejando que sus émulos esgrimiesen la lengua, cuidaba sólo de engordar la hucha y de captarse el afecto de los naturales.

Y diose tan buena maña que, a los tres años de avecindado en Paucarcolla, fue por general aclamación nombrado alcalde del lugar.

Los paucarcollanos fueron muy dichosos bajo el gobierno de don Ángel Malo. Nunca la vara de la justicia anduvo menos torcida ni rayó más alto la moral pública. Con decir que abolió el monopolio de *lanas*[6], está todo dicho en elogio de la autoridad.

El alcalde no toleraba holgazanes, y obligaba a todo títere a ganarse el pan con el sudor de su frente, que, como reza el refrán, en esta tierra caduca, el que no trabaja no manduca. Prohibió jaranas[7] y pasatiempos, y recordando que Dios no creó al hombre para que viviese solitario como el hongo, conminó a los solteros para que, *velis nolis*[8], tuviesen legítima costilla y se dejasen de merodear en propiedad ajena. Él decía:

---

[5] Las Alpujarras, comarca montañosa de España, al sur de Sierra nevada y que se extiende entre las provincias de Granada y Almería.

[6] El altiplano puneño es famoso por la producción de lana de oveja, alpaca y vicuña.

[7] Peruanismo de *jarana*, baile popular.

[8] Quieras o no quieras.

Nadie pele la pava[9],
porque está visto
que de pelar la pava
nacen pavitos.

Lo curioso es que el alcalde de Paucarcolla era como el capitán Araña, que decía: —¡Embarca, embarca! —y él se quedaba en tierra de España.

Don Ángel Malo casaba gente que era una maravilla; pero él se quedaba soltero. Verdad es también que, por motivo de faldas no dio nunca el más ligero escándalo, y que no se le conoció ningún arreglillo o trapicheo[10].

Más casto que su señoría ni el santo aquel que dejó a su mujer, la reina Edita, muchacha de popa redonda y de cara como unas pascuas, morir en estado de doncellez.

Los paucarcollanos habían sido siempre un tanto retrecheros para ir, en los días de precepto, a la misa del cura o al sermón de cuaresma. El alcalde, que era de los que sostienen que no hay moralidad posible en pueblo que da al traste con las prácticas religiosas, plantábase el sombrero, cubríase con la capa grana, cogía la vara, echábase a recorrer el lugar a caza de remolones, y a garrotazos los conducía hasta la puerta de la iglesia.

Lo notable es que jamás se le vio pisar los umbrales del templo, ni persignarse, ni practicar actos de devoción. Desde entonces quedó en el Perú como refrán el decir por todo aquel que no practica lo que aconseja u ordena: —Alcalde de Paucarcolla, nada de real y todo bambolla[11].

Un día en que, cogido de la oreja, llevaba un indio a la parroquia, díjole éste en tono de reconvención:

—Pero si es cosa buena la iglesia, ¿cómo es que tú nunca oyes el sermón de *taita* cura?

---

[9] *Pelar la pava:* forma de conversación que tenían los enamorados, él desde la calle y ella asomada a su reja.

[10] Americanismo de *trapichear,* desarrollar el ingenio para ganarse la vida con negocios de poca monta. Palma le otorga connotación amorosa.

[11] Abultada y de poco valor.

379

La pregunta habría partido por el eje a cualquier prójimo que no hubiera tenido el *tupé*[12] del señor alcalde.

—Cállate mastuerzo —le contestó—, y no me vengas con filosofías ni dingolodangos[13] que no son para zamacucos[14] como tú. Mátenme cuerdos, y no me den vida necios. ¡Si ahora hasta los escarabajos empinan la cola! Haz lo que te mando y no lo que yo hago, que una cosa es ser tambor y otra ser tamborilero.

Sospecho que el alcalde de Paucarcolla habría sido un buen presidente constitucional. ¡Qué lástima que no se haya exhibido su candidatura en los días que corremos! El sí que nos habría traído bienandanzas y sacado a esta patria y a los patriotas de atolladeros.

## II

Años llevaba ya don Ángel Malo de alcalde de Paucarcolla cuando llegó al pueblo, en viaje de Tucumán[15] para Lima, un fraile conductor de pliegos importantes para el provincial de su orden. Alojóse el reverendo en casa del alcalde, y hablando con éste sobre la urgencia que tenía de llegar pronto a la capital del virreinato, díjole don Ángel:

—Pues tome su paternidad mi mula, que es más ligera que el viento para tragarse leguas, y le respondo que en un abrir y cerrar de ojos, como quien dice, llegará al término de la jornada.

Aceptó el fraile la nueva cabalgadura, púsose en marcha y, ¡prodigioso suceso!, veinte días después entraba en su convento de Lima.

---

[12] Galicismo, *copete*, mechón de cabello que cae sobre la frente. Ricardo Palma le da una significación que denota personalidad y carácter al protagonista.

[13] Expresión cariñosa, mimo, halago, arrumaco. Se utiliza en plural *(DRAE)*.

[14] Persona que aparenta torpeza para conseguir algo.

[15] Los viajes de Tucumán, provincia argentina, a Lima fueron muy famosos durante la colonia. Véase *El lazarillo de ciegos y caminantes*.

380

Viaje tan rápido no podía haberse hecho sino por arte del diablo. A revientacaballos habíalo realizado en mes y medio un español en los tiempos de Pizarro.

Aquello era asunto de Inquisición, y para tranquilizar su conciencia fuese el fraile a un comisario del Santo Oficio y le contó el romance, haciéndole formal entrega de la mula. El hombre de la cruz verde principió por destinar la mula para que le tirase la calesa, y luego envió a Puno un familiar, provisto de cartas para el corregidor y otros cristianos rancios, a fin de que le prestasen ayuda y brazo fuerte para conducir a Lima al alcalde de Paucarcolla.

Paseábase éste una tarde a orillas del lago Titicaca cuando, después de haber apostado sus lebreles o alguaciles en varias encrucijadas, acercósele el familiar, y poniéndole la mano sobre la espalda, le dijo:

—¡Aquí de la Santa Inquisición! Dése preso vuesa merced.

No bien oyó el morisco mentar a la Inquisición, cuando recordando sin duda las atrocidades que ese tribunal perverso hiciera un día con sus antepasados, metióse en el lago y escondióse entre la espesa *totora*[16] que crece a las márgenes del Titicaca. El familiar y su gente echáronse a perseguirle; pero, poco o nada conocedores del terreno, perdieron pronto la pista.

Lo probable es que don Ángel andaría fugitivo y de Ceca en Meca hasta llegar a Tucumán o Buenos Aires, o que se refugiaría en el Brasil o Paraguay, pues nadie volvió en Puno a tener noticias de él.

Ésta es mi creencia, que vale tanto como otra cualquiera. Por lo menos, así me parece.

Pero los paucarcollanos, que motivos tienen para saber lo positivo, afirman con juramento que fue el diablo en persona el individuo que con capa colorada salió del lago, para hacerse después nombrar alcalde, y que se hundió en el agua y con la propia capa cuando, descubierto el tram-

---

[16] Peruanismo del quechua *tutura,* espadaña que abunda en terrenos húmedos y pantanosos, especialmente en las sierras altas.

pantojo[17], se vio en peligro de que la Inquisición le pusiera la ceniza en la frente.

Sin embargo, los paucarcollanos son gente honradísima y que sabe hacer justicia hasta al *enemigo malo*.

¡Cruz y Ave María Purísima por todo el cuerpo!

Desde los barrabasados tiempos del rey nuestro señor don Felipe III, hasta los archifelices de la *república práctica*, no ha tenido el Perú un gobernante mejor que el alcalde de Paucarcolla.

Esto no lo digo yo; pero te lo dirá, lector, hasta el diputado por Paucarcolla, si te viene en antojo preguntárselo.

---

[17] Trampa o ilusión con que se engaña a uno haciéndolo ver lo que no es *(DRAE)*.

# El Manchay-Puito[1]

## (A la señora Mercedes Cabello de Carbonera)[2]

### I

No sabré decir con fijeza en qué año del pasado siglo era cura de Yanaquihua, en la doctrina de Andaray, perteneciente a la diócesis del Cuzco, el doctor don Gaspar de Angulo y Valdivieso; pero sí diré que el señor cura era un buen pastor, que no esquilmaba mucho a sus ovejas, y que su reputación de sabio iba a la par de su moralidad. Rodeado siempre de infolios con pasta de pergamino, disfrutaba de una fama de hombre de ciencia, tal como no se reconoció entonces sino en gente que peinara canas. Gran latinista y consumado teólogo, el obispo y su Cabildo no desperdiciaban ocasión de consultarlo en los casos difíciles, y su dictamen era casi siempre acatado.

El doctor Angulo y Valdivieso vivía en la casa parroquial, acompañado del sacristán y un *pongo* o muchacho de

---

[1] Quechuismo, es una instrumento musical parecido a una quena que se toca dentro de un *porongo* (cántaro de barro con dos golletes) y produce un sonido bello pero desgarrador y lúgubre. Se dice que la quena era construida con la canilla de un cadáver. Su uso fue prohibido en el área andina del Perú.

[2] Mercedes Cabello de Carbonera, escritora y novelista del realismo peruano, autora de *Blanca Sol.*

383

servicio. Su mesa rayaba en frugal, y por lo que atañe al cumplimiento de los sagrados deberes de su ministerio, daba ejemplo a todos sus compañeros de la diócesis.

Aunque sólo contaba treinta y cuatro años de edad y era de bello rostro, vigoroso de cuerpo, hábil músico e insinuante y simpático en la conversación, nunca había dado pábulo a la maledicencia ni escandalizado a los feligreses con un pecadillo venial de esos que un faldellín de bandera, vestido por cuerpo de buena moza, ha hecho y hace aún cometer a más de cuatro ministros del altar. El estudio absorbía por completo el alma y los sentidos del cura de Yanaquihua, y así por esta circunstancia como por la benevolencia de su carácter era la idolatría de la parroquia.

Pero llegó un día fatal, probablemente el de San Bartolomé, en que el diablo anda suelto y tentando al prójimo. Una linda muchacha de veinte pascuas muy floridas, con una boquita como un azucarillo y unos ojos como el lucero del alba, y una sonrisita de *Gloria in excelsis Deo,* y una cintura cenceña, y un piececito como el de la emperatriz de la Gran China, y un todo más revolucionario que el Congreso, se atravesó en el camino del doctor Angulo, y desde ese instante anduvo con la cabeza a pájaros y hecho un memo. Anita Sielles, que así se llamaba la doncella, lo traía hechizado. El pastor de almas empezó a desatender el rebaño, y los libros allí se estaban sin abrir y cubiertos de polvo y telarañas.

Decididamente el cuerpo le pedía jarana... y, ¡vamos!, no todo ha de ser rigor. Alguna vez se le ha de dar gusto al pobrecito sin que raye en vicioso; que ni un dedo hace mano ni una golondrina verano.

Y es el caso que como amor busca correspondencia, y el platonicismo es manjar de poetas melenudos y de muchachas desmelenadas, el doctor Angulo no se anduvo con muchos dibujos, y fuese a Anita y la cantó de firme y al oído la letanía de Cupido. Y tengo para mí que la tal letanía debió de llegarla al pericardio del corazón y a las entretelas del alma, porque la muchacha abandonó una noche el hogar materno y fuese a hacer las delicias de la casa parroquial, con no poca murmuración de las envidiosas comadres del pueblo.

Medio año llevaban ya los amantes de arrullos amorosos, cuando el doctor Angulo recibió una mañana carta en que se exigía su presencia en Arequipa para realizar la venta de un fundo que en esa ciudad poseía. Fiarse de apoderados era, amén de pérdida de tiempo y de tener que soportar embustes, socaliñas[3] y trabacuentas, exponerse a no recibir un cuarto. Nuestro cura se dijo:

> Al agua patos,
> no se coman el grano los gurrupatos[4].

La despedida fue de lo más romántico que cabe. No se habría dicho sino que el señor cura iba de viaje al fabuloso país de la Canela.

Dos semanas era el tiempo mayor que debía durar la ausencia. Hubo llanto y soponcio y... ¡qué sé yo! Allá lo sabrán los que alguna vez se han despedido de una querida.

El doctor Angulo entró en Arequipa con ventura, porque todo fue para él llegar y besar. En un par de días terminó sin gran fatiga el asunto, y después de emplear algún dinerillo en arracadas de brillantes, gargantilla de perlas, vestidos y otras frioleras para emperejilar a su sultana, enfrenó la mula, calzóse espuelas y volvió grupa camino de Yaquinahua.

Iba nuestro enamorado tragándose leguas, y hallábase ya dos jornadas distante del curato, cuando le salió al encuentro un indio y puso en sus manos este lacónico billete[5]:

*¡Ven! El cielo o el infierno quieren separarnos. Mi alma está triste y mi cuerpo desfallece. ¡Me muero! ¡Ven, amado mío! Tengo sed de un último beso.*

---

[3] De *sacaliña*, formado por *sacar* y *liña*, línea, por influjo de sonsacar: habilidad o petición insistente con que se sonsaca una cosa a alguien (Moliner).

[4] Compinches.

[5] Carta breve por lo común *(DRAE)*.

## II

Al otro día, a la puesta del sol, se apeaba el doctor Angulo en el patio de la casa parroquial, gritando como un frenético:

—¡Ana! ¡Ana mía!

Pero Dios había dispuesto que el infeliz no escuchase la voz de la mujer amada.

Hacía pocas horas que el cadáver de Ana había sido sepultado en la iglesia.

Don Gaspar se dejó caer sobre una silla y se entregó a un dolor mudo. No exhaló una imprecación, ni una lágrima se desprendió de sus ojos.

Esos dolores silenciosos son insondables como el abismo.

Parecía que su sensibilidad había muerto, y que Ana se había llevado su alma.

Pero cerrada la noche, y cuando todo el pueblo estaba entregado al reposo, abrió una puertecilla que comunicaba con la sacristía del templo, penetró en él con una linterna en la mano, tomó un azadón, dirigióse a la fosa y removió la tierra.

¡Profanación! El cadáver de Ana quedó en breve sobre la superficie. Don Gaspar lo cogió entre sus brazos, lo llevó a su cuarto, lo cubrió de besos, rasgó la mortaja, lo vistió con un traje de raso carmesí, echóle al cuello el collar de perlas, y engarzó en sus orejas las arracadas de piedras preciosas.

Así adornado, sentó el cadáver en un sillón cerca de la mesa, preparó dos tazas de hierba del Paraguay, y se puso a tomar el *mate*[6].

Después tomó su *quena*[7], ese instrumento misterioso al que mi amigo el poeta Manuel Castillo llamaba

---

[6] Yerba del Paraguay, mate, llamada también té del Paraguay o de los jesuitas, es una infusión de las hojas de hierba mate.

[7] Peruanismo del quechua *quena*, es un instrumento musical de viento parecido a un flauta de caña, tiene cinco agujeros y se toca en el área andina de América del Sur, desde Ecuador hasta el norte de Argentina.

> Flauta sublime de una voz extraña
> que llena el corazón de amarga pena,

la colocó dentro de un cántaro y la hizo producir sonidos lúgubres, verdaderos ecos de una angustia sin nombre e infinita. Luego, acompañado de esas armonías indefinibles, solemnemente tristes, improvisó el *yaraví* que el pueblo del Cuzco conoce con el nombre del *Manchay-Puito* (infierno aterrador).

He aquí dos de sus estrofas, que traducimos del *quichua*[8], sin alcanzar, por supuesto, a darlas el sentimiento que las presta la índole de aquella lengua, en la que el poeta o *haravicu*[9] desconoce la música del consonante o asonante, hallando la armonía en sólo el eufonismo de las palabras:

> Ábreme, infierno, tus puertas
> para sepultar mi espíritu
> en tus cavernas.
> Aborrezco la existencia,
> sin la que era la delicia
> ¡ay! de mi vida.
> Sin mi dulce compañera,
> mil serpientes me devoran
> las entrañas.
> No es Dios bueno el Dios que manda
> al corazón estas penas
> ¡ay! del infierno.

El resto del *Manchay-Puito hampuy nihuay* contiene versos nacidos de una alma desesperada hasta la impiedad, versos que estremecen por los arrebatos de la pasión y que escandalizan por la desnudez de las imágenes. Hay en ese *yaraví* todas las gradaciones del amor más delicado y todas las extravagancias del sensualismo más grosero.

Los perros aullaban, lastimosa y siniestramente, alrede-

---

[8] Quechua, *quichua* o *runa simi*, hablar de la gente, en el Imperio de los Incas.

[9] Quechuismo de *haravec*, poeta en el *Tahuantinsuyo* o cuatro regiones del Imperio de los Incas.

dor de la casa parroquial, y aterrorizados los indios de Yanaquihua abandonaban sus chozas.

Y las dolientes notas de la *quena* y las palabras tremendas del *haravicu* seguían impresionando a los vecinos como las lamentaciones del profeta de Babilonia.

Y así pasaron tres días sin que el cura abriese la puerta de su casa.

Al cabo de ellos enmudeció la *quena*, y entonces un vecino español atrevióse a escalar paredes y penetrar en el cuarto del cura.

¡Horrible espectáculo!

La descomposición del cadáver era completa, y don Gaspar, abrazado al esqueleto, se arrastraba en las convulsiones de la agonía.

### III

Tal es la popularísima tradición.

La Iglesia fulminó excomunión mayor contra los que cantasen el *Manchay-Puito* o tocasen *quena* dentro de un cántaro.

Esta prohibición es hoy mismo respetada por los indios del Cuzco, que por ningún tesoro de la tierra consentirían en dar el alma al demonio.

# Genialidades de la *Perricholi*

(Al señor Enrique de Borges, ministro de Francia
en el Perú, y traductor de mis *Tradiciones*)

I

Micaela Villegas (la *Perricholi)* fue una criatura ni tan
poética como la retrató José Antonio de Lavalle[1] en el *Correo del Perú,* ni tan prosaica como la pintara su contemporáneo el autor anónimo del *Drama de los palanganas*[2], injurioso opúsculo de 100 páginas en 4.º, que contra Amat se
publicó en 1776, a poco de salido del mando, y del que
existe un ejemplar en el tomo XXV de *Papeles varios* de la
Biblioteca Nacional. Así de ese opúsculo como de los titulados *Conversata* y *Narración exegética* se declaró, por decreto de 3 de marzo de 1777, prohibida la circulación y lectura, imponiéndose graves penas a los infractores.

No es cierto que Miquita Villegas naciera en Lima[3]. Hija
de pobres y honrados padres, su humilde cuna se meció en

---

[1] José Antonio de Lavalle, escritor y publicista peruano, es autor de
*Don Pablo de Olavide. Apuntes sobre su vida y sus obras,* Lima, 1859.

[2] Peruanismo, *palangana* es una persona muy dada a hablar con exceso
y generalmente sobre temas que ignora pero sobre los que aparenta estar
bien enterado.

[3] «Ha quedado definitivamente comprobado que la Perrichola nació en
Lima. Raúl Porras Barrenechea descubrió hace pocos años la partida de
nacimiento», nota de Edith Palma, nieta del tradicionista a la edición
Aguilar de las *Tradiciones.*

la noble ciudad de los Caballeros del León de Huánuco[4], allá por los años de 1739. A la edad de cinco años trájola su madre a Lima, donde recibió la escasa educación que en aquel siglo se daba a la mujer.

Dotada de imaginación ardiente y de fácil memoria, recitaba con infantil gracejo romances caballerescos y escenas cómicas de Alarcón, Lope y Moreto; tañía con habilidad el arpa, y cantaba con donaire al compás de la guitarra las tonadillas de moda.

Muy poco más de veinte años contaba Miquita en 1760 cuando pisó por primera vez el proscenio de Lima, siendo desde esa noche el hechizo de nuestro público.

## II

¿Fue la *Perricholi* una belleza? No, si por belleza entendemos la regularidad de las facciones y armonía del conjunto; pero si la gracia es la belleza, indudablemente que Miquita era digna de cautivar a todo hombre de buen gusto.

«De cuerpo pequeño y algo grueso, sus movimientos eran llenos de vivacidad; su rostro oval y de un moreno pálido lucía no pocas *cacarañas*[5] u hoyitos de viruelas, que ella disimulaba diestramente con los primores del tocador; sus ojos eran pequeños, negros como el *chorolque*[6] y animadísimos; profusa su cabellera, y sus pies y manos microscópicos; su nariz nada tenía de bien formada, pues era de las que los criollos llamamos *ñatas;* un lunarcito sobre el labio superior hacía irresistible su boca, que era un poco

---

[4] Entre Ambo y Huánuco capital existe un pueblo antiguo de rancia solera llamado Tomayquichua, del que muchos afirman que fue el lugar donde nació Micaela Villegas. El apellido existe y también algunas construcciones y casa hacienda de corte colonial. El escritor peruano Enrique López Albújar, que creía en tal acerto, escribió la novela *El hechizo de Tomayquichua* con personajes modernos en torno a mágicos bebedizos con los que bellas mujeres, de ese lugar, quitaban la voluntad a los hombres para convertirlos en sus amantes.

[5] Americanismo de origen mexicano, escoriaciones de la viruela.

[6] Sustancia nigérrima.

abultada, en la que ostentaba dientes menudos y con el brillo y limpieza del marfil; cuello bien contorneado, hombros incitantes y seno turgente. Con tal mezcla de perfecciones e incorrecciones podía pasar hoy mismo por bien laminada o buena moza.» Así nos la retrató, hace ya fecha, un imparcial y prosaico anciano que alcanzó a conocerla en sus tiempos de esplendor, retrato que dista no poco del que con tan espiritual como galana pluma hizo Lavalle.

Añádase a esto que vestía con elegancia extrema y refinado gusto, y que sin ser limeña tenía toda la genial travesura y salpimentado chiste de la limeña.

### III

Acababa Amat de encargarse del gobierno del Perú cuando, en 1762, conoció en el teatro a la Villegas, que era la actriz mimada y que se hallaba en el apogeo de su juventud y belleza. Era Miquita un fresco pimpollo, y el sexagenario virrey, que por sus canas se creía ya asegurado de incendios amorosos, cayó de hinojos ante las plantas de la huanuqueña, haciendo por ella durante catorce años más calaveradas que un mozalbete, con no poca murmuración de la almidonada aristocracia limeña, que era un mucho estirada y mojigata[7].

El enamorado galán no tenía escrúpulo para presentarse en público con su querida; y en una época en que Amat iba a pasar el domingo en Miraflores[8], en la quinta de su sobrino el coronel don Antonio Amat y Rocaberti, veíasele en la tarde del sábado salir de palacio en la dorada carroza de los virreyes, llevando a la *Perricholi* a caballo en la comitiva, vestida a veces de hombre, y otras con lujoso faldellín celeste recamado de franjas de oro y con sombrerillo de plumas, que era Miquita muy gentil equitadora.

---

[7] Beata hazañera que hace escrúpulo de todo *(DRAE)*.
[8] Balneario muy cercano a Lima que ahora ya forma parte de la ciudad.

Amat no fue un virrey querido en Lima, y eso que contribuyó bastante al engrandecimiento de la ciudad. Acaso por esa prevención se exageraron sus pecadillos, llegando la maledicencia de sus contemporáneos hasta inventar que si emprendió la fábrica del Paseo de Aguas fue sólo por halagar a su dama, cuya espléndida casa era la que hoy conocemos vecina a la Alameda de los Descalzos y al pie del muro del río. También proyectó la construcción de un puente en la Barranca en el sitio que hoy ocupa el puente Balta.

Un librejo de esa época, destrozando a Amat en su vida, ya pública, ya privada, lo pinta como el más insaciable de los codiciosos y el más cínico defraudador del real tesoro.

Dice así: «La renta anual de Amat, como virrey, era de sesenta mil pesos, y más de doce mil por las gratificaciones de los ramos de Cruzada, Estanco y otros, que en catorce años y nueve meses de gobierno hacen un millón ochenta mil pesos. Calculo también en trescientos mil pesos, más bien más que menos, cada año, lo que sacaría por venta de los setenta y seis corregimientos, veintiuna oficialías reales y demás innumerables cargos, pues por el más barato recibía un obsequio de tres mil duros, y empleo hubo por el que guardó veinte mil pesos. De estas granujerías y de las *hostias sin consagrar*[9] no pudo, en catorce años, sacar menos de cinco millones, amén de las onzas de oro con que por *cuelgas*[10] lo agasajaba el Cabildo el día de su santo.»

El mismo maldiciente escritor dice que si Amat anduvo tan riguroso y justiciero con los ladrones Ruda y Pulido[11], fue porque no quería tener competidores en el oficio.

No poca odiosidad concitóse también nuestro virrey por haber intentado reducir el área de los monasterios de monjas, vender los terrenos sobrantes, y aun abrir nuevas calles cortando conventos que ocupan más de una manzana;

---

[9] *Hostias sin consagrar:* negocios turbios que nunca salieron a la luz.

[10] Americanismo, obsequio o regalo de cumpleaños pero que lleva consigo alguna prevenda.

[11] Véase la tradición *Rudamente, pulidamente, mañosamente,* de la Segunda Serie.

pero fue tanta la gritería que se armó, que tuvo Amat que desistir del saludable propósito.

Y no se diga que fue hombre poco devoto el que gastó cien mil pesos en reedificar la torre de Santo Domingo, el que delineó el camarín de la Virgen de las Mercedes, costeando la obra de su peculio, y el que hizo el plano de la iglesia de las Nazarenas y personalmente dirigió el trabajo de albañiles y carpinteros.

Como más tarde contra Abascal, cundió contra Amat la calumnia de que, faltando a la lealtad jurada a su rey y señor, abrigó el proyecto de independizar el Perú y coronarse. ¡Calumnia sin fundamento!

Pero observo aquí que por dar alimento a mi manía de las murmuraciones históricas, me voy olvidando que las genialidades de la *Perricholi* son el tema de esta tradición. Pecado reparado, está casi perdonado.

IV

Empresario del teatro de Lima era, en 1773, un actor apellidado Maza, quien tenía contratada a Miquita con ciento cincuenta pesos al mes, que en esos tiempos era sueldo más pingüe que el que podríamos ofrecer hoy a la Ristori o a la Patti. Cierto que la Villegas, querida de un hombre opulento y generoso, no necesitaba pisar la escena; pero el teatro era su pasión y su deleite, y antes de renunciar a él habría roto sus relaciones con el virrey.

Parece que el cómico empresario dispensaba en el reparto de papeles ciertas preferencias a una nueva actriz conocida por la *Inesilla*, preferencias que traían a Miquita con la bilis sublevada.

Representábase una noche la comedia de Calderón de la Barca ¡*Fuego de Dios en el querer bien!*, y estaban sobre el proscenio Maza, que desempeñaba el papel de galán, y Miquita el de la dama, cuando a mitad de un parlamento o tirada de versos murmuró Maza en voz baja:

—¡Más alma, mujer, más alma! Eso lo declamaría mejor la Inés.

Desencadenó Dios sus iras. La Villegas se olvidó de que estaba delante del público, y alzando un chicotillo que traía en la mano, cruzó con él la cara del impertinente.

Cayó el telón. El respetable público se sulfuró y armó la gran grita: ¡A la cárcel la cómica, a la cárcel!

El virrey, más colorado que cangrejo cocido, abandonó el palco; y para decirlo todo de un golpe, la función concluyó a capazos.

Aquella noche, cuando la ciudad estaba ya en profundo reposo, embozóse Amat, se dirigió a casa de su querida, y la dijo:

—Después del escándalo que has dado, todo ha concluido entre nosotros, y debes agradecerme que no te haga mañana salir al tablado a pedir, de rodillas, perdón al público. ¡Adiós, *Perri-choli!*

Y sin atender a lloriqueo ni a soponcio, Amat volteó la espalda y regresó a palacio, muy resuelto a poner en práctica el consejo de un poeta:

> Si se te apaga el cigarro
> no lo vuelvas a encender:
> si riñes con una moza
> no la vuelvas a querer.

Como en otra ocasión lo hemos apuntado, Amat hablaba con muy marcado acento catalán, y en sus querellas de amante lanzaba a su concubina un *¡perra-chola!*, que, al pasar por su boca sin dientes, se convertía en *perri-choli.* Tal fue el origen del apodo.

Lástima que no hubiéramos tenido en tiempos de Amat periódicos y gacetilla. ¡Y cómo habrían retozado cronistas y graneleros[12] al poner a sus lectores en autos de la rebujina[13] teatral! ¡Paciencia! Yo he tenido que conformarme con lo poco que cuenta el autor anónimo.

Amat pasó muchos meses sin visitar a la iracunda actriz,

---

[12] Del montón.
[13] Rebujina, alboroto, bullicio de gente del vulgo *(DRAE).*

la que tampoco se atrevía a presentarse en el teatro, recelosa de la venganza del público.

Pero el tiempo, que todo lo calma; los buenos oficios de un corredor de oreja, llamado Pepe Estacio; las cenizas calientes que quedan donde fuego ha habido, y más que todo el amor de padre...

¡Ah! Olvidaba apuntar que los amores de la *Perricholi* con el virrey habían dado fruto. En el patio de la casa de la Puente-Amaya se veía a veces un precioso chiquillo vestido con lujo y llevando al pecho una bandita roja, imitando la que usan los caballeros de la real orden de San Jenaro. A ese nene solía gritarle su abuela desde el balcón:

—¡Quítate del sol, niño, que no eres un cualquiera, sino hijo de cabeza grande!

Conque decíamos que al fin se reconciliaron los reñidos amantes, y si no miente el cronista del librejo, que se muestra conocedor de ciertas interioridades, la reconciliación se efectuó el 17 de septiembre de 1775.

Yo no sé qué demonios
los dos tenemos;
mientras más regañamos
más nos queremos.

Pero es preciso reconciliar también a la *Perricholi* con el público, que por su parte había casi olvidado lo sucedido año y medio antes. El pueblo fue siempre desmemoriado, y tanto, que hoy recibe con palmas y arcos a quien ayer arrojó del solio entre silbos y poco menos que a mojicones.

Casos y casos de estos he visto yo... y aún espero verlos; que los hombres públicos de mi tierra tienen muchos Domingos de Ramos y muchos Viernes Santos, en lo cual aventajan a Cristo. Y hago punto, que no estoy para belenes de política.

Maza se había curado, con algunos obsequios que le hiciera la huanuqueña, el verdugón del chicotillazo; el público, engatusado como siempre por agentes diestros, ardía en impaciencia para volver a aplaudir a su actriz favorita.

En efecto, el 4 de noviembre, es decir, mes y medio después de hechas las paces entre los amantes, se presentó la *Perricholi* en la escena, cantando antes de la comedia una tonadilla nueva, en la que había una copla de satisfacción para el público.

Aquella noche recibió la *Perricholi* la ovación más espléndida de que hasta entonces dieran noticias los fastos de nuestro vetusto gallinero o coliseo.

Agrega el pícaro autor del librejo que Miquita apareció en la escena revelando timidez; pero que el virrey la comunicó aliento, diciéndola desde su palco:

—¡Eh! No hay que *acholarse*[14], valor y cantar bien.

Pero a quien supo todo aquello a chicharrones de sebo fue a la *Inesilla*, que durante el año y medio de eclipse de su rival había estado funcionando de primera dama. No quiso resignarse ya a ser segunda de la *Perricholi*, y se escapó para Lurín, de donde la trajeron presa. Ella, por salir de la cárcel, rompió su contrato y con él... su porvenir.

## V

Relevado Amat en 1776 con el virrey Guirior, y mientras arreglaba las maletas para volver a España, circularon en Lima coplas a porrillo, lamentándose en unas y festejándose en otras la separación del mandatario.

Las más graciosas de esas versainas son las tituladas *Testamento de Amat, Conversata entre Guarapo*[15] *y Champa*[16], *Tristes de doña Estadira y Diálogo entre la Culebra y la Ráscate con vidrio.*

Entre los manuscritos de la Biblioteca de Lima se encuentra el siguiente romancillo, que copio por referirse a nuestra actriz:

---

[14] Peruanismo de *cholo*, sentirse menos, acobardarse.

[15] Peruanismo, aguardiente de caña de azúcar fermentado debajo de la tierra.

[16] Quechuismo de *ch'ampa*, enredo, embrollo, el césped con tierra que forman una masa compacta (Morínigo).

Ya murió la esperanza
de mis deseos,
pues se ausentan las luces
del mejor Febo.
Ya no logran las tablas
cadencia y metro,
pues el compás les falta
a los conciertos.
Mi voz está perdida
y sin aliento;
mas ¿qué mucho si el alma
le falta al pecho?
Estatua seré fría
o mármol yerto,
sin que Amor en mí labre
aras ni templos.

Lloren las ninfas todas
del coliseo,
que Apolo se retira
de los festejos;
aquel grande caudillo
del galanteo,
que al dios de los amores
ofrece inciensos.
Mirad si con justicia
yo me lamento,
que tutelar no tienen
ya nuestros huertos.
No gozarán las flores
verdes recreos,
por faltar el cultivo
del jardinero

¡Ay! Yo fijé la rueda
de sus afectos,
y otras fueron pavesas
de sus incendios.
Ya no habrá Miraflores

ni más paseos,
en que Júpiter quiso
        ser mi escudero.
Mas ¡ay de mí! infelice
        que hago recuerdo
de glorias que han pasado
        a ser tormento.
Negras sombras rodean
        mis pensamientos,
cual cometa que anuncia
        tristes sucesos.

    ¡Oh fortuna inconstante!
        Ya considero
que mi suerte se vuelve
        al ser primero,
Aunque injurias me causen
        crudos los tiempos,
mi fineza y cariño
        serán eternos
Mi carroza luciente
        que fue su obsequio,
sirva al dolor de tumba,
        de mausoleo,
Pero en tan honda pena,
        para consuelo
me queda un cupidillo
        vivo y travieso.
    Es su imagen, su imagen,
        y según veo,
original parece
        aunque pequeño.
Hijo de mis amores,
        Adonis bello,
llora tanta desgracia,
        llora y lloremos.
Si es preciso que sufras
        golpe tan fiero,
mis ojos serán mares,
        mis quejas remos.
Navega, pues, navega,
        mi dulce dueño,
y Tetis te acompañe
        con mis lamentos.

Bien chabacana, en verdad, es la mitológica musa que dio vida a estos versos; pero gracias a ella podrá el lector formarse cabal concepto de la época y de los personajes[17].

## VI

Así Lavalle como Radiguet en *L'Amérique Espagnole*, y Merimée en su comedia *La Carrosse du Saint Sacrement*, refieren que cuando el rey de Nápoles, que después fue Carlos III de España, concedió a Amat la gran orden de San Jenaro (gracia que fue celebrada en Lima con fiestas regias, pues hasta se lidiaron toros en la Plaza mayor), la *Perricholi* tuvo la audacia de concurrir a ellas en carroza arrastrada por doble tiro de mulas, privilegio especial de los títulos de Castilla.

«Realizó su intento —dice Lavalle— con grande escándalo de la aristocracia de Lima; recorrió las calles y la Alameda en una soberbia carroza cubierta de dorados y primorosas pinturas, arrastrada por cuatro mulas conducidas por postillones brillantemente vestidos con libreas galoneadas de plata, iguales a las de los lacayos que montaban en la zaga. Mas cuando volvía a su casa, radiante de hermosura y gozando el placer que procura la vanidad satisfecha, se encontró por la calle de San Lázaro con un sacerdote de la parroquia que conducía a pie el sagrado Viático. Su corazón se desgarró al contraste de su esplendor de cortesana con la pobreza del Hombre-Dios, de su orgullo humano con la humildad divina; y descendiendo rápidamente de su carruaje, hizo subir a él al modesto sacerdote que llevaba en sus manos el cuerpo de Cristo.

»Anegada en lágrimas de ternura, acompañó al Santo de los Santos, arrastrando por las calles sus encajes y brocados; y no queriendo profanar el carruaje que había sido purificado con la presencia de su Dios, regaló en el acto carruaje y tiros, lacayos y librezas a la parroquia de San Lázaro.»

---

[17] Además de chabacana, como le llama Palma, se trata de un pastiche.

El hecho es cierto tal como lo relata Lavalle, excepto en un pormenor. No fue en los festejos dados a Amat por haber recibido la banda y cruz de San Jenaro, sino en la fiesta de la Porciúncula (que se celebraba en la iglesia de los padres descalzos, y a cuya Alameda concurría esa tarde, en lujosísimos coches, toda la aristocracia de Lima), cuando la *Perricholi* hizo a la parroquia tan valioso obsequio.

No hace aún veinte años que en el patio de una casahuerta, en la Alameda, se enseñaba como curiosidad histórica el carruaje de la *Perricholi,* que era de forma tosca y pesada, y que las inclemencias del tiempo habían convertido en mueble inútil para el servicio de la parroquia. El que esto escribe tuvo entonces ocasión de contemplarlo.

## VII

Al retirarse Amat para España, donde a la edad de ochenta años contrajo en Cataluña matrimonio con una de sus sobrinas, la *Perricholi* se despidió para siempre del teatro, y vistiendo el hábito de las carmelitas hizo olvidar, con la austeridad de su vida y costumbres, los escándalos de su juventud. «Sus tesoros los consagró al socorro de los desventurados, y cuando —dice Radiguet— cubierta de las bendiciones de los pobres, cuya miseria aliviara con generosa mano, murió en 1812[18] en la casa de la Alameda Vieja, la acompañó el sentimiento unánime y dejó gratos recuerdos al pueblo limeño.»

[18] *La Guía de Forasteros,* publicada el año 1819, contradice las afirmaciones de Radiguet. «La Perricholi murió el 16 de mayo de 1819.» Nota de Edith Palma en la madrileña Ed. Aguilar de las *Tradiciones.*

# Mosquita muerta

(Al poeta español Adolfo Llanos y Alcaraz)

El virrey marqués de Castelfuerte vino al Perú en 1724, precedido de gran reputación de hombre bragado y de malas pulgas.

Al día siguiente de instalado en Palacio, presentóse el capitán de guardia muy alarmado, y díjole que en la puerta principal había amanecido un cartel con letras gordas, injurioso para su excelencia. Sonrióse el marqués, y queriendo convencerse del agravio, salió seguido del oficial.

Efectivamente, en la puerta que da sobre la Plaza mayor leíase:

AQUÍ SE AMANSAN LEONES

El virrey llamó a su plumario, y le dijo: —Ponga usted debajo y con iguales letrones:

CUANDO SE CAZAN CACHORROS

Y ordenó que por tres días permaneciesen los letreros en la puerta.

Y pasaban semanas y meses, y apenas si se hacía sentir la autoridad del marqués. Empleaba sus horas en estudiar las costumbres y necesidades del pueblo, y en frecuentar la buena sociedad colonial. No perdía, pues, su tiempo; porque antes de echarla de gobierno quería conocer a fondo el

401

país cuya administración le estaba encomendada. No le faltaba a su excelencia más que decir:

> Yo soy de esta parroquia,
> yo soy de Barquisimeto;
> nadie se meta conmigo,
> que yo con nadie me meto.

La fama que lo había precedido iba quedando por mentirosa, y ya se murmuraba que el virrey no pasaba de ser un memo, del cual se podía sin recelo hacer jiras y recortes.

¿La Audiencia acordaba un disparate? Armendáriz decía: —Cúmplase, sin chistar ni mistar.

¿El Cabildo mortificaba a los vecinos con una injusticia? Su excelencia contestaba: —*Amenemén, amén*.

¿La gente de cogulla cometía un exceso? —Licencia tendrá de Dios, murmuraba el marqués.

Aquel gobernante no quería quemarse la sangre por nada ni armar camorra con nadie. Era un *pánfilo*, un bobalicón de tomo y lomo.

Así llegó a creerlo el pueblo, y tan general fue la creencia, que apareció un nuevo pasquín en la puerta de palacio, que decía:

ESTE CARNERO NO TOPA

El de Castelfuerte volvió a sonreír, y como en la primera vez, hizo poner debajo esta contestación:

A SU TIEMPO TOPARÁ

Y ¡vaya si topó!... Como que de una plumada mandó ahorcar ochenta bochincheros en Cochabamba; y lanza en mano, se le vio en Lima, a la cabeza de su escolta, matar frailes de San Francisco. Se las tuvo tiesas con clero, audiencia y cabildantes, y es fama que hasta a la misma Inquisición le metió el resuello.

Sin embargo, los rigores del de Castelfuerte tuvieron su época de calma. Descubiertos algunos gatuperios de un empleado de la real hacienda, el virrey anduvo *con paños* tibios y dejó sin castigo al delincuente. Los pasquinistas le pusieron entonces el cartel que sigue:

ESTE GALLO YA NO CANTA,
SE LE SECÓ LA GARGANTA

Y, como de costumbre, su excelencia no quiso dejar sin respuesta el pasquín, y mandó escribir debajo:

PACIENCIA, YA CANTARÁ
Y A ALGUNOS LES PESARÁ

Y se echó a examinar cuentas y a hurgar en la conducta de los que manejaban fondos, metiendo en la cárcel a todos los que resultaron con las manos sucias.

La verdad es que no tuvo el Perú un virrey más justiciero, más honrado, ni más enérgico y temido que el que principió haciéndose la mosquita muerta.

Lo que pinta por completo su prestigio y el miedo que llegó a inspirar es la siguiente décima, muy conocida en Lima, y que se atribuye a un fraile agustino:

Ni a descomunión mayor,
ni a vestir el sambenito,
tiene pena ese maldito
durecido pecador.
Mandinga, que es embaidor,
lo sacó de su caldero:
vino con piel de cordero
teniéndola de león...
Mas ¡chitón, chitón, chitón!,
la pared tiene agujero.

# La misa negra

CUENTO DE LA ABUELITA

(A mis retoños Clemente[1] y Angélica Palma)[2]

> Ve y cómprame un pañuelo
> para la baba:
> en la tienda del frente
> los hay de a vara.
>
> *(Popular)*

Érase lo que era. El aire para las aves, el agua para los peces, el fuego para los malos, la tierra para los buenos y la gloria para los mejores; y los mejores son ustedes, angelitos de mi coro, a quienes su Divina Majestad haga santos y sin vigilia.

Pues, hijitos, en 1802, cuando mandaba Avilés, que era un virrey tan bueno como el bizcocho caliente, alcancé a conocer a la madre San Diego. Muchas veces me encontré con ella en la misa de nueve, en Santo Domingo, y era un encanto verla tan contrita, y cómo se iba *elevada*, que parecía que no pisaba la tierra, hasta el comulgatorio. Por bienaventurada la tuve; pero ahí verán ustedes cómo todo ello

---

[1] Clemente Palma, narrador y periodista peruano. Hijo del tradicionista.

[2] Angélica Palma, narradora y biógrafa de Ricardo Palma, su padre.

no era sino arte y trapacería y embolismo del demonio. Persígnense, niños, para espantar al Maligno.

*Ña*[3] San Diego, más que menos, tendría entonces unos cincuenta años, e iba de casa en casa curando enfermos y recibiendo por esta caridad sus limosnitas. Ella no usaba remedios de botica, sino reliquias y oraciones, y con poner la correa de su hábito sobre la boca del estómago quitaba, como con la mano, el más rebelde cólico *miserere*. A mí me sanó de un dolor de muelas con sólo ponerse una hora en oración mental y aplicarme a la cara un huesecito, no sé si de San Fausto, San Saturnino, San Teófilo, San Julián, San Acriano o San Sebastián, que de los huesos de tales santos envió el Papa un cargamento de regalo a la Catedral de Lima. Pregúntenselo ustedes, cuando sean grandes, al señor arzobispo o al canónigo Cucaracha, que no me dejarán por mentirosa. No fue, pues, la beata quien me sanó, sino el demonio, Dios me lo perdone, que si pequé fue por ignorancia. Hagan la cruz bien hecha, sin *apuñuscar*[4] los dedos, y vuelvan a persignarse, angelitos del Señor.

Ella vivía, me parece que la estuviera viendo, en un cuartito del callejón de la Toma, como quien va para los baños de la Luna, torciendo a mano derecha.

Cuando más embaucada estaba la gente de Lima con la beatitud de *ña* San Diego, la Inquisición se puso ojo con ella y a seguirla la pista. Un señor inquisidor, que era un santo varón sin más hiel que la paloma, y a quien conocí y traté como a mis manos, recibió la comisión de ponerse en *aguaite*[5] un sábado por la noche; y a eso de las doce, ¿qué dirán ustedes que vio? A la San Diego, hijos, a la San Diego que, convertida en lechuza, salió volando por la ventana del cuarto. ¡Ave María Purísima!

Cuando al otro día fue ella, muy oronda y como quien no ha roto un plato, a Santo Domingo, para reconciliarse con el padre Bustamante, que era un pico de oro como pre-

---

[3] Americanismo de *señora*, tratamiento de consideración que se da a las mujeres mayores de clase humilde (Morínigo).

[4] Ponerlos en actitud contrita.

[5] Americasmo de *aguaitar*, ponerse en acecho.

dicador, ya la esperaba en la plazuela la calesita verde de la Inquisición. ¡Dios nos libre y nos defienda!

Yo era muchacha del barrio, y me costa, y lo diré hasta en la hora de la muerte, que cuando registraron el cuarto de la San Diego halló el Santo Oficio de la Inquisición, encerrados en una alacena, un conejo ciego, una piedra imán con cabellos rubios envueltos en ella, un muñeco cubierto de alfileres, un alacrán disecado, un rabo de lagartija, una chancleta que dijeron ser de la reina de Sabá, y ¡Jesús me ampare! una olla con aceite de lombrices para untarse el cuerpo y que le salieran plumas a la muy bruja para remontar el vuelo después de decir, como acostumbra esa gente canalla: ¡Sin Dios ni Santa María! Acompáñenme ustedes a rezar una salve por la herejía involuntaria que acabo de proferir.

Como un año estuvo presa la pícara sin querer confesar *ñizca*[6]; pero ¿adónde había de ir ella a parar con el padre Pardiñas, sacerdote de mucha *marraqueta*[7], que fue mi confesor y me lo contó todo en confianza? Niños, recen ustedes un padrenuestro y un avemaría por el alma del padre Pardiñas.

Como iba diciendo, quieras que no quieras, tuvo la bruja que beberse un jarro de aceite bendito, y entonces empezó a hacer visajes como una mona, y a vomitarlo todo, digo, que cantó de plano; porque el demonio puede ser remitente a cuanto le hagan, menos al óleo sagrado, que es santo remedio para hacerlo charlar más que un barbero y que un jefe de club eleccionario. Entonces declaró la San Diego que hacía diez años vivía (¡Jesús, María y José!) en concubinaje con Pateta[8]. Ustedes no saben lo que es concubinaje, y ojalá nunca lleguen a saberlo. Por mi ligereza en hablar y habérseme escapado esta mala palabra, recen ustedes un credo en cruz.

_____

[6] Americanismo, pedacito, pizca.
[7] Americanismo, acción de asir fuertemente con la mano los molletes de los brazos o las piernas (Morínigo).
[8] Uno de tantos nombres que Ricardo Palma asigna al diablo. Véase *Dónde y cómo el diablo perdió el poncho*.

También declaró que todos los sábados, al sonar las doce de la noche, se untaba el cuerpo con un menjurje, y que volando, volando se iba hasta el cerrito de las Ramas, donde se reunía con otros brujos y brujas a bailar deshonestamente y oír la Misa Negra. ¿No saben ustedes lo que es la Misa Negra? Yo no la he oído nunca, créanmelo; pero el padre Pardiñas, que esté en gloria, me dijo que Misa Negra era la que celebra el diablo, en figura de macho cabrío, con unos cuernos de a vara y más puntiagudos que aguja de colchonero. La hostia es un pedazo de carroña de cristiano, y con ella da la comunión a los suyos. No vayan ustedes, dormiloncitos, a olvidarse de rezar esta noche a las benditas ánimas del purgarotio y al ángel de la guarda, para que los libre y los defienda de brujas que chupan la sangre a los niños y los encanijan[9].

Lo recuerdo como si hubiera pasado esta mañana. ¡Jesucristo sea conmigo!

El domingo 27 de agosto de 1803 sacaron a la San Diego en burro y vestida de *obispa*[10]. Pero como ustedes no han visto ese vestido, les diré que era una corona en forma de mitra, y un saco largo que llamaban sambenito, donde estaban pintados, entre llamas del infierno, diablos, diablesas y culebrones. Dense ustedes tres golpecitos de pecho.

Con la San Diego salió otra picarona de su casta, tan hechicera y condenada como ella. Llamábase la Ribero, y era una vieja más flaca que gallina de diezmo con moquillo. Llegaron hasta Santo Domingo, y de allí las pasaron al beaterio de Copacabana. Las dos murieron en esa casa, antes de que *entrara la patria* y con ella la herejía. Dios las haya perdonado.

Y fui y vine, y no me dieron nada... más que unos zapatitos de cabritilla, otros de plomo, y otros de caramelo: los de cabritilla me los calcé, los de plomo se los regalé al Patudo, y los de caramelo los guardé para ti y para ti.

---

[9] Americanismo de *canijo*, enclenque.
[10] Palma encuentra, con sorna, en la coroza un parecido a la mitra obispal y en el sambenito, al de la túnica talar.

Y ahora, pipiolitos[11], a rezar conmigo un rosario de quince misterios, y después entre palomas, y besando antes la mano a mamita y a papaíto, para que Dios los ayude y los haga unos benditos. *Amenemén*[12], *amén*.

---

[11] Americanismo, niñitos.
[12] Enfático, inventado por Palma, de amén.

# La faltriquera del diablo

## I

Hay en Lima una calle conocida por la de la *Faltriquera*[1] *del Diablo*...

Mas antes de entrar en la tradición quiero consignar el origen que tienen los nombres con que fueron bautizadas muchas de las calles de esta republicana hoy, y antaño aristocrática[2], ciudad de los Reyes del Perú. A pesar de que oficialmente se ha querido desbautizarlas, ningún limeño hace caso de nombres nuevos, y a fe que razón les sobra. De mí sé decir que jamás empleo la moderna nomenclatura: primero, porque el pasado merece algún respeto, y a nada conduce abolir nombres que despiertan recuerdos históricos; y segundo, porque tales prescripciones de la autoridad son papel mojado, y no alcanzarán sino con el transcurso de siglos a hacer olvidar lo que entró en nuestra memoria junto con la cartilla. Aunque ya no hay limeños de los de sombrero con cuña, limeños *pur sang*[3], échese usted a preguntar a los que recibimos en la infancia paladeo, no de *racahout*, sino de mazamorra, por la calle del Cuzco o de Arequipa, y perderá lastimosamente su tiempo. En

---

[1] Bolsa que se lleva atada con unas cintas a la cintura. La llevaban antiguamente las mujeres, y la llevan todavía en los pueblos, debajo de la falda (Moliner).

[2] Lima continuó siendo aristiocrática hasta muy entrado el siglo xx.

[3] De casta, de pura sangre.

410

cambio, pregúntenos usted dónde está el callejón del Gigante, el de los Cachos o el de la Sirena, y verá que no nos mordemos la lengua para darle respuesta.

Cuando Pizarro fundó Lima, dividióse el área de la ciudad en lotes o solares bastante espaciosos para que cada casa tuviera gran patio y huerta o jardín. Desde entonces casi la mitad de las calles fueron conocidas por el nombre del vecino más notable. Bastará en prueba que citemos las siguientes: Argandoña, Aparicio, Azaña, Belaochaga, Beytia, Bravo, Baquíjano, Boza, Bejarano, Breña, Barraganes, Chaves, Concha, Calonge, Carrera, Cádices, Esplana, Fano, Granados, Hoyos, Ibarrola, Juan Pablo, Juan Simón, Lártiga, Lescano, La Riva, León de Andrade, Llanos, Matienzo, Maurtua, Matavilela, Melchor Malo, Mestas, Miranda, Mendoza, Núñez, Negreyros, Ortiz, Ormeño, Otárola, Otero, Orejuelas, Pastrana, Padre Jerónimo, Pando, Queipo, Romero, Salinas, Tobal, Ulloa, Urrutia, Villalta, Villegas, Zavala, Zárate.

La calle de Doña Elvira se llamó así por una famosa curandera, que en tiempo del virrey duque de la Palata tuvo en ella su domicilio. Juan de Caviedes[4], en su *Diente del Parnaso*, nos da largas y curiosas noticias de esta mujer que inspiró agudísimos conceptos a la satírica vena del poeta limeño.

Sobre la calle de las Mariquitas cuentan que el alférez don Basilio García Ciudad, guapo mancebo y donairoso poeta, que comía pan en Lima por los años 1758, fue quien hizo popular el nombre. Vivían en dicha calle tres doncellas, bautizadas por el cura con el nombre de María, en loor de las cuales improvisó un día el galante alférez la espinela siguiente:

> Mi cariño verdadero
> diera a alguna de las tres;
> mas lo fuerte del caso es
> que yo no sé a cuál más quiero.
> Cada una es como un lucero,
> las tres por demás bonitas

---

[4] Juan del Valle y Caviedes. Véase cita.

congojas danme infinitas,
y para hacer su elección
no atina mi corazón
entre las tres Mariquitas.

La calle que impropiamente llaman muchos del Gato, no se nombró sino de Gato, apellido de un acaudalado boticario.

Los biscochitos de la Zamudio dieron tal fama a una pastelera de este apellido, que quedó por nombre de la calle. A idéntica causa debe su nombre la calle del Serrano; que trasandino fue el propietario de una célebre panadería allí establecida.

La del Mármol de Carvajal lució la lápida infamatoria para el maese de campo de Gonzalo Pizarro.

De Polvos Azules llamóse la calle en donde se vendía el añil.

Rastro de San Francisco y Rastro de San Jacinto nombráronse aquellas en donde estuvieron situados los primeros camales[5] o mataderos públicos.

La calle de Afligidos se llamó así porque en un solar o corralón de ella se refugiaron muchos infelices, que quedaron sin pan ni hogar por consecuencia de un terremoto.

La calle de Juan de la Coba debió su nombre al famoso banquero Juan de la Cueva.

En tiempo del virrey conde de Superunda, a pocos meses después de la ruina del Callao, encontraron en un corral de gallinas un cascarón del que salió un basilisco[6] o pollo fenomenal. Por novelería iba el pueblo a visitar el corral, y desde entonces tuvimos la que se llama calle del Huevo.

Cuando la Inquisición celebraba auto público de fe, colocábase en la esquina de la que, con ese motivo, se llamó calle de Judíos, un cuadro con toscos figurones, que diz re-

---

[5] Camal es peruanismo, matadero.
[6] Animal mítico que mataba con la mirada. Palma le atribuye similitud con el «pollo fenomenal» porque el basilisco de la fábula también nacía de un huevo.

412

presentaban la verdadera efigie de los reos, rodeados de diablos, diablesas y llamas infernales.

Por no alargar demasiado este capítulo omitimos el origen de otros nombres de calles, y que fácilmente se explicará el lector. A este número pertenecen las que fueron habitadas por algún gremio de artesanos y las que llevan nombres de árboles o de santos. Pero ingenuamente confesamos que, a pesar de nuestras más prolijas investigaciones, nos ha sido imposible descubrir el de las diez calles siguientes: Malambo, Yaparió, Sietejeringas, Contradicción, Penitencia, Suspiro, Expiración, Mandamientos, Comesebo y Pilitricas. Sobre cuatro de estos nombres hemos oído explicaciones más o menos antojadizas y que no satisfacen nuestro espíritu de investigación.

Ahora volvamos a la calle de la Faltriquera del Diablo.

## II

Entre las que hoy son estaciones de los ferrocarriles del Callao y Chorrillos, había por los años de 1651 una calleja solitaria, pues en ella no existían más que una casa de humilde aspecto y dos o tres tiendas. El resto de la calle lo formaba un solar o corralón con pared poco elevada. Tan desdichada era la calle que ni siquiera tenía nombre, y al extremo de ella veíase un nicho con una imagen de la Virgen (alumbrada de noche por una lamparilla de aceite), de cuyo culto cuidaban las canonesas del monasterio de la Encarnación. Habitaba la casa un español, notable por su fortuna y por su libertinaje. Cayó éste enfermo de gravedad, y no había forma de convencerlo para que hiciera testamento y recibiese los últimos auxilios espirituales. En vano sus deudos llevaron junto al lecho del moribundo al padre Castillo, jesuita de cuya canonización se ha tratado, al mercedario Urraca y al agustino Vadillo, muertos en olor de santidad. El empedernido pecador los colmaba de desvergüenzas, y les tiraba a la cabeza el primer trasto que a manos le venía.

Habían ya los parientes perdido la esperanza de que el libertino arreglara cuentas de conciencia con un confesor, cuando tuvo noticia del caso un fraile dominico, que era amigo y compañero de aventuras del enfermo. El tal fraile, que se encontraba a la sazón preso en el convento en castigo de la vida licenciosa que con desprestigio de la comunidad traía, se comprometió a hacer apear de su asno al impenitente pecador. Acordóle licencia el prelado, y nuestro dominico, después de proveerse de una limeta de *moscorrofio*[7], se dirigió sin más breviario a casa de su doliente amigo.

—¡Qué diablos, hombre! Vengo por ti para llevarte a una *parranda*[8], donde hay muchachas de arroz con leche y canela, y te encuentro en cama haciendo el chancho[9] rengo[10]. Vamos, pícaro, pon de punta los huesos, y andandito, que la cosa apura.

El enfermo lanzó un quejido, mas no dejó de relamerse ante el cuadro de libertinaje que le pintaba el fraile.

—Bien quisiera acompañarte; pero ¡ay! apenas puedo moverme... Dicen que pronto doy las boqueadas.

—¡Qué has de dar, hombre! ¡Vaya! Prueba de este confortativo, y ya verás lo que es rico.

Y acercando la botella de aguardiente a la boca del enfermo, lo hizo apurar un buen sorbo.

—¡Eh! ¿Qué te parece?

—Cereza legítimo —contestó el doliente, haciendo sonar la lengua en el paladar—. En fin, siquiera tú no eres como esos frailes de mal agüero que, de día y de noche me están con la cantaleta de que si no me confieso me van a llevar los diablos.

—¡Habrá bellacos! No les hagas caso, y vuélvete a la pared. Pero aunque ello sea una candidez, hombre, sabes que se me ocurre creer que nada pierdes con confesarte. Si hay infierno te has librado, y si no lo hay...

—¡Tú también me sermoneas!... —interrumpió el enfermo encolerizándose.

---

[7] Que embriaga muy pronto.
[8] Juerga bulliciosa.
[9] Cerdo.
[10] *Hacerse el chanco rengo:* hacerse el desentendido.

414

—¡Quiá, chico, es un decir!... No te afaroles, y cortemos la bilis.

Nuevo ataque a la botella, y prosiguió el español:

—Sobre que en mi vida me he confesado, y no sabría por dónde empezar.

—Mira, ya que no puedes acompañarme a la jarana, tampoco quiero dejarte solo; y como en algo hemos de matar el tiempo, empleémosle en dejar vaciar la limeta y ensayar la confesión.

Y así por este tono siguió el diálogo, y entre trago y trago fue suavizándose el enfermo.

Al día siguiente vino el padre Castillo, y maravillóse mucho de no encontrar ya reacio al pecador.

Con el ensayo de la víspera había éste tomado gusto a la confesión.

Para él la gran dificultad había estado en comenzar, y diz que murió devotamente y edificando a todos con su contrición. La prueba es que legó la mitad de su hacienda a los conventos, lo que en esos tiempos bastaba para que a un cristiano le abriese San Pedro, de par en par, las puertas del cielo.

Entretanto, el dominico se jactaba de que exclusivamente era obra suya la salvación de esa alma, y para más encarecer su tarea solía añadir:

—He sacado esa alma de la faltriquera del diablo.

Y popularizándose el suceso y el dicho del reverendo, tuvo desde entonces nombre la calle que todos los limeños conocemos.

# Altivez de limeña

Entre el señor conde de San Javier y Casa-Laredo y la cuarta hija del conde de la Dehesa de Velayos existían, por los años de 1780, los más volcánicos amores.

El de la Dehesa de Velayos, fundadas o infundadas, sus razones tenía para no ver de buen ojo la afición del de San Javier por su hija doña Rosa, y esta terquedad paterna no sirvió sino para aumentar combustible a la hoguera. Inútil fue rodear a la joven de dueñas y rodrigones, argos y cerberos[1], y aun encerrarla bajo siete llaves, que los amantes hallaron manera para comunicarse y verse a hurtadillas, resultando de aquí algo muy natural y corriente entre los que bien se quieren. Las cuentas claras y el chocolate espeso... Doña Rosa tuvo un hijo de secreto.

Entretanto corría el tiempo como montado en velocípedo[2], y fuese que en el de San Javier entrara el resfriamiento, dando albergue a nueva pasión, o que motivo de conveniencia y de familia pesaran en su ánimo, ello es que, de la mañana a la noche, salió el muy ingrato casándose con la marquesita de Casa-Manrique. Bien dice el cantarcillo:

> No te fíes de un hombre
> (de mí el primero),

---

[1] *Rodrigones... cerberos:* vale decir un tutor o criado mayor que controle sus pasos y no la pierda de vista, unas personas que la vigilaran con cien ojos como el ser mitológico y perros de tres cabezas como los que dice la leyenda cuidan la puerta del infierno.
[2] Bicicleta.

y te lo digo, niña,
porque te quiero.

Doña Rosa tuvo la bastante fuerza de voluntad para ahogar en el pecho su amor y no darse para con el aleve por entendida del agravio, y fue a devorar sus lágrimas en el retiro de los claustros de Santa Clara, donde la abadesa, que era muy su amiga, la aceptó como seglar pensionista, corruptela en uso hasta poco después de la Independencia. Raras veces se llenaba la fórmula de solicitar la aquiescencia del obispo o del vicario para que las rejas de un monasterio se abriesen, dando libre entrada a las jóvenes o viejas que, por limitado tiempo, decidían alejarse del mundo y sus tentaciones.

Algo más. En 1611 concedióse a la sevillana doña Jerónima Esquivel que profesase solemnemente en el monasterio de las descalzas de Lima sin haber comprobado en forma su viudedad. A poco llegó el marido, a quien se tenía por difunto, y encontrando que su mujer y su hija eran monjas descalzas, resolvió él meterse fraile franciscano, partido que también siguió su hijo. Este cuaterno monacal pinta con elocuencia el predominio de la Iglesia en aquellos tiempos y el afán de las comunidades por engrosar sus filas, haciendo caso omiso de enojosas formalidades.

No llevaba aún el de San Javier un año de matrimonio, cuando aconteció la muerte de la marquesita. El viudo sintió renacer en su alma su antigua pasión por doña Rosa, y solicitó de ésta una entrevista, la que después de alguna resistencia, real o disimulada, se le acordó por la noble reclusa.

El galán acudió al locutorio, se confesó arrepentido de su gravísima falta, y terminó solicitando la merced de repararla casándose con doña Rosa. Ella no podía olvidar que era madre, y accedió a la demanda del condesito; pero imponiendo la condición *sine qua non* de que el matrimonio se verificase en la portería del convento, sirviendo de madrina la abadesa.

No puso el de San Javier reparos, desató los cordones de la bolsa, y en una semana estuvo todo allanado con la curia y designado el día para las solemnes ceremonias de casamiento y velación.

Un altar portátil se levantó en la portería, el arzobispo dio licencia para que penetrasen los testigos y convidados de ambos sexos, gente toda de alto coturno[3]; y el capellán de las monjas, luciendo sus más ricos ornamentos, les echó a los novios la inquebrantable lazada.

Terminada la ceremonia, el marido, que tenía coche de gala para llevarse a su costilla, se quedó hecho una estantigua[4] al oír de labios de doña Rosa esta formal declaración de hostilidades:

—Señor conde, la felicidad de mi hijo me exigía un sacrificio, y no he vacilado para hacerlo. La madre ha cumplido con su deber. En cuanto a la mujer, Dios no ha querido concederla que olvide que fue vilmente burlada. Yo no viviré bajo el mismo techo del hombre que despreció mi amor, y no saldré de este convento sino después de muerta.

El de San Javier quiso agarrar las estrellas con la mano izquierda, y suplicó y amenazó. Doña Rosa se mantuvo terca.

Acudió la madrina, y el marido, a quien se le hacía muy duro no dar un mordisco al pan de la boda, la expuso su cuita, imaginándose encontrar en la abadesa persona que abogase enérgicamente en su favor. Pero la madrina, aunque monja era mujer, y como tal comprendía todo lo que de altivo y digno había en la conducta de su ahijada.

—Pues, señor mío —le contestó la abadesa—, mientras estas manos empuñen el báculo abacial no saldrá Rosa del claustro sino cuando ella lo quiera.

El conde tuvo a la postre que marcharse desahuciado. Apeló a todo género de expedientes e influencias para que su mujer amainase, y cuando se convenció de la esterilidad de su empeño por vías pacíficas y conciliatorias, acudió a los tribunales civiles y eclesiásticos.

---

[3] De gran categoría. El coturno era un calzado de suela de corcho muy alto usado por los actores del teatro antiguo.
[4] Por extensión, quedarse hecho un fantasma.

Y el pleito duró años y años, y se habría eternizado si la muerte del de San Javier no hubiera venido a ponerle término.

El hijo de doña Rosa entró entonces en posesión del título y hacienda de su padre; y la altiva limeña, libre ya de escribanos, procuradores, papel de sello y demás enguinfingalfas que trae consigo un litigio, terminó tranquilamente sus días en los tiempos de Abascal, sin poner pie fuera del monasterio de las clarisas.

¡Vaya una limeñita de carácter!

# El mejor amigo..., un perro

## I

Apuesto, lector limeño, a que entre los tuyos has conocido algún viejo de esos que alcanzaron el año del cometa
(1807), que fue cuando por primera vez se vio en Lima perros con hidrofobia, y a que lo oíste hablar con delicia de
la *Perla sin compañera.*

Sin ser yo todavía viejo, aunque en camino voy de serlo
muy en breve, te diré que no sólo he oído hablar de ella,
sino que tuve la suerte de conocerla, y de que cuando era
niño me regalara rosquetes[1] y confituras. ¡Como que fue
mi vecina en el Rastro de San Francisco!

Pero entonces la *Perla* ya no tenía oriente, y nadie habría
dicho que esa anciana, arrugada como higo seco, fue en el
primer decenio del siglo actual la más linda[2] mujer de
Lima; y eso que en mi tierra ha sido siempre opima la cosecha de buenas mozas.

Allá por los años de 1810 no era hombre de gusto, sino
tonto de caparazón y gualdrapa[3], quien no la echaba un piropo, que ella recibía como quien oye llover, pues callos tenía el tímpano de oír palabritas melosas.

Yo no acertaré a retratarla, ni hace falta. Bástame repetir

---

[1] Rosquillas.
[2] Americanismo, en el sentido de belleza extrema, bondad o excelencia
de algo
[3] Calandrajo desaliñado y sucio que cuelga de la ropa.

con sus contemporáneos que era bellísima, plusquam-bellísima[4].

Hasta su nombre era precioso. Háganse ustedes cargo, se llamaba María Isabel.

Y sobre todo, tenía un alma de ángel y una virtud a prueba de tentaciones.

Disfrutaba de cómoda medianía, que su esposo no era ningún potentado, ni siquiera título de Castilla, sino un modesto comerciante en lencería.

Eso sí, el marido era también gallardo mozo y vestía a la última moda, muy currutaco[5] y muy echado para atrás. Los envidiosos de la joya que poseía por mujer, hallando algo que criticar en su garbo y elegancia, lo bautizaron con el apodo de *Niño de gonces*.

La parejita era como mandada hacer. Imagínate, lector, un par de tortolitas amarteladas, y si te gustan los buenos versos te recomiendo la pintura que de ese amor hace Clemente Althaus[6], en una de sus más galanas poesías que lleva por título: *Una carta de la Perla sin compañera.*

## II

Llegó por ese año a Lima un caballero que andaba corriendo mundo y con el bolsillo bien provisto, pues se gastaba un dineral en sólo las *mixtureras*[7].

Después de la misa del domingo acostumbraban los limeños dar paseo por los portales de la Plaza, bajo cuyas arcadas se colocaban algunas mulatas que vendían flores, mixturas, zahumerios, y perfumes, y que aindamáis eran destrísimas zurcidoras de voluntades.

Los marquesitos y demás jóvenes ricos y golosos no regateaban para pagar un doblón o media onza de oro para

---

[4] Palma es amigo de componer palabras como esta o incluso duplicarlas como *amenemén* de la tradición *La misa negra*.

[5] Americanismo, rechoncho, retaco.

[6] Clemente Althaus, escritor peruano.

[7] Peruanismo, vendedoras de arreglos florales pequeños.

una marimoña, un tulipán, una arirumba, un ramo de claveles disciplinados, un pucherito de mixtura o un cestillo enano de capulíes, nísperos, manzanitas y frutillas con su naranjita de Quito en el centro.

Oigan ustedes hablar de esas costumbres a los abuelitos. El más modesto dice: —¡Vaya si me han comido plata las mixtureras! Nunca hice el domingo con menos de una pelucona. Los mozos de mi tiempo no éramos comineros como los de hoy, que cuando gastan un real piden *sencilla*[8] o buscan el *medio vuelto*[9]. Nosotros dábamos hasta la camisa casi siempre sin interés y de puro rombosos[10]; y bastábanos con que fuera amiga nuestra la dama que pasaba por el Portal para que echásemos la casa por la ventana, y allá iba el ramo o el pucherito, que las malditas mixtureras sabían arreglar con muchísimo primor y gusto. Y después, ¿qué joven salía de una casa el día de fiesta sin que las niñas le obsequiasen la pastillita de briscado[11] o el nisperito con clavos de olor, y le rociaran el pañuelo con *agua rica*[12], y lo abrumasen con mil finezas de la *laya*?[13]. ¡Aquélla sí era gloria, y no la de estos tiempos de cerveza amarga y papel-manteca![14].

Pero, dejando a los abuelitos regocijarse con remembranzas del pasado, que ya vendrá para nuestra generación la época de imitarlos, maldiciendo del presente y poniendo por las nubes el ayer, sigamos nuestro relato.

Entre los asiduos concurrentes al Portal encontrábase nuestro viajero, cuya nacionalidad nadie sabía a punto fijo cuál fuese. Según unos era griego, según otros italiano, y no faltaba quien lo creyese árabe.

---

[8] Americanismo, monedas de poco valor, calderilla, dinero suelto.
[9] *Medio vuelto:* la mitad de la vuelta del dinero que sobra al hacer un pago.
[10] *Desprendido:* que no muestra apego por las cosas materiales, dadivoso.
[11] *Pastillita de briscado:* miniatura tejida con hijo de oro o plata, rizado, escarchado y retorcido.
[12] Perfumada.
[13] Especie.
[14] La edición de Oviedo considera: «papel-manteca: alusión humorística al papel moneda, entonces de reciente introducción», pág. 249.

Llamábase Mauro Cordato. Viajaba sin criado y en compañía de un hermoso perro de aguas, del cual jamás se apartaba en la calle ni en visitas; y cuando concurría al teatro, compraba en la boletería entrada y asiento para su perro que, la verdad sea dicha, se manejaba durante el espectáculo como toda una persona decente.

El animal era, pues, parte integrante o complementaria del caballero, casi su *alter ego;* y tanto, que hombres y mujeres decían con mucha naturalidad y como quien nada de chocante dice: —Ahí van Mauro Cordato y su perro.

### III

Sucedió que un domingo, después de oír misa en San Agustín, pasó por el Portal la *Perla sin compañera,* de bracero[15] con su dueño y señor el *Niño de gonces.* Verla Mauro Cordato y apasionarse de ella furiosamente todo fue uno. Escopetazo a quemarropa y... ¡aliviarse!

Echóse Mauro a tomar lenguas de sus amigos y de las mixtureras más conocedoras y ladinas, y sacó en claro el consejo de que no perdiera su tiempo emprendiendo tal conquista; pues era punto menos que imposible alcanzar siquiera una sonrisa de la esquiva limeña.

Picóse el amor propio del aventurero, apostó con sus camaradas a que él tendría la fortuna de rendir la fortaleza, y desde ese instante, sin darse tregua ni reposo, empezó a escaramucear[16].

Pasaron tres meses, y el galán estaba tan adelantado como el primer día. Ni siquiera había conseguido que lo calabaceasen[17] en forma; pues María Isabel no ponía pie fuera de casa sino acompañada de su marido; ni su esclava se habría atrevido, por toda la plata del Potosí, a llevarla un billete o mensaje; ni en su salón entraba gente libertina, de este o del otro sexo; que era el esposo hombre que vivía

---

[15] Dar el brazo para que otro se apoye en él *(DRAE).*
[16] Es correcto como intransitivo.
[17] Le den calabazas, desengaños amorosos.

muy sobre aviso, y no economizaba cautela para alejar moros de la costa.

Mauro Cordato, que hasta entonces se había creído sultán de gallinero, empezaba a llamar al diablo en su ayuda. Había el libertino puesto en juego todo su arsenal de ardides, y siempre estérilmente.

Y su pasión crecía de minuto en minuto. ¡Qué demonche! No había más que dar largas al tiempo, y esperar sin desesperarse, que por algo dice la copla:

> Primero hizo Dios al hombre
> y después a la mujer;
> primero se hace la torre
> y la veleta después.

## IV

Acostumbraba María Isabel ir de seis en seis meses a la Recolección de los descalzos, donde a los pies de un confesor depositaba los escrúpulos de su alma, que en ella no cabía sombra de pecado grave.

En la mañana del 9 de septiembre de 1810 encaminóse, seguida de su esclava, al lejano templo.

Pero la casualidad, o el diablo que no duerme, hizo que Mauro Cordato y su perro estuvieran también respirando la brisa matinal y paseándose por la extensa alameda de sauces que conducía a la Recolección franciscana.

El osado galán encontró propicia la oportunidad para pegarse a la dama de sus pensamientos, como pulga a la oreja, y encarecerla los extremos de la pasión que le traía sorbido el seso.

Pensado y hecho. El hombre no se quedó corto en alambicar conceptos; pero María no movió los labios para contestarle, ni lo miró siquiera, ni hizo de sus palabras más caso que del murmullo del agua de la Puente-Amaya.

Encocoróse[18] Mauro de estar fraseando con una estatua,

---

[18] Americanismo de *encocorarse*, resentirse (Morínigo).

424

y cuando vio que la joven se encontraba a poquísima distancia de la portería del convento, la detuvo por el brazo diciéndola:

—De aquí no pasas sin darme una esperanza de amor.

—¡Atrás, caballero! —contestó ella desasiéndose con energía de la tosca empuñada del mancebo—. Está usted insultando a una mujer honrada y que jamás, por nadie y por nada, faltará a sus deberes.

El despecho ofuscó el cerebro del aventurero, y sacando un puñal lo clavó en el seno de María.

La infeliz lanzó un grito de angustia, y cayó desplomada.

La esclava echó a correr, dando voces, y la casi siempre solitaria (hoy como entonces) Alameda fue poco a poco llenándose de gente.

Mauro Cordato, apenas vio caer a su víctima, se arrodilló para socorrerla, exclamando con acento de desesperación: —¡Qué he hecho Dios mío, qué he hecho! He muerto a la que era vida de mi vida.

Y se arrancaba pelos de la barba y se mordía los labios con furor.

Entretando, la muchedumbre se arremolinaba gritando: —¡Al asesino, al asesino! —y a todo correr venía una patrulla por el beaterio del Patrocinio.

Mauro Cordato se vio perdido.

Sacó del pecho un pistolete, lo amartilló y se voló el cráneo.

¡*Tableau!*[19], como dicen los franceses.

## V

La herida de la *Perla sin compañera* no fue mortal; pues, afortunadamente para ella, el arma se desvió por entre las ballenas[20] del monillo. Como hemos dicho, la conocimos en 1839, cuando ya no era ni sombra de lo que fuera.

---

[19] Mesa.
[20] Se refiere al armazón del monillo que se confeccionaba aprovechando la elasticidad de las barbas de la ballena.

Hacía medio siglo, por lo menos, que no se daba en Lima el escándalo de un suicidio. Calcúlese la sensación que éste produciría. De fijo que proporcionó tema para conversar un año; que, por entonces, los sucesos no envejecían, como hoy, a las veinticuatro horas.

Tan raro era un suicidio en Lima, que formaba época, digámoslo así. En este siglo, y hasta que se proclamó la Independencia, sólo había noticia de dos: el de Mauro Cordato y el de don Antonio de Errea, caballero de la orden de Calatrava, regidor perpetuo del Cabildo, prior del tribunal del Consulado y tesorero de la acaudalada congregación de la O. Errea, que en 1816 ejercía el muy honorífico cargo de alcalde de la ciudad, llevaba el guión o estandarte en una de las solemnes procesiones de Catedral, cuando tuvo la desdicha de que un cohete o volador mal lanzado le reventara en la cabeza, dejándolo sin sentido. Parece que, a pesar de la prolija curación, no quedó con el juicio muy en sus cabales; pues, en 1819, subióse un día al campanario de la Merced, y dio el salto mortal. Los maldicientes de esa época dijeron... (yo no lo digo, y dejo la verdad en su sitio)... dijeron... (y no hay que meterme a mí en la danza ni llamarme cuentero, chismoso y calumniador)... Conque decíamos que los maldicientes dijeron... (y repito que no vaya alguien a incomodarse y agarrarla conmigo) que la causa de tal suicidio fue el haber confiado Errea a su hijo político, que era factor de la real compañía de Filipinas, una gruesa suma perteneciente a la congregación de la O, dinero que el otro no devolvió en la oportunidad precisa.

La iglesia dispuso que el cadáver de Mauro Cordato no fuera sepultado en lugar sagrado, sino en el cerrito de las Ramas[21].

Ni los compañeros de libertinaje, con quienes derrochara sus caudales el infeliz joven, dieron muestra de aflicción por su horrible desventura. Y eso que, en vida, contaba los amigos por docenas.

Rectifico. La fosa de Mauro Cordato tuvo durante tres

---

[21] Nombre que Palma da, en varias tradiciones, al cerro de San Cristóbal, cercano a la ciudad de Lima.

días un guardia leal que no permitió que se acercase nadie a profanarla: que se mantuvo firme en su puesto, sin comer ni beber, como el centinela que cumple con la consigna, y que al fin quedó sobre la tumba muerto de inanición.

Desde entonces, y no sin razón, los viejos de Lima dieron en decir: —El mejor amigo..., un perro.

# Una moza de rompe y raja[1]

## I

### EL PRIMER PAPEL MONEDA

Sin las noticias histórico-económicas que voy a consignar, y que vienen de perilla en estos tiempos de bancario desbarajuste, acaso sería fatigoso para mis lectores entender la tradición.

A principios de 1822, la causa de la Independencia corría grave peligro de quedar como la gallina que formó alharaca para poner un huevo, y ese huero. Las recientes atrocidades de Carratalá[2] en Cangallo[3] y de Maroto en Potosí, si bien es cierto que retemplaron a los patriotas de buena ley, trajeron algún pánico a los espíritus débiles y asustadizos. San Martín mismo, desconfiando de su genio y fortuna, habíase dirigido a Guayaquil en busca de Bolívar y de auxilio colombiano, dejando en Lima, al cargo del gobierno, al gran mariscal marqués de Torretagle[4].

---

[1] En España se usa: de rompe y rasga, para designar a la persona resuelta o atropelladora y que no se detiene de hacer lo que se propone ni por miedo ni por consideración a otros ni a las conveniencias sociales (Morínigo).

[2] Carratalá, militar español famoso por su dureza en reprimir al ejercito patriota.

[3] Cangallo, capital de la provincia del mismo nombre, del departamento de Ayacucho.

[4] Torre Tagle, presidente del Perú entre 1823-1824; gobernó en Lima mientras en Trujillo había un gobierno paralelo.

Hablábase de una formidable conspiración para entregar la capital al enemigo; y el nuevo gobierno, a quien los dedos se le antojaban huéspedes, no sólo adoptó medidas ridículas, como la prohibición de que usasen capa los que no habían jurado la Independencia, sino que recurrió a expedientes extremos y terroríficos. Entre éstos enumeraremos la orden mandando salir del país a los españoles solteros, y el famoso decreto que redactó don Juan Félix Berindoaga, conde de San Donás, barón de Urpín y oficial mayor de un ministerio. Disponía este decreto que los traidores fuesen fusilados y sus cadáveres colgados en la horca ¡Misterios del destino! El único en quien, cuatro años más tarde, debió tener tal castigo cumplida ejecución fue el desdichado Berindoaga, autor del decreto.

Estando Pasco y Potosí en poder de los realistas, la casa de Moneda no tenía barras de plata que sellar, y entre los grandes políticos y financistas de la época surgió la idea salvadora de emitir papel moneda para atender a los gastos de la guerra. Cada uno estornuda como Dios lo ayuda.

El pueblo, a quien se le hacía muy cuesta arriba concebir que un retazo de papel puede reemplazar al metal acuñado, puso el grito en el séptimo cielo; y para acallarlo fue preciso que don Bernardo de Torretagle escupiese por el colmillo, mandando promulgar el 1.° de febrero un bando de espantamoscas, en el cual se determinaban las penas en que incurrían los que, en adelante, no recibiesen de buen grado los billetes de a dos y cuatro reales, únicos que se pusieron en circulación.

La medida produjo sus efectos. El pueblo refunfuñaba, y poniendo cara de vinagre agachó la cabeza y pasó por el aro; mientras que los hombres de palacio, satisfechos de su coraje para imponer la ley a la chusma, se pusieron, como dice la copla, del *coup de nez,*

en la nariz el pulgar
y los demás en hilera,
y... perdonen la manera
de señalar.

Sin embargo, temió el gobierno que la mucha tirantez hiciera reventar la soga, y dio al pueblo una dedada de miel con el nombramiento de García del Río, quien marcharía a Londres para celebrar un empréstito, destinado a la amortización del papel y a sacar almas del purgatorio. El comercio, por su parte, no se echó a dormir el sueño de los justos, y entabló gestiones; y al cabo de seis meses de estudiarse el asunto, se expidió el 13 de agosto un decreto para que el papel (que andaba tan depreciado como los billetes de hoy) fuese recibido en la Aduana del Callao y el Estanco de Tabacos. ¡Bonito agosto hicieron los comerciantes de buen olfato! Eso sí que fue andar al trote para ganarse el capote.

Cierto es que San Martín no intervino directamente en la emisión del papel moneda; pero al cándido pueblo, que le da siempre de malicioso y de no tragar anchoveta por sardina, se le puso en el magín que el Protector había sacado la brasa por mano ajena, y que él era el verdadero responsable de la no muy limpia operación. Por eso cuando el 20 de agosto, de regreso de su paseo a Guayaquil, volvió San Martín a encargarse del mando, apenas si hubo señales de alborozo público. Por eso también el pueblo de Lima se había reunido poco antes en la Plaza mayor, pidiendo la cabeza de Monteagudo, quien libró de la borrasca saliendo camino del destierro. Obra de este ministro fue el decreto de 14 de diciembre de 1821 que creaba el Banco nacional de emisión.

Fue bajo el gobierno del gran mariscal Riva Agüero[5], cuando, en marzo de 1823, a la vez que llegaba la noticia de quedar en Londres oleado y sacramentado el empréstito, resolvió el Congreso que se sellara (por primera vez en el Perú) medio millón de pesos en moneda de cobre para amortizar el papel, del que, después de destruir las matrices, se quemaron diariamente en la puerta de la Tesorería billetes por la suma de quinientos pesos, hasta quedar extinguida la emisión.

---

[5] (Mariscal) José de la Riva Agüero, militar y político peruano, llegó a la más alta magistratura.

Así se puso término entonces a la crisis, y el papel con garantía o sin garantía del Estado, que para el caso da lo mismo, no volvió a parecer hasta que... Dios fue servido enviarnos plétora de billetes de Banco y eclipse total de monedas. Entre los patriotas y los patrioteros hemos dejado a la patria en los huesos y como para el carro de la basura.

Pero ya es hora de referir la tradición, no sea que la pluma se deslice y entre en retozos y comparaciones políticas, de suyo peligrosas en los tiempos que vivimos.

## II

### LA LUNAREJA

Más desvergonzada que la Peta Winder de nuestros días fue, en 1822, una hembra, de las de navaja en la liga y pata de gallo en la cintura, conocida en el pueblo de Lima con el apodo de la *Lunareja*, y en la cual se realizaba al pie de la letra lo que dice el refrán:

> Mujer lunareja,
> mala hasta vieja.

Tenía la tal un tenducho o covachuela de zapatos en la calle de Judíos, bajo las gradas de la Catedral. Eran las covachuelas unos chiribitiles subterráneos que desaparecieron hace pocos años, no sin resistencia de los canónigos, que percibían el arrendamiento de esas húmedas y feísimas madrigueras.

Siempre que algún parroquiano llegaba al cuchitril de Gertrudis la *Lunareja*, en demanda de un par de zapatos de orejita, era cosa de taparse los oídos con algodones para no escucharla echar por la boca de espuerta que Dios la dio sapos, culebras y demás sucias alimañas. A pesar del riguroso bando conminatorio, la zapatera se negaba resueltamente a recibir papelitos, aderezando su negativa con una salsa parecida a ésta:

—Miren, miren al ladronazo de *ño* San Martín que, no

431

contento con desnudar a la Virgen del Rosario, quiere llevarse la plata y dejarnos cartoncitos *imprentados*[6]... ¡La perra que lo parió al muy pu... chuelero!

Y la maldita, que era *goda* hasta la médula de los huesos, concluía su retahíla de insultos contra el Protector cantando a grito herido una copla del *miz-miz,* bailecito en boga, en la cual se le zurraba la badana al supremo delegado marqués de Torretagle.

> Peste de pericotes
> hay en tu cuarto;
> deja la puerta abierta,
> yo seré el gato.
>
> ¡Muera la patria!
> ¡Muera el marqués!
> ¡Que viva España!
> ¡Que viva el rey!

¡Canario! El cantarcito no podía ser más subversivo en aquellos días, en que la palabra *rey* quedó tan proscrita del lenguaje, que se desbautizó al peje-rey para llamarlo *peje-patria,* y al pavo real se le confirmó con el nombre de *pavo nacional.*

Los descontentos que a la sazón pululaban aplaudían las insolencias y obscenidades de la *Lunareja,* que propiedad de pequeños y cobardes es festejar la inmundicia que los maldicientes sobre las espaldas de los que están en el poder. Así envalentonada la zapatera, acrecía de hora en hora en atrevimiento, haciendo *huesillo*[7] a los agentes de policía, que, de vez en cuando, la amonestaban para que no escandalizase al patriota y honesto vecindario.

Impuesta de todo la autoridad, vaciló mucho el desgraciado Torretagle para poner coto al escándalo. Repugnaba a su caballerosidad el tener que aplicar las penas del bando en una mujer.

---

[6] Impresos.
[7] Americanismo, en sentido familiar, los dejaba como melocotones secados al sol.

El alcalde del barrio recibió al fin orden de acercarse a la *Lunareja* y reprenderla; pero ésta que, como hemos dicho, tenía lengua de barbero, afilada y cortadora, acogió al representante de la autoridad con un aluvión de dicterios tales, que al buen alcalde se le subió la mostaza a las narices, y llamando cuatro soldados hizo conducir, amarrada y casi arrastrando, a la procaz zapatera a un calabozo de la cárcel de la Pescadería. Lo menos que le dijo a su merced fue:

Usía y mi marido
van a Linares
a comprar cuatro bueyes:
vendrán tres pares.

Vivos hay todavía y comiendo *pan de la patria* (que así llamaban en 1822 al que hoy llamamos pan de hogaza) muchos que presenciaron los verídicos sucesos que relatados dejo, y al testimonio de ellos apelo para que me desmientan, si en un ápice me aparto de la realidad histórica.

Al siguiente día (22 de febrero) levantóse por la mañana en la Plaza mayor de Lima un tabladillo con un poste en el centro. A las dos de la tarde, y entre escolta de soldados, sacaron de la Pescadería a la *Lunareja*.

Un sayón o ministril la ató al poste, y la cortó el pelo al rape. Durante esta operación lloraba y se retorcía la infeliz, gritando:

—¡Perdone mi amo Torretagle, que no lo haré más!

A lo que los *mataperritos* que rodeaban el tabladillo, azuzando al sayón que manejaba tijera y navaja, contestaban en coro:

Déle, maestro, déle
hasta que cante el *miserere*.

Y la *Lunareja*, pensando que los muchachos aludían al estribillo del *miz-miz*, se puso a cantar, y como quien satisface cantando la palinodia:

¡Viva la patria
de los peruanos!

433

> ¡Mueran los godos
> que son tiranos!

Pero la granujada[8] era implacable, y comenzó a gritar con especial sonsonete:

> ¡Boca dura, y pies de lana!
> Déle, maestro, hasta mañana.

Terminada la rapadura, el sayón le puso a Gertrudis una canilla de muerto por mordaza, y hasta las cuatro de la tarde permaneció la pobre mujer expuesta a la vergüenza pública.

Desde ese momento nadie se resistió a recibir el papel moneda.

Parece que mis paisanos aprovecharon de la lección en cabeza ajena, y que no murmuraron más de las cosas gubernamentales.

## III

### EL FIN DE UNA MOZA TIGRE

Cuando nosotros los insurgentes perdimos las fortalezas del Callao por la traición de Moyano y Oliva, la *Lunareja* emigró al Real Felipe, donde Rodil la asignó sueldo de tres pesetas diarias y ración de oficial.

El 3 de noviembre de 1824 fue día nefasto para Lima por culpa del *pantorrilludo*[9] Urdaneta, que proporcionó a los españoles gloria barata. El brigadier don Mateo Ramírez, de feroz memoria, sembró cadáveres de mujeres, y niños, y hombres inermes en el trayecto que conduce de la portada del Callao a las plazuelas de la Merced y San Marcelo. Las viejas de Lima se estremecen aún de horror cuando hablan de tan sangrienta hecatombe.

---

[8] Que tiene modales de granuja *(DRAE).*
[9] Peruanismo, vanidoso. Ridículo por la vanidad (Morínigo).

434

Gertrudis la *Lunareja* fue una de aquellas furiosas y desalmadas bacantes que vinieron ese día con la caballería realista que mandaba el marqués de Valle-Umbroso, don Pedro Zabala, y que, como refiere un escritor contemporáneo, cometieron indecibles obscenidades con los muertos, bailando en torno de ellos la *mariposa* y *el agua de nieve*.

El 22 de enero de 1826, fecha en que Rodil firmó la capitulación del Callao, murió la *Lunareja*, probablemente atacada de escorbuto, como la mayoría de los que se encerraron en aquella plaza. Mas, por entonces, se dijo que la zapatera había apurado un veneno, y preferido la muerte a ver ondear en los castillos el pabellón de la República.

La *Lunareja* exhaló el último aliento gritando: ¡Viva el rey!

*EN LA GUERRA Y*
*EN EL AMOR*

# Justicia de Bolívar

## (A Ricardo Bustamante)

En junio de 1824 hallábase el ejército libertador escalonado en el departamento de Ancachs[1], preparándose a emprender las operaciones de la campaña que, en agosto de ese año, dio por resultado la batalla de Junín y cuatro meses más tarde el espléndido triunfo de Ayacucho.

Bolívar residía en Caraz con su Estado Mayor, la caballería que mandaba Necochea, la división peruana de La Mar, y los batallones Bogotá, Caracas, Pichincha y Voltíjeros, que tan bizarramente se batieron a órdenes del brazo Córdova.

La división de Lara, formada por los batallones Vargas, Rifles y Vencedores, ocupaba cuarteles en la ciudad de Huaraz. Era la oficialidad de estos cuerpos un conjunto de jóvenes gallardos y calaveras, que así eran de indómita bravura en las lides de Marte como en las de Venus. A la vez que se alistaban para luchar heroicamente con el aguerrido y numeroso ejército realista, acometían en la vida de guarnición, con no menos arrojo y ardimiento[2], a las descendientes de los golosos desterrados del Paraíso.

La oficialidad colombiana era, pues, motivo de zozobra

---

[1] En la *TPC* de Aguilar aparece dentro de la tradición como *Ancachs* y en *Apéndice Geográfico* como *Ancasch*. Desde entonces el mal se repite en ediciones cuidadas, como las de Oviedo, o populares, como las de Raymundo Lazo. La edición de la Colección Archivos rectifica el error y aparece Ancash.

[2] Ardor, intrepidez *(DRAE)*.

para las muchachas, de congoja para las madres y de cuita para los maridos; porque aquellos malditos militronchos[3] no podían tropezar con un palmito medianamente apetitoso sin decir, como más tarde el valiente Córdova: *Adelante, y paso de vencedor,* y tomarse ciertas familiaridades capaces de dar retortijones al marido menos escamado y quisquilloso. ¡Vaya si eran confianzudos los libertadores!

Para ellos estaban abiertas las puertas de todas las casas, y era inútil que alguna se les cerrase, pues tenían siempre su modo de matar pulgas y de entrar en ella como en plaza conquistada. Además, nadie se atrevía a tratarlos con despego: primero, porque estaban de moda; segundo, porque habría sido mucha ingratitud hacer ascos a los que venían desde las márgenes del Cauca y del Apure a ayudarnos a romper el aro y participar de nuestros reveses y de nuestras glorias, y tercero porque en la *patria vieja* nadie quería sentar plaza de patriota tibio.

Teniendo la división Lara una regular banda de música, los oficiales, que, como hemos dicho, era gente amiga del jolgorio, se dirigían con ella después de la lista de ocho a la casa que en antojo les venía, e improvisaban un baile para el que la dueña de la casa comprometía a sus amigas de la vecindad.

Una señora, a la que llamaremos la señora de Munar, viuda de un acaudalado español, habitaba en una de las casas próximas a la plaza en compañía de dos hijas y de dos sobrinas, muchachas todas en condición de aspirar a inmediato casorio, pues eran lindas, ricas, bien endoctrinadas[4] y pertenecientes a la antigua aristocracia del lugar. Tenían lo que entonces se llamaba sal, pimienta, orégano y cominillo; es decir, las cuatro cosas que los que venían de la península buscaban en la mujer americana.

Aunque la señora de Munar, por lealtad sin duda a la memoria de su difunto, era goda y *requetegoda,* no pudo una noche excusarse de recibir en su salón a los caballeritos

---

[3] Peruanismo, militares deshonestos y ambiciosos por el beneficio personal aun de manera ilícita.

[4] Bien adiestradas en la doctrina católica.

colombianos, que a son de música manifestaron deseo de armar jarana en el aristocrático hogar.

Por lo que atañe a las muchachas, sabido es que el alma les brinca en el cuerpo cuando se trata de zarandear a duo el costalito de tentaciones.

La señora de Munar tragaba saliva a cada piropo que los oficiales endilgaban a las doncellas, y ora daba un pellizco a la sobrina que se descantillaba con una palabrita animadora, o en voz baja llamaba al orden a la hija que prestaba más atención de la que exige la buena crianza a las garatusas de un libertador.

Media noche era ya pasada cuando una de las niñas, cuyos encantos habían sublevado los sentidos del capitán de la cuarta compañía del batallón Vargas, sintióse indispuesta y se retiró a su cuarto. El enamorado y libertino capitán, creyendo burlar al Argos de la madre, fuese a buscar el nido de la paloma. Resistíase ésta a las exigencias del Tenorio, que probablemente llevaban camino de pasar de turbio a castaño obscuro, cuando una mano se apoderó con rapidez de la espada que el oficial llevaba al cinto y le clavó la hoja en el costado.

Quien así castigaba al hombre que pretendió llevar la deshonra al seno de una familia era la anciana señora de Munar.

El capitán se lanzó al salón cubriéndose la herida con las manos. Sus compañeros, de quienes era muy querido, armaron gran estrépito, y después de rodear la casa con soldados y de dejar preso a todo títere con faldas, condujeron al moribundo al cuartel.

Terminaba Bolívar de almorzar cuando tuvo noticia de tamaño escándalo y en el acto montó a caballo e hizo en poquísimas horas el camino de Caraz a Huaraz.

Aquel día se comunicó al ejército la siguiente

ORDEN GENERAL

*Su excelencia el Libertador ha sabido con indignación que la gloriosa bandera de Colombia, cuya custodia encomendó al batallón Vargas, ha sido infamada por los mismos que debieron ser*

438

*más celosos de su honra y esplendor, y en consecuencia, para ejem-*
*plar castigo del delito, dispone:*

   *1.° El batallón Vargas ocupará el último número de la línea, y*
*su bandera permanecerá depositada en poder del general en jefe*
*hasta que, por una victoria sobre el enemigo, borre dicho cuerpo la*
*infamia que sobre él ha caído.*

   *2.° El cadáver del delincuente será sepultado sin los honores de*
*ordenanza, y la hoja de la espada que Colombia le diera para de-*
*fensa de la libertad y la moral, se romperá con el furriel en presen-*
*cia de la compañía.*

Digna del gran Bolívar es tal orden general. Sólo con ella
podría conservar su prestigio la causa de la Independencia
y retemplarse la disciplina militar.

Sucre, Córdova, Lara y todos los jefes de Colombia se
empeñaron con Bolívar para que derogase el artículo en
que degradaba al batallón Vargas por culpa de uno de sus
oficiales. El Libertador se mantuvo inflexible durante tres
días, al cabo de los cuales creyó político ceder. La lección
de moralidad estaba dada, y poco significaba ya la subsis-
tencia del primer artículo.

Vargas borró la mancha de Huaraz con el denuedo que
desplegó en Matará y en la batalla de Ayacucho.

Después de sepultado el capitán colombiano, dirigióse
Bolívar a casa de la señora de Munar y la dijo:

—Saludo a la digna matrona con todo el respeto que
merece la mujer que, en su misma debilidad, supo hallar
fuerzas para salvar su honra y la honra de los suyos.

La señora de Munar dejó desde ese instante de ser goda,
y contestó con entusiasmo:

—¡Viva el Libertador! ¡Viva la patria!

*Quinta Serie*

# Orgullo de cacique

El naufragio del vapor de guerra *Rimac*, el 1.º de marzo de 1855, en los arrecifes de la punta San Juan[1], llevó al tradicionista que este libro ha escrito, después de andar tres días entre arenales pasando la pena negra, al pueblecito de Acarí[2]. Aquel naufragio no fue al principio gran catástrofe, pues de novecientos que éramos entre tripulantes del buque, pasajeros y un batallón de infantería que, con destino a Islay[3], se había embarcado, no excedieron de doce los ahogados en el mar. Pero cuando, congregados en la playa, nos echamos a deliberar sobre la situación, y nos encontramos sin víveres ni agua, y nos convencimos de que para llegar a poblado necesitábamos emprender jornada larga, sin más guía que la Providencia, francamente que los pelos se nos pusieron de punta. Acortando la narración, baste decir que la sed, el hambre, el cansancio y fatiga dieron cuenta de sesenta y seis náufragos, y que los que, por vigorosos o afortunados, logramos llegar a Chaviña, Chocavento o Acarí, más semblanza teníamos de espectros que de humanos seres. Fue entonces cuando oí relatar a un indio viejo la tradición que van ustedes a leer, y de la cual habla tam-

---

[1] Punta San Juan, en la provincia de Nazca, al sur del departamento de Ica, casi en la frontera con el departamento de Arequipa.

[2] Acarí, pueblo de la provincia de Caravelí, en el departamento de Arequipa.

[3] Islay, puerto de la provincia del mismo nombre en Arequipa.

bién, incidentalmente, Garcilaso de la Vega en sus *Comentarios reales*[4].

\* \* \*

Entre los caciques de Acarí y de Atiquipa[5], que nacieron cuando ya la conquista española había echado raíces en el Perú, reinaba en 1574 la más encarnizada discordia, a punto tal que sus vasallos se rompían la crisma, azuzados, se entiende, por los curacas rivales.

Era el caso que el de Atiquipa no se conformaba con que las fértiles lomas estuviesen bajo su señorío, y pretendía tener derecho a ciertos terrenos en el llano. El de Acarí contestaba que, desde tiempo inmemorial, su jurisdicción se extendía hasta la falda de los cerros, y acusaba al vecino de ambicioso y usurpador.

La autoridad española, que no podía consentir en que el desorden aumentara en proporciones, se resolvió a tomar cartas en la querella, amén de que el poderío de los caciques más era nominal que efectivo, pues a la política de los conquistadores convenía aún dejar subsistentes los cacicazgos y demás títulos colorados, rezagos del gobierno incásico.

El corregidor de Nasca[6] mandó comparecer ante él a los dos caciques, oyó pacientemente sus cargos y descargos y los obligó a prestar juramento de someterse al fallo que él pronunciara.

Dos o tres días después sentenció en favor del cacique de Acarí y dispuso que, en prueba de concordia, se celebrase un banquete al que debían concurrir los indios principales de ambos bandos.

El de Atiquipa disimuló el enojo que le causara la pérdida del pleito, y el día designado para el banquete de reconciliación estuvo puntual, con sus amigos y deudos, en la plaza de Acarí.

---

[4] Comentarios Reales de los Incas.
[5] Atiquipa, distrito de la provincia de Camaná en Arequipa.
[6] En el momento del litigio Acarí y Atiquipa pertenecían al corregimiento de Nazca; Palma escribe Nasca.

Había en ella dos grandes mesas en las que se veía enormes fuentes con la obligada *pachamanca* de carnero, y no pocas tinajas barrigudas conteniendo la saludable *chicha de jora*, mil veces preferible, en el gusto y efectos sobre el organismo, a la amarga y abotargadora cerveza alemana.

Ocupó una de las mesas el vencedor con sus amigos, y en la fronteriza tomaron asiento el de Atiquipa y los suyos.

Terminada la masticación, humedecida, por supuesto, con frecuentes libaciones, llegó el momento solemne de los brindis. Levantóse el de Atiquipa, y tomando dos *mates* llenos de chicha, avanzó hacia el de Acarí y le dijo:

—Hermano, sellemos el pacto brindando por que sólo la muerte sea poderosa a romper nuestra alianza.

Y entregó a su antiguo rival el mate que traía en la derecha.

No sabré decir si fue por aviso cierto o por sospecha de una felonía por lo que, poniéndose de pie el de Acarí, contestó, mirando con altivez a su vencido adversario:

—Hermano, si me hablas con el corazón, dame el mate de la izquierda, que es mano que al corazón se avecina.

El de Atiquipa palideció y su rostro se contrajo ligeramente; mas fuese orgullo o despecho al ver abortada su venganza, repúsose en el instante, y con pulso sereno pasó el mate que el de Acarí le reclamara.

Ambos apuraron el confortativo licor; mas el de Atiquipa, al separar sus labios del mate, cayó como herido por un rayo.

Entre el suicidio y el ridículo de verse nuevamente humillado por su contrario, optó sin vacilar por el suicidio, apurando el tósigo[7] que traía preparado para sacrificar al de Acarí.

---

[7] Veneno, ponzoña.

# La procesión de ánimas
## de San Agustín

No hay limeño que, en su infancia, no haya oído hablar de la procesión de ánimas de San Agustín. Recuerdo que antes que tuviésemos alumbrado de gas, no había hija de Eva que se aventurase a pasar, dada la medianoche, por esa plazuela sin persignarse previamente, temerosa de un encuentro con las ciudadanas del purgatorio.

Ni Calancha ni su continuador el padre Torres hablan en la *Crónica Agustina* de esta procesión, y eso que refieren cosas todavía más estupendas. Sin embargo, en el *Suelo de Arequipa convertido en cielo* se relata del alcalde ordinario don Juan de Cárdenas algo muy parecido a lo que voy a contar.

A falta, pues, de fuente más auténtica, ahí va la tradición, tal como me la contó una vieja muy entendida en historias de duendes y almas en pena.

I

Alcalde del crimen por los años de 1697 era don Alfonso Arias de Segura, hijo de los reinos de España y hombre que se había conquistado en el ejercicio de su cargo la reputación de severo hasta rayar en la crueldad. Reo que caía bajo su férula no libraba sino con sentencia de horca, que, como ven ustedes, no era mal librar. Con él no había cir-

cunstancias atenuantes ni influencias de faldas o bragas[1].
Y en esta su intransigencia y en el terror que llegó a inspirar fincaba el señor alcalde su vanidad.

Habitaba su señoría en la casa fronteriza a la iglesia de
San Agustín, y hallábase una noche, a hora de las nueve, leyendo un proceso, cuando oyó voces que clamaban socorro. Cogió don Alfonso sombrero, capa y espada, y seguido de dos alguaciles echóse a la calle, donde encontró agonizante a un joven de aristocrática familia, muy conocido
por lo pendenciero de su genio y por el escándalo de sus
aventuras galantes.

Junto al moribundo estaba un pobre diablo que vestía
hábito de lego agustino, con un puñal ensangrentado en la
mano.

Era éste un indiecillo de raquítica figura, capaz por lo
feo de dar susto a una noche obscura, al que todo Lima conocía por el hermano *Cominito*. Era el lego generalmente
querido por lo servicial y afectuoso de su carácter, así como
por su reputación de hombre moral y devoto. Él repartía al
pueblo los *panecillos de San Nicolás*, y por esta causa gozaba
de más popularidad que el gobierno.

Incapaz, por la mansedumbre de su espíritu, de matar
una rata, regresaba al convento después de cumplir una comisión del padre provincial, cuando acudió en auxilio del
herido, y creyendo salvarlo le quitó el puñal del pecho,
acto caritativo con el que apresuró su triste fin.

Viéndolo así armado, nuestro alcalde le dijo:

—¡Ah, pícaro asesino! Date a la justicia.

La intimación asustó de tal modo al hermano Cominito, que, poniendo pies en polvorosa, se entró en la portería
del convento. Siguióle el alcalde, echando ternos[2], y diole
alcance en el corredor del primer claustro.

Alborotáronse los frailes, que, encariñados por Cominito, sacaron a lucir un arsenal de argumentos y latines en defensa de su lego y de la inmunidad del asilo claustral; pero

---

[1] *Faldas o bragas:* Palma se refiere a la presión monástica o femenina,
tan influyentes en la colonia.
[2] Juramentos y amenazas.

Arias de Segura no entendía de algórgoras[3], y Cominito fue a dormir en la cárcel de corte, escoltado por una jauría de alguaciles, gente de buenos puños y de malas entrañas.

Al día siguiente principió a formarse causa. Las apariencias condenaban al preso. Se le había encontrado puñal en mano junto al difunto y emprendido la fuga, como hacen los delincuentes, al presentársele la justicia. Cominito negó, poniendo por testigos a Dios y sus santos, toda participación en el crimen; pero en aquellos tiempos la justicia disponía de un recurso con cuya aplicación resultaba criminal de cuenta cualquier papamoscas. Después de un cuarto de rueda[4] que le hizo crujir los huesos, se declaró Cominito convicto y confeso de un delito que, como sabemos, no soñó en cometer. La tortura es argumento al que pocos tienen coraje para resistir.

Queda, pues, sobrentendido que el terrible alcalde, a quien bastaba con una sombra de delito para dar ocupación al verdugo, sentenció a Cominito a ser ahorcado por el pescuezo.

Llegó la mañana en que la vindicta pública debía ser satisfecha. Al pueblo se le hizo muy cuesta arriba creer en la criminalidad del lego, y se formaron corrillos en el Portal de Botoneros para arbitrar la manera de libertarlo. Los agustinos, por su parte, no se descuidaban, y a la vez que azuzaban al pueblo conseguían conquistar al verdugo, no sé si con indulgencias o con relucientes monedas.

Ello es que al pie de la horca, y entregado ya al ejecutor, éste, en un momento propicio, le dijo al oído:

—Ahora es tiempo, hermano. Corre, corre, que no hay galgos que te pillen.

Cominito, que estaba inteligenciado de que el pueblo lo protegería en su fuga, emprendió la carrera en dirección a las gradas de la Catedral para alcanzar la puerta del Perdón. El pueblo le abría paso y lo animaba con sus gritos.

Pero el infeliz había nacido predestinado para morir en

_____

[3] Cosas banales.
[4] *Cuarto de rueda:* estiramiento corporal que se hacía en la Inquisición sujetando de pies y manos a los condenados.

la ene de palo[5]. El alcalde Arias de Segura desembocaba a
caballo por la esquina de la Pescadería a tiempo que el fugitivo llevaba vencida la mitad del camino. Don Alfonso
aplicó espuelas al animal, y atropellando al pueblo lanzóse
sobre Cominito y le echó la zarpa encima.

El verdugo murmuró:

—Por mí no ha quedado: ese alcalde es un demonio.

Y cumplió su ministerio, y Cominito pasó a la tierra de
los calvos.

Y qué verdad tan grande la que dijo el poeta que zurció
estos versos:

> La vida es comparable a una ensalada,
> en que todo se encuentra sin medida:
> que unas veces resulta desabrida
> y otras, hasta el fastidio, avinagrada.

## II

La víspera de estos sucesos, un criado del conde de \*\*\*
se presentó en casa del alcalde Arias de Segura y puso en
sus manos una carta de su amo. Don Alfonso, a quien ase-
diaban los empeños en favor de Cominito, la guardó sin
abrirla en un cajón del escritorio, murmurando:

—Esos agustinos no dejan eje por mover para que preva-
rique y se tuerza la justicia. ¡Mucha gente es la frailería!

Despachado ya el lego para el viaje eterno, entró en su
casa el alcalde después de las diez de la noche, y acordán-
dose de la carta despegó la oblea[6]. El firmante escribía desde su hacienda, a quince leguas de Lima:

«Señor licenciado: Cargo de conciencia se me hace no
estorbar que tan sesuda y noble persona como vuesa merced se extravíe por celo y amor a la justicia. El devoto agus-

---

[5] *Ene de palo:* la horca.
[6] Masa muy delgada de harina y agua, o de goma arábiga preparada en
láminas, que se cortaba en trocitos para asegurar la inviolabilidad de cartas y oficios.

tino, que en carcelería mantiene, está inocente de culpa. Agravios en mi honra me autorizaron para hacer matar a un miserable. Otra conducta habría sido dar publicidad al deshonor, y no lavar la mancha. Vuesa merced tome acuerdo en su hidalguía y sobresea en la causa, dejando en paz al muerto y a los vivos. Nuestro Señor conserve y aumente en su santo servicio la magnífica persona de vuesa merced. A lo que vuesa merced mandare.—*El conde de \*\*\**.»

Conforme avanzaba en la lectura de esta carta, el remordimiento se iba apoderando del espíritu de don Alfonso. Había condenado a un inocente, y por no haber leído en el momento preciso la fatal carta tenía un crimen en su conciencia. Su orgullo de juez lo había cegado.

La cabeza del alcalde era un volcán. Se ahogaba en la tibia atmósfera del dormitorio, y necesitaba aire que refrescase su cerebro. Abrió una celosía del balcón y recostóse en él de codos, con la frente entre las manos.

Sonó la medianoche, y don Alfonso dirigió una mirada hacia la iglesia fronteriza. Lo que vio heló la sangre en sus venas, y quedóse como figura de paramento. El templo estaba abierto y de él salía una larga procesión de frailes con cirios encendidos. Don Alfonso quiso huir, pero una fuerza misteriosa lo mantuvo como clavado en el sitio.

Entretanto, la procesión adelantaba por la plazuela, salmodiando el fúnebre *miserere,* y se detenía bajo el balcón.

Entonces Arias de Segura pudo, al resplandor fatídico de las luces, contemplar, en vez de rostros, descarnadas calaveras, y que los cirios eran canillas de difuntos. Y de pronto cesaron las voces, y uno de aquellos extraños seres, dirigiéndose al alcalde, le dijo:

—¡Ay de ti, mal juez! Por tu soberbia has sido injusto, y por tu soberbia has sido feroz con nuestro hermano que gime en el purgatorio, porque tú lo hiciste dudar de la justicia de Dios. ¡Ay de ti, mal juez!

Y tres campanadas de la gran campana de la torre resonaron siniestramente, poniendo término a la procesión de ánimas. La campana era generalmente llamada en Lima *la Mónica,* nombre de la madre de San Agustín.

450

Y continuó su camino la procesión alrededor de la plazuela, hasta perderse en las naves del templo.

## III

¿Sería esto una alucinación del cerebro de don Alfonso? Lo juicioso es dejar sin respuesta la pregunta y que cada cual crea lo que su espíritu le dicte.

Por la mañana un criado encontró a don Alfonso privado de sentido en el frío piso del balcón. Al volver en sí refirió a los deudos y amigos que lo cuidaban la escena de la procesión, y el relato se hizo público en la ciudad.

Pocos días más tarde don Alfonso Arias de Segura hizo dimisión de la vara y tomó el hábito de novicio en la Compañía de Jesús, donde es fama que murió devotamente.

Hubo más. Dos viejas declararon, con juramento, que desde la calle de San Sebastián habían visto las luces de los cirios, y ante tan autorizado testimonio no quedó en Lima prójimo que no creyera a puño cerrado en la procesión de ánimas de San Agustín.

Y a propósito de procesión de ánimas, es tradicional entre los vecinos del barrio de San Francisco que los lunes salía también una de la capilla de la Soledad, y que habiéndose asomado a verla cierta vieja grandísima pecadora, sucedióla que al pasar por su puerta cada fraile encapuchado apagaba el cirio que en la mano traía, diciéndola:

—Hermana, guárdeme esta velita hasta mañana.

La curiosa se encontró así depositaria de casi un centenar de cirios, proponiéndose en sus adentros venderlos al día siguiente, sacar subido producto, pues artículo caro era la cera, y mudar de casa antes que los aparecidos vinieran a fastidiarla con reclamaciones. Mas al levantarse por la mañana encontróse con que cada cirio se había convertido en una canilla y que la vivienda era un camposanto u osario. Arrepentida la vieja de sus culpas, consultóse con un sacerdote que gozaba fama de santidad, y éste la aconsejó que escondiese bajo el manto un niño recién nacido, y que lo pellizcase hasta obligarlo a llorar cuando se presentara la procesión. Hízolo así la ya penitente vieja, y gracias al ardid no se la llevaron las ánimas benditas por no cargar también con el mamón, volviendo las canillas a convertirse en cirios que iba devolviendo a sus dueños.

Francamente, no puede ser más prosaico este siglo XIX en que vivimos. Ya no asoma el diablo por el cerrito de las Ramas, ya los duendes no tiran piedras ni toman casas por asalto, ya no hay milagros ni apariciones de santos, y ni las ánimas del purgatorio se acuerdan de favorecernos siquiera con una procesioncita vergonzante. Lo dicho: con tanta prosa y con el descreimiento que nos han traído los masones, está Lima como para correr de ella.

# El niño llorón

Zapatero tira-cuero, como canta el villancico, o mejor dicho, zapatero remendón era, por los años de 1675, Perico Urbistondo, mozo mellado de sesos, pero honrado a carta cabal. Habitaba un tenducho situado en el barrio de Carmencca de la, por entonces, ciudad de Huamanga y hoy capital del departamento de *Ayacucho* (rincón de muertos).

Por mucho que el buen Perico metiese lesna[1] y diese puntadas, sus finanzas iban siempre de mal en peor, pues el pobrete había hecho la tontuna de casarse con una muchacha muy para nada, y aindamáis bonita y ganosa de lucir faldellín de seda. ¡Qué demonios! Muchas hembras, que pisan mayor peldaño en la escala social, se han perdido por el maldito *frou-frou* de la seda, y sería pedir copo y condadura[2] pensar que la consorte del zapatero saliese avante sin comprometer su honra y la ajena.

Para colmo de desdicha, el discípulo de San Crispín traía en el alma el comején de los celos, pues Casilda, que así se llamaba su conjunta, andaba en guiños y tratos subversivos con Antuco Quiñones, que era, como quien dice, el mocito del barrio, coco de viejas y quebradero de cabezas de mozas casquilucias[3]. Para decirlo de una vez, Casilda era de

---

[1] La Academia recomienda el uso de *lezna*, porque viene de *alesna* que a su vez procede del germanismo *alisna*.

[2] *Pedir copo y condadura:* apostar por todo cuanto fuese su patrimonio.

[3] De *casquivana:* coqueta, ligera de cascos.

la misma pasta de cierta chica melómana y vivaracha que cantaba:

> Tengo el dúo de la *Norma*,
> Tengo *il alma innamorata*,
> y espero tener en forma
> el final de la *Traviata*.

El tenducho ocupado por Perico constaba de dos cuartos, sirviendo el uno de alcoba conyugal, y el que comunicaba con la calle contenía las hormas, tirrapié, mesita de trabajo y demás menesteres del oficio, amén de un gallo, *cazili* o *malatobo*[4], sujeto a estaca en un rincón. En aquel siglo no había zapatero sin gallo.

Todo el lujo del infeliz era una imagen del Niño Jesús, primorosamente tallada, a la que obsequiaba cada día con una mariposilla[5] de aceite.

El zapatero hacía a la linda efigie confidente de sus cuitas domésticas, y una tarde en que, por ganar un doblón de oro, se comprometió con caballero a ir hasta Huanta, conduciendo unos pliegos de urgencia, antes de emprender el viaje se acercó al Niño Jesús y le dijo:

—Mira, chiquitín cachigordete[6]: a ti te encargo que cuides mi honra y mi casa, y si me das mala cuenta peleamos y te perniquiebro. Conque así, mucho ojo, niñito, y hasta la vuelta, que será mañana.

Enseguida proveyóse de *coca*[7] y cigarros *corbatones*[8], despidióse de Casilda, recomendándola mucho que durante su ausencia no dejase pasar pantalones por bajo el quicio

---

[4] Americanismo, son gallos de pelea de color rojo claro, alas más oscuras y pecho moteado de negro.

[5] Mecha pequeña sostenida en un disco flotante sobre aceite, se enciende a modo de lámpara votiva.

[6] Palma forma esta palabra con cachete y gordo, mientras que cachigordete según la Academia viene de cachigordo, persona pequeña y gorda.

[7] Peruanismo del quechua *cuca*, que a su vez procede del aimara (según Morínigo). Arbusto eritroxiláceo, de hojas aovadas que se utilizan en infusión con fines medicinales. Su masticación por los indígenas se generalizó durante la colonia dado su carácter paliativo del hambre.

[8] Apurados y de picadura.

de la tienda ni pusiese ella pie fuera del umbral, y piano piano, en el rucio del seráfico San Francisco, hizo en seis horas las siete leguas de camino que hay de Huamanga a Huanta, entregó los pliegos, le dieron recibo, y sin perder minuto, después de echar un remiendo al estómago, empezó a desandar lo andado.

Eran las nueve de la mañana cuando el zapatero llegó a su casa, y quedóse como una estantigua[9] al ver la puerta cerrada. Casilda era madrugadora, y, por lo tanto, no podía presumir el marido que las sábanas se la hubiesen pegado al cuerpo. Golpeó Perico, redobló el estrépito y... ¡nada!... aquella condenada puerta no se abría.

Al ruido asomó una vieja, más doblada que abanico dominguero, con correa de la orden tercera. Era la tal de aquellas que tienen más lengua que trompa un elefante, que se pirran por meterse donde no las llaman ni han menester de ellas y que se pintan solas para dar una mala noticia y clavarle al prójimo alfileres en el alma.

¡Mucha plepa[10] era doña Pulqueria!

Ítem, la susodicha beata parecía forrada en refranes, pues viniesen o no a pelo soltaba una retahíla de ellos, y habría sido obra de teatinos el hacerla callar una vez desenfundada la sin pelos. Por doña Pulqueria dijo sin duda el marqués de Santillana que la vieja y el horno se calientan por la boca.

—No te canses, Periquillo, que si esperas a que tu mujer venga a abrir, tarea te doy hasta el día del juicio por la noche; que la mujer, como el vino, engaña al más fino. Y aunque bocado de mal pan, ni lo comas ni lo des a tu can, avísote que, desde que volvista la espalda, alzó el vuelo la paloma, y está muy guapa en el palomar de Quiñones que, como sabes, es gavilán corsario. Por lo demás, hijo, en lo que estamos benedicamos[11], y confórmate con la lotería que te ha caído, que, en este mundo redondo, quien no sabe nadar se va a fondo. Y aunque mal me quieren mis co-

---

[9] Transfigurado como un alma en pena.
[10] Cúmulo de defectos físicos y morales.
[11] Arreglados.

madres porque digo las verdades, ponte erguido como gallo en cortijo, y no te des a pena ni a murria[12], que eso sería tras de cornamenta palos y motivo para que hampones y truchimanes[13] te repitan: modorro[14], ya entraste en el corro. Deja a un lado la vergüenza o dala un puntapié, que la vergüenza es espantajo que de nada sirve y para todo es atajo: verde es la vergüenza y se la come el burro de la necesidad. Calma, muchacho, y no des con esa tu furia y fanfurriña[15] vagar para que yo piense que predico en desierto y que en cabeza de asno se pierde la lejía, que aunque el decidor sea loco, el escuchador ha de ser cuerdo, y cada gorrión aguante su espigón, y sobre todo, no hay mal de amores que no se cure, ni pena por hembra que no se olvide. Y ten presente que el bobo, si es callado, por sesudo es reputado, y que muchos están en la jaula por demasiado ir al aula. Alborotar merindades[16] para luego salir con paro medio es proceder como el galán que presumía de robusto, de noche chichirimoche[17], y de madrugada chichirinada[18]. ¡No que no! De pagártela habrá con las setenas[19], que Casilda y Quiñones son tal para cual, y a ruin mozuelo ruin capisayuelo, y el mejor día la planta en mitad del arroyo, y cátate vengado, que, como dice el refrán: ¿con quién la hábedes, cuaresma?, con quien non vos ayunará. Y cuenta que los refranes y sentencias son evangelios chiquitos, que dicen más verdad que la bula de composición, y los inventó Salomón, que fue un rey más sabio que el virrey príncipe de Esquilache, y que, como él, sacaba décimas de su caletre, y era más mujeriego y trapisondista que Birján y los doce pares de Francia que vinieron con Pizarro a la conquista. Conque lo dicho, haz

---

[12] Especie de tristeza y cargazón de cabeza que hace andar cabizbajo y melancólico al que la padece *(DRAE)*.

[13] Desaprensivas y poco escrupulosas.

[14] Inocente, ignorante, inadvertido.

[15] Enfado pasajero.

[16] Con sorna, Palma otorga calidad de carnero merino, por los cuernos, al protagonista. Merindad es el territorio de la jurisdicción del merino.

[17] Americanismo, abundancia.

[18] Americanismo, fracaso.

[19] Pagar un castigo siete veces mayor que la falta cometida.

como tantos que pasean muy orondos una cornamenta más alta que casa de cuatro pisos con entresuelo.

Doña Pulqueria habría podido seguir un año vomitando proverbios y disparates, sin que el burlado marido la atendiese. A las primeras palabras con que la vieja le hizo conocer su deshonra, Perico, que era mozo fuerte, arrimó el hombro a la puerta tan vigorosamente que, a poco, consiguió hacerla ceder.

Cuando después de recorrer los dos cuartos se convenció de que su mujer andaba a picos pardos, abrió el cajoncito de la herramienta, y tomando una lesna se dirigió al Niño Dios, diciéndole:

—¡Ah ingrato! ¿Así vigilas por mi honra y así pagas mi cariño? Pues toma lo que mereces.

Y clavó la lesna en una pierna de la infantil y divina efigie.

La vieja, que se había quedado en la calle ensartando refranes, oyó en la habitación de Perico el llanto de un niño, y movida por la curiosidad, pues el matrimonio carecía de hijos, aventuróse a penetrar en la tienda.

Perico había caído desmayado, y conservaba en la mano la lesna ensangrentada.

El llanto que atrajo a la vieja había cesado.

Acudieron vecinos y socorrieron al zapatero, quien al volver en sí refirió que, después de herir la imagen del Niño Dios, había éste prorrumpido en llanto.

* * *

Consta del expediente que siguió la autoridad eclesiástica que en la pierna del Niño se vio la sangre que brota de toda herida.

Esta imagen, que el devoto pueblo llama *el Niño Llorón,* fue trasladada con gran pompa a la catedral de Huamanga, donde existe, en la nave de la derecha, en el altar del señor de Burgos.

El zapatero se retiró al convento de Ocopa, y años más tarde murió allí devotamente vistiendo el hábito de lego.

En cuanto a Casilda, acabó como acaban casi siempre las heroínas de la prostitución: el final de la *Traviata.*

457

ventado las pataletas que hoy son la desesperación de padres y novios, y, a lo sumo, si había alguna prójima atacada de *gota coral*[4], con impedirla comer *chancaca* o casarla con un pulpero catalán se curaba como con la mano, pues parece que un marido robusto era santo remedio para femeniles dolamas[5].

No obstante la paternal vigilancia, a ninguna muchacha le faltaba su chichisbeo amoroso; que sin necesidad de maestro, toda mujer, aun la más encogida, sabe en esa materia más que un libro y que San Agustín y San Jerónimo y todos los santos padres de la Iglesia que, por mi cuenta, debieron ser en sus mocedades duchos en marrullerías. Toda limeña encontraba minuto propicio para pelar la pava tras la celosía de la ventana o del balcón.

Lima, con las construcciones modernas, ha perdido por completo su original fisonomía entre cristiana y morisca. Ya el viajero no sospecha una misteriosa beldad tras las rejillas, ni la fantasía encuentra campo para poetizar las citas y aventuras amorosas. Enamorarse hoy en Lima es lo mismo que haberse enamorado en cualquiera de las ciudades de Europa.

Volviendo al pasado, era señor padre, y no el corazón de la hija, quien daba a ésta marido. Esos bártulos se arreglaban entonces autocráticamente. Toda familia tenía en el jefe de ella un zar más despótico que el de la Rusia. ¡Y guay[6] de la demagoga que protestara! Se la cortaba el pelo, se la encerraba en el cuarto obscuro o iba con títeres y petacas a un claustro, según la importancia de la rebeldía. El gobierno reprimía la insurrección con brazo de hierro y sin andarse con paños tibios.

En cambio, la autoridad de un marido era menos temible, como van ustedes a convencerse por el siguiente relato histórico.

---

[4] *Gota coral:* caduca.
[5] Exageración de una enfermedad.
[6] Palma utiliza esta palabra en su sentido enfático como el refortamiento de una amenaza. La Academia la reconoce como interjección poética. En el mundo andino *guay* es interjección de dolor.

## II

Marianita Belzunce contaba (según lo dice Mendiburu en su *Diccionario Histórico*) allá por los años de 1755 trece primaveras muy lozanas. Huérfana y bajo el amparo de su tía, madrina y tutora doña Margarita de Murga y Muñatones, empeñóse ésta en casarla con el conde de Casa Dávalos, don Juan Dávalos y Ribera, que pasaba de sesenta octubres y que era más feo que una excomunión. La chica se desesperó; pero no hubo remedio. La tía se obstinó en casar a la sobrina con el millonario viejo, y vino el cura y *laus tibi Christi*[7].

Para nuestros abuelos eran frases sin sentido las de la copla popular:

> No te cases con viejo
> por la moneda:
> la moneda se gasta
> y el viejo queda.

Cuando la niña se encontró en el domicilio conyugal, a solas con el conde, le dijo:

—Señor marido, aunque vuesa merced es mi dueño y mi señor, jurado tengo, en Dios y en mi ánima, no ser suya hasta que haya logrado hacerse lugar en mi corazón; que vuesa merced ha de querer compañera y no sierva. Haga méritos por un año, que tiempo es sobrado para que vea yo si es cierto lo que dice mi tía: que el amor se cría.

El conde gastó súplicas y amenazas, y hasta la echó de marido; pero no hubo forma de que Marianita se apease de su ultimátum.

Y su señoría (¡Dios lo tenga entre santos!) pasó un año haciendo méritos, es decir, compitiendo con Job en cachaza y encelándose hasta del vuelo de las moscas, que en sus mocedades había oído el señor conde este cantarcillo:

---

[7] Gloria a ti, Señor.

461

El viejo que se casa
con mujer niña,
él mantiene la cepa
y otro vendimia.

La víspera de vencerse el plazo desapareció la esposa de la casa conyugal y púsose bajo el patrocinio de su prima, la abadesa de Santa Clara. El de Casa Dávalos tronó, y tronó gordo. Los poderes eclesiástico y civil tomaron parte en la jarana, gastóse, y mucho, en papel sellado, y don Pedro Bravo de Castilla, que era el mejor abogado de Lima, se encargó de la defensa de la prófuga.

Sólo la causa de divorcio que, en tiempo de Abascal, siguió la marquesa de Valdelirios (causa de cuyos principales alegatos poseo copia y que no exploto porque toda ella se reduce a misterios de alcoba subiditos de color), puede hacer competencia a la de Marianita Belzunce. Sin embargo, apuntaré algo para satisfacer curiosidades exigentes.

Doña María Josefa de Salazar, esposa de su primo hermano el marqués de Valdelirios, don Gaspar Carrillo, del orden de San Carlos y coronel del regimiento de Huaura, se quejaba en 1809 de que su marido andaba en relaciones subversivas con las criadas; refiere muy crudamente los pormenores de ciertas sorpresas, y termina pidiendo divorcio, porque su libertino consorte hacía años que, ocupando el mismo lecho que ella, la *volvía la espalda*.

El señor marqués de Valdelirios niega el trapicheo con las domésticas; sostiene que su mujer, si bien antes de casarse rengueaba ligeramente, después de la bendición echó a un lado el disimulo y dio en cojear de un modo horripilante; manifiéstase celoso de un caballero de capa colorada, que siempre se aparecía con oportunidad para dar la mano a la marquesa al bajar o subir al carruaje, y concluye exponiendo que él, aunque la Iglesia lo mande, no puede hacer vida común con mujer que *chupa*[8] cigarro de Cartagena de Indias.

Por este apunte imagínense el resto los lectores malicio-

---

[8] Americanismo, fuma, aspira, pero también podría ser que mastica.

sos. En ese proceso hay *mirabilia*[9] en declaraciones y careos.

Sigamos con la causa de la condesita de Casa Dávalos.

Fue aquélla uno de los grandes sucesos de la época. Medio Lima patrocinaba a la rebelde, principalmente la gente moza que no podía ver de buen ojo que tan linda criatura fuera propiedad de un vejestorio. ¡Pura envidia! Estos pícaros hombres son, a veces, de la condición del perro del hortelano.

Constituyóse un día el provisor en el locutorio del monasterio, y entre él, que aconsejaba a la rebelde volviese al domicilio conyugal, y la traviesa limeña se entabló este diálogo:

—Dígame con franqueza, señor provisor, ¿tengo yo cara de papilla?

—No, hijita, que tienes cara de ángel.

—Pues si no soy papilla, no soy plato para viejo, y si soy ángel, no puedo unirme al demonio.

El provisor cerró el pico. El argumento de la muchacha era de los de chaquetilla ajustada.

Y ello es que el tiempo corría, y alegatos iban y alegatos venían, y la validez o nulidad del matrimonio no tenía cuándo declararse. Entretanto, el nombre del buen conde andaba en lenguas y dando alimento a coplas licenciosas, que costumbre era en Lima hacer versos a porrillo sobre todo tema que a escándalo se prestara. He aquí unas redondillas que figuran en el proceso y de las que se hizo mérito para acusar de impotencia al pobre conde:

Con una espada mohosa
y ya sin punta ni filo,
estáte, conde tranquilo:
no pienses en otra cosa.
    Toda tu arrogancia aborta
cuando la pones a prueba:
tu espada, como no es nueva,
conde, ni pincha ni corta.

---

[9] Mala intención.

Lo mejor que te aconsejo
es que te hagas ermitaño;
que el buen manjar hace daño
al estómago de un viejo.
Para que acate Mariana
de tus privilegios parte,
necesitabas armarte
de una espada toledana.

Convengamos en que los poetas limeños, desde Juan de Caviedes hasta nuestros días, han tenido chispa para la sátira y la burla.

Cuando circularon manuscritos estos versos, amostazóse tanto el agraviado, que fuese por desechar penas o para probar a su detractor que era aún hombre capaz de quemar incienso en los altares de Venus, echóse a la vida airada y a hacer conquistas, por su dinero se entiende, ya que no por la gentileza de sus personales atractivos.

Tal desarreglo lo llevó pronto al sepulcro, y puso fin al litigio.

Marianita Belzunce salió entonces del claustro, virgen y viuda. Joven, bella, rica e independiente, presumo que (esto no lo dicen mis papeles), encontraría prójimo que, muy a gusto de ella, entrase en el pleno ejercicio de las funciones matrimoniales, felicidad que no logró el difunto.

* * *

En efecto: casó con don Hipólito Landáburu, acaudalado caballero que, en los tiempos de Amat, edificó la plaza de Acho[10], invirtiendo en la fábrica su dinero y el de la conjunta.

---

[10] *Plaza de Acho:* nombre de la plaza de toros de Lima construida en tiempos de la colonia.

# Un drama íntimo

### (A don Adolfo E. Dávila)

Ni época, ni nombres, ni el teatro de acción son los verdaderos en esta leyenda. Motivos tiene el autor para alterarlos. En cuanto al argumento, es de indisputable autenticidad. Y no digo más en este preambulillo porque... no quiero, ¿estamos?

## I

Laurentina llamábase la hija mejor, y la más mimada, de don Honorio Aparicio, castellano viejo y marqués de Santa Rosa de los Ángeles. Era la niña un fresco y perfumado ramilletico de diez y ocho primaveras.

Frisaba su señoría el marqués en las sesenta navidades, y hastiado del esplendor terrestre había ya dado de mano a toda ambición, apartádose de la vida pública, y resuelto a morir en paz con Dios y con su conciencia, apenas si se le veía en la iglesia en los días de precepto religioso. El mundo, para el señor marqués, no se extendía fuera de las paredes de su casa y de los goces del hogar. Había gastado su existencia en servicio del rey y de su patria, batídose bizarramente y sido premiado con largueza por el monarca, según lo comprobaban el hábito de Santiago y las cruces y banda con que ornaba su pecho en los días de gala y de repicar gordo.

465

Tres o cuatro ancianos pertenecientes a la más empinada nobleza colonial, un inquisidor, dos canónigos, el superior de los paulinos, el comendador de la Merced y otros frailes de campanillas eran los obligados concurrentes a la tertulia nocturna del marqués. Jugaba con ellos una partida de chaquete, tresillo o malilla de compañeros, obsequiábalos a toque de nueve con una jícara del sabroso soconusco acompañada de tostaditas y mazapán almendrado de las monjas catalinas, y con la primera campanada de las diez despedíanse los amigos. Don Honorio, rodeado de sus tres hijas y de doña Ninfa, que así se llamaba la vieja que servía de aya, dueña, cerbero o guardián de las muchachas, rezaba el rosario, y terminado éste besaban las hijas la mano de señor padre, murmuraba él un «Dios las haga santas», y luego rebujábanse entre palomas el palomo viudo, las palomitas y la lechuza.

Aquello era vida patriarcal. Todos los días eran iguales en el hogar del noble y respetable anciano, y ninguna nube tormentosa se cernía sobre el sereno cielo de la familia del marqués.

Sin embargo, en la soledad del lecho desvelábase don Honorio con la idea de morri sin dejar establecidas a sus hijas. Dos de ellas optaban por monjío; pero la menor, Laurentina, el ojito derecho del marqués, no revelaba vocación por el claustro, sino por el mundo y sus tentadores deleites.

El buen padre pensó seriamente en buscarla marido, y platicando una noche sobre el delicado tema con su amigo el conde de Villarroja don Benicio Suárez Roldán, éste le interrumpió diciéndole:

—Mira, marqués, no te preocupes, que yo tengo para tu Laurentina un novio como un príncipe en mi hijo Baldomero.

—Que me place, conde, aunque algo se me alcanza de que tu retoño es un calvatrueno.

—¡Eh! ¡Murmuraciones de envidiosos y pecadillos de la mocedad! ¿Quién hace caso de eso? Mi hijo no es santo de nicho, ciertamente; pero ya sentará la cabeza con el matrimonio.

Y desde el siguiente día el conde fue a la tertulia del de

466

Santa Rosa acompañado de su hijo. Éste quedó admitido para hacer la corte a Laurentina, mientras los viejos cuestionaban sobre el *arrastre* del chico y la *falla* del rey[1], y cuatro o seis meses más tarde eran ya puntos resueltos para ambos padres el noviazgo y el consiguiente casorio.

Baldomero era un gallardo mancebo, pero libertino y seductor de oficio. Tratándose de sitiar fortalezas, no había quien lo superase en perseverancia y ardides; mas una vez rendida o tomada por asalto la fortaleza, íbase con la música a otra parte, y si te vi no me acuerdo.

Baldomero halló en la venalidad de doña Ninfa una fuerza auxiliar dentro de la plaza; y la inexperta joven, traicionada por la inmunda dueña, arrastrada por su cariño al amante, y, más que todo, fiando en la hidalguía del novio, sucumbió... antes de que el cura de la parroquia la hubiese autorizado para arriar pabellón.

A poco, hastiado el calavera de la fácil conquista, empezó por acortar sus visitas y concluyó por suprimirlas. Era de reglamento que así procediese. Otro amorcillo lo traía encalabrinado.

La infeliz Laurentina perdió el apetito, y dio en suspirar y desmejorarse a ojos vistas. El anciano, que no podía sospechar hasta dónde llegaba la desventura de su hija predilecta, se esforzaba en vano por hacerla recobrar la alegría y por consolarla del desvío del galancete.

—Olvida a ese loco, hija mía, y da gracias a Dios de que a tiempo haya mostrado la mala hilaza[2]. Novios tendrás para escoger como en peras, que eres joven, bonita, rica y honrada.

Y Laurentina se arrojaba llorando al cuello de su padre, y escondía sobre su pecho la púrpura que teñía sus mejillas al oírse llamar honrada por el confiado anciano.

Al fin, éste se decidió a escribir a Baldomero, pidiéndole

---

[1] *Arrastre... del rey:* todo el protocolo previo a una boda aristocrática que fijaba dotes, plazos, pitanzas, particiones para herederos y hasta horarios y manjares para la celebración.

[2] *Mostrar la mala hilaza:* descubrir algún vicio o defecto que se mantenía oculto (Moliner).

467

explicaciones sobre lo extraño de su conducta, y el atolondrado libertino tuvo el cruel cinismo y la cobarde indignidad de contestar al billete del agraviado padre con una carta en la que se leían estas abominables palabras: *Esposa adúltera sería la que ha sido hija liviana*. ¡Horror!

## II

El marqués se sintió como herido por un rayo.

Después de un rato de estupor, una chispa de esperanza brotó de su espíritu.

Así es el corazón humano. La esperanza es lo último que nos abandona en medio de los más grandes infortunios.

—¡Jactanciosa frase de mancebo pervertido! ¡Miente el infame! —exclamó el anciano.

Y llamando a su hija la dio la carta, síntesis de toda la vileza de que es capaz el alma de un malvado, y la dijo:

—Lee y contéstame... ¿Ha mentido ese hombre?

La desdichada niña cayó de rodillas murmurando con voz ahogada por los sollozos:

—Perdóname..., padre mío..., perdóname... ¡Lo amaba tanto!... ¡Pero yo te juro que estoy avergonzada de mi amor por un ser tan indigno!... ¡Perdón! ¡Perdón!

El magnánimo viejo se enjugó una lágrima, levantó a su hija, la estrechó entre sus brazos y la dijo:

—¡Pobre ángel mío!...

En el corazón de un padre es la indulgencia tan infinita como en Dios la misericordia.

## III

Y pasó un año cabal, y vino el día del aniversario de aquel en que Baldomero escribiera la villana carta.

La misa de nueve en Santo Domingo, y en el altar de la Virgen del Rosario, era lo que hoy llamamos la misa aristocrática. A ella concurría lo más selecto de la sociedad.

Entonces, como ahora, la juventud dorada del sexo fuerte estacionábase a la puerta e inmediaciones del templo para ver y ser vista y prodigar insulsas galanterías a las bellas y elegantes devotas.

Baldomero Roldán hallábase ese domingo, entre otros casquivanos, apoyado en uno de los cañones que sustentaban la cadena que hasta hace pocos años se veía frente a la puerta lateral de Santo Domingo, cuando se le acercó el marqués de Santa Rosa, y poniéndole la mano sobre el hombro le dijo casi al oído:

—Baldomero, ármese usted dentro de media hora si no quiere que lo mate sin defensa y como se mata a un perro rabioso.

El calavera, recobrándose instantáneamente de la sorpresa, le contestó con insolencia:

—No acostumbro armarme para los viejos.

El marqués continuó su camino y entró en el templo.

A poco sonaron las once, el sacristán tocó una campanilla en el atrio, en señal de que el sacerdote iba ya a pisar las gradas del altar, y la calle quedó desierta de pisaverdes[3].

Media hora después salía el brillante concurso, y los jóvenes volvían a ocupar sitios en las aceras. Baldomero Roldán se colocó al pie de la cadena.

El marqués de Santa Rosa vino hacia él con paso grave, reposado, y le dijo:

—Joven, ¿está usted ya armado?

—Repito a usted, viejo tonto, que para usted no gasto armas.

El marqués desenvainó un puñal y lo hundió en el pecho de Baldomero. El moderno revólver estaba aún en el Limbo[4].

[3] El tradicionista quiere significar al mancebo galante, «la juventud dorada del sexo fuerte» dice párrafos adelante, mientras que el *DRAE* define al *pisaverde* como como «Hombre presumido y afeminado, que no conoce más ocupación que acicalarse...».

[4] Palma escribe cielo e infierno con minúsculas y no nos explicamos por qué escribe Limbo.

469

## IV

Don Honorio Aparicio se encaminó paso entre paso a la cárcel de la ciudad, situada a una cuadra de distancia de Santo Domingo, donde se encontró con el alcalde del Cabildo.

—Señor alcalde —le dijo—, acabo de matar a un hombre por motivo que Dios sabe y que yo me callo, y vengo a constituirme preso. Que la justicia haga su oficio.

El conde de Villarroja, padre del muerto, no anduvo con pies de plomo para agitar el proceso, y un mes después fue a los estrados de la Real Audiencia para el fallo definitivo.

El virrey presidía, y era inmenso el concurso que invadió la sala.

Al conde de Villarroja, por deferencia a lo especial de su condición, se le había señalado asiento al lado del fiscal acusador.

El marqués ocupaba el banquillo del acusado.

Leído el proceso y oídos los alegatos del fiscal y del abogado defensor, dirigió el virrey la palabra al reo.

—¿Tiene usía, señor marqués, algo que decir en su favor?

—No, señor... Maté a ese hombre porque los dos no cabíamos sobre la tierra.

Esta razón de defensa ni racional ni socialmente podía satisfacer a la ley ni a la justicia. El fiscal pedía la pena de muerte para el matador, y el tribunal se veía en la imposibilidad de recurrir al socorrido expediente de las causas atenuantes, desde que el acusado no dejaba resquicio abierto para ellas. El abogado defensor había aguzado su ingenio y hecho una defensa más sentimental que jurídica, pues las lacónicas declaraciones prestadas por el marqués en el proceso no daban campo sino para enfrascarse en un mar de divagaciones y conjeturas. No había tela que tejer ni hilos sueltos que anudar.

El virrey tomaba la campanilla para pasar a secreto acuerdo, cuando el abogado del marqués, a quien un caballero acababa de entregar una carta, se levantó de su sitial y, avanzando hacia el estrado, la puso en manos del virrey.

470

Su excelencia leyó para sí, y dirigiéndose luego a los ma-
ceros:

—Que se retire el auditorio —dijo— y que se cierre la
puerta.

V

Laurentina, al comprender el peligro en que se hallaba la
vida de su padre, no vaciló en sacrificarse haciendo pública
la ruindad de que ella había sido triste víctima. Corrió al bu-
fete del marqués, y rompiendo la cerradura sacó la carta de
Baldomero y la envió con uno de sus deudos al abogado.
Ella sabía que el marqués nunca habría recurrido a ese documento salvador, o por lo menos atenuante de la culpa.

El virrey, visiblemente conmovido, dijo:

—Acérquese usía, señor conde de Villarroja. ¿Es ésta la
letra de su difunto hijo?

El conde leyó en silencio, y a medida que avanzaba en
la lectura pintábase mortal congoja en su semblante y se
oprimía el pecho con la mano que tenía libre, como si quisiera sofocar las palpitaciones de su corazón paternal. ¡Horrible lucha entre su conciencia de caballero y los sentimientos de la naturaleza!

Al fin, su diestra temblorosa dejó escapar la acusadora
carta, y cayendo desplomado sobre un sillón, y cubriéndose el rostro con las manos para atajar el raudal de lágrimas,
exclamó, haciendo un heroico esfuerzo para dar varonil
energía a su palabra:

—¡Bien muerto está!... ¡El marqués estuvo en su derecho!

VI

La Real Audiencia absolvió al marqués de Santa Rosa.

Quizá la sentencia, en estricta doctrina jurídica, no sea
muy ajustada. Critíquenla en buena hora los pajarracos del
foro. No fumo de ese estanquillo ni lo apetezco.

Pero los oidores de la Real Audiencia antes que jueces eran hombres y al fallar absolutoriamente prefirieron escuchar sólo la voz de su conciencia de padres y de hombres de bien, haciendo caso omiso de don Alfonso el Sabio y de sus leyes de Partida, que disponen que *ome que faga omecillo, por ende muera*. ¡Bravo! ¡Bravo! Yo aplaudo a sus señorías los oidores, y me parece que tienen lo bastante con mis *palmadas*[5].

En cuanto al público de escaleras abajo, que nunca supo a qué atenerse sobre el verdadero fundamento del fallo (pues virrey, oidores y abogado se comprometieron a guardar secreto sobre la revelación que contenía la carta), murmuró no poco contra la injusticia de la justicia.

---

[5] El autor no se refiere a los aplausos sino a los golpes de mano que propina a quienes no entenderían, con la legalidad en la mano, la razón de estos administradores de justicia.

472

# Una astucia de Abascal

## I

Que el excelentísimo señor virrey don Fernando de Abascal y Souza, caballero de Santiago y marqués de la Concordia, fue hombre de gran habilidad es punto en que amigos y enemigos que alcanzaron a conocerlo están de acuerdo. Y por si alguno de mis contemporáneos lo pone en tela de juicio, bastaráme para obligarlo a arriar bandera referir un suceso que aconteció en Lima, a fines de 1808; es decir, cuando apenas tenía Abascal año y medio de ejercicio en el mando.

Regidor de primera nominación, en el Cabildo de esta ciudad de los Reyes, era el señor de... ¿de qué? No estampo el nombre por miedo de verme enfrascado en otro litigio *pati-gallinesco*[1]... Llamémoslo H...

Su señoría el regidor H... era de la raza de las cebollas. Tenía la cabeza blanca y el resto verde; esto es, que a pesar de sus canas y achaques todavía galleaba y se alegraba el ojo con las tataranietas de Adán. Hacía vida de solterón, tratábase a cuerpo de príncipe, que su hacienda era pingüe, y su casa y persona estaban confiadas al cuidado de una ama de llaves y de una legión de esclavos.

---

[1] Dicho tonto, inoportuno o a despropósito. Esta tradición se publica en 1877, por los años en que Palma, desengañado de la mezquindad política y de la apatía cultural, se retira a vivir en el pueblecito de Miraflores, próximo a Lima.

Una mañana, cuando apuraba el señor de H... la jícara del sabroso chocolate del Cuzco con canela y vainilla[2], presentósele un pobre diablo, vendedor de alhajas, con una cajita que contenía un alfiler, un par de arracadas y tres anillos de brillantes. Recordó el sujeto que la Pascua[3] se aproximaba, y que para entonces tenía compromiso de obsequiar esa fruslería a una chica que lo traía engatusado. Duro más, duro menos, cerró trato por cien onzas de oro, guardó la cajita y despidió al mercader con estas palabras:

—Bien, mi amigo; vuélvase usted dentro de ocho días por su plata[4].

Llegó el día del plazo y tras éste otro y otro, y el acreedor no lograba hablar con su deudor: unas veces porque el señor había salido, otras porque estaba con visitas de gente de copete, y al fin porque el negro portero no quiso dejarlo pasar del zaguán. Abordólo al cabo una tarde en la puerta del Cabildo, y a presencia de varios de sus colegas le dijo:

—Dispénseme su señoría si no pudiendo encontrarlo en su casa me le hago presente en este sitio, que los pobres tenemos que ser importunos.

—¿Y qué quiere el buen hombre? ¿Una limosna? Tome, hermano, y vaya con Dios.

Y el señor H... sacó del bolsillo una peseta.

—¿Qué es eso de limosna? —contestó indignado el acreedor—. Págueme usía las cien onzas que me debe.

—¡Hábráse visto desvergüenza de pícaro! —gritó el regidor—. A ver, alguacil. Agárreme usted a este hombre y métalo en la cárcel.

Y no hubo otro remedio. El infeliz protestó; pero como las protestas del débil contra el fuerte son agua de malvas[5],

---

[2] La *vainilla* es una planta americana de la familia de las orquidáceas y cuyo fruto en forma de cápsula produce un perfume que sirve para aromatizar licores y chocolates.

[3] En el Perú, la Pascua por antonomasia es la de la Navidad en la que se hacen obsequios a los niños y a los familiares, como es el día de Reyes en España.

[4] Americanismo, dinero, sea en papel moneda o metálico.

[5] *Agua de malva* por analogía *agua de borrajas:* cosas sin importancia.

con protesta y todo fue nuestro hombre por veinticuatro horas a chirona, por desacato a la caracterizada persona de un municipal o *municipillo*.

Cuando lo pusieron en libertad anduvo el pobrete con su queja de Caifás a Pilatos; pero como no presentaba testigos ni documentos lo calificó el uno de loco y el otro de bribón.

Llegó el caso a oídos del virrey, y éste hizo ir secretamente a palacio a la víctima, le interrogó con minuciosidad y le dijo:

—Vaya usted tranquilo y no cuente a nadie que nos hemos visto. Le ofrezco que, para mañana, o habrá recobrado sus prendas o irá por seis meses a presidio como calumniador.


## II

Exceptuando las noches de teatro, al que Abascal sólo por enfermedad u otro motivo grave dejaba de concurrir, recibía de siete a diez a sus amigos de la aristocracia. La linda Ramona, aunque apenas frisaba en los catorce años, hacía con mucha gracia los honores del salón, salvo cuando veía correr por la alfombra un ratoncillo. Tan melindrosa era la mimada hija de Abascal, que su padre prohibió quemar cohetes a inmediaciones de palacio, porque al estallido acometían a la niña convulsiones nerviosas. ¡Repulgos de muchacha engreída! Corriendo los años no se asustó con los mostachos de Pereira, un buen mozo a quien mandó el rey para hacer la guerra a los insurgentes, y que no hizo en el Perú más que llegar y besar, conquistando en el acto la mano y el corazón de Ramona y volviéndose con su costilla para España. ¡Buen calabazazo[6] llevaron todos los marquesitos y condesitos de Lima que bailaban por la chica el *agua de nieve!*[7]. Aquella noche concurrió, como de costumbre, el señor de H... a la tertulia palaciega. El virrey agarróse

---

[6] De *dar calabazas:* dejar con los crespos hechos.
[7] *Agua de nieve:* baile afroperuano muy movido.

mano a mano en conversación con él, pidióle un polvo[8], y su señoría le pasó la caja de oro con cifra de rubíes. Abascal sorbió una narigada de rapé, y, por distracción sin duda, guardó la caja ajena en el bolsillo de la casaca.

De repente Ramona empezó a gritar. Una arañita *morroñosa*[9] se paseaba por el raso blanco que tapizaba las paredes del salón, y Abascal, con el pretexto de ir a traer agua de melisa o el frasquito del vinagre de los siete ladrones, que es santo remedio contra los nervios, escurrióse por una puertecita, llamó al capitán de la guardia de alabarderos y le dijo:

—Don Carlos, vaya usted a casa del señor de H... y dígale a Conce, su ama de llaves, que por señas de esta caja de rapé, que dejará usted en poder de ella, manda su patrón por la cajita de alhajas que compró hace quince días, pues quiere enseñarlas a Ramoncica, que es lo más curiosa que en mujer cabe.

## III

A las diez de la noche regresó a su casa el señor de H... y la ama de llaves le sirvió la cena. Mientras su señoría saboreaba un guiso criollo, doña Conce, con la confianza de antigua doméstica, le preguntó:

—¿Y qué tal ha estado la tertulia, señor?

—Así, así. A la cándida de la Ramona le dio la pataleta, que eso no podía faltar. Esa damisela es una doña Remilgos y necesita un marido de la cáscara amarga, como yo, que con una paliza a tiempo estaba seguro de curarla de espantos. Y lo peor es que su padre es un viejo pechugón, que me *codeó*[10] un polvo y se ha quedado con mi caja de los días de fiesta.

—No, señor. Aquí está la caja, que la trajo uno de los oficiales de Palacio.

---

[8] *Pidióle un polvo:* le solicitó una porción de rapé.
[9] Peruanismo, débil, raquítica.
[10] Robó.

—¿A qué hora, mujer?

—Acababan de tocar las ocho en las Nazarenas[11], y obedeciendo al recado que usted me enviaba, le di al oficial la cajita.

—Tú estás borracha, Conce. ¿De qué cajita me hablas?

—¡Toma! De la de las alhajas que compró usted el otro día.

El señor H... quedó como herido por un rayo. Todo lo había adivinado.

A los pocos días emprendió viaje para el Norte, donde poseía un valioso fundo rústico, y no volvió a vérsele en Lima.

Por supuesto que comisionó antes a su mayordomo para que pagase al acreedor.

El caballeroso Abascal recomendó al capitán de alabarderos y al dueño de las alhajas que guardasen profundo secreto; pero la historia llegó a saberse con todos sus pormenores, por aquello de que secreto de tres, vocinglero es.

---

[11] Iglesia de las Nazarenas, alberga al Señor de los Milagros, patrón de Lima.

# Un tenorio americano

### (A don Alberto Navarro Viola)

## I

Era el 1.º de enero de 1846.

La iglesia de las monjas mónicas, en Chuquisaca[1], resplandecía de luces, y nubes de incienso, quemado en pebeteros de plata, entoldaban la anchurosa nave.

Cuanto la, entonces naciente, nacionalidad boliviana tenía de notable en las armas y en las letras, la aristocracia de los pergaminos y la del dinero, la belleza y la elegancia, se encontraba congregado para dar mayor solemnidad a la fiesta.

Allí estaba el vencedor de Ayacucho, Antonio José de Sucre[2], en el apogeo de su gloria y en lo más lozano de la edad viril, pues sólo contaba treinta y dos años.

En su casaca azul no abundaban los bordados de oro, como en las de los sainetescos espadones de la patria nueva, que van, cuando se emperejilan, como dijo un poeta,

---

[1] Chuquisaca, departamento al sur de Bolivia. Durante la colonia también se llamó de esa manera la ciudad de Sucre, convertida ahora en capital constitucional del país andino.

[2] Antonio José de Sucre (1795-1830), militar y político venezolano y prócer de la independencia de América, estuvo junto a Bolívar en las grandes batallas de Huaqui, Pichincha, Junín y venció en Ayacucho. Promulgó en 1825 la independencia del Alto Perú, que se convirtió en Bolivia.

tan tiesos, tan finchados y formales,
que parecen de veras generales.

Sucre, como hombre de mérito superior, era modesto
hasta en su traje, rara vez colocaba sobre su pecho alguna
de las condecoraciones conquistadas, no por el favor ni la
intriga, sino por su habilidad estratégica y su incomparable
denuedo en los campos de batalla, en quince años de titá-
nica lucha contra el poder militar de España.

Rodeaban al que en breve debía ser reconocido como
primer presidente constitucional de Bolivia: el bizarro general Córdova[3], cuya proclama de elocuente laconismo
*¡arma a discreción y paso de vencedores!* vivirá mientras la historia hable del combate que puso fin al dominio castellano
en Sud-América; el coronel Trinidad Morán, el bravo que
en una de nuestras funestas guerras civiles fue fusilado en
Arequipa, en diciembre de 1854, precisamente al cumplirse treinta años de la acción de Matará, en que su impávido
valor salvara al ejército patriota de ser deshecho por los realistas; el coronel Galindo, soldado audaz y entendido político, que, casado en 1826 en Potosí, fue padre del poeta revolucionario Néstor Galindo[4], muerto en la batalla de la
Cantería; sus ayudantes de campo, el fiel Alarcón, destinado a recibir el último suspiro del *justo Abel*, victimado vilmente en las montañas de Berruecos, y el teniente limeño
Juan Antonio Pezet, muchacho jovial, de gallarda apostura,
de cultas maneras, cumplidor del deber y que, corriendo
los tiempos, llegó a ser general y presidente del Perú.

Aquel año 26 Venus tejió muchas coronas de mirto. De
poco más de cien oficiales colombianos que acompañaron
a Sucre en la fiesta de las monjas mónicas, treinta pagaron
tributo al dios de Himeneo en el espacio de pocos meses.
No se diría sino que los vencedores en Ayacucho llevaron
por consigna: ¡Guerra a las bolivianas!

Por entonces un magno pensamiento preocupaba a Bo-

---

[3] General Jorge Córdova, militar y político boliviano; gobernó su país
entre 1855 y 1857.

[4] Néstor Galindo, afamado poeta y patriota boliviano.

480

lívar: hacer la independencia de la Habana, y para realizarla contaba con que México proporcionaría un cuerpo de ejército que se uniría a los ya organizados en Colombia, Perú y Bolivia. Pero la Inglaterra se manifestó hostil al proyecto, y el Libertador tuvo que abandonarlo.

Los argentinos se preparaban para la guerra que se presentaba como inminente con el Brasil; y, conocedores de la ninguna simpatía de Bolívar por el imperio americano, enviaron al general Alvear a Bolivia, con el carácter de ministro plenipotenciario, para que conferenciase con Sucre y con el Libertador, que acababa de emprender su triunfal paseo de Lima a Potosí. Bolívar, aunque preocupado a la sazón con la empresa cubana, no desdeñó las proposiciones del simpático Alvear; pero, teniendo que regresar al Perú y sin tiempo para discutir, autorizó a Sucre para que ajustase con el plenipotenciario las bases del pacto.

Don Carlos María de Alvear es una de las más prominentes personalidades de la revolución argentina. Nacido en Buenos Aires y educado en España, regresó a su patria, con la clase de oficial de las tropas reales, en momento oportuno para encabezar con San Martín la revolución de octubre del año 12. Presidente de la primera Asamblea constituyente, fue él quien propuso en 1813 la primera ley que sobre libertad de esclavos se ha promulgado en América. En la guerra civil, que surgió a poco, Alvear, apoyado en la prensa por Monteagudo, asumió la dictadura, y la ejerció hasta abril de 1815, en que el Cabildo de Buenos Aires lo depuso y desterró. Con varia fortuna, vencido hoy y vencedor mañana, hizo casi toda la guerra de Independencia. Ni es nuestro propósito ni la índole de esta leyenda nos permite ser más extensos en noticias históricas. Nos basta con presentar el perfil del personaje.

Soldado intrépido, escritor de algún brillo, político hábil, hombre de bella y marcial figura, desprendido del dinero, de fácil palabra, de vivaz fantasía, como la generalidad de los bonaerenses, e impetuoso, así en las lides de Marte como en las de Venus, tal fue don Carlos María de Alvear. Falleció en Montevideo en 1854, después de haber representado a su patria en Inglaterra y Estados Unidos.

481

La misión confiada a Alvear cerca de Sucre habría sido fructífera si entre los que acompañaron al fundador de Bolivia, en la iglesia de las monjas mónicas, no se hubiera hallado el diplomático argentino.

¿Quién es *ella*? Esta *ella* va a impedir alianza de gobiernos, aplazar guerra y... lo demás lo sabrá quien prosiga leyendo.

## II

Las notas del órgano sagrado y el canto de las monjas hallaban eco misterioso en los corazones. El sentimiento religioso parecía dominarlo todo.

Sucre y su lucida comitiva de oficiales en plena juventud, pues ni el general Córdova podían aún lanzar el desesperado apóstrofe de Espronceda *¡malditos treinta años!*[5], ocupaban sitiales y escaños a dos varas de la no muy tupida reja del coro.

Gran tentación fue aquélla para los delicados nervios de las esposas de Jesucristo. Mancebos gentiles, héroes de batallas cuyas acciones más triviales adquirían sabor legendario al ser relatadas por el pueblo, tenían que engrandecerse y tomar tinte poético en la fantasía de esas palomas, cuyo apartamiento del siglo no era tanto que hasta ellas no llegase el ruido del mundo externo.

Hubo un momento en que una monja que ocupaba reclinatorio vecino al de la abadesa entonó un himno con la voz más pura, fresca y melodiosa que oídos humanos han podido escuchar.

Todas las miradas se volvieron hacia la reja del coro.

El delicado canto de la monja se elevaba al cielo; pero sus ojos, al través del tenue velo que le cubría el rostro, y acaso su espíritu, vagaban entre la multitud que llenaba el templo. De pronto, y de en medio del brillante grupo oficial, levantóse un hombre de arrogantísimo aspecto, en cuya casaca recamada de oro lucían los entorchados de ge-

---

[5] Véase *Diablo mundo*.

482

neral, asióse a la reja del coro, lanzó atrevida mirada al interior y, olvidando que se hallaba en la casa del Señor, exclamó con el entusiasmo con que en un teatro habría aplaudido a una prima-donna:

—¡Canta como un ángel!

¿La monja oyó o adivinó la galantería? No sabré decirlo; pero levantó un extremo del velo, y los ojos de aquel hombre y los suyos se encontraron.

Cesó el canto. El Satanás tentador se apartó entonces de la reja, murmurando:

—¡Hermosa, hermosísima!

Y volvió a ocupar su asiento a la derecha de Sucre.

Para los más, aquello fue una irreverencia de libertino, y para los menos, un arranque de entusiasmo filarmónico.

Para las monjitas, desde la abadesa a la refitolera, hubo tema no sé si de conversación o de escándalo. Sólo una callaba, sonreía y... suspiraba.

### III

La revolución de 1809 en Chuquisaca contra el presidente de la Audiencia, García Pizarro, hizo al doctor Serrano, impertérrito realista, contraer el compromiso de casar a su hija Isabel con un acaudalado comerciante que lo amparara en días de infortunio. En 1814 cumplió Isabel sus diez y siete primaveras, y fue ésa la época escogida por el doctor Serrano para imponer a la niña su voluntad paterna; pero la joven, que presentía el advenimiento del romanticismo, se rebelaba contra todo yugo o tiranía. Además, era el novio hombre vulgar y prosaico, una especie de asno con herrajes de oro, y siendo la chica un tanto poética y soñadora, dicho está que, antes de avenirse a ser, no diré la media naranja dulce, pero ni el limón agrio de tal mastuerzo, haría mil y una barrabasadas. El padre era áspero de genio y muy montado a la antigua. El viejo se metió en sus calzones y la damisela en sus polleritas[6].

---

[6] Americanismo de *pollera*, falda larga de uso femenino.

—O te casas, o te enjaulo en un convento —dijo su merced.

—Al monjío me atengo —contestó con energía la doncella.

Y no hubo más. Isabel fue al monasterio de las mónicas, y en 1820 se consumó el suicidio moral llamado monjío.

Como Isabel había profesado sin verdadera vocación por el claustro, como el ascetismo monacal no estaba encarnado en su espíritu, y como la regla de las mónicas en Chuquisaca no era muy rigurosa, nuestra monjita se economizaba mortificaciones, asimilando, en lo posible, la vida del convento a la del siglo. Vestía hábito de seda, y entre las mangas de su túnica dejábase entrever la camisa de fina batista con encajes.

En su celda veíanse todos los refinamientos del lujo mundano, y el oro y la plata se ostentaban en cincelados pebeteros y artística vajilla. Dotada de una voz celestial acompañábase en el clave, la vihuela o el arpa, que era hábil música, cantando con suma gracia cancioncitas profanas en la tertulia que, de vez en cuando, la permitía dar la superiora, cautivada por el talento, la travesura y la belleza de Isabel. Esas tertulias eran verdaderas fiestas, en las que no escaseaban los manjares y las más exquisitas mistelas y refrescos.

Pocos días después de la fiesta del año nuevo, fiesta que había dejado huella profunda en el alma de la monja, se le acercó la demandadera del convento, seglar autorizada en ciertos monasterios de América para desempeñar las comisiones callejeras, y la guiñó un ojo como en señal de que algo muy reservado tenía que comunicarla. En efecto, en el primer momento propicio puso en manos de Isabel un billete. La hermana demandadera era una celestina forrada en beata; es decir, que pertenecía a lo más alquitarado del gremio de celestinas.

La joven se encerró en su celda, y leyó:

—Isabel: Te amo y anhelo acercarme a ti. Las ramas de un árbol del jardín caen fuera del muro del convento y sobre el tejado de la casa de un servidor mío. ¿Me esperarás esta noche después de la queda?

Isabel se sintió desfallecer de amor, como si hubiera apurado un filtro infernal, con la lectura de la carta del desconocido.

¡Desconocido! No lo era para ella. La chismografía del convento le había hecho saber que su amante era el general don Carlos María de Alvear, el prestigioso dictador argentino en 1814, el rival de Artigas y San Martín, el vencedor de los españoles en varias batallas, el plenipotenciario, en fin, de Buenos Aires cerca del gobierno de Bolivia.

Antes de ponerse el sol recibía Alvear uno de esos canastillos de filigrana con la perfumada mixtura de flores que sólo las monjas saben preparar.

La demandadera, conductora del canastillo, no traía carta ni mensaje verbal. El galán la obsequió, por vía de alboroque, una onza de oro. Así me gustan los enamorados, rumbosos y no tacaños.

Alvear examinó prolijamente una flor y otra flor, y en una de las hojas de un nardo alcanzó a descubrir, sutilmente trazada con la punta de un alfiler, esta palabra: *Sí.*

## IV

Durante dos días Alvear no fue visto en las calles de Chuquisaca.

Urgía a Sucre hablar con él sobre unos pliegos traídos por el correo, y fue a buscarlo en su casa; pero el mayordomo le contestó que su señor estaba de paseo en una quinta a tres leguas de la ciudad. ¡Vivezas de buen criado!

Amaneció el tercer día, y fue de bullanga popular.

La superiora de las mónicas acababa de descubrir que un hombre había profanado la clausura. Cautelosamente echó la llave a la puerta de la celda, dio aviso al gobernador eclesiástico y alborotó el gallinero.

El pueblo, azuzado en su fanatismo por algunos frailes realistas, se empeñaba en escalar muros o romper la cancela y despedazar al sacrílego. Y habríase realizado barbaridad tamaña si, llegando la noticia del tumulto a oídos de Sucre, no hubiera éste acudido en el acto, calmado sagazmente la exaltación de los grupos y rodeado de tropa el monasterio.

A las diez de la noche, y cuando ya el vecindario estaba entregado al reposo, Sucre, seguido de su ayudante el teniente Pezet y acompañado del gobernador eclesiástico, fue al convento, platicó con la abadesa y monjas caracterizadas, les aconsejó que echasen tierra sobre lo sucedido y se despidió llevándose al Tenorio argentino.

Un criado, con un caballo ensillado, los esperaba a media cuadra del convento.

Alvear estrechó la mano de Sucre, y le dijo:

—Gracias, compañero. Vele por Isabel.

—Vaya usted tranquilo, general —contestó el héroe de Ayacucho—, que mientras yo gobierne en Bolivia, no consentiré que nadie ultraje a esa desventurada joven.

Alvear le tendió los brazos y le estrechó contra su corazón, murmurando:

—¡Tan valiente como caballero! ¡Adiós!

Y saltando ágilmente sobre el corcel, tomó el camino que lo condujo a la patria argentina, y un año después, el 20 de febrero de 1827, a coronar su frente con los laureles de Ituzaingó[7].

\* \* \*

En el tomo I de las *Memorias de O'Leary*[8], publicado en 1879, hallamos una carta del mariscal Sucre a Bolívar, fechada en Chuquisaca el 27 de enero de 1826, y de la cual, a guisa de comprobante histórico de esta aventura amorosa, copiaremos el acápite pertinente.

«El general Alvear salió el 17. Debo decir a usted, en prevención de lo que pudiera escribírsele por otros, que este señor tuvo la imprudencia de verificar su entrada en las

_____

[7] La batalla de Ituzaingó consiguió para el ejército argentino uruguayo la independencia de Uruguay. Carlos María de Alvear venció al ejército brasileño del marqués de Balmacena.

[8] Daniel Florencio O'Leary (1801-1854), militar y político irlandés, peleó junto a Bolívar, conservó muchos de sus papeles y conoció de cerca a su cúpula militar.

mónicas, y, sorprendido por la superiora, tuve yo que poner manos en el asunto para evitar escándalos. Pude hacer que saliese sin que la cosa hiciese gran alboroto; pero no hay títere en la ciudad que no esté impuesto del hecho.»

*Sexta Serie*

# El Demonio de los Andes

(A Ricardo Becerra)

NOTICIAS HISTÓRICAS SOBRE EL MAESTRE
DE CAMPO FRANCISCO DE CARBAJAL

Arévalo, pequeña ciudad de Castilla la Vieja, dio cuna al soldado que por su indómita bravura, por sus dotes militares, por sus hazañas que rayan en lo fantástico, por su rara fortuna en los combates y por su carácter sarcástico y cruel, fue conocido, en los primeros tiempos del coloniaje, con el nombre de *Demonio de los Andes*.

¿Quiénes fueron sus padres? ¿Fue hijo de ganancia o fruto de honrado matrimonio? La historia guarda sobre estos puntos profundo silencio, si bien libro hemos leído en que se afirma que fue hijo natural del terrible César Borgia, duque de Valentinois.

Francisco Carbajal[1], después de haber militado más de treinta años en Europa, servido a las órdenes del Gran Capitán Gonzalo de Córdova y encontrándose, con el grado de alférez, en las famosas batallas de Ravena y Pavía, vino al Perú a prestar con su espada poderoso auxilio al marqués don Francisco Pizarro. Grandes mercedes obtuvo de éste, y en breve se halló el aventurero Carbajal poseedor de pingüe fortuna.

---

[1] Francisco de Carvajal es el protagonista de doce tradiciones que integran un conjunto del que reproducimos ésta y *El robo de las calaveras*.

491

Después del trágico fin que tuvo en Lima el audaz conquistador del Perú, Carbajal combatió tenazmente la facción del joven Almagro. En la sangrienta batalla de Chupas[2], y cuando la batalla se pronunciaba por los almagristas, Francisco de Carbajal, que mandaba un tercio de la alebronada[3] infantería real, exclamó arrojando el yelmo y la coraza y adelantándose a sus soldados: —¡Mengua y baldón para el que retroceda! ¡Yo soy un blanco doble mejor que vosotros para el enemigo!— La tropa siguió entusiasmada el ejemplo de su corpulento y obeso capitán, y se apoderó de la artillería de Almagro. Los historiadores convienen en que este acto de heroico arrojo decidió la batalla.

Vinieron los días en que el apóstol de las Indias, Bartolomé de las Casas[4], alcanzó de Carlos V las tan combatidas Ordenanzas en favor de los indios, y cuya ejecución fue encomendada al hombre menos a propósito para implantar reformas. Nos referimos al primer virrey del Perú, Blasco Núñez de Vela. Sabido es que la falta de tino del comisionado exaltó los intereses que la reforma hería, dando pábulo a la gran rebelión de Gonzalo Pizarro.

Carbajal, que presentía el desarrollo de los sucesos, se apresuró a realizar su fortuna para regresar a España. La fatalidad hizo que, por entonces, no hubiese lista nave alguna capaz de emprender tan arriesgada como larga travesía. Las cualidades dominantes en el alma de nuestro héroe eran la gratitud y la lealtad. Muchos vínculos lo unían a los Pizarro, y ellos lo forzaron a representar el segundo papel en las filas rebeldes.

Gonzalo Pizarro, que estimó siempre en mucho el valor y la experiencia del veterano, lo hizo en el acto reconocer del ejército en el carácter de maestre de campo.

---

[2] Tuvo lugar el 12 de septiembre de 1542, en las lomas de Chupas, cerca de Huamanga.

[3] Acobardada.

[4] Fray Bartolomé de las Casas (1474-1566), sacerdote dominico español, autor de *Brevísima relación de la destrucción de Indias,* denunció la cruel explotación de los indios en las colonias, consiguió leyes benignas que se cumplieron a medias o no se cumplieron. El cardenal Cisneros le nombró Protector de los Indios.

Carbajal, que no era tan sólo un soldado valeroso, sino hombre conocedor de la política, dio por entonces a Gonzalo el consejo más oportuno para su comprometida situación: «Pues las cosas os suceden prósperamente —le escribió—, apoderaos una vez del gobierno, y después se hará lo que convenga. No habiéndonos dado Dios la facultad de adivinar, el verdadero modo de acertar es hacer buen corazón y aparejarse para lo que suceda, que las cosas grandes no se emprenden sin gran peligro. Lo mejor es fiar vuestra justificación a las lanzas y arcabuces, pues habéis ido demasiado lejos para esperar favor de la corona.» Pero la educación de Gonzalo y sus hábitos de respeto al soberano ponían coto a su ambición, y nunca osó presentarse en abierta rebeldía contra el rey. Le asustaba el atrevido consejo de Carbajal. El maestre de campo era, políticamente hablando, un hombre que se anticipaba a su época y que presentía aquel evangelio del siglo XIX: A una revolución vencida se la llama motín; a un motín triunfante se le llama revolución: el éxito dicta el nombre.

No es nuestro propósito historiar esa larga y fatigosa campaña que, con la muerte del virrey en la batalla de Iñaquito el 18 de enero de 1546, entregó el país, aunque por poco tiempo, al dominio del *muy magnífico señor* don Gonzalo Pizarro. Los grandes servicios de Carbajal, en esa campaña, los compendiamos en las siguientes líneas de un historiador:

«El octogenario guerrero exterminó o aterró a los realistas del Sur. A la edad en que pocos hombres conservan el fuego de las pasiones y el vigor de los órganos, pasó sin descanso seis veces los Andes[5]. De Quito a San Miguel, de Lima a Guamanga, de Guamanga a Lima, de Lucanas al Cuzco, del Callao a Arequipa y de Arequipa a Charcas. Comiendo y durmiendo sobre el caballo, fue insensible a los hielos de la puna[6], a la ardiente reverberación del sol en

---

[5] El paso de los Andes con alturas superiores a los 4.000 y 5.000 metros sobre el nivel del mar, sobre frágiles cabalgaduras, y muchas veces a marchas forzadas por el carácter bélico que movía sus desplazamientos, era una arriesgada aventura aun para los jóvenes.

[6] Peruanismo del quechua *puna*, páramo, altiplano andino de Perú, Bolivia, Argentina y Chile situado entre los 3.800 y 5.000 metros sobre el nivel del mar.

los arenales y a las privaciones y fatigas de las marchas forzadas. El vulgo supersticioso decía que Carbajal y su caballo andaban por los aires. Sólo así podían explicarse tan prodigiosa actividad.»

Después de la victoria de Iñaquito, el poder de Gonzalo parecía indestructible. Todo conspiraba para que el victorioso gobernador independizase[7] el Perú. Su tentador *Demonio de los Andes* le escribía desde Andahuailas, excitándolo a coronarse: «Debéis declararos rey de esta tierra conquistada por vuestras armas y las de vuestros hermanos. Harto mejores son vuestros títulos que el de los reyes de España. ¿En qué cláusula de su testamento les legó Adán el imperio de los Incas? No os intimidéis porque hablillas vulgares os acusen de deslealtad. Ninguno que llegó a ser rey tuvo jamás el nombre de traidor. Los gobiernos que creó la fuerza, el tiempo los hace legítimos. Reinad y seréis honrado. De cualquier modo, rey sois de hecho y debéis morir reinando. Francia y Roma os ampararán si tenéis voluntad y maña para saber captaros su protección. Contad conmigo en vida y en muerte, y cuando todo turbio corra, tan buen palmo de pescuezo tengo yo para la horca como cualquier otro hijo de vecino.»

Entre los cuadros que hasta 1860 adornaban las paredes del Museo Nacional, y que posteriormente fueron trasladados al palacio de la Exposición, recordamos haber visto un retrato del *Demonio de los Andes*, en el cual se leían estos que diz que son versos:

> Del Perú la suprema independencia
> Carbajal ha tres siglos quería,
> Y quererlo costóle la existencia.

Pero estaba escrito que no era Pizarro el escogido por Dios para crear la nacionalidad peruana. Coronándose, habría creado intereses especiales en el país, y los hombres ha-

---

[7] El sueño de independizar el Perú de la corona española y nombrar un nuevo rey español cuando la conquista no estaba consumada fue también la aventura equinoccial de Lope de Aguirre.

494

brían hecho su destino solidario con el del monarca. Por eso, al arribo del licenciado Gasca con amplios poderes de Felipe II para proceder en las cosas de América y prodigar indultos, honores y mercedes, empezó la traición a dar amarguísimos frutos en las filas de Gonzalo. Sus amigos se desbandaban para engrosar el campo del licenciado. Sólo la severidad de Carbajal podía mantener a raya a los traidores. Tan grande era el terror que inspiraba el nombre del veterano, que en cierta ocasión dijo Pizarro a Pedro Paniagua, emisario de Gasca:

—Esperar a que venga el maestre de campo Carbajal, y le veréis y conoceréis.

—Eso es, señor, lo que no quiero esperar —contestó el emisario—; que al maestre yo le doy por visto y conocido.

En Lima estaba en ebullición la rebeldía contra Pizarro. El pueblo que, en Cabildo abierto, lo había aclamado libertador, que lo llamó el *muy magnífico* y que lo obligó a continuar en el cargo de gobernador, ya que él desdeñaba el trono con que le brindaran, ese mismo pueblo le negaba un año después el contingente de sus simpatías. ¡Triste, tristísima cosa es el clamor popular!

Forzado se vio Gonzalo, para no sucumbir en Lima, a retirarse al Sur y presentar la batalla de Huarina[8]. No excedía de quinientos el número de leales que lo acompañaban. Diego Centeno, al mando de mil doscientos hombres, atacó la reducida hueste revolucionaria; mas la habilidad estratégica y el heroico valor del anciano maestre de campo alcanzaron para tan desesperada causa la última de sus victorias.

La gran figura del vencedor de Huarina tiene su lado horriblemente sombrío: la crueldad. Difícilmente daba cuartel a los rendidos, y más de trescientas ejecuciones realizó con los desertores o sospechosos de traición.

Cuéntase que en el Cuzco, doña María Calderón, esposa de un capitán de las tropas de Centeno, se permitía con mujeril indiscreción tratar a Gonzalo de tirano, y repetía en

---

[8] Huarina estaba en el Alto Perú, hoy Bolivia. La batalla tuvo lugar en 1547.

público que el rey no tardaría en triunfar de los rebeldes.

—Comadrita —la dijo Carbajal en tres distintas ocasiones—, tráguese usted las palabras; porque si no contiene su maldita sin-hueso la hago matar, como hay Dios, sin que la valga el parentesco espiritual que conmigo tiene.

Luego que vio la inutilidad de la tercera monición[9], se presentó el maestre en casa de la señora, diciéndola:
—Sepa usted, señora comadre, que vengo a darla garrote —y después de haber expuesto el cadáver en una ventana, exclamó—: ¡Cuerpo de tal, comadre cotorrita, que si usted no escarmienta de ésta, yo no sé lo que me haga!

Por fin, el 9 de abril de 1548 se empeñó la batalla de Saxsahuamán. Pizarro, temiendo que la impetuosidad de Carbajal le fuese funesta, dio el segundo lugar al infame Cepeda, resignándose el maestre a pelear como simple soldado. Apenas rotos los fuegos, se pasaron al campo de Gasca el segundo jefe Cepeda y el capitán Garcilaso de la Vega[10], padre del historiador. La traición fue contagiosa, y el licenciado Gasca, sin más armas que su breviario y su consejo de capellanes, conquistó en Saxsahuamán laureles baratos y sin sangre. No fueron el valor ni la ciencia militar, sino la ingratitud y la felonía, los que vencieron al generoso hermano del marqués Pizarro.

Cuando vio Carbajal la traidora deserción de sus compañeros, puso una pierna sobre el arzón, y empezó a cantar el villancico que tan popular se ha hecho después:

> Los mis cabellicos, maire,
> uno a uno se los llevó el aire.
> ¡Ay pobrecicos
> los mis cabellicos!

Caído el caballo que montaba, se halló el maestre rodea-

---

[9] Advertencia.

[10] Capitán Sebastián Garcilaso de la Vega y Vargas (1507-1559), conquistador español, estuvo con Pedro de Alvarado en la conquista de México y con Francisco Pizarro en el Perú; fue padre del escritor Garcilaso de la Vega. Fue una de las víctimas de las primeras guerras civiles entre españoles en el Perú.

do de enemigos resueltos a darle muerte; mas lo salvó la oportuna intervención de Centeno. Algunos historiadores dicen que el prisionero le preguntó:

—¿Quién es vuesa merced que tanta gracia me hace?

—¿No me conoce vuesa merced? —contestó el otro con afabilidad—. Soy Diego Centeno.

—¡Por mi santo patrón! —replicó el veterano aludiendo a la retirada de Charcas y a la batalla de Huarina—. Como siempre vi a vuesa merced de espaldas, no le conocí viéndole la cara.

Gonzalo Pizarro y Francisco Carbajal fueron inmediatamente juzgados y puestos en capilla. Sobre el gobernador, en su condición de caballero, recayó la pena de decapitación. El maestre, que era plebeyo, debía ser arrastrado y descuartizado. Al leer la sentencia, contestó:

—Basta con matarme.

Acercósele entonces un capitán, al que en una ocasión quiso don Francisco hacer ahorcar por sospecharlo traidor:

—Aunque vuesa merced pretendió hacerme finado, holgaréme hoy con servirle en lo que ofrecérsele pudiera.

—Cuando le quise ahorcar podía hacerlo, y si no lo ahorqué fue porque nunca gusté de matar hombres tan ruines.

Un soldado que había sido asistente del maestre, pero que se había pasado al enemigo, le dijo llorando:

—¡Mi capitán! ¡Plugiera a Dios que dejasen a vuesa merced con vida y me mataran a mí! Si vuesa merced se huyera cuando yo me hui, no se viera hoy como se ve.

—Hermano Pedro de Tapia —le contestó Carbajal con su acostumbrado sarcasmo—, pues que éramos tan grandes amigos, ¿por qué pecasteis contra la amistad y no me disteis aviso para que nos huyéramos juntos?

Un mercader, que se quejaba de haber sido arruinado por don Francisco, empezó a insultarlo:

—¿Y de qué suma le soy deudor?

—Bien montará a veinte mil ducados.

Carbajal se desciñó con toda flema la vaina de la espada (pues la hoja la había entregado a Pedro Valdivia al rendírsele prisionero), y alargándola al mercader, le dijo:

—Pues, hermanito, tome a cuenta esta vaina y no me vengan con más cobranzas; que yo no recuerdo en mi ánima tener otra deuda que cinco maravedíses a una bruja bodegonera de Sevilla, y si no se los pagué fue porque cristianaba el vino, y me expuso a un ataque de cólicos y cámaras.

Cuando lo colocaron en un cesto arrastrado por dos mulas para sacarlo al suplicio, soltó una carcajada y se puso a cantar:

> ¡Qué fortuna! Niño en cuna,
> viejo en cuna. ¡Qué fortuna!

Durante el trayecto, la muchedumbre quería arrebatar al condenado y hacerlo pedazos. Carbajal, haciendo ostentación de valor y sangre fría, dijo:

—¡Ea, señores, paso franco! No hay que arremolinarse y dejen hacer justicia.

Y en el momento en que el verdugo Juan Enríquez se preparaba a despachar a la víctima, ésta le dijo sonriendo:

—Hermano Juan, trátame como de sastre a sastre.

Carbajal fue ajusticiado en el mismo campo de batalla el 10 de abril, a la edad de ochenta y cuatro años. Al día siguiente hizo Gasca su entrada triunfal en el Cuzco.

He aquí el retrato moral que un historiador hace del infortunado maestre:

«Entre los doldados del Nuevo Mundo, Carbajal fue sin duda el que poseyó más dotes militares. Estricto para mantener la disciplina, activo y perseverante, no conocía el peligro ni la fatiga, y eran tales la sagacidad y recursos que desplegaba en las expediciones, que el vulgo creía tuviese algún diablo familiar. Con carácter tan extraordinario, con fuerzas que le duraron mucho más de lo que comúnmente duran en los hombres y con la fortuna de no haber asistido a más derrota que a la de Saxsahuamán en sesenta y cinco años que, en Europa y América, vivió llevando vida militar, no es extraño que se hayan referido de él cosas fabulosas, ni que sus soldados, considerándole como aun ser sobrenatural, lo llamasen el *Demonio de los Andes*. Tenía vena, si así puede llamarse, y daba suelta a su locuacidad en cualquiera ocasión. Miraba la vida como una comedia, aunque más de una vez hizo de ella una tragedia. Su ferocidad era proverbial; pero aun sus enemigos le reconocían una gran virtud: la fidelidad. Por eso no fue tolerante con la perfidia de los demás; por eso nunca manifestó compasión con los traidores. Esta constante lealtad, donde semejante virtud era tan rara, rodea de respeto la gran figura del maestre de campo Francisco de Carbajal.»

Pero no con el suplicio concluyó para Carbajal la venganza del poder real.

Su solar, o casa en Lima, lo formaba el ángulo de las calles conocidas hoy con los nombres de la *Pelota* y de los *Gallos*. El terreno fue sembrado de sal, demolidas las paredes interiores y en la esquina de la última se colocó una lápida de bronce con una inscripción de infamia para la memoria del propietario. A la calle se le dio el nombre de calle del *Mármol de Carbajal*.

Mas entre la soldadesca había dejado el maestre de campo muchos entusiastas apasionados, y tan luego como el licenciado Gasca regresó a España quitaron una noche el ignominioso mármol. La Audiencia efectuó algunas prisiones, aunque sin éxito, pues no alcanzó a descubrir a los ladrones.

Poco después aconteció en el Cuzco la famosa rebeldía del capitán don Francisco Girón, quien, proclamando la misma causa vencida en Saxsahuamán, puso en peligro durante trece meses el poder de la Real Audiencia.

Derrotado Girón, fue conducido prisionero a Lima y colocada su sangrienta cabeza en la Plaza mayor en medio de dos postes en que estaban las de Gonzalo Pizarro y Francisco de Carbajal.

Cerca de sesenta años habían transcurrido desde el horrible drama de Saxsahuamán. Un descendiente de San Francisco de Borja, duque de Gandía, el virrey poeta-príncipe de Esquilache, gobernaba el Perú en nombre de Felipe III. No sabemos si cumpliendo órdenes regias o bien por rodear de terroroso prestigio el principio monárquico, hizo que el 1.º de enero de 1617, y con gran ceremonial, se colocase en el solar del maestre de campo la siguiente lápida:

REYNANDO LA MAG. DE FHILIPO III. N. S.
AÑO D 1617 EL EXMO. SEÑOR D. FRANCIS-
CO D BORJA PRÍNCIPE D ESQVILACHE VIREY
D ESTOS REYNOS MANDÓ REEDIFICAR ESTE
MÁRMOL QVE ES LA MEMORIA DEL CASTI-
GO QVE SE DIO A FRANCISCO DE CARBA-
JAL, MAESSE DE CAMPO DE GONZALO PIZA-
RRO EN CVYA COMPAÑÍA FVE ALEVE Y
TRAIDOR A SV REY Y SEÑOR NATVRAL
CVYAS CASSAS SE DERRIBARON Y SEMBRA-
RON DE SAL. AÑO DE 1538. Y ÉSTE ES SV
SOLAR.

Esta lápida, que nuestros lectores pueden examinar para convencerse de que, al copiarla, hemos cuidado de conservar hasta las extravagancias ortográficas, se encuentra hoy incrustada en una de las paredes del salón de la Biblioteca Nacional[11]. Pero algunos años después un deudo de Carbajal la hizo desaparecer de la esquina de los Gallos, hasta que un siglo más tarde, en 1645, fue restaurada por el virrey marqués de Mancera, como lo prueban las siguientes líneas que completan la del salón de la Biblioteca:

DESPUÉS REYNANDO LA MAG. DE PHILIPO
IIII. N. S. EL EXMO. S. S. PEDRO DE TOLEDO
Y LEYVA MARQVÉS D MANCERA VIRREY DE
ESTOS RREYNOS GENTIL HOMBRE DE SV
CÁMARA Y D SV CONSEJO DE GUERRA ES-
TANDO ESTE MÁRMOL OTRA VEZ PERDIDO
LE MANDÓ RRENOVAR. AÑO D 1645.

Cuando el Perú conquistó su Independencia, perdió su nombre la calle del Mármol de Carbajal. Los hijos de la Re-

---

[11] «En 1906 se ha trasladado esta lápida al Museo histórico fundado en el Palacio de la Exposición», dice la nota de las *Obras Completas* de edición Aguilar y pone un asterisco que remite a otra nota inmediata que señala: «La lápida se encuentra en el Museo del Virreinato (Plaza Bolívar)». Posiblemente la primera llamada pertenece al autor, y la segunda a Edith Palma.

pública no podíamos, sin mengua, ser copartícipes de un ensañamiento que no se detuvo ante la santidad de la tumba.

\*

Para que los lectores de esta sucinta biografía formen cabal concepto de hombre que, así en las horas de la prosperidad como en las del infortunio, fue leal y abnegado servidor del Muy Magnífico don Gonzalo Pizarro, vamos a presentarles, en una docena de tradiciones históricas, cuanto de original y curioso conocemos sobre el carácter y acciones del popular *Demonio de los Andes*[12].

12 Véase la nota 1 de esta tradición.

# El robo de las calaveras

Por los años de 1565 no tenía la Plaza mayor de Lima, no digo la lujosa fuente que hoy la embellece, pero ni siquiera el pilancón[1] que mandara construir el virrey Toledo.

En cambio lucían en ella objetos cuya contemplación erizaba de miedo los bigotes al hombre de más coraje.

Frente al callejón de Petateros alzábase un poste, al extremo del cual se veían tres jaulas de gruesos alambres.

El poste se conocía con los nombres de rollo o picota. Junto al rollo se ostentaba sombría la ene de palo.

Cada una de las jaulas encerraba una cabeza humana.

Eran tres cabezas, cortadas por mano del verdugo y colocadas en la picota para infamar la memoria de los que un día las llevaran sobre los hombros.

Tres rebeldes a su rey y su señor natural don Felipe II, tres perturbadores de la paz de estos pueblos del Perú (tan pacíficos de suyo que no pueden vivir sin bochinde)[2] purgaban su delito hasta más allá de la muerte.

El verdadero crimen de esos hombres fue el haber sido vencidos. Ley de la historia es enaltecer al que triunfa y abatir al perdidoso. A haber apretado mejor los puños en la batalla, los cráneos de esos infelices no habrían venido a aposentarse en lugar alto, sirviendo de coco a niños y de espantajo a barbados.

---

[1] Americanismo de *pila*, grifo tosco.
[2] Americanismo, desorden, alboroto.

502

Esas cabezas eran las de
GONZALO PIZARRO, *el Muy Magnífico.*
FRANCISCO DE CARBAJAL, *el Demonio de los Andes.*
FRANCISCO HERNÁNDEZ GIRÓN, *el Generoso.*
La justicia del rey se mostraba tremenda e implacable.
Esas cabezas en la picota mantenían a raya los turbulentos conquistadores y eran a la vez una amenaza contra el pueblo conquistado.

Gonzalo Pizarro y, seis años después, Francisco Hernández Girón acaudillaron la rebeldía, cediendo a las instancias de la muchedumbre. Su causa, bien examinada, fue como la de los comuneros en Castilla. Si éstos lucharon por fueros y libertades, aquéllos combatieron por la conservación de logros y privilegios.

Los primeros comprometidos en la revuelta, los que más había azuzado a los caudillos, fueron también los primeros y más diligentes en la traición.

Esto es viejo en la vida de la Humanidad, y se repite como la tonadilla en los sainetes.

Volviendo a la Plaza mayor y a sus patibularios ornamentos, digo que era cosa de necesitarse la cruz y los ciriales para dar un paseo por ella, cerrada la noche, en eso tiempos en que no había otro alumbrado público que el de las estrellas.

No era, pues, extraño que de aquellas cabezas contase el pueblo maravillas.

Una vieja trotaconventos y tenida en reputación de facedora de milagros, curó a un paralítico haciéndole beber una pócima aderezada con pelos de la barba de Gonzalo.

Otra que tal, ahíta de años y con ribetes de bruja y rufiana, vio una legión de diablos bailando alrededor de la picota y empeñados en llevarse al infierno la cabeza de Carbajal, y añadía la muy marrullera que si los malditos no lograron su empresa fue por estorbárselo las cruces de los alambres.

En fin, no poca gente sencilla afirmaba con juramento que de los vacíos ojos de las calaveras salían llamas que iluminaban la plaza.

*

Estas y otras hablillas llegaron a oídos de doña Mencía de Sosa y Alcaraz, la bella viuda de Francisco Girón.

Como uniformemente lo relatan los historiadores, Girón y doña Mencía se amaron como dos tórtolas, y para ellos la luna de miel no tuvo menguante. Doña Mencía acompañó a su marido en gran parte de esa fatigosa campaña, que duró trece meses y que por un tris no dio al traste con la Real Audiencia; y acaso el único pero definitivo contraste que experimentó el bravo caudillo fue motivado por su pasión amorosa, porque entregado a ella descuidó sus deberes militares.

El 9 de diciembre de 1554 se promulgaba en Lima, a voz de pregonero, el siguiente cartel:

*Ésta es la justicia que manda hacer Su Majestad y el Magnífico caballero D. Pedro Portocarrero, maestre de campo, en este hombre, por traidor a la corona real y alborotador de estos reinos; mandándole cortar la cabeza y fijarla en el rollo de la ciudad, y que sus casas del Cuzco sean derribadas y sembradas de sal, y puesto en ellas un mármol con rótulo que declare su delito.*

Muerto el esposo en el cadalso, la noble dama se declaró también muerta para el mundo; y mientras la llegaba de Roma permiso para fundar el monasterio de la Encarnación se propuso robar de la picota la cabeza de su marido. Ella no podía encerrarse en un claustro mientras reliquias del que fue el amado de su alma permaneciesen expuestas al escarnio público.

Desgraciadamente, sus tentativas tuvieron mal éxito por cobardía de aquellos a quienes confiaba tan delicada empresa. Doña Mencía derrochaba inútilmente el oro y era víctima constante de ruines explotadores.

También es verdad que el asunto tenía bemoles y sostenidos. La Audiencia había hecho clavar en la picota un cartel amenazando con pena de horca al prójimo que tuviese la insolencia de realizar una obra de caridad cristiana.

Diez años llevaba ya la cabeza de Girón en la jaula y más

de quince las de Carbajal y Gonzalo[3], cuando un caballero recién llegado de España fue a visitar a doña Mencía. Llamábase el hidalgo don Ramón Gómez de Chaves, y tan cordial y expansiva fue la plática que con él tuvo la digna viuda que, conmovido el joven español, la dijo:

—Señora, mal hizo vuesa merced en fiarse de manos mercenarias. O dejo de ser quien soy, o antes de veinticuatro horas estará la cabeza de don Francisco en sitio sagrado y libre de profanaciones.

Media noche era por filo cuando Gómez de Chaves, embozado en su capa de paño de San Fernando, se dirigió a la picota, seguido de un robusto mocetón cuya lealtad había bien probado en el tiempo que lo tenía a su sevicio. El hidalgo encaramóse sobre los hombros del criado, y extendiendo el brazo alcanzó con gran trabajo a quitar una de las jaulas

Muy contento fuese con la prenda a su posada de la calle del Arzobispo, encendió lumbre y hallóse con que el letrero de la jaula decía:

ÉSTA ES LA CABEZA DEL TIRANO
FRANCISCO DE CARBAJAL

Gómez de Chaves, lejos de descorazonarse, se volvió sonriendo a su criado y le dijo:

—Hemos hecho un pan como unas hostias; pero todo se remedia con que volvamos a la faena. Y pues Dios ha permitido que por la obscuridad me engañe en la elección, la manera de acertar es que dejemos el rollo limpio de calaveras, y andar andillo, que la cosa no es para dejada para mañana, y si me han de ahorcar por una, que me ahorquen por las tres.

Y amo y criado enderezaron hacia la Plaza. Y con igual

---

[3] Los castigos llamados «en estatua y huesos» implantados por la Inquisición tenían también este tipo de escalofriantes penas. Ricardo Palma, en su libro *Anales de la Inquisición de Lima*, da buena cuenta de ellos.

fortuna, pues la noche era obscurísima y propicia la hora, descolgaron las otras dos jaulas.

Al día siguiente Lima fue toda corrillos y comentarios.

Y el gobierno echó bando sobre bando para castigar al ladrón.

Y hubo pesquisas domiciliarias, y hasta metieron en chirona a muchos pobres diablos de los que habían tomado parte en las antiguas rebeldías.

El hecho es que el gobierno se quedó por entonces a obscuras, y tuvo que repetir lo que decían las viejas: que el demonio había cargado con lo suyo y llevádose al infierno las calaveras.

* * *

Gómez de Chaves, asociado a un santo sacerdote de la orden seráfica, enterró las tres cabezas en la iglesia de San Francisco.

# Las brujas de Ica

## I

Tierra de buenas uvas y de eximias brujas llamaban los antiguos limeños a la que, en este siglo fue teatro de los milagros del venerable fray Ramón Rojas, generalmente conocido por *El padre Guatemana* y sobre cuya canonización por Roma se trata con empeño.

Yo no creo en más hechizos que en los que naturalmente tiene un cara de buena moza. Toda mujer bonita lleva en sus ojos un par de diablitos familiares que a nosotros los varones nos hacen caer en más de una tentación y en renuncios de grueso calibre.

Pero el pueblo iqueño es dado a creer en lo sobrenatural, y ni con tiranas carreteras se le hace entender que es mentira aquello de que las brujas viajan por los aires, montadas en cañas de escoba, y que hacen maleficios, y que leen, sin deletrear, en el libro del porvenir como yo en un mamotreto del otro siglo.

Verdad es que la Inquisición de Lima contribuyó mucho a vigorizar la fama de brujas que disfrutaron las iqueñas. Aquí están mis *Anales*[1], donde figuran entre las penitenciadas muchas prójimas oriundas de la villa de Valverde y de cuyas marrullerías no quiero ocuparme en este artícu-

---

[1] *Anales de la Inquisión de Lima*, apareció en 1863. Palma escribió en el prólogo a la tercera edición de 1897: «Este libro hizo brotar en mi cerebro el propósito de escribir Tradiciones.»

507

lo, porque no digan que me repito como bendición de obispo.

## II

El primer brujo que floreció en Ica (allá por los años de 1611) merecía más bien el título de astrólogo. Era blanco, de mediana estatura, pelo castaño, nariz perfilada, hablaba muy despacio y en tono sentencioso y ejercía la profesión de curandero.

Era el Falb de su siglo, gran pronosticador de temblores y muy diestro en agorerías.

Parece que aun intentó escribir un libro, a juzgar por las siguientes líneas, extractadas de una carta que dirigió a un amigo:

«*Modo de conocer cuándo un año será abundante en agua.* — Se observa el aspecto que presenta el cielo el 1.º de enero en la tarde, y si éste es color *caña-patito*[2] será un buen año de agua.»

Explica, además, la abundancia del agua, cuando no concurre aquella condición, como prerrogativa de los años bisiestos.

Califica también los años de *solarios o lunarios*, según la mayor o menor influencia del sol y la luna.

«*¿Cómo se sabrá cuándo pueda declararse una epidemia?* — Para esto —dice— no hay más que fijarse si en el mes de febrero se forma o no remolinos en el aire. En el primer caso es segura la peste, siendo de notarse que la viruela, por ejemplo, donde primero aparece es en las hojas de la parra.»

No deja de ser curiosa la teoría del astrólogo iqueño sobre las lluvias. «Las nubes —decía— no son otra cosa que masas semejantes a una esponja, que tiene la cualidad de absorber el agua. Estas esponjas se ponen en contacto con el mar, y satisfecha ya su sed, se elevan a las regiones supe-

---

[2] Amarillo pajizo.

508

riores de la atmósfera, en donde los vientos las exprimen y cae el agua sobre la tierra.» En cuanto a la gran cantidad de *sapitos* (ranas) que aparecen en Ica después de un aguacero, decía que eran debidos a que los gérmenes contenidos en las nubes se desarrollan antes de llegar a la tierra. Daba el nombre de *penachería doble* a toda aglomeración de nubes, y entonces el aluvión tomaba el calificativo de *avenida macho*[3].

Ello es que, como sucede a todos los charlatanes cuando se meten a explicar fenómenos de la Naturaleza, ni él se entendía ni nadie alcanzaba a entenderlo; condiciones más que suficientes para hacerse hombre prestigioso.

—Sólo teniendo pacto con el diablo puede un mortal saber tanto— decía el pueblo—, y todos en sus dolencias acudían a comprarle hierbas medicinales.

### III

No porque las Cortes de Cádiz extinguieran en 1813 el tribunal de la Inquisición desaparecieron de Ica las brujas. Pruebas al canto.

Hasta hace poco vivía *mama Justa,* negra repugnantísima, encubridora de robos y rufiana, muy diestra en preparar filtros amorosos, *alfiletear* muñecos y (¡Dios nos libre!) atar la agujeta. Mala hasta vieja la zangarilleja[4]. Contra su sucesora, *ña Manonga Lévano,* no hubo más acusación formal de brujería que la de varias vecinas que juraron, por la Hostia consagrada, haberla visto volar convertida en lechuza.

La Lévano ejercía el oficio de comadrona. Llegaba a casa de la parturienta, ponía sobre la cabeza de ésta un ancho

---

[3] *Avenida macho:* se refiere a la gran avalancha de agua y lodo de ciertos ríos iqueños que secos durante muchos meses de pronto en el verano descargan a la costa las lluvias torrenciales de la sierra. Los iqueños le llaman llapana o avenida macho para las tierras por el poder fecundante del légamo que acumulan.

[4] De *zangón:* muchacha desaseada y vagabunda *(DRAE).*

sombrero de paja, que ella decía haber pertenecido al arzobispo Perlempimpim, y antes de cinco minutos venía al
mundo un retoño. No hubo tradición de que el sombrero
*mágico* marrase.

*Ña Dominguita la del Socorro* vive aún, y todo Ica la llama
bruja, sin que ella lo tome a enojo. Es una anciana encor-
vada ya por los años, y que es el coco de los muchachos
porque usa una especie de turbante en la cabeza. En el
huertecito de su casa hay un arbolito, que fue plantado por
el padre Guatemala, el cual da unas florecitas color de oro,
las que, según *ña* Dominguita, se desprenden el día de Cua-
simodo; florecitas que poseen virtudes prodigiosas. Fue
educada en el beaterio del Socorro, fundado en el siglo anterior por el dominico fray Manuel Cordero, cuyo retrato
se conserva tras de la puerta de la capilla. *Ña* Dominguita
odia todo lo que huele a progreso y augura que el *fierrocan-
dil*[5] ha de traer mil desventuras a Ica. La víspera de la batalla de Saraja[6], no sólo pronosticó el éxito, que para eso no
necesitaba ser bruja, sino que designó por sus nombres a
los iqueños que habían de morir en ella. Sus palabras son
siempre de doble sentido y admira su ingenio para salir de
atrenzos.

Don Jerónimo Illescas, vecino y natural de Ica, blanco,
obeso y decidor, era lo que se entiende por un brujo aristocrático. Sabía echar las cartas como una francesa embauca-
dora. *Ño Chombo Llescas*, como lo llamaba el pueblo, tenía,
hasta hace pocos años que murió, pulpería en la esquina de
San Francisco y vendía exquisitas salchichas confecciona-
das por Tiburcio, negro borrachín a quien don Jerónimo
ocupaba en la cocina. El tal Tiburcio era también un tipo,
pues había encontrado manera para disculpar su constante
embriaguez.

---

[5] Ferrocarril que trae luz y bienestar.
[6] En la batalla de Saraja el caudillo iqueño Domingo Elías, que se había levantado contra el derroche económico del gobierno de Echenique,
fue vencido, pero, como dice Palma, fue la chispa que levantó la hoguera
de la revolución de Ramón Castilla de 1855. Véase la tradición *El baile de
la victoria*.

510

—¡Negro! ¿Por qué estás borracho? —preguntábale algún caballero del lugar.

—Mi amo —contestaba Tiburcio—, ¿cómo no quiere usted que me emborrache de gusto si las salchichas me han salido deliciosas?

Si al día siguiente era también reconvenido, contestaba:

—¡Ay mi amo! ¿Cómo no me he de emborrachar de sentimiento si las salchichas se me han echado a perder y están malísimas?

La fama de don Jerónimo como adivino se había extendido de la ciudad al campo. Las indias, sobre todo, venían desde largas distancias y le pagaban un peso por consulta.

En Lima hay bobos que, por parecerse a Napoleón el Grande, pagan cuatro soles a la echadora de cartas.

## IV

Como las brujas de Mahudes y Zugarramurdi, en España, son famosas en Ica las de Cachiche[7], baronía, condado o señorío de un mi amigo. Cachichana y bruja son sinónimos. Nadie puede ir a Cachiche, en busca de los sabrosos dátiles que ese lugar produce, sin regresar maleficiado.

Contribuye también al renombre de Cachiche la excelencia de los higos de sus huertas. Esos higos son como los de Vizcaya, de los que se dice que, para ser buenos, han de tener cuello de ahorcado, ropa de pobre y ojo de viuda; esto es, cuello seco, cáscara arrugadita y extremidad vertiendo almíbar.

Sigamos con las brujas de Cachiche.

Para no pecar de fastidiosos, vamos a hablar únicamente de Melchorita Zugaray, la más famosa hechicera que Cachiche ha tenido en nuestros tiempos.

El laboratorio o sala de trabajo de esta picarona era un cuarto con puerta de pellejo, y en el fondo obscuro de las paredes destacábase un lienzo blanco, sobre el cual proyec-

---

[7] Localidad cercana a Ica, conocida por sus hechiceros y nicromantes hasta nuestros días.

taban rayos de luz atravesando agujeros convenientemente preparados en el techo.

El que venía a consultarse con Melchora sobre alguna enfermedad era conducido al laboratorio, donde después de ciertas ceremonias cabalísticas lo colocaba la bruja al cuadro luminoso y lo interrogaba mañosamente sobre su vida y costumbres, sin descuidar todo lo relativo a amigos y enemigos del paciente. Cortábale enseguida un trozo de vestido o un mechón de pelo, citándolo para el siguiente día a fin de *sacar muñeco*. Concurría el enfermo, llevábalo Melchora al campo o a algún corral y desenterraba una figurilla de trapo claveteada de alfileres. Pagaba la víctima una buena propina, y si no sanaba era porque había ocurrido tarde a la ciencia de la hechicera.

Otros, sobre todo las mujeres celosas y los galanes desdeñados, buscaban a Melchora para que los pusiese en relación íntima con el diablo. Vestíase la bruja de hombre, y acompañada del solicitante encaminábase al monte, donde, entre otros conjuros para evocar al Maligno (¡Jesús tres veces!), empleaba el siguiente:

Patatín, patatín, patatín,
calabruz, calabruz, calabruz,
no hay mal que no tenga fin,
si reniego de la cruz.

Por supuesto que el diablo se hacía el sordo, y la bruja, que previamente había recibido la pitanza, daba por terminado el sortilegio, diciendo que si Pateta no se presentaba era porque la víctima tenía miedo o falta de fe.

## V

No hace cuatro años que los tribunales de la República condenaron a unos infelices de la provincia de Tarapacá por haber quemado a una bruja, y creo que más recientemente se ha repetido la escena de la hoguera en otros pueblos del Sur.

En cuanto a Ica, consta en uno de los números de *El Imparcial*, periódico que en 1873 se publicaba en esa ciudad, que una pobre mujer de Pueblo Nuevo fue atada a un árbol por un hombre, el que la aplicó una terrible azotaina en castigo de haberlo maleficiado. Cosa idéntica se había realizado en 1860 con Jesús Valle, negra octogenaria y esclava de los antiguos marqueses de Campoameno, a la que costó gran trabajo impedir que los peones de una hacienda la convirtiesen en tostón.

## VI

Y para concluir con las brujas de Ica, que ya este artículo va haciéndose más largo de lo que conviene, referiré el por qué José Cabrera, *el Chirote*, conquistó en Ica fama de catedrático en brujería.

Aconteció que la conjunta de un amigo de éste sintióse acometida de los dolores de parto, y mientras el marido fue en busca de comadrona quedóse *el Chirote*[8] en la casa al cuidado de la mujer. Ésta chillaba y hacía tantos aspavientos, que Cabrera, a quien apestaban los melindres, la arrimó un bofetón de cuello vuelto. Recibirlo y dar a luz un muchacho fue asunto de dos minutos.

El marido, la matrona y las vecinas calificaron de brujo a *ño* Cabrera, y hoy mismo no hay quien le apee el mote de *Chirote el brujo*, a lo cual contesta él con mucha flema:

—Merecido lo tengo. Eso he ganado por haberme metido a hacer un bien.

---

[8] Pájaro.

# El obispo Chicheñó

Lima, como todos los pueblos de la tierra, ha tenido (y tiene) un gran surtido de tipos extravagantes, locos mansos y *cándidos*[1]. A esta categoría pertenecieron, en los tiempos de la República, Bernardito, Basilio Yegua, Manongo Moñón, Bofetada del Diablo, Saldamango, Cogoy, el Príncipe, Adefesios en misa de una, Felipe la cochina, y pongo punto por no hacer interminable la nomenclatura.

Por los años de 1780 comía pan en esta ciudad de los Reyes un bendito de Dios, a quien pusieron en la pila bautismal el nombre de Ramón. Era éste un pobrete de solemnidad, mantenido por la caridad pública, y el hazmerreír de muchachos y gente ociosa. Hombre de pocas palabras, pues para complemento de desdicha era tartamudo, a todo contestaba con un *sí, señor,* que al pasar por su desdentada boca se convertía en *chí, cheñó.*

El pueblo llegó a olvidar que nuestro hombre se llamaba Ramoncito, y todo Lima lo conocía por *Chicheñó,* apodo que se ha generalizado después, aplicándolo a las personas de carácter benévolo y complaciente que no tienen hiel para proferir una negativa rotunda. Diariamente, y aun tratándose de ministros de Estado, oímos decir en la conversación familiar: —¿Quién? ¿Fulano? ¡Si ese hombre no tiene calzones! Es un *Chicheñó.*

En el año que hemos apuntado llegaron a Lima, con procedencia directa de Barcelona, dos acaudalados comer-

---

[1] Personas capaces de creer cualquier patraña.

ciantes catalanes trayendo un valioso cargamento. Consistía éste en sederías de Manila, paño de San Fernando, alhajas, casullas de lama y brocado, mantos para imágenes y lujosos paramentos de iglesia. Arrendaron un vasto almacén en la calle de Bodegones, adornando una de las vidrieras con pectorales y cruces de brillantes, cálices de oro con incrustaciones de piedras preciosas, anillos, arracadas y otras prendas de rubíes, ópalos, zafiros, perlas y esmeraldas. Aquella vidriera fue pecadero[2] de las limeñas y tenaz conflicto para el bolsillo de padres, maridos y galanes.

Ocho días llevaba abierto el elegante almacén cuando tres andaluces, que vivían en Lima más pelados que ratas de colegio, idearon la manera de apropiarse parte de las alhajas, y para ello ocurrieron al originalísimo expediente que voy a referir.

Después de proveerse de un traje completo de obispo vistieron con él a Ramoncito, y dos de ellos se plantaron sotana, solideo y sombrero de clérigo.

Acostumbraban los miembros de la Audiencia a ir a las diez de la mañana a Palacio en coche de cuatro mulas, según lo dispuesto en una real pragmática.

El conde de Pozos-Dulces, don Melchor Ortiz Rojano, era a la sazón regente de la Audiencia, y tenía por cochero a un negro, devoto del aguardiente, quien después de dejar a su amo en palacio fue seducido por los andaluces, que le regalaron media pelucona, a fin de que pusiese el carruaje a disposición de ellos.

Acababan de sonar las diez, hora del almuerzo para nuestros antepasados, y las calles próximas a la Plaza mayor estaban casi solitarias, pues los comerciantes cerraban las tiendas a las nueve y media, y seguidos de sus dependientes iban a almorzar en familia. El comercio se reabría a las once.

Los catalanes de Bodegones se hacían llevar con un criado el almuerzo a la trastienda del almacén, e iban ya a sentarse a la mesa cuando un lujoso carruaje se detuvo a la puerta. Un paje de aristocrática librea, que iba a la zaga del

_____
[2] Anzuelo.

coche, abrió la portezuela y bajó el estribo, descendiendo dos clérigos y tras ellos un obispo.

Penetraron los tres en el almacén. Los comerciantes se deshicieron en cortesías, besaron el anillo pastoral y pusieron junto al mostrador silla para su ilustrísima. Uno de los familiares tomó la palabra y dijo:

—Su señoría, el señor obispo de Huamanga, de quien soy humilde capellán y secretario, necesita algunas alhajitas para decencia de su persona y de su santa iglesia Catedral, y sabiendo que todo lo que ustedes han traído de España es de última moda, ha querido darles la preferencia.

Los comerciantes hicieron, como es de práctica, la apología de sus artículos, garantizando, bajo palabra de honor, que ellos no daban gato por liebre, y añadiendo que el señor obispo no tendría que arrepentirse por la distinción con que los honraba.

—En primer lugar —continuó el secretario— necesitamos un cáliz de todo lujo para las fiestas solemnes. Su señoría no se para en precios, que no es ningún roñoso.

—¿No es así, ilustrísimo señor?

—*Chí, cheñó* —contestó el obispo.

Los catalanes sacaron a lucir cálices de primoroso trabajo artístico. Tras los cálices vinieron cruces y pectorales de brillantes, cadena de oro, anillos, alhajas para la Virgen de no sé qué advocación y regalos para las monjitas de Huamanga. La factura subió a quince mil duros mal contados.

Cada prenda que escogían los familiares la enseñaban a su superior, preguntándole:

—¿Le gusta a su señoría ilustrísima?

—*Chí, cheñó* —contestaba el obispo.

—Pues al coche.

Y el pajecito cargaba con la alhaja, a la vez que uno de los catalanes apuntaba el precio en un papel.

Llegado el momento del pago dijo el secretario:

—Iremos por las talegas al palacio arzobispal, que es donde está alojado su señoría, y él nos esperará aquí. Cuestión de quince minutos. ¿No le parece a su señoría ilustrísima?

—*Chí, cheñó* —respondió el obispo.

Quedando en rehenes tan caracterizado personaje, los comerciantes no tuvieron ni asomo de desconfianza, amén que aquéllos no eran estos tiempos de bancos y *papel-manteca*[3] en que quince mil duros no hacen peso en el bolsillo.

Marchados los familiares, pensaron los comerciantes en el desayuno, y acaso por llenar fórmula de etiqueta dijo uno de ellos:

—¿No hará su señoría ilustrísima el honor de acompañarnos a almorzar?

—*Chí, cheñó.*

Los catalanes enviaron a las volandas al fámulo por algunos platos extraordinarios y sacaron sus dos mejores botellas de vino para agasajar al príncipe de la Iglesia, que no sólo les dejaba fuerte ganancia en la compra de alhajas, sino que les aseguraba algunos centenares de indulgencias valederas en el otro mundo.

Sentáronse a almorzar, y no les dejó de parecer chocante que el obispo no echase su bendición al pan ni rezase siquiera en latín, ni por más que ellos se esforzaron en hacerlo conversar, pudieron arrancarle otras palabras que *chí, cheñó*.

El obispo tragó como un Heliogábalo[4].

Y entretanto pasaron dos horas, y los familiares con las quince talegas no daban acuerdo de sus personas.

—Para una cuadra que distamos de aquí al palacio arzobispal es ya mucha la tardanza —dijo, al fin, amoscado uno de los comerciantes—. ¡Ni que hubieran ido a Roma por bulas! ¿Le parece a su señoría que vaya a buscar a sus familiares?

—*Chí, cheñó.*

Y calándose el sombrero, salió el catalán desempedrando la calle.

En el palacio arzobispal supo que allí no había huésped mitrado y que el obispo de Huamanga estaba muy tranquillo en su diócesis cuidando de su rebaño.

---

[3] Papel moneda.
[4] Heliogábalo, llamado también Elagabal (204 a.C.-222 d. C.), emperador romano famoso por sus excesos y especialmente en la comida.

517

El hombre echó a correr, vociferando como un loco; alborotóse la calle de Bodegones, el almacén se llenó de curiosos, para quienes Ramoncito era antiguo conocido; descubrióse el pastel, y por vía de anticipo, mientras llegaban los alguaciles, la emprendieron los catalanes a mojicones con el obispo de pega.

De ene es añadir que *Chicheñó* fue a chirona; pero reconocido por tonto de capirote, la justicia lo puso pronto en la calle.

En cuanto a los ladrones, hasta hoy (y ya hace un siglo), que yo sepa, no se ha tenido noticia de ellos.

# Una aventura amorosa
## del padre Chuecas

### I

Sí, señor. ¿Y por qué no he de contar aventuras de un fraile que si pecó, murió arrepentido y como bueno? Vamos a ver, ¿por qué?

¡Vaya! ¡Pues no faltaba más! Cronista soy, y allá donde pesco una agudeza, a plaza la saco; que en mi derecho estoy y no cobro alcabala para ejercerlo.

Dejo para otros ingenios la tarea de escribir la biografía del padre Chuecas, que ni abundo en datos ni en voluntad por ahora. Sin embargo, consignaré lo poco que sobre su vida he alcanzado a sacar en limpio de los apuntamientos que existen en el archivo de los padres seráficos.

Fray Mateo Chuecas y Espinosa nació en Lima el 20 de septiembre de 1788, y vistió el hábito de novicio el 8 de julio de 1802. A los dieciocho años de edad era tenido por uno de los primeros latinistas de Lima y manejaba el hexámetro y el pentámetro con el mismo desenfado que el mejor de los poetas clásicos del Lacio.

Desgraciadamente, desde los claustros del noviciado empezó a revelar, con la frecuencia de sus escapatorias escalando muros, tendencia al libertinaje.

Apenas ordenado de subdiácono, hizo tales locuras que el provincial, por vía de castigo, tuvo que enviarlo a las misiones de la montaña[1], donde en una ocasión salvó milagrosamente de ser destrozado por un tigre, y en otra de ahogarse en el Amazonas.

Regresó a su convento algo reformado en costumbres, recibió la orden del sacerdocio, y durante el primer año desempeñó el cargo de maestro de novicios; pero cansóse pronto de la vida austera y se lanzó a dar escándalo por mayor.

La sociedad que él prefería era la de los militares, lo que prueba que su paternidad había equivocado la vocación.

Del padre Chuecas podía decirse lo que el tirano Lope de Aguirre[2], refiriéndose a los frailes del Perú en 1560, consigna en la célebre carta que dirigió a Felipe II: *La vida de los frailes es tan áspera, que cada uno tiene, por cilicio y penitencia, media docena de mozas.*

Jugador impertérrito y libertino como un Tenorio, encontrábase rara vez en su convento, y con frecuencia en los garitos y lupanares. Manejaba la daga y el puñal con la destreza y agilidad de un maestro de armas, y cuando en una jarana se armaba pendencia y él *estaba en copas,* no escapaban de su puñalada recia y corte limpio ni las cuerdas de la guitarra.

Gran parte del año la pasaba el padre Chuecas recluso, por mandato de sus superiores, en la Recolección[3] de los descalzos. Entonces consagrábase al estudio, y robustecía su reputación de profundo teólogo y eximio humanista. Él, que por su talento e ilustración era digno de merecer las consideraciones sociales y de aspirar a los primeros cargos en su comunidad, prefirió conquistarse renombre de libertino; pues tan luego como era puesto en libertad volvía con nuevos bríos a las antiguas mañas. La moral era para

---

[1] La selva amazónica.

[2] Lope de Aguirre (1511-1561), conquistador español, luchó por Pizarro en las guerras civiles, partió en busca de Eldorado, amotinado mató a sus jefes, quiso independizarse de España y fue asesinado por uno de sus compañeros.

[3] Lugar prefijado por las congregaciones religiosas para la vida en rigurosa contemplación del alma y estudio fuera de toda causa externa que pudiera distraer.

Chuecas otra tela de Penélope, pues si avanzaba algo en el buen camino, durante los meses de encierro, lo desandaba al poner la planta en los barrios alegres de la ciudad.

El que esto escribe conoció al padre Chuecas (ya bastante duro de cocer, pues frisaba en los setenta) allá por los años de 1860. El franciscano no era ya ni sombra de lo que la fama vocinglera contaba de él. Casi ciego, apenas si salía de su celda, y gustaba conversar sobre literatura clásica, en la que era sólidamente conocedor. Evitaba hablar de los versos que había escrito, y hurgado un día por nuestra entonces juvenil cháchara nos dijo: —Las musas y las mozas fueron mi diablo y mi flaco: hoy las abomino y hago la cruz; basta de escándalo—. El padre Chuecas estaba en la época del arrepentimiento y de la penitencia: había condenado a la hoguera sus versos latinos y castellanos. Debímosle el obsequio de un libro, ingenioso por la abundancia de retruécanos, titulado *Vida de San Benito escrita en seguidillas:* Recordamos que el poeta autor del libro se apellidaba Benegassi Luján y que las seguidillas, que excedían de doscientas, nos parecieron muy graciosas y muy bien ejecutadas.

Fue el padre Chuecas quien nos contó, que para catequizar a un *curaca*[4] salvaje, lo llevaron a una capilla en momentos de celebrarse misa, y concluida ésta le preguntaron qué le había parecido la misa.

—Tiene de todo su poquito —contestó el *curaca*—. Su poquito de comer, su poquito de beber y su poquito de dormir.

La producciones del padre Chuecas se han perdido, y apenas si algunas de sus chispeantes letrillas se conservan en listines[5] de toros, en la memoria del pueblo o en el archivo de tal cual aficionado a antiguallas. Ocho o diez de sus composiciones religiosas existen manuscritas en poder de un franciscano.

---

[4] Peruanismo de la voz quechua que significa *cacique* o señor de vasallos.

[5] Véase la tradición *Apuntes para la crónica tauromáquica de Lima (Desde el siglo XVI)* en la que Palma publica íntegramente un listín taurino del padre Mateo Chuecas.

En nuestro archivo particular conservamos autógrafa la siguiente glosa, bellísima bajo varios conceptos:

*En esta vida prestada,*
*que es de la ciencia la llave,*
*quien sabe salvarse, sabe,*
*y el que no, no sabe nada.*

¿Qué se hicieron de Sansón
las fuerzas que en sí mantuvo,
y la belleza que tuvo
aquel soberbio Absalón?
¿La ciencia de Salomón
no es de todos alabada?
¿Dónde está despositada?
¿Qué se hizo? ¡Ya no parece!
Luego nada permanece
*en esta vida prestada*

De Aristóteles la ciencia,
del gran Platón el saber,
¿qué es lo que han venido a ser?
¡Pura apariencia! ¡Apariencia!
Sólo en Dios hay suficiencia;
sólo Dios todo lo sabe;
nadie en el mundo se alabe
ignorante de su fin.
Así lo dice Agustín.
*que es de la ciencia la llave.*

Todos los sabios quisieron
ser grandes en el saber;
que lo fueron, no hay que hacer,
según ellos se creyeron.
Quizá muchos se perdieron
por no ir en segura nave,
camino inseguro y grave
si en Dios no fundan su ciencia,
pues me dice la experiencia

*quien sabe salvarse, sabe.*

Si no se apoya el saber
en la tranquila conciencia,
de nada sirve la ciencia
condenada a perecer.
Sólo el que sabe obtener,
por una vida arreglada,
un asiento en la morada
de la celestial Sión,
sabe más que Salomón,
*y el que no, no sabe nada.*

El autor de un bonito y espiritual artículo que, con el título *Bohemia literaria,* apareció en un almanaque para 1878, dice: «¡Aquí está el padre Chuecas! Y un murmullo de contento y admiración recorría el círculo de color honesto que formaba una jarana. Y tenían razón. Nadie como el padre Chuecas sabía improvisar esos sencillos y elocuentes cantares, que son el lenguaje con que expresa el pueblo su pasión amorosa. Sus canciones animaban en el acto la tambarria, repetidas a golpe de caja, arpa y guitarra por los concurrentes, pasaban a todos los arrabales de Lima. Tenía algunos puntos de contacto con el célebre cura que pinta Espronceda en su *Diablo-Mundo,* y sus consejos, que no escaseaba a los poetas populares, tenían gran analogía con los que daba el padre de la Salada al imberbe Adán.»

El padre Chuecas, si la memoria no nos engaña, vivió hasta 1868, poco más o menos. Su muerte fue tan penitente como licenciosa había sido su juventud.

Todavía existe en el convento de los descalzos un fresco, de pobre pincel, representando a Cristo sentado en un banquillo y apoyado el codo sobre una mesa. Debajo se lee esta redondilla del padre Chuecas:

El verme así no te asombre,
porque es mi amor tan sin par,
que aquí me he puesto a pensar
si hay más que hacer por el hombre.

Pasemos a la tradición, ya que a grandes rasgos queda dibujado el protagonista.

## II

Por los tiempos en que el padre Chuecas andaba tras la flor del berro y parodiando en lo conquistador a Hernán Cortés, vivía en la calle de Malambo una mocita de medio pelo[6] y todavía en estado de merecer. De ella podía decirse:

> Mal hizo en tenerte sola
> la gran perra de tu madre;
> preciosuras como tú
> se deben tener a pares.

Llamábase la chica Nieves Frías, y no me digan que invento nombre y apellido, pues hay mucha gente que conoció a la *individua,* y a su testimonio apelo. Su paternidad el franciscano bailaba el *agua de nieve* por adueñarse del corazón de la muchacha, y en vía de cantar victoria estaba, cuando se le atravesó en la empresa un argentino, traficante en mulas, hombre burdo, pero muy provisto de monedas.

Llegó el cumpleaños de Nieves Frías, que era bonita como una pascua de flores, y como era consiguiente hubo bodorrio en la casa y zamacueca barrascosa.

Habíanse ya trasegado a los estómagos muchas botellas del *buscapleitos,* cuando antojósele a la vieja, que viejas son pedigüeñas, pedir que brindase el padre Chuecas.

—Eso es, que diga algo fray Mateo —exclamaron en coro las muchachas, que gustan siempre de oír palabritas de almíbar.

—¡Acurrucutú manteca! —añadió haciendo piruetas un mocito de la *hebra*—. Y que brinde con pie forzado.

---

[6] *Medio pelo:* que aparenta más de lo que tiene.

524

—¡Sí! ¡Sí! ¡Que brinde! ¡Que le den el pie! —gritaron hombres y mujeres.

El padre Chuecas, sin hacerse rogar, se sirvió una copa y pidió el pie forzado. La madre de la niña que, por aquello de dádivas quebrantan peñas, favorecía las pretensiones del ricachón argentino, añadió:

—Padre, tome este pie: *Córdoba del Tacumán.*

El franciscano se paró ante la Dulcinea, y dijo con clara entonación:

> Brindo, preciosa doncella,
> porque en tus pómulos rojos
> jamás contemplen mis ojos
> de las lágrimas la huella.
> Brindo, en fin, porque tu estrella
> que atrae como el imán
> a tanto y tanto galán
> que se embelesa en tu cara,
> nunca brille alegre para
> *Córdoba de Tucumán.*

Un aplauso estrepitoso acogió la bien repiqueteada décima, y el satirizado pretendiente, aunque tragando saliva, tuvo que sonreír y dar un ¡bravo! al improvisador. Llególe turno de brindar, y quiso también echarla de poeta o *payador gaucho* [7] con esta redondilla o quisicosa sin rima ni medida, pero de muy explícito concepto:

> Brindo por el bien que adoro,
> y para que sepan todos
> que el amor se hizo para los hombres,
> y para los frailes se hizo el coro.

Ello no era verso, ni con mucho, pero era una banderilla

---

[7] *Payador gaucho:* argentinismo anticuado; cantor y poeta popular profesional, improvisador de cuartetas y décimas, sobre cualquier tema que le proponía su auditorio o sobre sucesos del día de interés público. Tenía su escenario en *pulperías, ranchos* campesinos y fiestas populares (Morínigo).

de fuego sobre el cerviguillo[8] de Chuecas. Éste no aguantó la púa y corcoveó en el acto:

Cordobés infelice que al Parnaso,
por numen chabacano conducido,
pretendiste ascender... ¡deténte, *huaso!*[9]
no profanes sus cumbres atrevido.
Advierte que la lira no es el lazo;
pues quizá temerario has presumido
que son las Musas, a las que haces guerra,
las mulas que amansabas en tu tierra.

Una carcajada general y un ¡viva al padre! contestaron a la valiente octava. El argentino perdió los estribos de la sangre fría, y desenfundando el alfiler o limpiadientes se fue sobre el fraile, quien esperaba la embestida daga en mano. Armóse la marimorena: chillaron las mujeres y arremolináronse los hombres. Por fortuna, la policía acudió a tiempo para impedir que los adversarios se abriesen ojales en el pellejo, y los condujo a chirona.

El padre Chuecas pasó seis meses de destierro en Huaraz. A su regreso supo que la paloma había emprendido vuelo a Córdoba del Tucumán.

---

[8] Parte superior de la cabeza, cuando es abultada y gruesa *(DRAE)*.
[9] Americanismo, inculto, rústico, grosero (Morínigo).

526

*Séptima Serie*

# Barchilón

## (A don Andrés A. Silva, en Caracas)

Ni el Diccionario de la Real Academia[1], en su última edición, ni otro alguno de los diversos que he hojeado y ojeado, traen la palabra *barchilón*, muy familiar en Lima. Y, sin embargo, pocas son las voces que mejor derecho que ésta podrían alegar para merecer carta de naturalización en la lengua de Castilla. Tuve, hace cinco años, el honor de proponerla a la Real Academia, que si bien aceptó más de doce de los peruanismos que me atreví a indicarle, me desairó, entre otros, el verbo *exculpar*, tan usado en nuestros tribunales de justicia, el adjetivo *plebiscitario*, empleado en la prensa política de mi tierra, y el verbo *panegirizar*[2], que no contrasta ciertamente con el verbo *historiar* que el Diccionario trae. Por mucho que respete los motivos que asistieran a mis ilustrados compañeros para desdeñarme estas y otras palabrillas, no quiero callar en lo que atañe a la voz *barchilón*. Ella tiene historia, e historia tradicional, que es un otro ítem más. Paso a narrarla.

---

[1] La edición de *Tradiciones Peruanas Completas* de Aguilar trae la siguiente nota: «La decimoquinta edición del Diccionario de la Lengua Española, editado por la Real Academia Española el año 1925, trae la palabra propuesta por Ricardo Palma. Dice así: "Barchilón, na. (De Barchilón, apellido de un español caritativo que vivió en el Perú en el siglo XVI) m. y f. Amér. Enfermero de hospital", pág. 154, segunda columna»; el *DRAE* de 1992 repite el mismo texto, pág. 188.

[2] El *DRAE* de 1992 considera exculpar, plebiscitario, panegirizar y gran cantidad de palabras propuestas por Palma antes y después de 1892.

# I

Siete años eran corridos desde que los alborotos provocados por la intemperancia del virrey Blasco Núñez y las ambiciones de Gonzalo Pizarro y de los encomenderos tuvieron fin en la memorable rota de Xaquixahuna o Saxahuamán, el 9 de abril de 1548. El vencedor, don Pedro de la Gasca, ahorcó vencidos como quien ahorca ratas, encareciendo el precio de cáñamo y haciendo del de verdugo el más laborioso de todos los oficios. En cuerda y azote se gastaba maese Juan Enríquez, verdugo real del Cuzco, un dineral, y los emolumentos del cargo no eran para compensar derroche tamaño.

Pedro Fernández Barchilón, natural de Córdoba, en España, fue uno de los pizarristas condenados a muerte, por haber militado como cabo de piqueros en la compañía del bravo Juan Acosta.

Ajusticiados Gonzalo y sus tenientes Carvajal y Acosta, dejóse para el siguiente día la ejecución de Fernández Barchilón y de otros prisioneros caracterizados.

Deudo de nuestro personaje debió ser un don Luis Fernández Barchilón, cura del valle de Moquegua, que impuso a sus feligreses, bajo pena de excomunión, el compromiso de contribuir a prorrata[3] a costearle los cigarros, el café y el chocolate. Trescientos pesos al año gastaban los moqueguanos en satisfacer las tres premiosas exigencias del cura de almas, amén de los gajes parroquiales y de cuatro mil duros en que se calculaban los diezmos y primicias.

De socaliñas[4] de esta especie se halla sembrada nuestra historia colonial. Hasta el tesoro público era *pagano* de los vicios de los poderosos. Así, por ejemplo, fue el Perú quien galardonaba a las queridas del cuarto virrey, conde de Nieva, sus amorosas complacencias. Y para que a mí, que soy

---

[3] Cuota proporcional.
[4] Ardid o artificio con que se saca a alguien lo que no está obligado a dar *(DRAE)*.

hombre más serio que el principio de un pleito, no me tomen los lectores por calumniador y embustero, ahí van dos partidas, copiadas al pie de la letra de los libros de las Cajas Reales y autorizadas por Pedro de Avendaño, secretario de la Audiencia de Lima.

«A doña Julia de Salduendo, que es tan verde como un alcacer florido, trescientos pesos de renta cada año, por una vida.—A doña Leonor de Obando, que vive en la ciudad de los Reyes, y tiene una hija de buen donaire, y ambas son bien verdosas y gente menuda, trescientos pesos de renta por una vida.»

Estas y otras lindezas del virrey que, por mujeriego, tuvo tristísimo fin a inmediaciones de la que hoy es plaza de Bolívar, y que antes fue de la Inquisición, las encontrará el lector en las interesantes *Relaciones de Indias* de nuestro amigo don Marcos Jiménez de la Espada.

Digresión a un lado y sigamos con el cabo de piqueros.

Parece que no era Fernández Barchilón hombre de gran coraje, sino de los que hacen ascos a la muerte, porque, puesto en capilla aquella noche, acongojóse, a punto de tener una pataleta como una doña melindres. Auxiliaba a los sentenciados el padre Chaves, religioso franciscano, quien movido a lástima por el llanto y extremos del cabo de piqueros, fuese a La Gasca y pidióle encarecidamente que conmutara la pena impuesta a ese pobre diablo de rebelde.

—Tanto valdría, señor gobernador, ahorcar a una liebre —dijo el fraile.

—Si es tan mandria ese belitre como su paternidad lo pinta —contestó La Gasca—, harémosle merced de la vida, y que vaya a servir en las galeras de Su Majestad a ración y sin sueldo.

Casi enloqueció de gozo Pedro Fernández Barchilón cuando el franciscano le comunicó que quedaba salvo de hacer zapatetas en la horca.

No se limitó a este servicio el buen padre Chaves, sino que, llevándose a su celda al favorecido, le proporcionó recursos para que fugase del Cuzco.

## II

San Juan de la Frontera o Huamanga (hoy Ayacucho) fue fundada por los capitanes Francisco de Cárdenas y Vasco de Guevara, tenientes de don Francisco Pizarro. Primitivamente se hizo la fundación el 7 de marzo de 1539, en el lugar llamado Quinua[5]; pero en 25 de abril de 1540 se trasladó al sitio actual, atendiendo a lo frío, lluvioso e insalubre de Quinua.

Diose a la fundación el nombre de San Juan, en memoria de la batalla de Chupas, ganada por los realistas contra los rebeldes que capitaneaba Almagro el Mozo, el día vísperas de aquella festividad. El nombre de la Frontera nació de que el Inca Manco, con sus huestes, ocupaba a la sazón las crestas de los Andes fronterizas a la nueva ciudad. Y en cuanto a la voz Guamanga, refiere la tradición que cuando el Inca Viracocha realizó la conquista de este territorio dijo, dando de comer a su halcón favorito: *¡Huamanccaca!*[6] ¡Hártate, halcón!

Más tarde cambióse el nombre de San Juan de la Frontera por el de San Juan de la Victoria, conmemorando un triunfo de las armas españolas sobre los vasallos del infortunado Manco.

Fundado por el Cabildo, en 1555, el hospital de Guamanga, diose la administración de él a un hombrecillo de cinco pies escasos de talla, rechoncho, barrigudo, chato y con una cara siempre de pascuas.

Este hospital disfruta de la prerrogativa de tener cinco días fijos en el año para que los enfermos que logran la fortuna de morir en uno de ellos vayan derechitos al cielo, sin pasar por más aduanas, salvo que sean escribanos, para los cuales no hay privilegio posible. No hay tradición de que en el cielo haya entrado ninguno de ese gremio.

---

[5] Distrito de la provincia de Huamanga, en Ayacucho. Quinua, americanismo procedente del quechua, planta cuyas semillas son comestibles y tienen un alto valor proteínico.

[6] *Huamanccaca*, palabra quechua, el mismo halcón.

El administrador era nada menos que Pedro Fernández Barchilón, el antiguo soldado de Gonzalo Pizarro, quien llevaba su caridad hasta el punto de atender personalmente a las más groseras necesidades de un enfermo.

—¡Barchilón! —gritaban los enfermos, familiarizados con nuestro bonachón émulo de San Juan de Dios, y él no se hacía esperar para aplicarle un clíster al necesitado.

Y como no siempre sabían los enfermos el nombre de los dos o tres indios que ayudaban a Pedro Fernández en su caritativa faena, se dio, por generalización, el nombre de *barchilones* a los servientes de hospital.

Del de Guamanga pasó a los de Lima, y a los de México, y a los de toda la América latina, la palabra *barchilón,* con que se designa a la última jerarquía de sirvientes de hospital. Hasta los franceses dicen *monsieur le barchilón.* Sépalo la Real Academia de la Lengua.

La que al principio fue peruanismo es ya reconocido americanismo. ¡Gloria a Pedro Fernández Barchilón! Su caridad inmortalizó su apellido.

# Refranero

## I

### ESTAR A TRES DOBLES Y UN REPIQUE

Vitigudino en Castilla era, allá en las mocedades del festivo poeta y señor de la Torre de Juan de Abad[1], un pueblo de mil vecinos con no pocos terrones de buen cultivo. Los vitigudinenses parecían de raza de inmortales: todos llegaban a viejos y hacían la morisqueta del carnero[2] lo más tarde que posible les era. Así es que el cura y el sacristán poco o nada pelechaban con misas de San Gregorio, responsos, entierros y *cabos de año*[3].

Luquillas, que así se llamaba el pazguato que servía a la vez los importantísimos cargos de sacristán y campanero, con el pre[4] de cuatro reales vellón[5] a la semana, tan luego como vino nuevo párroco hizo ante él formal renuncia del destinillo, salvo que su merced se aviniera a aumentarle la pitanza, que con latín, rocín y florín se va del mundo hasta el fin, o como reza la copla:

---

[1] *Torre de Juan Abad*, lugar donde fue confinado Francisco de Quevedo y Villegas.
[2] Poner los ojos en blanco, morirse.
[3] Fiestas del Santoral.
[4] Valor, precio.
[5] Moneda de plata.

En el cielo manda Dios,
los diablos en el infierno,
y en este pícaro mundo
el que manda es el dinero.

El curita, que era un socarrón de encargo, empezó por endulzar al sacristán con un par de cañitas[6] de manzanilla y unas copas del tinto de Rota, y luego lo hizo firmar un contrato con arreglo al cual el párroco le pagaría semanalmente seis reales vellón por cada repique, pero en cambio el campanero pagaría al cura dos reales vellón por cada doble.

Como los vitigudinenses no habían dado en la fea costumbre de morirse, el contrato no podía ser más ventajoso para Luquillas. Contaba con la renta segura del repique dominical, sin más merma que la de uno o dos dobles por mes. El pobrete no sabía que quien hizo la ley hizo la trampa.

A mitad de semana díjole el cura:

—Luquillas, hijo, veme en el cuadernillo qué santo reza hoy la Iglesia.

—San Caralampio, mártir y confesor.

—¿Mártir dice?

—Sí, padre cura; mártir y confesor.

—Yo creo que a ti te estorba lo negro. ¿No te has equivocado, hombre? Vuelve a leer.

—Así como suena, padre cura: mártir y confesor.

—Pues hijo, si fue mártir hay que sacar ánima del purgatorio. Sube a la torre y dobla.

Y no hubo tu tía, sino doble en regla.

Y llegó el viernes, y el cura preguntó al sacristán.

—¿Qué día es hoy, Luquillas?

—Viernes, padre cura.

—¿Estás seguro, hombre?

—Sí, padre cura.

—Hombre, tú has bebido, no puede ser por menos. ¿Viernes hoy? Imposible.

---

6 COpas alargadas de jerez o fino.

—Sí, padre cura. Le juro por esta cruz de Dios que hoy es viernes.

—Pues, hijo, lo creo porque lo juras. Yo por nada de este mundo pecador dejo de sacar ánima en viernes. Conque está dicho, sube a la torre y doble.

Y sucedió que el sábado, la parca, alguacilada por los rigores de invierno, arrastró al hoyo a un monagenario o macrobio del pueblo, víctima de un reumatismo que el boticario, el barbero y el albéitar de Vitigudino, reunidos en junta, declararon ser obra maestra de reumatismos.

El doble era de obligación, sin que el cura tuviese para qué recordárselo al sacristán.

El domingo, después del repique de misa mayor, se puso Luquillas a arreglar sus *finanzas*[7] (perdón por el galicismo), y encontróse con que si era acreedor a seis reales por el repique también resultaba deudor de seis reales por los tres dobles de la semana. Fuese con su coima a la taberna, que como dijo un sabio que debió ser gran bebedor, el hombre ha nacido para emborracharse y la mujer para acompañarlo, pidió un *tatarrete*[8] de lo fino, y cuando llegó el trance de pagar en buenos maravedises del rey le dijo al tabernero:

—Compadre, fíeme usted hasta que Dios mejore sus horas, porque esta semana *estoy a tres dobles y un repique.*

## II

### ESTAR A LA CUARTA PREGUNTA

En tiempos antiguos —digo, hasta que se desbautizó al pejerrey para llamarlo pejepatria— había en los juzgados un formulario de preguntas, al que, sin discrepar letra ni sílaba, se ajustaba el escribano cuando tomaba declaración a cualquier pelambre. Estas preguntas, después del obligado juramento, eran cuatro en el orden siguiente:

1.ª Nombre y edad.

---

[7] Procedente del francés, finanza ya está aceptada por la Academia.
[8] Despectivo de tarro *(DRAE).*

2.ª Patria y profesión.

3.ª Religión y estado.

4.ª Renta.

Lo general era que los litigantes, respondiendo a la cuarta pregunta, declarasen ser *pobres de hacha,* o de solemnidad, como hoy decimos, lo que les permitía emplear para los alegatos y demás garambainas[9] judiciales papel del sello sexto, que era el más barato.

Sucedía que, entrando en el meollo de una declaración, hiciera el juez alguna pregunta que con el bolsillo del declarante se relacionara, y éste contestaba remitiéndose a lo ya dicho por él al responder a la cuarta pregunta. Así, el escribano redactaba en estos o parecidos términos, por ejemplo: preguntado si era cierto que en la nochebuena de Navidad gastó en esto, y lo otro y lo de más allá, dijo no ser cierto, por *estar a la cuarta pregunta,* y responde. Preguntado si se allanaba a satisfacer en el acto los veinte pesos motivo de la demanda, dijo no serle posible por *estar a la cuarta pregunta,* y responde.

*Estar a la cuarta pregunta* era como decir —estoy más pelado que una rata; soy más pobre que Carracuca; no tengo un ochavo moruno ni sobre qué caerme muerto, a no ser sobre el santo suelo.

Por lo demás es incuestionable que ahora, en punto a *cumquibus*[10], los hijos de esta patria estamos en la condición de los litigantes del tiempo del rey. Para la caja fiscal se ha hecho mal crónico *el estar a la cuarta pregunta...,* y responde... a las exigencias de empleados y pensionistas.

### III

#### ¡FÍATE EN EL JUSTO JUEZ... Y NO CORRAS!

Cuando yo estuve en presidio[11]..., sí, señores, yo he sido

---

[9] Rasgos caligráficos hechos de tal manera que dificultan su lectura.

[10] Dinero.

[11] Palma estuvo, cuando menos, dos veces preso por motivos políticos.

presidiario, aquí donde ustedes me ven, tan cejijunto y formalote.

Allá en mis tiempos de periodista, esto es, ha más de un cuarto de siglo, alguna chilindrina[12] mía, de esas chilindrinas bestialmente inofensivas, debió indigestársele al gobernante de mi tierra, pues sin más ni menos me encontré de la noche a la mañana enjaulado en el presidio o Casamata del Callao, en amor y compaña con un cardumen de revolucionarios o pecadores políticos.

Si bien a los politiqueros nos pusieron en departamento distinto al de los rematados por delitos comunes, eso no impidió que fuese huésped del presidio, y que por curiosidad y novelería entablase relaciones con un famoso bandido que respondía al apodo de *Viborita,* condenado a quince años de cadena por robos, estupros y asesinatos en despoblado. Era el niño un alhaja de las que el diablo empeñó y no sacó.

Una tarde le pregunté:

—¿Estás contento con la vida de presidio?

—¡*Desabraca!*[13] —me contestó—. Ni alegre ni triste, caballero, porque de mi voluntad depende largarme con viento fresco el día en que se me antoje.

—¡Palangana! —murmuré, no tan bajo que no alcanzara él a oírme.

—¡*Ajonjolí!*[14]. Pues para que usted vea, señor, que no es *palanganada,* le prometo escaparme esta misma noche y llevarme a los que quieran seguirme.

—¡Hombre, eso es gordo! —le contesté—. ¿Contarás con la protección de alguno de los guardianes?

—¡La *leva!*[15]. Me basta con la *Oración del Justo Juez,* que tengo en este escapulario.

---

[12] Anécdota ligera.
[13] De *abraca,* ceñir, rodear: dejar de ceñir con los brazos. Clemente Palma opina que desabraca viene «de soltar, separarse en una riña cuando dos personas se agarran puñetazos» y fundamenta que constituye una corrupción fonética de *abraçar* al no tener el cuenta el uso de la cedilla.
[14] Americanismo, fanfarronada *(DRAE).*
[15] Reclutamiento militar.

Y desprendiéndoselo del cuello, puso en mis manos uno de esos escapularios que trabajan las monjas del Carmen, y dentro del cual sentí como un papel enrollado. Después de examinarlo se lo devolví, y lo besó antes de volvérselo a poner.

—Ayer me lo trajeron, mi patrón, y como usted me ha metido *punto,* aunque no pensaba dejar tan pronto la casa, acabo de decidirme a fugar esta noche. Tómeme la palabra, *¡carachitas!*[16].

—Hombre, a mí nada me importa que te vayas o te quedes. ¿Y cuántos de tus compañeros poseen esa oracioncita?

—Yo soy el único en todo el presidio, patroncito.

—Pues, hijo —le repuse con tono de burla y descreimiento—, ¡fíate en tu Justo Juez... y no corras! —recordando el refrán popular que dice: Fíate en la Magdalena... y no corras.

Y me separé del racimo de horcas sin dar la menor importancia a sus palabras.

\* \* \*

Aquella noche, a poco más de las doce, me despertó gran alboroto en el presidio. Sentí carreras, gritos y detonaciones de rifle.

—Vamos —dije para mí—, ciertos han sido los toros.

Media hora más tarde todo quedó en silencio y proseguí mi interrumpido sueño.

Al otro día supimos que nueve bandidos, encabezados por *Viborita,* habían logrado sorprender al oficial y a los treinta soldados de la guardia, adueñándose de algunos rifles y escalando los muros del castillo.

Pasado el pánico de la sorpresa, rehiciéronse los soldados y se lanzaron en persecución de los fugitivos, consiguiendo matar a uno de ellos y capturar a cuatro.

Precisamente el muerto era *Viborita,* que en vez de ponerse alas en los talones quiso darla de *guapo*[17], y perdió tiempo batiéndose con la tropa.

---

[16] Peruanismo de *caracha,* sarna.
[17] Valiente, pendenciero.

Cuando fui a ver el cadáver en el patio del presidio, me llamó la atención el escapulario en manos de un soldado. No tuvo inconveniente para cedérmelo por cuatro reales.

Ya en mi zaquizamí[18], deshice el escapulario, y en un pedazo de papel vitela, escrita con sangre, leí la *Oración del Justo Juez*, que a la letra copio, para satisfacción de curiosos que han oído y oyen hablar de tal amuleto.

«Hay leones que vienen contra mí. Deténganse en sí propios, como se detuvo mi Señor Jesucristo y le dijo al Justo Juez: —¡Ea, Señor! A mis enemigos veo venir, y tres veces repito: ojos tengan, no me vean; boca tengan, no me hablen; manos tengan, no me toquen; pies tengan, no me alcancen. La sangre les beba y el corazón les parta. Por aquella camisa en que tu Santísimo Hijo fue envuelto, me he de ver libre de malas lenguas, de prisiones, de hechicerías y maleficios, para lo cual me encomiendo a todo lo angélico y sacrosanto, y me han de amparar los Santos Evangelios, y llegaréis derribados a mí como el Señor derribó el día de Pascua a sus enemigos. Y por la Virgen María y Hostia consagrada que me he de ver libre de prisiones, ni seré herido, ni atropellado, ni mi sangre derramada, ni moriré de muerte repentina. Dios conmigo, yo con Él; Dios delante, yo tras Él. ¡Jesús, María y José!»

Con el ejemplo de *Viborita* hay de sobra para perder la fe en la eficacia y virtudes de la oración o amuleto.

Él la llevaba sobre el pecho como coraza que lo premunía contra las balas traidoras, y otro gallo le habría cantado si hubiese fiado la salvación a la ligereza de sus *pinreles*[19] más que a la tan famosa oracioncita del Justo Juez.

\* \* \*

---

[18] Cuarto pequeño y sin comodidades. Palma se refiere a su celda de presidiario.

[19] Germanismo, el pie de las personas.

540

Y ya que he dado a conocer la famosa oración del Justo Juez, no creo fuera de lugar hacer lo mismo con la que, envuelta en un trozo de piedra imán, usan los enamorados, los rateros y ladrones de baja estofa. Dice así la *Oración de la piedra imán:*

Poderosa piedra imán
que entre mármoles naciste,
y la arenilla comiste
en el río del Jordán,
donde te dejó San Juan,
acero debías vencer
y al mismo aire substraer;
luego te cogió San Pedro,
que estaba bajo de un cedro,
para extender tu virtud,
y con muy crecida luz
dijo que excelente fueras.
Si un viviente te cogiera,
ha de quedar victorioso
y llamarse muy dichoso
con tu preciosa virtud,
siempre que te haga la cruz
o te tenga encajonada
y siempre reverenciada
en donde no te dé el sol;
pues Dios mismo te dotó
para que otra piedra no hubiese
al igual de tu nación.
Consígame tu oración
acertado entendimiento
para conseguir mi intento,
siguiendo con devoción,
piedra imán del corazón,
piedra imán de mi alegría,
a Jesús, José y María.

### SALIR CON UN DOMINGO SIETE

Esto es, con un despapucho[20], sandez o *adefesio*[21].

(Y a propósito. La voz *adefesio,* que muchos escriben *adefecio,* trae su origen de la epístola del apóstol *ad efesios.* Y para paréntesis, va este largo, y cierro.)

En una colección de cuentecitos alemanes que anda en manos de los niños, refieren que hubo una aldea en la que todas las mujeres eran brujas, y por ende celebraban los sábados, congregadas en un bosque, la famosa *misa negra,* a que asistía el diablo disfrazado de macho cabrío.

Vecinos del pueblo eran dos jorobados, uno de los cuales extravióse una tarde en el campo, y sorprendido por la tormenta refugióse en el bosque.

Media noche era por filo cuando, caballeras en cañas de escobas, llegaron las madamas, y empezó el aquelarre, y vino la misa, y siguió el bailoteo con mucho de

> Republicana es la luna,
> republicano es el sol,
> republicano el demonio
> y republicana yo.
> ¡Fuera la ropa!
> Carnero, carnerito,
> carnero topa.

Las brujas, tomadas de las manos, formaron rueda, en cuyo centro se plantó Cachirulo, y removieron los pies y el taleguillo de los pecados, canturreando:

> Lunes y martes,
> miércoles tres.

---

[20] *«Perú. Disparate, sandez» (DRAE).*
[21] Disparate.

El jorobado, que tenía sus pespuntes de poeta, pensó que la copla estaba inconclusa y que sería oportuno redondearla. Y sin más meditarlo, gritó desde su escondite:

> Jueves y viernes,
> sábado seis.

¡Gran conmoción en el aquellarre! Hasta el diablo palmoteó.

La aritmética de las brujas, que hasta entonces sólo les había permitido llegar en punto a cuentas al número tres, acababa de progresar. Agradecidas se echaron a buscar al intruso matemático por entre las ramas; dieron a la postre con él, que quien busca encuentra, y en premio de su travesura e ingenio le quitaron la carga que *a nativitate* llevaba sobre las espaldas.

Limpio de giba, más gallardo que un don Gaiferos o un don Miramamolín de Persia y más enhiesto que la vara de la justicia, presentóse nuestro hombre en la aldea, lo que maravilló no poco al otro jorobado. Contóle en puridad de amigos el ex jorobera la aventura y el otro dijo para sí:
—¡Albricias! Aun le queda a la semana un día.

Y fuese al bosque, en la noche del inmediato aquelarre; y a tiempo y sazón que las brujas cantaban:

> Lunes y martes,
> miércole tres;
> jueves y viernes,
> sábado seis.

nuestro hombrecillo gritó con toda la fuerza de sus pulmones: —¡Domingo siete!

Esto sería verdad como un templo, pero no caía en verso, y las brujas se pagan mucho de la medida y de la rima; así es que se arremolinaron y pusieron como ají *rocoto*[22],

---

[22] *Ají rocoto:* variedad de pimiento muy picante. *Rocoto* es palabra quechua que designa a este tipo de ají.

echaron la zarpa al entrometido, y en castigo de su falta de chirumen[23] y para escarmiento de poetas chirles, le acomodaron sobre el pecho la maleta de que en el anterior sábado habían despojado a su homólogo.

Por ampliación del cuento, cuando cae en siete el primer domingo de un mes, dice el pueblo: —¡Con qué domingo siete nos saldrá este mes!— que es como vivir prevenido a que no le coja a uno de nuevo un cataclismo o una crisis ministerial, de esas que entre nosotros concluyen con algún domingo siete, esto es, en la forma menos prevista.

Y siguiendo la ampliación, sucede lo de —víspera de mucho y día de nada —o bien aquello de— por la noche chichirimoche, y en la madrugada chichirinada.

Así, por ejemplo, un quídam ve los toros de lejos y arrellenado en galería no equivoca estocada; un militar, con el plano sobre la mesa de su cuarto, dirige campañas y no pierde batalla; un político, desde las columnas de un periódico hilvana a pedir de boca lecciones de buen gobierno y zurce planes de hacienda, que a realizarse permitirían al más desdichado almorzar menudillos de gallina, comer faisán dorado y cenar pavo con trufas. Pero póngalos usted con las manos en la masa: plante al uno en el redondel con un corniveleto[24] a veinte pasos; entregue al otro soldados con el enemigo al frente; haga, por fin, ministro al último, y... espere el domingo siete.

Y pongo punto, antes de que diga el lector que también yo he salido con un domingo siete, o me aplique lo de

Castilla no sabes,
vascuences olvidas,
y en once de varas
te metes camisa.

---

[23] Caletre, tino, discernimiento.
[24] En el lenguaje taurino es el toro de cuernos poco curvos y altos.

# El alacrán de fray Gómez

## (A Casimiro Prieto Valdés)

> Principio principiando;
> principiar quiero,
> por ver si principiando
> principiar puedo.

*In diebus illis*[1], digo, cuando yo era muchacho, oía con
frecuencia a las viejas exclamar, ponderando el mérito y
precio de una alhaja: —¡Esto vale tanto como el alacrán de
fray Gómez!

Tengo una chica, remate de lo bueno, flor de la gracia y
espumita de la sal, con unos ojos más pícaros y trapisondistas que un par de escribanos:

> chica que se parece
> al lucero del alba
> cuando amanece,

al cual pimpollo he bautizado, en mi paternal chochera,
con el mote de *alacrancito de fray Gómez*. Y explicar el dicho
de las viejas y el sentido del piropo con que agasajo a mi
Angélica[2], es lo que me propongo, amigo y camarada Prie-
to, con esta tradición.

---

[1] En aquellos días.
[2] Angélica Palma, hija del tradicionista.

El sastre paga deudas con puntadas, y yo no tengo otra manera de satisfacer la literaria que con usted he contraído que dedicándole estos cuatro palotes.

I

Éste era un lego contemporáneo de don Juan de la Pipirindica, el de la valiente pica, y de San Francisco Solano; el cual lego desempeñaba en Lima, en el convento de los padres seráficos, las funciones de refitolero en la enfermería u hospital de los devotos frailes. El pueblo lo llamaba fray Gómez, y fray Gómez lo llaman las crónicas conventuales, y la tradición lo conoce por fray Gómez. Creo que hasta en el expediente que para su beatificación y canonización existe en Roma no se le da otro nombre.

Fray Gómez hizo en mi tierra milagros a mantas, sin darse cuenta de ellos y como quien no quiere la cosa. Era de suyo milagrero, como aquel que hablaba en prosa sin sospecharlo.

Sucedió que un día iba el lego por el puente, cuando un caballo desbocado arrojó sobre las losas al jinete. El infeliz quedó patitieso, con la cabeza hecha una criba y arrojando sangre por boca y narices.

—¡Se descalabró, se descalabró! —gritaba la gente—. ¡Que vayan a San Lázaro por el santo óleo!

Y todo era bullicio y alharaca.

Fray Gómez acercóse pausadamente al que yacía en tierra, púsole sobre la boca el cordón de su hábito, echóle tres bendiciones, y sin más médico ni más botica el descalabrado se levantó tan fresco, como si golpe no hubiera recibido.

—¡Milagro, milagro! ¡Viva fray Gómez! —exclamaron los infinitos espectadores.

Y en su entusiasmo intentaron llevar en triunfo al lego. Éste, para substraerse a la popular ovación, echó a correr camino de su convento y se encerró en su celda.

La crónica franciscana cuenta esto último de manera distinta. Dice que fray Gómez, para escapar de sus aplauditores, se elevó en los aires y voló desde el puente hasta la torre de su convento. Yo ni lo niego ni lo afirmo. Puede que sí y puede que no. Tratándose de maravillas, no gasto tinta en defenderlas ni en refutarlas.

Aquel día estaba fray Gómez en vena de hacer milagros, pues cuando salió de su celda se encaminó a la enfermería, donde encontró a San Francisco Solano acostado sobre una tarima, víctima de una furiosa jaqueca. Pulsóle el lego y le dijo:

—Su paternidad está muy débil, y haría bien en tomar algún alimento.

—Hermano —contestó el santo—, no tengo apetito.

—Haga un esfuerzo, reverendo padre, y pase siquiera un bocado.

Y tanto insistió el refitolero, que el enfermo, por librarse de exigencias que picaban ya en majadería, ideó pedirle lo que hasta para el virrey habría sido imposible conseguir, por no ser la estación propicia para satisfacer el antojo.

—Pues mire, hermanito, sólo comería con gusto un par de pejerreyes.

Fray Gómez metió la mano derecha dentro de la manga izquierda, y sacó un par de pejerreyes tan fresquitos que parecían acabados de salir del mar.

—Aquí los tiene su paternidad, y que en salud se le conviertan. Voy a guisarlos.

Y ello es que con los benditos pejerreyes quedó San Francisco curado como por ensalmo.

Me parece que estos dos milagritos de que incidentalmente me he ocupado no son paja picada. Dejo en mi tintero otros muchos de nuestro lego, porque no me he propuesto relatar su vida y milagros.

Sin embargo, apuntaré, para satisfacer curiosadades exigentes, que sobre la puerta de la primera celda del pequeño claustro, que hasta hoy sirve de enfermería, hay un lienzo pintado al óleo representando estos dos milagros, con la siguiente inscripción:

«El Venerable Fray Gómez. —Nació en Extremadura en 1560. Vistió el hábito en Chuquisaca en 1580. Vino a Lima en 1587.— Enfermero fue cuarenta años, ejercitando todas las virtudes, dotado de favores y dones celestiales. Fue su vida un continuado milagro. Falleció en 2 de mayo de 1631, con fama de santidad. En el año siguiente se colocó el cadáver en la capilla Aranzazú, y en 13 de octubre de 1810 se pasó debajo del altar mayor, a la bóveda donde son sepultados los padres del convento. Presenció la traslación de los restos el señor doctor don Bartolomé María de las Heras. Se restauró este venerable retrato en 30 de noviembre de 1882, por M. Zamudio.»

## II

Estaba una mañana fray Gómez en su celda entregado a la meditación, cuando dieron a la puerta unos discretos golpecitos, y una voz de quejumbroso timbre dijo:

—*Deo gratias...* ¡Alabado sea el Señor!

—Por siempre jamás, amén. Entre, hermanito —contestó fray Gómez.

Y penetró en la humildísima celda un individuo algo desaparrado, *vera efigies*[3] del hombre a quien acongojan pobrezas, pero en cuyo rostro se dejaba adivinar la proverbial honradez del castellano viejo.

Todo el mobiliario de la celda se componía de cuatro sillones de vaqueta, una mesa mugrienta, y una tarima sin colchón, sábanas ni abrigo, y con una piedra por cabezal o almohada.

—Tome asiento, hermano, y dígame sin rodeos lo que por acá le trae —dijo fray Gómez.

—Es el caso, padre, que yo soy hombre de bien a carta cabal...

—Se le conoce y que persevere deseo, que así merecerá en esta vida terrena la paz de la conciencia, y en la otra la bienaventuranza.

—Y es el caso que soy buhonero, que vivo cargado de familia y que mi comercio no cunde por falta de medios,

---

[3] *Vera efigie[s]*: imagen verdadera de una persona o cosa.

548

que no por holgazanería y escasez de industria en mí.

—Me alegro, hermano, que a quien honradamente trabaja Dios le acude.

—Pero es el caso, padre, que hasta ahora Dios se me hace el sordo, y en acorrerme tarda...

—No desespere, hermano, no desespere.

—Pues es el caso que a muchas puertas he llegado en demanda de habilitación por quinientos duros, y todas las he encontrado con cerrojo y cerrojillo. Y es el caso que anoche, en mis cavilaciones, yo mismo me dije a mí mismo: —¡Ea!, Jeromo, buen ánimo y vete a pedirle el dinero a fray Gómez, que si él lo quiere, mendicante y pobre como es, medio encontrará para sacarte del apuro. Y es el caso que aquí estoy porque he venido, y a su paternidad le pido y ruego que me preste esa puchuela por seis meses, seguro que no será por mí por quien se diga:

> En el mundo hay devotos
> de ciertos santos:
> la gratitud les dura
> lo que el milagro;
> que un beneficio
> da siempre vida a ingratos
> desconocidos.

—¿Cómo ha podido imaginarse, hijo, que en esta triste celda encontraría ese caudal?

—Es el caso, padre, que no acertaría a responderle; pero tengo fe en que no me dejará ir desconsolado.

—La fe lo salvará, hermano. Espere un momento.

Y paseando los ojos por las desnudas y blanqueadas paredes de la celda, vio un alacrán que caminaba tranquilamente sobre el marco de la ventana. Fray Gómez arrancó una página de un libro viejo, dirigióse a la ventana, cogió con delicadeza a la sabandija, la envolvió en el papel, y tornándose hacia el castellano viejo le dijo:

—Tome, buen hombre, y empeñe esta alhajita; no olvide, sí, devolvérmela dentro de seis meses.

El buhonero se deshizo en frases de agradecimiento, se

despidió de fray Gómez y más que deprisa se encaminó a la tienda de un usurero.

La joya era espléndida, verdadera alhaja de reina morisca, por decir lo menos. Era un prendedor figurando un alacrán. El cuerpo lo formaba una magnífica esmeralda engarzada sobre oro, y la cabeza un grueso brillante con dos rubíes por ojos.

El usurero, que era hombre conocedor, vio la alhaja con codicia, y ofreció al necesitado adelantarle dos mil duros por ella; pero nuestro español se empeñó en no aceptar otro préstamo que el de quinientos duros por seis meses, y con un interés judaico, se entiende. Extendiéronse y firmáronse los documentos o papeles de estilo, acariciando el agiotista la esperanza de que a la postre el dueño de la prenda acudiría por más dinero, que con el recargo de intereses lo convertiría en propietario de joya tan valiosa por su mérito intrínseco y artístico.

Y con este capitalito fuele tan prósperamente en su comercio, que a la terminación del plazo pudo desempeñar la prenda, y, envuelta en el mismo papel en que la recibiera, se la devolvió a fray Gómez.

Éste tomó el alacrán, lo puso sobre el alféizar de la ventana, le echó una bendición y dijo:

—Animalito de Dios, sigue tu camino.

Y el alacrán echó a andar libremente por las paredes de la celda.

Y vieja, pelleja,
aquí dio fin la conseja.

# El clarín de Canterac

## (A Lastenia Larriva de Llona)

Recio batallar el de las caballerías patriota y realista en Junín.

Un solo pistoletazo (que en Junín no se gastó más pólvora) y media hora de esgrimir lanza y sable. Combate de centauros más que de hombres.

Canterac, seguido de su clarín de órdenes, recorría el campo, y el clarín tocaba incesantemente *a degüello*[1].

Ese clarín parecía tener el don de la ubicuidad. Se le oía resonar en todas partes; era como la simbólica trompeta del juicio final. «A la izquierda, a la derecha, en el centro, a retaguardia, siempre el clarín. Mientras él resonara no era posible la victoria. El clarín español, él solo, mantenía indeciso el éxito.» *(Capella Toledo.)*

Necochea y Miller enviaron algunas mitades en direcciones diversas, sin más encargo que el de hacer enmudecer ese maldecido clarín.

Empeño inútil. El fatídico clarín resonaba sin descanso, y sus ecos eran cada vez más siniestros para la caballería patriota, en cuyas filas empezaba a cundir el desorden.

Necochea[2], acribillado de heridas, caía del caballo diciendo al capitán Herrán:

---

[1] *A degüello:* diana militar que ordena el ataque de la caballería.

[2] Mariano Necochea (1792-1849), militar argentino que fue nombrado Gran Mariscal del Perú por sus servicios distinguidos a la emancipación y la república. Luchó en Chacabuco y Maipú para liberar a Chile, y en Junín y Ayacucho para consolidar la independencia americana.

—Capitán, déjeme morir; pero acalle antes ese clarín.

Y la caballería realista ganaba terreno, y un sargento, Soto (limeño que murió en 1882 en la clase de comandante), tomaba prisionero a Necochea, poniéndole a la grupa de su corcel.

Puede escribirse que la derrota estaba consumada. El sol de los incas[3] se eclipsaba y la estrella de Bolívar palidecía.

De pronto cesó de oírse el atronador, el mágico clarín. ¿Qué había pasado?

Un escuadrón peruano de reciente formación, *recluta,* digámoslo así, al que por su impericia había dejado el general relegado, carga bizarramente por un flanco y por retaguardia a los engreídos vencedores y el combate se restablece. Los derrotados se rehacen y vuelven con brío sobre los escuadrones españoles.

El general Necochea se reincorpora.

—¡Victoria por la patria! —dice el pelotón de soldados realistas que lo conducía prisionero.

—¡Victoria por el rey! —contesta el sargento Soto.

—¡No! —insiste el bravo argentino—. Ya no se oye el clarín de Canterac, están ustedes derrotados.

Y así era en efecto. La tornadiza victoria se declaraba por el Perú, y Necochea era rescatado.

—¡Vivan los húsares de Colombia! —gritaba un jefe aproximándose a Bolívar.

—¡La pin... pinela! —contestó el libertador, que había presenciado los incidentes todos del combate—. ¡Vivan los húsares del Perú!

El capitán Herrán había logrado tomar prisionero al infatigable clarín de Canterac, y en el mismo campo de batalla lo presentaba rendido al general Necochea. Éste, irritado aún con el recuerdo de las recientes peripecias o exasperado por el dolor de las heridas, dijo lacónicamente:

—Que lo fusilen...

—General... —observó Herrán interrumpiéndolo.

---

[3] Sol de los Incas: considerado como su dios supremo el Sol llamado Inti.

552

—O que se meta fraile —añadió Necochea, como complementando la frase.

—Mi general, me haré fraile —contestó precipitadamente el prisionero.

—¿Me empeñas tu palabra? —insistió Necochea.

—La empeño, mi general.

—Pues estás en libertad. Haz de tu capa un sayo.

Terminada la guerra de Independencia, el clarín de Canterac vistió en Bogotá el hábito de fraile, en el convento de San Diego.

La historia la conoce con el nombre de *el padre Tena*.

# Historia de un cañoncito

(A Leopoldo Díaz, en Buenos Aires)

Si hubiera escritor de vena que se encargara de recopilar todas las agudezas que del ex presidente gran mariscal Castilla se refieren, digo que habríamos de deleitarnos con un libro sabrosísimo. Aconsejo a otro tal labor literaria, que yo me he jurado no meter mi hoz en la parte de historia que con los contemporáneos se relaciona. ¡Así estaré de escamado![1].

Don Ramón Castilla fue hombre que hasta a la Academia de la Lengua le dio lección al pelo, y compruébolo con afirmar que desde más de veinte años antes de que esa ilustrada corporación pensase en reformar la ortografía, decretando que las palabras finalizadas en *on* llevasen la *ó* acentuada[2], el general Castilla ponía una vírgula tamaña sobre su *Ramón*. Ahí están infinitos autógrafos suyos corroborando lo que digo.

Si ha habido peruano que conociera bien su tierra y a los hombres de su tierra, ése, indudablemente, fue don Ramon. Para él la empleomanía era la tentación irresistible y

---

[1] *¡Así ... escamado!*: En 1877 publica el estudio *Monteagudo y Sánchez Carrión* haciendo ciertas acusaciones sobre la trágica muerte del prócer argentino y provoca una fuerte polémica internacional cuando Rufino Blanco Fombona le replica airadamente. Palma se promete no volver a escribir sobre la historia inmediata.

[2] Una reforma posterior al momento de la escritura de la tradición autoriza uso de la tilde.

554

el móvil de todas las acciones en nosotros, los hijos de la patria nueva.

Estaba don Ramón en su primera época de gobierno, y era el día de su cumpleaños (31 de agosto de 1849). En palacio había lo que en tiempo de los virreyes se llamó *besamano*[3], y que en los días de la República, y para diferenciar, se llama lo mismo. Corporaciones y particulares acudieron al gran salón a felicitar al supremo mandatario.

Acércose un joven a su excelencia y le obsequió, en prenda de afecto, un dije para el reloj. Era un microscópico cañoncito de oro montado sobre una cureñita[4] de filigrana de plata; un trabajo primoroso; en fin, una obra de hadas.

—¡Eh! Gracias..., mil gracias por el cariño —contestó el presidente, cortando las frases de la manera peculiar suya, y sólo suya.

—Que lo pongan sobre la consola de mi gabinete —añadió, volviéndose a uno de sus edecanes.

El artífice se empeñaba en que su excelencia tomase en sus manos el dije para que examinara la delicadeza y gracia del trabajo; pero don Ramón se excusó diciendo:

—¡Eh! No..., no..., está cargado..., no juguemos con armas peligrosas...

Y corrían los días, y el cañoncito permanecía sobre la consola, siendo objeto de conversación y de curiosidad para los amigos del presidente, quien no se cansaba de repetir:

—¡Eh! Caballeros..., hacerse a un lado..., no hay que tocarlo..., el cañoncito apunta..., no sé si la puntería es alta o baja..., está cargado..., un día de estos hará fuego..., no hay que arriesgarse..., retírense..., no respondo de averías...

Y tales eran los aspavientos de don Ramón, que los palaciegos llegaron a persuadirse de que el cañoncito sería

---

[3] *Besamano*[s]: acto público de adhesión y saludo a un personaje importante.

[4] De *cureña*, armazón compuesta de dos gualderas fuertemente unidas por medio de teleras y pasadores, colocadas sobre ruedas o sobre correderas, y en la cual se monta el cañón de artillería *(DRAE).*

algo más peligroso que una bomba Orsini o un torpedo Withead.

Al cabo de un mes el cañoncito desapareció de la consola, para ocupar sitio entre los dijes que adornaban la cadena del reloj de su excelencia.

Por la noche dijo el presidente a sus tertulios:

—¡Eh! Señores..., ya hizo fuego el cañoncito..., puntería baja..., poca pólvora..., proyectil diminuto..., ya no hay peligro..., examínenlo.

¿Qué había pasado? Que el artífice aspiraba a una modesta plaza de inspector en el resguardo de la aduana del Callao, y que don Ramón acababa de acordarle el empleo.

Moraleja: los regalos que los chicos hacen a los grandes son, casi siempre, como el cañoncito de don Ramón. Traen entripado y puntería fija. Día menos, día más, ¡pum!, lanzan el proyectil.

*Octava Serie*

# Los amores de San Antonio

## (A la señora Amalia Puga)[1]

Gentil amiga, lo que hoy te cuento
se halla en un códice amarillento,
por la polilla roído el fin,
escrito en Lima ya hace años ciento,
y en buen latín,
por fray Fulgencio Perlimpimpín,
maestro de Súmulas[2] en el convento
de nuestro padre San Agustín.

### I

¡Claro! ¿Qué van a saber ustedes dónde está Chaupi-Huaranga? No lo haré penar en averiguarlo.

Chaupi-Huaranga[3] es una aldehuela en la circunscripción del departamento de Junín: y ella fue, por los tiempos de las guerras civiles entre pizarristas y almagristas, teatro de la tradición popular que hoy echo a correr cortes.

Mi abuela tiene un cabrito,

---

[1] Amalia Puga de Losada, notable escritora peruana.
[2] Sumarios de los principios elementales de la lógica.
[3] Pueblo de la sierra central del Perú.

559

dice que lo matará,
del cuero hará un tamborcito,
lo que suene... sonará.

Matrimonio feliz, si los hubo, era el de Antonio Catari y Magdalena Huanca, ambos descendientes de caciques.

Él, gallardo mozo de veinticinco años, de ánimo levantado, trabajador más que una colmena y enamorado de su mujercita hasta la pared del frente.

El laboreo de una mina le proporcionaba lo preciso para vivir con relativa holgura.

Cuando iba de paseo por las calles de Jauja o Huancayo, no eran pocas las hijas de Eva que, corriendo el peligro de firmar contrato para vestir a las ánimas benditas, le cantaban:

Un canario precioso
va por mi barrio...
¡Quién fuera la canaria
de ese canario!

Ella, una linda muchacha de veinte pimaveras muy lozanas, limpia como onza de oro luciente, hacendosa como una hormiga y hembra muy mucho de su casa y de su marido, a quien amaba con todas las entretelas y reconcomios de su alma.

La casa del matrimonio era, valgan verdades, en cuanto a tranquilidad y ventura, un rinconcito del Paraíso, sin la serpiente se entiende. No había suegra en el hogar.

Cristianos nuevos, habían adjurado la religión de sus mayores y practicaban con frevor los actos religiosos de culto externo que el cristianismo impone. Jamás faltaban a misa en los días de precepto, ni a sermón y procesiones, y mucho menos al confesonario por Cuaresma. ¿Qué se habría dicho de ellos? ¡O somos o no somos! Pues si lo somos, válanos la fe del carbonero.

El adorno principal de la casa era un lienzo al óleo, obra de uno de los grandes artistas que Carlos V ocupara en pintar cuadros para América, representando al santo patrono del marido. Allí estaba San Antonio en la florescencia de la juventud, hecho todo un buen mozo, con sus ojos de azul marino, su carita sonrosada, su sonrisa apacible y su cabellera rubia y riza.

Por supuesto, que nunca le faltaba la mariposilla de aceite, y si carecía del obligado ramo de flores, era porque la frígida serranía de Pasco no las produce.

Magdalena vivía tan apasionada de su San Antonio como del homónimo de carne y hueso.

Como sobre la tierra no hay felicidad completa, al matrimonio le faltaba algo que esparciese alegría en el hogar, y ese algo era fruta o fruto de bendición, que Dios no había tenido a bien concederles en tres años de conyugal existencia.

Magdalena, en sus horas de soledad, se arrodillaba ante la imagen del santo, pidiéndola que, así como a las muchachas casaderas proporcionaba novio, hiciese por ella el fácil milagro de empeñarse con Dios para que la concediese los goces de la maternidad.

Y San Antonio erre que erre en hacerse el sordo y el remolón.

II

Antonio tenía todas las supersticiones de su raza, aumentadas con las que el fanatismo de los conquistadores nos trajera[4].

Cuando un indio emprede viaje que lo obliga a pasar más de veinticuatro horas lejos de su hogar forma, a poca distancia de éste y en sitio apartado del tráfico, un montón-

---

[4] Las creencias, supersticiones, prácticas mágico-religiosas del hombre andino subsisten hasta nuestros días, pese a los grandes esfuerzos que hizo la iglesia durante la colonia y bien entrada la república por erradicarlos. Doctrineros y extirpadores de idolatrías recorrieron el país haciendo exorcismos y quemando todo vestigio sospechoso, pero les fue imposible. Véase *Dioses y hombres de Huarochiri*, de Francisco de Ávila, escrito en quechua y traducido al español por José María Árguedas y José Lira.

cito de piedras[5]. Si a su regreso las encuentra esparcidas, es para él artículo de fe la creencia en una infidelidad de su esposa.

Antonio tuvo que ir por una semana a Huancayo. Una noche tempestuosa presentóse en su casa un joven español pidiendo hospitalidad. Era un soldado almagrista, que, derrotado en una escaramuza reciente, venía muerto de hambre y fatiga y con un raspetón de bala de arcabuz en el brazo. Demandaba sólo albergue contra la lluvia y el frío de esa noche y algo que restaurase un tanto sus abatidas fuerzas.

Mucho vaciló Magdalena para, en ausencia de su esposo, admitir en la casa a un desconocido. Si hubiera existido ese triturador de palabras y pensamientos que llamamos telégrafo, de fijo que habría hecho parte consultando.

Al fin el sentimiento de caridad cristiana se sobrepuso a sus escrúpulos. Además, ¿qué podría temer del extranjero, acompañada como vivía por otras tres mujeres y por cinco indios trabajadores de la mina?

El huésped fue atendido con solicitud, y Magdalena misma aplicó una hierba medicinal sobre la herida. Al practicar el vendaje levantó la joven los ojos: un temblor convulsivo agitó su cuerpo, y cayó sin sentido.

El soldado español era San Antonio, el santo que en su corazón luchaba con el amor a su marido. Los mismos ojos, la misma sonrisa, la misma cabellera.

Con el alba el soldado abandonó la casa y siguió su peregrinación.

## III

Pocas horas más tarde, Antonio llegaba a su hogar.

Había encontrado deshecho el montoncito de piedras.

Desde ese día la felicidad desapareció para los esposos.

---

[5] Véase el cuento *La ofrenda de piedra*, del escritor peruano Ciro Alegría escrito a mediados del siglo XX, en el que se recrea la ancestral costumbre como un culto votivo a la piedra para que protega a los caminantes y cuide de sus pertenencias.

Él disimulaba sus celos y espiaba todas las acciones de su mujer.

Magdalena, con el instinto maravilloso de que Dios dotara a los seres de su sexo y sin sombra de remordimiento en el cielo azul de su conciencia limpia, adivinó la borrascosa agitación del espíritu de su marido. Desde los primeros momentos le había dado cuenta de todo lo ocurrido en la casa durante los días de su separación. Antonio sabía, pues, que en su hogar se había dado asilo a un almagrista herido.

Y en esta situación anormal y congojosa para el matrimonio, los síntomas de la maternidad se presentaron en Magdalena.

Y la mujer, sin mancilla en el cuerpo ni en el alma, pasaba horas tras horas arrodillada ante San Antonio, y fotografiando, por decirlo así, en sus entrañas la imagen del bienaventurado[6].

Sombrío y cejijunto esperaba Antonio el momento supremo.


## IV

Magdalena dio a luz un niño.

Cuando la *recibidora* (matrona u obstetriz de aquellos tiempos) anunció a Antonio lo que ella estimaba como fausta nueva, el marido se precipitó en la alcoba de su mujer, tomó al infante y salió con él a la puerta para mirarlo al rayo solar.

El niño era blanco y rubio como San Antonio.

El indio, acometido de furioso delirio, echó a correr en dirección al riachuelo vecino y arrojó en él al recién nacido.

---

[6] Existe en el mundo andino la creencia de la *mipa*, esto es, que cuando una mujer está embarazada y tiene algún antojo, fobia o preferencia, su vástago nace con características parecidas a las que causaron sus apetencias o disgustos.

## V

Es tradicional que se vio entonces a un hombre, de tipo español, lanzarse en la corriente, coger al niño y subir con él al cerro.

Desde entonces el viajero contempla en la cumbre fronteriza a Chaupi-Huaranga una gran piedra o monolito, que a la distancia semeja por completo un San Antonio con un niño en brazos, tal como en estampas y en los altares nos presenta la Iglesia al santo paduano.

# Los ratones de fray Martín

Y comieron en un plato
perro, pericote y gato.

Con este pareado termina una relación de virtudes y milagros que en hoja impresa circuló en Lima, allá por los años de 1840, con motivo de celebrarse en nuestra culta y religiosa capital las solemnes fiestas de beatificación de fray Martín de Porres[1].

Nació este santo varón en Lima el 9 de diciembre de 1579, y fue hijo natural del español don Juan de Porres, caballero de Alcántara, en una esclava panameña.. Muy niño Martincito, llevólo su padre a Guayaquil, donde en una escuela, cuyo dómine hacía mucho uso de la cáscara de novillo[2], aprendió a leer y escribir. Dos o tres años más tarde su padre regresó con él a Lima y púsolo a aprender el socorrido oficio de barbero y sangrador, en la tienda de un rapista de la calle de Malambo.

Mal se avino Martín con la navaja y la lanceta, si bien salió diestro en su manejo, y optando por la carrera de santo, que en esos tiempos era una profesión como otra cualquiera, vistió a los veintiún años de edad el hábito de lego o donado en el convento de Santo Domingo, donde murió el 3 de noviembre de 1639 en olor de santidad.

---

[1] El historiador peruano Raúl Porras Barrenechea ha demostrado que el apellido de fray Martín fue, realmente, Porras.
[2] Tirillas curtidas de piel de toro para azotar a los niños.

Nuestro paisano Martín de Porres, en vida y después de muerto, hizo milagros por mayor. Hacía milagros con la facilidad con que otros hacen versos. Uno de sus biógrafos (no recuerdo si es el padre Manrique o el médico Valdés) dice que el prior de los dominicos tuvo que prohibirle que siguiera milagreando (dispénseme el verbo). Y para probar cuán arraigado estaba en el siervo de Dios el espíritu de obediencia refiere que en momentos de pasar fray Martín frente a un andamio, cayóse un albañil desde ocho o diez varas de altura, y que nuestro lego lo detuvo a medio camino gritando: —¡Espere un rato, hermanito! Y el albañil se mantuvo en el aire hasta que regresó fray Martín con la superior licencia.

¿Buenazo el milagrito, eh? Pues donde hay bueno hay mejor.

Ordenó el prior al portentoso donado que comprase, para consumo de la enfermería, un pan de azúcar. Quizá no el dio el dinero preciso para proveerse de la blanca y refinada, y presentósele fray Martín trayendo un pan de azúcar mascabada[3].

—¿No tiene ojos, hermano? —díjole el superior—. ¿No ha visto que por la *prieta*[4] más parece chancaca que azúcar?

—No se incomode su paternidad —contestó con cachaza[5] el enfermero—. Con lavar ahora mismo el pan de azúcar se remedia todo.

Y sin dar tiempo a que el prior le arguyese, metió en el agua de la pila el pan de azúcar, sacándolo blanco y seco.

¡Ea!, no me hagan reír, que tengo partido un labio.

Creer o reventar. Pero conste que yo no le pongo al lector puñal al pecho para que crea. La libertad ha de ser libre, como dijo un periodista de mi tierra. Y aquí noto que, habiéndome propuesto sólo hablar de los ratones sujetos a la jurisdicción de fray Martín, el santo se me estaba yendo al cielo. Punto con el introito y al grano, digo, a los ratones.

---

[3] De *mascabada:* es el azúcar de caña de segunda producción *(DRAE)*.
[4] Americanismo, morena (Morínigo).
[5] Sosiego.

Fray Martín de Porres tuvo especial predilección por los pericotes[6], incómodos huéspedes que nos vinieron casi junto con la conquista pues hasta el año de 1552 no fueron esos animalejos conocidos en el Perú. Llegaron de España en uno de los buques que, con cargamento de bacalao, envió a nuestros puertos un don Gutierre, obispo de Palencia. Nuestros indios bautizaron a los ratones con el nombre de *hucuchas*, esto es, salidos del mar.

En los tiempos barberiles de Martín, un pericote era todavía casi una curiosidad, pues, relativamente, la familia ratonesca principiaba a multiplicar. Quizá desde entonces encariñóse por los roedores, y viendo en ellos una obra del Señor es de presumir que diría, estableciendo comparación entre su persona y la de esos chiquitines seres, lo que dijo un poeta:

El mismo tiempo malgastó en mí Dios
que en hacer un ratón, o a lo más dos.

Cuando ya nuestro lego desempeñaba en el convento las funciones de enfermero, los ratones campaban como moros sin señor en celdas, cocina y refectorio. Los gatos, que se conocieron en el Perú desde 1537, andaban escasos en la ciudad. Comprobada noticia histórica es la de que los primeros gatos fueron traídos por Montenegro, soldado español, quien vendió uno, en el Cuzco y en doscientos pesos, a don Diego de Almagro el Viejo.

Aburridos los frailes con la invasión de roedores inventaron diversas trampas para cazarlos, lo que rarísima vez lograban. Fray Martín puso también en la enfermería una ratonera, y un ratonzuelo bisoño, atraído por el tufillo del queso, se dejó atrapar en ella. Libertólo el lego, y colocándolo en la palma de la mano, le dijo:

—Váyase, hermanito, y diga a sus compañeros que no sean molestos ni nocivos en las celdas; que se vayan a vivir

---

[6] Americanismo, ratones.

en la huerta, y que yo cuidaré de llevarles alimento cada día.

El embajador cumplió con la embajada, y desde ese momento la ratonil muchitanga[7] abandonó claustro y se trasladó a la huerta. Por supuesto que fray Martín los visitó todas las mañanas, llevando un cesto de desperdicios o provisiones, y que los pericotes acudían como llamados con campanilla.

Mantenía en su celda nuestro buen lego un perro y un gato, y había logrado que ambos animales viviesen en fraternal concordia. Y tanto, que comían juntos en la misma escudilla o plato.

Mirábalos una tarde comer en sana paz, cuando de pronto el perro gruñó y encrespóse el gato. Era que un ratón, atraído por el olorcillo de la vianda, había osado asomar el hocico fuera de su agujero. Descubriólo fray Martín, y volviéndose hacia perro y gato les dijo:

—Cálmense, criaturas del Señor, cálmense.

Acércose enseguida al agujero del muro y dijo:

—Salga sin cuidado, hermano pericote. Paréceme que tiene necesidad de comer; apropíncuese[8], que no le harán daño.

Y dirigiéndose a los otros dos animales añadió:

—Vaya, hijos, denle siempre un lugarcito al convidado, que Dios da para los tres.

Y el ratón, sin hacerse rogar, aceptó el convite, y desde ese día comió en amor y compaña con perro y gato.

Y... y... y... ¿Pajarito sin cola? ¡Mamola![9].

---

[7] De *muchitanga* Palma dice en sus *Neologismos y americanismos:* «La muchedumbre populachera» y el último *DRAE:* «Perú y P. Rico. Populacho, muchedumbre de gente soez y grosera», pág. 999

[8] Arcaísmo, acérquense.

[9] Interjección de burla.

# Los buscadores de entierros

## I

Locura que no tiene cura es la de echarse a buscar lo que uno no ha guardado; y ella, desde los tiempos de la conquista, ha sido epidémica en el Perú.

En los días de Pizarro no se hablaba sino de caudales extraídos de las *huacas*[1] o cementerios de indios por aventureros afortunados, de tesoros escondidos por los emisarios de Atahualpa, que no llegaron a Cajamarca con la oportunidad precisa, y de proyectos para desaguar el Titicaca o la laguna de Urcos, sitios donde se suponía estar criando moho la maciza cadena de oro con que diz que se rodeó la plaza del Cuzco en las fiestas con que fue festejado el nacimiento de un Inca.

Empezaba a calmar esta fiebre, cuando vino a renovarla el regalo que un *chimu*[2] o cacique de Trujillo hizo a un español de la huaca llamada *Peje chico*[3] o de Toledo. Entonces revivió también la conseja de que a inmediaciones de Casma o Santa estaban enterradas un centenar de llamas cargadas de oro para el rescate del Inca, especie que, en 1890, ha vuelto a resucitar, organizándose sociedad por acciones

---

[1] Peruanismo procedente del quechua: son todo tipo de entierros, algunos de gran valor cultural y económico.

[2] Peruanismo, nombre de una cultura de la costa norte, famosa por su cerámica pictórica y figurativa.

[3] *Peje,* peruanismo, pez.

569

para cometer la aventura, a la vez que se formaba en Lima otra compañía para descubrir los tesoros de la cacica Catalina Huanca[4]. Por supuesto, han sacado hasta hoy... lo que el negro del sermón: la cabeza caliente y los pies fríos,

> que ni Vera-Cruz es cruz,
> ni Santo-Domingo es santo,
> ni Puerto-Rico es tan rico
> como lo ponderan tanto.

Cuando la persecución de los portugueses, en la época del virrey marqués de Mancera, se dijo que los hostilizados mineros, para burlar la codicia de la Inquisición, habían enterrado barras de plata en Castrovirreina, en Ica y otras provincias. Mucho se las ha buscado, sobre todo las que se supone existir en los sitios denominados Poruma y Mesa de Magallanes; pero mientras más se las busca, menos se las encuentra. Parece que hay un demonio cuya misión sobre la tierra es cuidar de los tesoros ocultos y extraviar a los buscadores. Dícese que muchos han visto a tal diablejo y hasta conversado con él.

Vino la expulsión de los jesuitas, y a todo el mundo se le clavó entre ceja y ceja la idea de que, en las bóvedas o subterráneos de sus conventos, dejaban el oro y el moro enterrados. Ignoraban sin duda los que esto propalaran que los jesuitas nunca tuvieron la plata ociosa, y que apenas reunían alguna cantidad decente la destinaban a lucrativas operaciones mercantiles o a la adquisición de fundos rústicos. No hace un cuarto de siglo que, con anuencia ministerial, se organizó en Lima una sociedad para buscar tesoros en San Pedro, y en un tumbo de dado estuvo que derrumbasen la monumental iglesia. Y derrumbada habría quedado por los siglos.

Todavía hay mucha gente que cree en los entierros de los jesuitas.

La época de la Independencia fue fecunda en historietas

---

[4] Véase la tradición *Los tesoros de Catalina Huanca* sobre las riquezas de la famosa cacica de la nación *wanka*.

sobre entierros. Todo español que, huyendo de los patriotas y de los patrioteros, se embarcaba para España, de fijo
que, para la opinión popular, dejaba enterrados en un cuarto o en el corral de la casa alhajas y plata labrada, o escondidas en las vigas del techo muchas onzas pelugonas.

En el Castillo del Callao[5], sin ir más lejos, raro es el año
en que la autoridad no acuerda dos o tres licencias para sacar caudales enterrados por los compañeros de Rodil. Y lo
particular es que todo solicitante posee un derrotero con el
que, a ojos cerrados, puede determinar el sitio del *tapado*[6],
derrotero que o se lo han remitido de España, o de un modo
casual vino a sus manos. Los buscadores son casi siempre
pobres de solemnidad, y nunca dejan de encontrar socio
capitalista. A la postre éste se aburre, desiste de continuar
cebando la lámpara, y el dueño del derrotero se echa a buscar otro bobo cuya codicia explotar.

En los presidios de España hay industriosos consagrados
a forjar derroteros. De repente le llega a un vecino de Lima,
como caída de las nubes, carta de Cádiz o de Barcelona, en
la que tras una historieta más o menos verosímil, le hablan
de próximo envío de derrotero. No falta quienes muerdan
el anzuelo y remitan algunos duretes para gratificar al amanuense que ha de delinear el plano o derrotero. Eso sí, los
industriosos son gente de conciencia y cumplen siempre
con remitirlo.

Afortunadamente, han sido tantos los chasqueados[7],
que la industria presidiaria es mina que va dando en agua.

Hombres he conocido que sacrificaban no sólo lo super-
fluo, sino lo preciso, para hallar entierros. Hasta 1880 vivía
en Lima un ingeniero italiano, Salini, descubridor de riquí-
simas canteras de mármol entre Chilca y Lurín. Este bendito señor Salini, que pudo enriquecerse explotando las can-

---

[5] Célebre fortaleza construida en el puerto peruano de El Callao durante la colonia para resistir posibles invasiones de piratas y corsarios. Fue el
último reducto de Rodil durante la emancipación, luego el 2 de mayo de
1866 centralizó la defensa de Lima y en ella el tradicionista estuvo a punto de morir.
[6] Peruanismo, entierro de un tesoro fabuloso.
[7] Burlados.

teras, prefería pasar meses en la quebrada de Chuñeros buscando un tapado, sin más guía que una tradición popular entre los indios de Lurín.

Los buscadores de entierros son, como los mineros, gente de inquebrantable fe.

## II

Los entierros domésticos, en Lima principalmente, empiezan con golpes misteriosos a media noche, duendes o aparición de ánimas benditas o de fuegos fatuos. Cuando lo último acontece salen a campaña las varitas imanadas, ya que no se encuentra ni por un ojo de la cara un zahorí o una bruja; y si algo llega a descubrirse es la osamenta de un perro u otro animal. No diré yo que entre cien casos no se cuente uno en que la fortuna haya sido propicia a los buscadores de lo que otro guardara; pero precisamente la noticia de que un prójimo sacó el premio gordo en la lotería, hace que todos nos echemos a comprar billetes.

—Aquí no se puede vivir. En esta casa penan[8], y mis hijas están al privarse de un susto. Me mudo mañana mismo —decían nuestras abuelas.

—No, hija, no haga usted ese disparate —contestaba la persona a quien se hacía la confidencia—. Aguántese usted, que esta noche vendré con un sujeto que entiende en eso del manejo de las varitas y puede que saquemos el entierro. Yo haré los gastos. Por supuesto, que la mitad de lo que se saque es para mí.

—Eso no, compadre. Le daré a usted la cuarta parte.

—No sea usted cicatera, comadre.

Y se enfrascaban en disputa sobre el cántaro roto de la lechera de la fábula. A la larga se avenían en las condiciones.

Por la noche llevaba el compadre otro camarada provisto de lampa, barretas, botellas de moscorrofio[9], pan, queso,

---

[8] Americanismo de *penar*, sentir manifestaciones auditivas y hasta visuales de muertos que retornan del otro mundo.

[9] Licor muy fuerte.

aceitunas y salchichas, refacción precisa para quien se propone pasar la noche en vela; esperaban a que no se movie-
se ya paja en la vecindad, y desenladrilla por aquí, barretea
por allá, trabajaban hasta la madrugada, y la casa quedaba
en pie bajo su palabra de honor; esto es, con los cimientos
movedizos. La vieja y las muchachas se ocupaban en relle-
nar los hoyos, a la vez que hacían los honores a la bucóli-
ca y al pisqueño *congratulámini*.

La desengañada familia se mudaba inmediatamente, dejando la casa inhabitable y al propietario tirándose una oreja de rabia por los desperfectos.

Por mucha que hubiera sido la cautela empleada, la vecindad había sentido algún ruido; y al ver los escombros, a
nadie quedaba ápice de duda de que un tapado, y gordo,
había salido a luz.

—¡Qué dice usted de la dicha de doña Fulana! ¡Quinientas onzas de oro, cada una como un ojo de buey! —decía
una vecina.

—Mojados tiene usted los papeles, doña Custodia. No
han sido quinientas, sino mil —interrumpía otra.

—¡Qué me cuenta usted, vecina!

—Yo no sé la cantidas de onzas —añadía una tercera—;
pero me consta que en la carreta de mudanza iba un bauli-
to que me pareció cofre de alhajas.

—¡Jesús! ¡Jesús! ¡Y qué suerte la de algunas gentes! Ayer
no tenían ni para pagarle al pulpero de la esquina, hoy pueden rodar calesín. Así como suena, vecina.

—No digan que somos envidiosas. A quien Dios se la
dio, San Pedro se la bendiga.

Y seguía la mar de comentarios... Siempre sobre la nada
entre dos platos.

### III

Ogorpú, en la provincia de Huamachuco, era en 1817
un pequeño pago o chacra de un mestizo llamado Juan
Príncipe. Hacia el lado fronterizo del bosque de Collay, ha-

bía otra chacrita[10] perteneciente al indígena Juan Sosa Vergaray.

Acontecióle al último tener que abandonar a media noche la cama y salir al campo, urgido por cierta exigencia del organismo animal, y mientras satisfacía ésta fijó la vista en un cerrillo o huaca de Ogorpú y violo iluminado por vivísima llama que de la superficie brotaba.

No sólo la preocupación popular, sino hasta la ciencia, dicen que donde hay depósito de metales o de osamentas nada tienen de maravilloso los fuegos fatuos. A Sosa Vergaray se le ocurrió que Dios lo había venido a ver, deparándole la posesión de un tesoro, y sin más pensarlo corrió a la huaca, y no teniendo otra señal que poner en el sitio donde percibiera el fuego fatuo, dejó los calzones, regresando a su casa en el traje de Adán.

Despertó a su mujer y a sus hijos y les dio la buena nueva. Según él, apenas amaneciera iban a salir de pobreza, pues bastaría un pico, barreta, pala o azadón para desenterrar caudales.

En la madrugada, al abrir la puerta de su casa acertó a pasar su vecino y compadre Antonio Urdanivia, y después de cambiar los buenos días, hízole Vergaray la confidencia. ¡Nunca tal hiciera!

—¡Está usted loco, compadre —le dijo Urdanivia—, proponiéndose ir de día a sacar el entierro! ¿No sabe usted que la huaca huye con el sol? Espere usted siquiera a las siete de la noche, y cuenta conmigo para acompañarlo.

—Tiene usted razón, compadre —contestó Sosa Vergaray—, y que Dios le pague su buen consejo. Lo dejaremos para esta noche.

Urdanivia era un grandísimo zamarro con más codicia que un usurero, y se encaminó a casa de Príncipe. Como él sabía lo de los calzones marcadores del sitio donde se escondía el presunto tesoro, estaba seguro de obtener ventajas antes de hacer la revelación. Príncipe convino en cederle la mitad del entierro; pero Urdanivia no fiaba en palabras,

---

[10] De *chacra*, peruanismo de origen quechua: terreno grande apto para la agricultura y ganadería.

que arrastra el viento, y le exigió formalizar la promesa delante del gobernador. Príncipe no tuvo inconveniente para acceder.

Pero fue el caso que también al gobernador se le despertó la gazuza[11], y dijo que a la autoridad tocaba hacer antes una inspección ocular y percibir los quintos que según la ley tantos, artículo cuantos, de la Recopilación de Indias, correspondían al rey. Urdanivia y Príncipe, que no esperaban tal antífona, se quedaron tamañitos; pero ¿qué hacer?

El gobernador, con sus alguaciles y toda la gente ociosa del pueblo, se encaminó a la huaca. Súpolo Sosa Vergaray y les salió al encuentro. Sostuvo que el tapado era suyo, y muy suyo, por ser él quien tuvo la suerte de descubrirlo, como lo probaban sus calzones, y que en cuanto a los quintos del rey, no eran ningún cicatero tramposo para no pagarlos, y con largueza. Arguyó Príncipe que el terreno era suyo, y muy suyo, y que no consentía merodeos en su propiedad.

El gobernador, echándola de autoridad, dijo que siendo el punto contencioso, ahí estaba él para tomar posesión del tesoro en nombre del rey.

Los interesados lo amenzaron entonces con papel sellado y con ocurrir hasta la Real Audiencia si la cosa apuraba. El gobernador les contestó: —Protesten ustedes hasta la pared del frente; pero yo saco el tesoro—. Y lo habría hecho como lo decía si los vecinos todos, armados de garrote, no se opusieran, amenazándolo con paliza viva y efectiva, amenaza más poderosa y convincente que mil resmas de papel sellado.

Entonces resolvió el gobernador que los calzones quedasen en el sitio hasta que la justicia fallara, y que nadie fuera osado, bajo pena de carcelería y multa, a remover el terreno.

Y hubo pleito que duró tres años, y Vergaray y Príncipe, para dar de comer al abogado, al procurador, al escribano y demás jauría tribunalicia, se deshicieron de sus chacras

---

[11] Americanismo, codicia desmedida.

con pacto de retroventa; esto es, para rescatarlas con el tesoro que cada cual creía pertenecerle.

El fallo de la justicia fue a la postre que Sosa Vergaray era dueño de sus calzones y que podía llevárselos; pero que Príncipe era dueño de la huaca o cerrillo, y árbitro de dejarlo en pie o convertirlo en adobes.

Por supuesto, que celebró la victoria con una *pachamanca*, en la cual gastó sus últimos reales, y aun quedó debiendo.

¿Y sacó el tesoro? ¡Clarinete! ¡Vaya si lo sacó!

En la huaca no halló ni siquiera objetos curiosos de cerámica incásica, sino varias momias de gentiles.

# El abogado de los abogados

Cuentan que el Señor no miraba con poca ni mucha simpatía a los leguleyos, prevención que justificaba el que siempre que uno de éstos tocaba a las puertas del cielo no exhibía pasaporte tan en regla que autorizase al portero para darle entrada.

Una mañana, con el alba, dieron un aldabonazo. San Pedro brincó del lecho, y asomando la cabeza por el ventanillo, vio que el que llamaba era un viejecito acompañado de un gato.

—¡Vaya un madrugador! —murmuró el apóstol un tanto malhumorado—. ¿Qué se ofrece?

—Entrar, claro está —contestó el de afuera.

—¿Y quién es usted, hermanito, para gastar esos bríos?

—Ibo, ciudadano romano, para lo que usted guste mandar.

—Está bien. Páseme sus papeles.

El viejo llevaba éstos en un canuto de hoja de lata que entregó al santo de las llaves, el cual cerró el ventanillo y desapareció.

San Pedro se encaminó a la oficina donde funcionaban los santos a quienes estaba encomendado el examen de pasaportes, y hallaron tan correcto el del nuevo aspirante, que autorizaron al portero para abrirle de par en par la puerta.

—Pase y sea bien venido —dijo.

Y el viejecito, sin más esperar, penetró en la portería seguido del gato, que no era maullador, sino de buen genio.

Fría, muy fría estaba la mañana, y el nuevo huésped, que entró en la portería para darse una mano de cepillo y sacudir el polvo del camino, se sentó junto a la chimenea, con el animalito a sus pies, para refocilarse con el calorcillo. San Pedro, que siempre fue persona atenta, menos cuando la cólera se le sube al campanario, que entonces hasta corta orejas, le brindó un matecito de hierba del Paraguay, que en las alturas no se consigue un puñadito de té ni para remedio.

Mientras así se calentaba, interior y exteriormente, entró el vejezuelo en conversación con su merced.

—¿Y qué tal va en esta portería?

—Así, así —contestó modestamente San Pedro—; como todo puesto público, tiene sus gangas y sus mermas.

—Si no está usted contento y ambiciona destino superior, dígamelo con franqueza, que yo sabré corresponder a la amabilidad con que me ha recibido, trabajando y empeñándome para que lo asciendan.

—¡No, no! —se apresuró a interrumpir el apóstol—. Muy contento y muy considerado y adulado que vivo en mi portería. No la cambiaría ni por un califato de tres colas.

—¡Bueno, bueno! Haga usted cuenta que nada he dicho. ¿Pero está usted seguro de que no habrá quien pretenda *huaripampearle*[1] la portería? ¿Tiene usted título en forma, en papel timbrado, con las tomas de razón que la ley previene, y ha pagado en tesorería los derechos de título?

Aquí San Pedro se rascó la calva. Jamás se le había ocurrido que en la propiedad del puesto estaba como pegado con saliva, por carencia de documento comprobatorio, y así lo confesó.

—Pues, mi amigo, si no anda usted vivo, lo *huaripampean* en la hora que menos lo piense. Felicítese de mi venida. Déme papel sellado, del sello de pobre de solemnidad, plu-

---

[1] Peruanismo procedente del quechua, alude a la famosa batalla de Huaripampa o Huaripampeada en la que con estratagemas se ganó al contrincante. Huaripampa es un pueblo cercano a Jauja, en el valle del Mantaro en la sierra central del Perú.

ma y tintero, y en tres suspiros le emborrono un recursito reclamando la expedición del título; y por un *otrosí* pediremos también que se le declare la antigüedad en el empleo, para que ejercite su acción cuando, fastidiado de la portería, que todo cabe en lo posible, le venga en antojo jubilarse.

Y San Pedro, cinco minutos después, puso el recurso en manos del Omnipotente.

—¿Qué es esto, Pedro? ¿Papel sellado tenemos? ¡Qué título ni qué gurrumina!². Con mi pabra te basta y te sobra.

Y el Señor hizo añicos el papel, y dijo sonriendo:

—De seguro que te descuidaste con la puerta, y tenemos ya abogado en casa. ¡Pues bonita va a ponerse la gloria!

Y desde ese día los abogados de la tierra tuvieron en el cielo a uno de la profesión; esto es, un valedor y patrón en San Ibo³, el santo que la Iglesia nos pinta con un gato a los pies, como diciéndonos que al que en pleitos se mete lo menos malo que puede sucederle es salir arañado.

Ello es que hasta el pueblo romano, al saber que al fin había conseguido un abogado entrar en la corte celestial, no dejó de escandalizarse, pues en las fiestas de la canonización de San Ibo cantaron los granujas:

> ¿*Advocatus et sanctus?*
> ¡*Res miranda pópulo!*⁴.

---

² Americanismo, cosa sin importancia.
³ San Ibo existe realmente en el Santoral.
⁴ ¿Abogado y santo? / ¡Es admirable para el pueblo!

*Novena Serie*

# Los siete pelos del diablo

CUENTO TRADICIONAL

(A Olivo Chiarella)

I

—¡Teniente Mandujano!

—Presente, mi coronel.

—Vaya usted por veinticuatro horas arrestado al cuarto de banderas.

—Con su permiso, mi coronel —contestó el oficial; saludó militarmente y fue, sin rezongar poco ni mucho, a cumplimentar la orden.

El coronel acababa de tener noticia de no sé qué pequeño escándalo dado por el subalterno en la calle del Chivato. Asunto de faldas, de esas benditas faldas que fueron, son y serán, perdición de Adanes.

Cuando al día siguiente pusieron en libertad al oficial, que el entrar en Melilla no es maravilla, y el salir de ella es ella, se encaminó aquél a la mayoría del cuerpo, donde a la sazón se encontraba el primer jefe, y le dijo:

—Mi coronel, el que habla está expedito para el servicio.

—Quedo enterado —contestó lacónicamente el superior.

—Ahora ruego a usía que se digne decirme el motivo del arresto, para no reincidir en la falta.

583

—¿El motivo, eh? El motivo es que ha echado usted a lucir varios de los siete pelos del diablo, en la calle del Chivato..., y no le digo a usted más. Puede retirarse.

Y el teniente Mandujano se alejó architurulato[1], y se echó a averiguar qué alcance tenía aquel de los siete pelos del diablo, frase que ya había oído en boca de viejas.

Compulsando me hallaba yo unas papeletas bibliotecarias, cuando se me presentó el teniente, y después de referirme su percance de cuartel, me pidió la explicación de lo que, en vano, llevaba ya una semana de averiguar.

Como no soy, y huélgome en declararlo, un egoistón de marca, a pesar de que

> en este mundo enemigo
> no hay nadie de quien fiar;
> cada cual cuide de sigo,
> yo de migo y tú de tigo...
> y procúrese salvar,

como diz que dijo un jesuita que ha dos siglos comía pan en mi tierra, tuve que sacar de curiosidad al pobre militroncho[2], que fue como sacar ánima del purgatorio, narrándole el cuento que dio vida a la frase.

## II

Cuando Luzbel, que era un ángel muy guapote y engreído, armó en el cielo la primera trifulca revolucionaria de que hace mención la historia, el Señor, sin andarse con proclamas ni decretos suspendiendo garantías individuales o declarando a la corte celestial y sus alrededores en estado de sitio, le aplicó tan soberano puntapié en salva la parte, que, rodando de estrella en estrella y de astro en astro, vino el muy faccioso, insurgente y montonero, a caer en este

---

[1] Muy estupefacto.
[2] Militar aprovechado.

planeta que astrónomos y geógrafos bautizaron con el nombre de Tierra.

Sabida cosa es que los ángeles son unos seres mofletudos, de cabellera riza y rubia, de carita alegre, de aire travieso, con piel más suave que el raso de Filipinas, y sin pizca de vello. Y cata que al ángel caído lo que más les llamó la atención en la fisonomía de los hombres fue el bigote; y suspiró por tenerlo, y se echó a comprar menjurjes y cosméticos de esos que venden los charlatanes, jurando y rejurando que hacen nacer el pelo hasta en la palma de la mano.

El diablo renegaba del afeminado aspecto de su rostro sin bigote, y habría ofrecido el oro y el moro por unos mostachos a lo Víctor Manuel, rey de Italia. Y aunque sabía que para satisfacer el antojo bastaríale dirigir un memorialito bien parlado, pidiendo esa merced a Dios, que es todo generosidad para con sus criaturas, por pícaras que ellas le hayan salido, se obstinó en no arriar bandera, diciéndose *in pecto:*

—¡Pues no faltaba más sino que yo me rebajase hasta pedirle favor a mi enemigo!

No hay odio superior al del presidiario por el grillete.

—¡Hola! —exclamó el Señor, que, como es notorio, tiene oído tan fino que percibe hasta el vuelo del pensamiento—. ¿Esas tenemos, envidiosillo y soberbio? Pues tendrás lo que mereces, grandísimo bellaco.

> Arrogante, moro, estáis,
> y eso que en un mal caballo
> como don Quijote vais;
> ya os bajaremos el gallo,
> si antes vos no lo bajáis.

Y amaneció, y se levantó el ángel protervo luciendo bajo las narices dos gruesas hebras de pelo, a manera de dos viboreznas. Eran la SOBERBIA y la ENVIDIA.

Aquí fue el crujir de dientes y el encabritarse. Apeló a tijeras y a navaja de buen filo, y allí estaban, resistentes a dejarse cortar, el par de pelos.

—Para esta mezquindad, mejor me estaba con mi carita de hembra —decía el muy zamarro; y reconcomiéndose de rabia fue a consultarse con el más sabio de los alfajemes, que era nada menos que el que afeita e inspira en la confección de leyes a un mi amigo, diputado a Congreso. Pero el socarrón barbero, después de alambicarlo mucho, le contestó: —Paciencia y *non gurruñate,* que a lo que vuesa merced desea no alcanza mi saber.

Al día siguiente despertó el rebelde con un pelito o viborilla más. Era la IRA.

—A ahogar penas se ha dicho —pensó el desventurado.

Y sin más encaminóse a una parranda de lujo, de esas que hacen temblar el mundo, en las que hay abundancia de viandas y de vinos y superabundancia de buenas mozas, de aquellas que con una mirada le dicen a un prójimo: ¡dése usted preso!

¡Dios de Dios y la *mona* que se arrimó el maldito! Al despertar miróse al espejo y se halló con dos huéspedes más en el proyecto de bigote. La GULA y la LUJURIA.

Abotagado por los licores y comistrajos[3] de la víspera, y extenuado por las ofrendas en aras de la Venus pacotillera, se pasó Luzbel ocho días sin moverse de la cama, fumando cigarrillos de la fábrica de *Cuba libre* y contando las vigas del techo. Feliz semana para la humanidad, porque sin diablo enredador y perverso, estuvo el mundo tranquilo como balsa de aceite.

Cuando Luzbel volvió a darse a luz le había brotado otra cerda: la PEREZA.

Y durante años y años anduvo el diablo por la tierra luciendo sólo seis pelos en el bigote, hasta que un día, por malos de sus pecados, se le ocurrió aposentarse dentro del cuerpo de un usurero, y cuando hastiado de picardías le convino cambiar de domicilio, lo hizo luciendo un pelo más: la AVARICIA.

De fijo que el muy bellaco murmuró lo de:

---

[3] *Comistrajo:* mezcla irregular y extravagante de alimentos *(DRAE).*

586

Dios, que es la suma bondad,
hace lo que nos conviene.
—(Pues bien *fregado* me tiene
Su Divina Majestad.)
Hágase su voluntad.

Tal es la historia tradicional de los siete pelos que forman
el bigote del diablo, historia que he leído en un palimpses-
to contemporáneo del estornudo y de las cosquillas.

# ¡¡¡Viva el puff!!![1]

Arreglando manuscritos dispersos en la Biblioteca Nacional, dime con un proceso así intitulado: *Autos criminales, seguidos de oficio, contra los que quitaban a las mujeres el postizo*[2] *que cargan a la cintura. Año de 1783. —Lima.—Real Sala del Crimen.*

El título era tentador para mí. Echéme a leer el proceso y, después de leído, resolvíme a presentarlo en extracto a mis lectores, a riesgo de que digan que traigo sin tornillo el reloj de la cabeza, pues ocupo mis horas de descanso en sacar a plaza antiguallas.

Fue el caso que el ilustrísimo señor don José Domingo González de la Reguera, arzobispo de Lima, escandalizado con la exageración de los guardainfantes o faldellines, fomentos o tafanarios, como entonces se decía, o sea crinolinas, embuchados, polisones, categorías, colchoncitos y *puffs,* como hoy decimos, con que las mujeres daban al prójimo gato por liebre, fabricándose formas que no eran, por cierto, las verdaderas, promulgó edicto eclesiástico prohibiendo los postizos. No aparece el edicto en el proceso, y por eso no puedo asegurar si había o no pena de excomunión para las hijas de Eva que se obstinasen en seguir abultando el hemisferio occidental, dando con ello motivo de pecadero a nosotros, los pobrecitos nietos de Adán.

---

[1] Anglicismo, soplo, bufido.
[2] Artefacto agregado, fingido, imitado o sobrepuesto para resaltar atributos femeninos.

Extractemos ahora:

Don Valerio Gassols, capitán de la guardia de su excelencia el virrey don Agustín de Jáuregui, se presentó el 10 de noviembre de 1783 ante el alcalde del crimen, dando cuenta de haber metido en chirona a más de veinte muchachos que andaban, en la mañana de ese día, por las calles principales de la ciudad, desnudando mujeres de esas de ortografía dudosa, para ver si llevaban o no postizo. Añadió su merced que aquello era una indecencia sin nombre, y que para ponerle coto a tiempo, antes que, alentándose con la impunidad o desentendencia de los oficiales de justicia, llevaran el desacato y el insulto a personas de calidad, habían echado el guante a los turbulentos, empezando por el cabecilla, que era un chileno, mocetón de veinticinco años, el cual iba a caballo, batiendo una bandera de tafetán colorado, enarbolada en la punta de una caña de dos varas de largo.

La Sala del Crimen mandó organizar el respectivo sumario, y aquí entra lo sabroso.

Chepita Navarro, cuarterona[3], de veintitrés años de edad, hembra de cuya cara llovía gracia, y de profesión la que tuvo Magdalena antes de amar a Cristo, juró, por una señal de cruz, que pasando a las diez de la mañana por la plazuela de San Agustín, acompañada de una amiga, dada, como ella, a hacer obras de caridad, fueron asaltadas y... no prosigo, porque el resto de la declaración es muy *colorado*[4], y la Chepita, catedrática en el vocabularo libre de las *cellencas*[5].

Idéntica declaración es la de Antuca Rojas, blanca, de veinticinco años, moza que lucía un pie mentira en pantorrillas verdad, y de oficio *corsaria* de ensenada y charco.

Cuentan de esta Antuquita que yendo en una procesión entre las tapadas de saya y manto, un galancete, que motivos de resentimiento para con ella tendría, la dijo groseramente:

---

[3] Americanismo, quien tiene tres partes de indio y una de español. Véase *El léxico del mestizaje,* de Manuel Alvar.

[4] Pícaro y subido de tono. Verde, en España.

[5] Prostitutas.

—¡Adiós, grandísima p...erra!

A lo que ella, sin morderse la lengua, contestó:

—Gracias, caballerito, por la honra que me dispensa igualándome con su madre y con sus hermanas.

También declaró Marcelina Ramos, otra que tal, mestiza, de veinte años de edad, y que ostentaba, en vez de un par de ojos negros, dos alguaciles que prendían voluntades.

El escribano debió ser, por mi cuenta, pescador de mar ancha y un tuno de primera fuerza; porque redactó las declaraciones con una crudeza de palabras que... ¡ya! ¡ya!

Resulta de las declaciones todas, que los cuadrilleros aseguraban que el arzobispo les había dado la comisión de *arranchar*[6]... *postizos;* y que no fue culpa de los arranchadores el que, junto con los postizos, desaparecieran sortijitas, aretitos de oro y otros *chamelicos.*

Las declaraciones de los muchachos (que casi todos tenían apodo como Misturita, Pedro el Malo, Mascacoca y Corcobita) parecen cortadas por un patrón. Todos creyeron que el hombre de a caballo que enarbolada la bandera de tafetán sería alguacil cumplidor de mandato de la justicia y que, como buenos vasallos, no hicieron sino prestarle ayuda y brazo fuerte.

Sólo uno de los declarantes, Pepe Martínez, negro, esclavo, y de trece años de edad, discrepa en algo de sus compañeros. Dice este muchacho que en la esquina de la Pescadería un hombre *sacó cuchillo* en defensa de una mujer: que, a la bulla, salió del palacio arzobispal un pajecito de su ilustrísima, quien, después de informarse de lo que ocurría, dijo: —Lo mandado, mandado: sigan arrancando c...s[7], y al que se oponga, aflójenle *su* pedrada, y que vaya a quejarse a la *madre* que lo parió—. Añade el declarante que el arzobispo estaba asomado a los balcones presenciando el bochinche.

---

[6] Americanismo, quitar algo con violencia.
[7] C...s: Palma es refractario a escribirla completa. Los peruanos, por lo general, son muy respetuosos de esta palabra y para designar el culo se han inventado la palabra poto, que ya figura en el *DRAE*.

Por fin, a los diez días de iniciada la causa, la Sala del Crimen, compuesta de los oidores Arredondo, Cerdán, Vélez, Cabeza y Rezabal, mandó poner en libertad a los muchachos, y expidió el fallo que sigue:

«Vistos estos autos, y haciendo justicia, condenaron al mestizo Francisco de la Cruz, natural de Concepción de Chile, en un mes de presidio al del Callao, para que sirva a Su Majestad en sus reales obras, a ración y sin sueldo, y se le apercibe muy seriamente que, en caso de que reincida en los alborotos por los que ha sido encausado, se le castigará con el mayor rigor para su escarmiento.—Lima y noviembre 20 de 1783.—Cinco Rúbricas.—*Egúsquiza.*»

Desde este año quedó en mi tierra autorizada por el Gobierno civil la libertad de postizos, libertad que ha ido en *crecendo* hasta llegar al abominable *puff* de nuestros días.

Afortunadamente, las limeñas están hoy libres de que arzobispo escrupuloso azuce a los mataperros. ¡Viva el *puff!*

# Historia de una excomunión

(Al doctor Dickson Hunter, en Arequipa)

> Se ha declarado usted mi proveedor de café, compartiendo anualmente conmigo el muy exquisito que le regala algún agradecido enfermo de su clientela. Soy, pues, su deudor, y cúmpleme pagarle en la única moneda que puede ya ser grata a un richaco como usted. Ábrame cuenta nueva, y dé por cancelada la de los años anteriores, con la tradición que hoy le dedica su muy devoto amigo.
>
> R. Palma

El deán de la Catedral de Cuzco, doctor don Fernando Pérez Oblitas, fue elevado a la categoría del obispado en sede vacante por fallecimiento del ilustrísimo doctor don Pedro Morcillo, acaecido el Sábado Santo 1.º de abril de 1747, precisamente a la hora en que las campanas repicaban a *Gloria*.

Entre los primeros actos de eclesiástico gobierno del señor deán, hombre más ceremonioso que el día de Año Nuevo, cuéntase un edicto prohibiendo, con pena de excomunión mayor *ipso facto incurrenda,* que los viejos usasen birrete[1] dentro del templo, y otro reglamentando la indu-

---

[1] Gorro.

mentaria femenina, reglamentación de la cual resultaban pecaminosos los trajes con cauda[2] en la caa del Señor. Es entendido que las infractoras incurrían también en excomunión, pues en la ciudad de los Incas, ateniéndome a las muchas excomuniones de que hace mención el autor del curioso manuscrito *Anales del Cuzco,* se excomulgaba al más guapo y a la más pintada por un quítame esa pulga que me pica.

El arcediano del Cuzco, doctor Rivadeneira, era un viejo gruñón y cascarrabias[3], a quien por cualquier futesa se le subía San Telmo a la gavia, y que en punto a benevolencia para con el prójimo estaba siempre fallo al palo. *Gastaba más orgullo que piojo sobre caspa,* y en cuanto a pretensiones de ciencia y suficiencia, era de la misma madera que aquel predicador molondro que dio comienzo un sermón con estas palabras: «Dijo Nuestro Señor Jesucristo, y en mi concepto dijo bien...»; de manera que si hubiera discrepado en el concepto, su paternidad le habría dado al Hijo de Dios una leccioncita al pelo. Agregan que, por vía de reprimenda, cuando descendió del púlpito le dijo su prelado:

Nunca, nunca encontraré,
por mucho que me convenga,
un mentecato que tenga
las pretensiones de usté.

El 4 de junio del antedicho año de 1747, a las nueve de la mañana, entró en la Catedral doña Antonia Peñaranda, mujer del abogado don Pedro Echevarría. Era la doña Antonia señora de muchas campanillas, persona todavía apetitosa, que gastaba humos aristocráticos y tenida por acaudalada, como que era de las pocas que vestían a la moda de Lima, de donde la venían todas sus prendas de habillamiento y adorno. Acompañábala su hija Rosa, niña de nueve años, la cual lucía trajecito dominguero con cauda color de canario acongojado.

---

[2] Cola.
[3] Algo sin importancia.

Principiaba la misa, y todo fue un ver que madre e hija se arrodillaban para persignarse, y gritar con voz de bajo profundo su señoría el arcediano:

—¡Fuera esas mujeres que tienen la desvergüenza de venir con traje profano a la casa de Dios! ¡Fuera! ¡Fuera!

Doña Antonia no era de las que se muerden la punta de la lengua, sino de las que cuando oyen el *Dominus vobiscum*, no hacen esperar el *et cum spiritu tuo*. Dominando la sorpresa y el sonrojo, contestó:

—Perdone el señor canónigo mi ignorancia al creer que el mandato no rezaba con la niña, además de que no he tenido tiempo para hacerla saya nueva, y la he traído para que no se quedara sin misa.

En vez de calmarse con la disculpa, el señor arcediano se subió más al cerezo, y prosiguió gritando:

—He mandado que se vaya esa mujer irreligiosa... Bótenla a empellones... ¡Fuera de la iglesia! ¡Fuera!

Dios concedió a la mujer cuatro armas a cuál más tremenda: la lengua, las uñas, las lágrimas y la pataleta[4]. Doña Antonia, oyéndose así insultada, tomó de la mano a Rosita y se encaminó a la puerta, diciendo en voz alta:

—Vamos, niña, que no está bien que sigamos oyendo las insolencias de este *zambo*[5], borrico y majadero.

—¿Zambo dijiste? ¡Santo Cristo de los temblores![6]. ¿Y también borrico? ¡Válganme los doce partes de orejas de los doce apóstoles!

El arcediano, crispando los puños, quiso levantarse en persecución de la señora; mas se lo estorbaron el sacristán y el perrero[7] de la Catedral.

—¡Váyase enhoramala la muy puerca! ¿Yo zambo? ¿Y borrico?

En puridad de verdad, lo de borrico no era para sulfurarse mucho, y bien pudo contestársele con el pareado de un poeta:

---

[4] Convulsión, por lo general, fingida.
[5] Americanismo, hijo de india y negro.
[6] Santo Cristo de los temblores, llamado también *Taitacha* Temblores, es una célebre talla cuzqueña. *Taitacha*, voz quechua, padrecito.
[7] Persona encargada de echar a los perros fuera de la iglesia.

594

Hombre, no te atolondres:
borricos como tú hay hasta en Londres.

Pero ¿lo de zambo, a quien se tenía por más blanco que el caballo del Apocalipsis? Ni a María Santísima le aguantaba su señoría la palabreja. Antes colgaba la sotana y se metía *almocrí;* esto es, a lector del Corán en las mezquitas.

El caso es que su señoría el arcediano, aunque nacido en España y de padres españoles, era bastante trigueño, como si en sus venas circularan muchos glóbulos de sangre morisca.

El día siguiente fue de gran alboroto para el vecindario del Cuzco, porque en la puerta de la Catedral apareció fijado este cartelón: «Téngase por pública excomulgada a Antonia Peñaranda, mujer de don Pedro Echevarría, por inobediente a los preceptos de Nuestra Santa Madre Iglesia, y por desacato de haber tratado mal de palabras al señor doctor don Juan José de la Concepción de Rivadeneira, y porque con sus gritos desacató también al doctor don José Soto, presbítero, que estaba actualmente celebrando el Santo Sacrificio. —Nadie sea osado a quitar este papel, bajo pena de excomunión.»

Y firmaba el provisor Pérez Oblitas.

Motivo de gran excitación para los canónigos del Cabildo eclesiástico había sido  el suceso de la misa dominical. Unos opinaron por meter en la cárcel pública a la señora, otros por encerrarla en las Nazarenas; pero estos dos expedientes ofrecían el peligro de que la autoridad civil resistiese autorizar prisión o secuestro. Lo más llano era la excomunión, que al más ternejal le ponía la carne de gallina y lo dejaba *cabiztivo y pensabajo*[8]. Una excomunión asustaba en aquellos tiempos como en nuestros días los *meetings*[9] populacheros.

—¿Qué gritan, hijo?

—Padre, que viva la patria y la libertad.

---

[8] Cabizbajo y pensativo
[9] Anglicismo, mitin.

—Pues echa cerrojo y atranca la puerta.

Las principales señoras del Cuzco, entre las que doña Antonia gozaba de predicamento; varios regidores del Cabildo, el superior de los jesuitas y el comendador de la Merced iban del provisor al arcediano, y de éste a aquél, con empeño para que se levantase la terrorífica censura. El provisor, poniendo cara de Padre Eterno melancólico, contestaba que por su parte no había inconveniente, siempre que la excomulgada se aviniese a pagar multa de doscientos pesos (la mosca[10] por delante) y que el arcediano se allanase a perdonar a su ofensora. Dios y ayuda costó conseguir lo último del doctor Rivadeneira, después de tres días de obstinada resistencia.

El 8 de junio, día en que se celebraba la octava del Corpus, se retiró el cargo de excomunión, y el provisor declaró absuelta e incorporada al seno de la Iglesia a la aristocrática dama que no tuvo pepita en la lengua para llamar zambo, y borrico, y majadero a todo un ministro del altar.

---

[10] Dinero corriente *(DRAE)*.

# El padre Pata

A viejos y viejas oír relatar, allá en los días de mi infancia, como acaecido en Chanca[1], el mismo gracioso lance a que un ilustre escritor argentino da por teatro la ciudad de Mendoza. Como no soy de los que se ahogan en poca agua, y como en punto a cantar homilías a tiempos que fueron, tanto da un teatro como otro, ahí va la cosa tal como me la contaron.

Cuando el general San Martín desembarcó en Pisco con el ejército patriota, que venía a emprender la ardua faena complementaria de la Independencia americana, no faltaron ministros del Señor que, como el obispo Rangel, predicasen atrocidades contra la causa libertadora y sus caudillos.

Que vociferen los que están con las armas en la mano y arriesgando la pelleja es cosa puesta en razón; pero no lo es que los ministros de un Dios de paz y de concordia, que en medio de los estragos de la guerra duermen bien y comen mejor, sean los que más aticen el fuego. Parécense a aquel que en la catástrofe de un tren daba alaridos: —¿Por qué se queja usted tanto? —Porque al brincar se me ha desconcertado un pie. —Cállese usted, so marica. ¡Quejarse por un pie torcido cuando ve tanto muerto que no chilla!

Desempeñando interinamente el curato de Chancay estaba el franciscano fray Matías Zapata, que era un godo de

---

[1] Chancay, distrito de la provincia de Huaral, en el departamento de Lima.

primera agua, el cual, después de la misa dominical, se dirigía a los feligreses, exhortándolos con calor para que se mantuviesen fieles a la causa del rey, nuestro amo y señor. Refiriéndose al generalísimo, lo menos malo que contra él predicaba era lo siguiente:

—Carísimos hermanos: Sabed que el nombre de ese pícaro insurgente de San Martín es por sí solo un blasfemia, y que está en pecado mortal todo el que lo pronuncie, no siendo para execrarlo. ¿Qué tiene de santo ese hombre malvado? ¿Llamarse San Martín ese sinvergüenza, con agravio del caritativo santo San Martín de Tours, que dividió su capa entre los pobres? Confórmese con llamarse sencillamente Martín, y le estará bien, por lo que tiene de semejante con su colombroño[2] el pérfido hereje Martín Lutero, y porque, como éste, tiene que arder en los profundos infiernos. Sabed, pues, hermanos y oyentes míos, que declaro excomulgado vitando[3] a todo el que gritare ¡viva San Martín!, porque es lo mismo que mofarse impíamente de la santidad que Dios acuerda a los buenos.

No pasaron muchos domingos sin que el generalísimo trasladase su ejército al Norte y sin que fuerzas patriotas ocuparan Huacho y Chancay. Entre los tres o cuatro vecinos que por amigos de la *justa causa,* como decían los realistas, fue preciso poner en chirona, encontróse el energúmeno frailuco, el cual fue conducido ante el excomulgado caudillo. —Conque, seor godo —le dijo San Martín—, ¿es cierto que me ha comparado usted con Lutero y que le ha quitado una sílaba a mi apellido?

Al infeliz le entró temblor de nervios, y apenas si pudo hilvanar la excusa de que había cumplido órdenes de sus superiores, y añadir que estaba llano a predicar devolviéndole a su señoría la sílaba. —No me devuelva usted nada y quédese con ella —continuó el general—; pero sepa usted que yo, en castigo de su insolencia, le quito también la pri-

---

[2] Tocayo.

[3] *Excomulgado vitando:* aquel con quien no se podía lícitamente tratar ni comunicar en aquellas cosas que se prohibían por la excomunión mayor *(DRAE).*

mera sílaba de su apellido, y entienda que lo fusilo sin misericordia el día que se le ocurra firmar *Zapata*. Desde hoy no es usted más que el padre *Pata:* y téngalo muy presente, padre *Pata*.

* * *

Y cuentan que, hasta 1823, no hubo en Chancay partida de nacimiento, defunción u otro documento parroquial que no llevase por firma *fray Matías Pata*. Vino Bolívar, y le devolvió el uso y el abuso de la sílaba eliminada.

# Las tres etcéteras del Libertador

## I

A fines de mayo de 1824 recibió el gobernador de la por entonces villa de San Ildefonso de Caraz, don Pablo Guzmán, un oficio del jefe de Estado Mayor del ejército independiente, fechado en Huaylas, en el que se le prevenía que, debiendo llegar dos días más tarde a la que desde 1868 fue elevada a la categoría de ciudad una de las divisiones, aprestase sin pérdida de tiempo cuarteles, reses para rancho de la tropa y forraje para la cabalada. Ítem se le ordenaba que, para su excelencia el Libertador, alistase cómodo y decente alojamiento, con buena mesa, buena cama, y etcétera, etcétera, etcétera.

Que Bolívar tuvo gustos sibaríticos es tema que ya no se discute; y dice muy bien Menéndez y Pelayo cuando dice que la historia saca partido de todo, y que no es raro encontrar en lo pequeño la revelación de lo grande. Muchas veces, sin parar mientes en ello, oí a los militares de la ya extinguida generación que nos dio Patria e Independencia decir, cuando se proponían exagerar el gasto que una persona hiciera en el consumo de determinado artículo de no imperiosa necesidad: —Hombre, usted gasta en cigarros (por ejemplo) más que el Libertador en agua de Colonia.

Que don Simón Bolívar cuidase mucho del aseo de su personita y que consumiera diariamente hasta un frasco de agua de Colonia, a fe que a nadie debe maravillar. Hacía bien, y le alabo la pulcritud. Pero es el caso que en los cuatro años de su permanencia en el Perú, tuvo el tesoro nacional que pagar ocho mil pesos ¡¡¡8.000!!! invertidos en agua de Colonia para uso y consumo de su excelencia el Libertador, gasto que corre parejas con la partida aquella del Gran Capitán: —En hachas, picas y azadones, tres millones.

Yo no invento. A no haber desaparecido en 1884, por consecuencia de voraz (y acaso malicioso) incendio, el archivo del Tribunal Mayor de Cuentas, podría exhibir copia certificada del reparo que a esa partida puso el vocal a quien se encomendó, en 1829, el examen de cuentas de la comisaría del Libertador.

Lógico era, pues, que para el sibarita don Simón aprestasen en Caraz buena casa, buena mesa y etc., etc., etc.

Como las pulgas se hicieron, de preferencia, para los perros flacos, estas tres *etcéteras* dieron mucho en qué cavilar al bueno del gobernador, que era hombre de los que tienen el talento encerrado en jeringuilla y más tupido que caldos de habas.

Resultado de sus cavilaciones fue el convocar, para pedirles consejo, a don Domingo Guerrero, don Felipe Gastelumendi, don Justino de Milla y don Jacobo Campos, que eran, como si dijéramos, los caciques u hombres prominentes del vecindario.

Uno de los consultados, mozo que preciaba de no sufrir mal de piedra en el cerebro, dijo:

—¿Sabe usted, señor don Pablo, lo que en castellano quiere decir *etcétera*?

—Me gusta la pregunta. En priesa me ven y doncellez me demandan, como dijo una pazpuerca[1]. No he olvidado todavía mi latín, y sé bien que *etcétera* significa *y lo demás*, señor don Jacobo.

—Pues entonces, lechuga, ¿por qué te arrugas? ¡Si la cosa está más clara que agua de *puquio!* ¿No se ha fijado usted en que esas tres *etcéteras* están puestas a continuación del encargo de buena cama?

---

[1] Mujer grosera y sucia.

—¡Vaya si me he fijado! Pero con ello nada saco en limpio. Ese señor jefe de Estado Mayor debió escribir como Cristo nos enseña: pan, pan, y vino, vino, y no fatigarme en que le adivine el pensamiento.

—¡Pero, hombre de Dios, ni que fuera usted de los que no compran cebolla por no cargar rabo! ¿Concibe usted buena cama sin una *etcétera* siquiera? ¿No cae usted todavía en la cuenta de lo que el Libertador, que es muy devoto de Venus, necesita para su gasto diario?

—No diga usted más, compañero —interrumpió don Felipe Gastelumendi—. A moza por *etcétera,* si mi cuenta no marra.

—Pues a buscar tres ninfas, señor gobernador —dijo don Justino de Milla—, en obedecimiento al superior mandato; y no se empeñe usted en escogerlas entre las muchachas de zapato de ponleví y basquiña de chamelote[2], que su excelencia, según mis noticias, ha de darse por bien servido siempre que las chicas sean como para cena de Nochebuena.

Según don Justino, en materia de paladar erótico era Bolívar como aquel bebedor de cerveza a quien preguntó el criado de la fonda: —¿Qué cerveza prefiere usted que le sirva? ¿Blanca o negra? —Sírvemela mulata[3].

—¿Y usted qué opina? —preguntó el gobernador dirigiéndose a don Domingo Guerrero.

—Hombre —contestó don Domingo—, para mí la cosa no tiene vuelta de hoja, y ya está usted perdiendo el tiempo que ha debido emplear en proveerse de *etcéteras*.

## II

Si don Simón Bolívar no hubiera tenido en asunto de faldas aficiones de sultán oriental, de fijo que no figuraría en la historia como libertador de cinco repúblicas. Las mu-

---

[2] *Zapato de ponleví y basquiña de chamelote:* zapato de tacón alto de madera, saya negra sobre la ropa interior para salir a la calle de tejido muy fuerte, impermeable y de lana.

[3] Americanismo, hija de blanco y negra o lo contrario.

jeres le salvaron siempre la vida, pues mi amigo García Tosta, que está muy al dedillo informado en la vida privada del héroe, refiere dos trances que en 1824 eran ya conocidos en el Perú.

Apuntemos el primero. Hallándose Bolívar en Jamaica en 1810, el feroz Morillo o su teniente Morales enviaron a Kingston un asesino, el cual clavó por dos veces un puñal en el pecho del comandante Amestoy, que se había acostado sobre la hamaca en que acostumbraba dormir el general. Éste, por causa de una lluvia torrencial, había pasado la noche en brazos de Luisa Crober, preciosa joven dominicana, a la que bien podía cantársele lo de:

> Morena del alma mía,
> morena, por tu querer
> pasaría yo la mar
> en barquito de papel.

Hablemos del segundo lance. Casi dos años después, el español Renovales penetró a media noche en el campamento patriota, se introdujo en la tienda de campaña, en la que había dos hamacas, y mató al coronel Garrido, que ocupaba una de éstas. La de don Simón estaba vacía, porque el propietario andaba de aventura amorosa en una quinta de la vecindad.

Y aunque parezca fuera de oportunidad, vale la pena recordar que en la noche del 25 de septiembre, en Bogotá, fue también una mujer quien salvó la existencia del Libertador, que resistía a huir de los conjurados, diciéndole: —De la mujer el consejo—, presentándose ella ante los asesinos, a los que supo detener mientras su amante escapaba por una ventana.

### III

La fama de mujeriego que había precedido a Bolívar contribuyó en mucho a que el gobernador encontrara lógica y acertada la descifración que de las tres *etcéteras* hicieron sus amigos, y después de pasar mentalmente revista a todas las muchachas bonitas de la villa, se decidió por tres de las que le parecieron de más sobresaliente belleza. A cada una de ellas podía, sin escrúpulo, cantársele esta copla:

de las flores, la violeta;
de los emblemas, la cruz;
de las naciones, mi tierra,
y de las mujeres, tú.

Dos horas antes de que Bolívar llegara, se digirió el capitán de cívicos don Martín Gamero, por mandato de la autoridad, a casa de las escogidas, y sin muchos preámbulos las declaró presas; y en calidad de tales las condujo al domicilio preparado para alojamiento del Libertador. En vano protestaron las madres, alegando que sus hijas no eran godas, sino patriotas hasta la pared del frente. Ya se sabe que el derecho de protesta es derecho femenino, y que las protestas se reservan para ser atendidas el día del juicio, a la hora de encender faroles.

—¿Por qué se lleva usted a mi hija? —gritaba una madre.

—¿Qué quiere usted que haga? —contestaba el pobrete capitán de cívicos—. Me la llevo de orden suprema.

—Pues no cumpla usted tal orden —argumentaba otra vieja.

—¿Que no cumpla? ¿Está usted loca, comadre? Parece que usted quisiera que la complazca por sus ojos bellidos[4], para que luego el Libertador me fría por la desobediencia. No, hija, no entro en componendas.

Entretanto, el gobernador Guzmán, con los notables, salió a recibir a su excelencia a media legua de camino. Bolívar le preguntó si estaba listo el rancho para la tropa, si los cuarteles ofrecían comodidad, si el forraje era abundante, si era decente la posada en que iba a alojarse; en fin, lo abrumó a preguntas. Pero, y esto chocaba a don Pablo, ni una

---

[4] Bellos.

palabra que revelase curiosidad sobre las cualidades y méritos de las *etcéteras* cautivas.

Felizmente para las atribuladas familias, el Libertador entró en San Ildefonso de Caraz a las dos de la tarde, impúsose[5] de lo ocurrido, y ordenó que se abriese la jaula a las palomas, sin siquiera ejercer la prerrogativa de una vista de ojos. Verdad que Bolívar estaba por entonces libre de tentaciones, pues traía desde Huaylas (supongo que en el equipaje) a Manolita Madroño, que era una chica de diez y ocho años, de lo más guapo que Dios creara en el género femenino del departamento de Ancachs.

Enseguida le echó don Simón al gobernadorcillo una repasata de aquellas que él sabía echar, y lo destituyó del cargo.

IV

Cuando, corriendo los años, pues a don Pablo Guzmán se le enfrió el cielo de la boca en 1882, los amigos embromaban al ex-gobernador hablándole del renuncio que como autoridad cometiera, él contestaba:

—La culpa no fue mía, sino de quien en el oficio no se expresó con la claridad que Dios manda.

> Y no me venga un cualquier
> con argumentos al aire;
> pues no he de decir *Volter*
> donde está escrito Voltaire.

Tres *etcéteras* al pie de una buena cama, para todo buen entendedor, son tres muchachas... y de aquí no apeo ni a balazos.

---

[5] De *imponer:* instruir a uno en una cosa; enseñársela o enterarlo de ella (*DRAE*).

# La carta de la Libertadora

Los limeños que por los años de 1825 a 1828 oyeron cantar en la Catedral, entre la Epístola y el Evangelio, a guisa de antífona:

> De ti viene todo
> lo bueno, Señor;
> nos diste a Bolívar,
> gloria a ti, gran Dios,

transmitieron a sus hijas, limeñas de los tiempos de mi medad, una frase que, según ellas, tenía mucho entripado y nada de *cuodlibeto*[1]. Esta frase era: *la carta de la Libertadora*.

A galán marrullero[2], que pasaba meses y meses en chafalditas y ciquiritacas[3] tenaces, pero insubstanciales, con una chica, lo asaltaba de improviso la madre de ella con estas palabras:

—Oiga usted, mi amigo, todo está muy bueno; pero mi hija no tiene tiempo que perder, ni yo aspiro a catedrática en echacorvería[4]. Conque así, o se casa usted pronto, prontito, o dar por escrita y recibida *la carta de la Libertadora*.

---

[1] Dicho mordaz, agudo a veces, trivial e insulso las más, no dirigido a ningún fin útil, sino a entretener *(DRAE)*.

[2] De *marrullería*, falso halago para conseguir mayores beneficios.

[3] *Chafalditas y ciquiritacas:* pullas inofensivas y ademanes con que se intenta lisonjear a alguien.

[4] Ahuyentar o echar cuervos.

—¿Qué es de Fulano? ¿Por qué se ha retirado de tu casa?
—preguntaba una amiga a otra.

—Ya eso se acabó, hija —contestaba la interpelada—.
Mi mamá le escribió *la carta de la Libertadora*.

La susodicha epístola era, pues, equivalente a una notificación de desahucio, a darle a uno con la puerta en las narices y propinarle calabazas en toda regla.

Hasta mosconas[5] y perendecas rabisalseras[6] se daban tono con la frase: —Le he dicho a usted que no hay posada, y dale a desensillar. Si lo quiere usted más claro, le escribiré *la carta de la Libertadora*.

Por supuesto que ninguna limeña de mis juveniles tiempos en que ya habían pasado de moda los versitos de la antífona, para ser reemplazados con estos otros:

> Bolívar, fundió a los godos
> y, desde ese infausto día,
> por un tirano que había
> se hicieron tiranos todos[7];

por supuesto, repito, que ninguna había podido leer la carta, que debió ser mucha carta, pues de tanta fama disfrutaba. Y tengo para mí que las mismas contemporáneas de doña Manolita Sáenz (la Libertadora) no conocieron el documento sino por referencias.

El cómo he alcanzado yo a adquirir copia de la carta de la libertadora, para tener el gusto de echarla hoy a los cuatro vientos, es asunto que tiene historia, y, por ende, merece párrafo aparte.

---

[5] Mujeres desvergonzadas.

[6] *Perendecas rabisalseras:* mujeres públicas con mucha viveza y desenvoltura excesiva.

[7] Alude a los generales y mariscales del primer militarismo del Perú que por haber luchado en Junín y Ayacucho se creyeron con el derecho de ocupar la presidencia de la república.

## II

El presidente de Venezuela, general Guzmán Blanco, dispuso allá por los años de 1880, que por la imprenta del Estado se publicase en Caracas una compilación de cartas a Bolívar, de las que fue poseedor el general Florencio O'Leary.

Terminada la importantísima publicación, quiso el gobierno complementarla dando también a luz las *Memorias* de O'Leary, y en efecto, llegaron a repartirse veintiséis tomos.

Casi al concluirse estaba la impresión del tomo 27, pues lo impreso alcanzó hasta la página 512, cuando, por causa que no nos hemos fatigado en averiguar, hizo el gobierno un auto de fe con los pliegos ya tirados, salvándose de las llamas únicamente un ejemplar que conserva Guzmán Blanco, otro que posee el encargado de corregir las pruebas y dos ejemplares más que existen en poder de literatos venezolanos, que, en su impaciencia por leer, consiguieron de la amistad que con el impresor les ligara, que éste les diera un ejemplar de cada pliego a medida que salían de la prensa.

Nosotros no hemos tenido la fortuna de ver un solo ejemplar del infortunado tomo 27, cuyos poseedores diz que lo enseñan a los bibliófilos con más orgullo que Rothschild el famoso billlete de banco por un millón de libras esterlinas.

Gracias a nuestro excelente amigo el literato caraqueño Arístides Rojas supimos que en ese tomo figura la carta de la Libertadora a su esposo el doctor Thorne[8]. Éste escribía constantemente a doña Manolita solicitando una reconci-

---

[8] Jaime Thorne, venezolano, esposo de Manuela Sáenz conocida como la Libertadora. «Doña Manuela era una equivocación de la naturaleza, que en formas esculturalmente femeninas encarnó espíritu y aspiraciones varoniles. No sabía llorar, sino encolerizarse como los hombres de carácter duro», dice Palma de ella en la tradición *La Protectora* y *La Libertadora*.

liación, por supuesto sobre la base de lo pasado, pasado, cuenta nueva y baraja ídem. El médico inglés —me decía Rojas— se había convertido de hombre serio en niño llorón, y era, por lo tanto, más digno de babador que de corbata.

Y el doctor Thorne era de la misma pasta de aquel marido que le dijo a su mujer:

—¡Canalla! Me has traicionado con mi mejor amigo.

—¡Mal agradecido! —le contestó ella, que era de las hembras que tienen menos vergüenza que una gata de techo—. ¿No sería peor que te hubiera engañado con un extraño?

Toro a la plaza. Ahí va la carta.

### III

«No, no, no, no más, hombre, ¡por Dios! ¿Por qué me hace usted faltar a mi resolución de no escribirle? Vamos, ¿qué adelanta usted sino hacerme pasar por el dolor de decirle mil veces que no?

»Usted es bueno, excelente, inimitable; jamás diré otra cosa sino lo que es usted. Pero, mi amigo, dejar a usted por el general Bolívar es algo; dejar a otro marido sin las cualidades de usted, sería nada.

»¿Y usted cree que yo, después de ser la predilecta de Bolívar, y con la seguridad de poseer su corazón, prefiriera ser la mujer de otro, ni del Padre, ni del Hijo, ni del Espíritu Santo, o sea de la Santísima Trinidad?

»Yo sé muy bien que nada puede unirme a Bolívar bajo los auspicios de lo que usted llama honor. ¿Me cree usted menos honrada por ser él mi amante y no mi marido? ¡Ah!, yo no vivo de las preocupaciones sociales.

»Déjeme usted en paz, mi querido inglés. Hagamos otra cosa. En el cielo nos volveremos a casar; pero en la tierra, no.

»¿Cree usted malo este convenio? Entonces diría que es usted muy descontentadizo.

»En la patria celestial pasaremos una vida angélica, que

allá todo será a la inglesa, porque la vida monótona está reservada a su nación, en amor se entiende; pues en lo demás, ¿quiénes más hábiles para el comercio? El amor les acomoda sin entusiasmo; la conversación, sin gracia; la chanza, sin risa; el saludar con reverencia; el caminar despacio; el sentarse con cuidado. Todas éstas son formalidades divinas; pero a mí, miserable mortal, que me río de mí misma, de usted y de todas las seriedades inglesas, no me cuadra vivir sobre la tierra condenada a Inglaterra perpetua.

»Formalmente, sin reírme, y con toda la seriedad de una inglesa, digo que no me juntaré jamás con usted. No, no y no.

»Su invariable amiga, *Manuela*.»


## IV

Si don Simón Bolívar hubiera tropezado un día con el inglés, seguro que entre los dos habría habido el siguiente diálogo:

—Como yo vuelva a saber
que escribe a mi dulcinea...
—¡Pero, hombre, si es mi mujer!
—¡Qué me importa que lo sea!

¿No les parece a ustedes que la cartita es merecedora de la fama que alcanzó y que más claro y repiqueteado no cacarea una gallina?

610

# Dos cuentos populares

## I

Guardián de los franciscanos de Lima, por los años de 1816, era un fraile notable, más que por su ciencia y virtud, por lo extremado de su avaricia. Llegaba ésta a punto de mermar a los conventuales hasta el pan del refectorio.

El famoso padre Chuecas, que a la sazón era corista, fastidióse del mal trato, y en uno de los días del novenario de San Antonio, hallándose el guardián en un confesonario atendiendo al desvalijo de culpas de una vieja, subió nuestro corista al púlpito para rezar en voz alta la novena del santo lisbonense. Chuecas se propuso afrentar en público la tacañería del reverendo padre guardián, seguro, segurísimo, de que las beatas contestarían como loros con el estribillo de costumbre.

Empezó así el corista:

Los frailes en las tarimas
y el guardián en los colchones...

A lo que las devotas contestaron en coro:

Humilde y divino Antonio,
ruega por los pecadores.

Y prosiguió el travieso fraile:

> El guardián come gallina,
> los frailes comen frejoles...

Y las rezadoras, sin darse cuenta de la pupila, volvieron a canturrear:

> Humilde y divino Antonio,
> ruega por los pecadores.

Y tornó fray Mateo Chuecas:

> Todos los frailes en cueros
> y el guardián buenos calzones...

Y dale que le darás, las hembras repitieron el consabido estribillo.

Y por este tono siguió el tunante corista cantándole a su superior las verdades del barquero.

Amostazóse a la postre el guardián, y sacando la cabeza del confesonario, dijo:

> Baje del púlpito el pillo
> antes que to lo acogote...

Y las beatas contestaron:

> Humilde y divino Antonio,
> ruega por los pecadores.

El corista obedeció, y su guardián lo plantó en la cárcel del convento a pan y agua por ocho días. Pero la cosa llegó a oídos del arzobispo Las Heras, quien llamó al superior franciscano, le echó una repasata[1] de padre y muy señor mío y le obligó a cambiar de conducta para con los conventuales, que, gracias a la aguda iniciativa del corista Chuecas, se vieron desde ese día bien vestidos y mejor alimentados.

---

[1] Reprimenda.

En el pueblo de... (bautícelo el lector con el nombre que le cuadre) se veneraba como patrona a la Santísima Virgen. Andando los tiempos, la polilla, que no respeta ni el manto real ni las efigies de los santos, les comió las orejas y el cuerpo, de modo que las puso inservibles para el culto. Visto lo cual, el señor cura, el alcalde, los sacristanes, los mayordomos, los notables y feligreses pertenecientes a ambas cofradías se reunieron en junta solemne, y después de discusión más larga que la paciencia de un pobre, se acordó y resolvió hacer santos nuevos, y al efecto se nombró una comisión de cinco gamonales del pueblo para contratar la obra.

*Ipso facto* la comisión se dirigió a Lima, y después de averiguar por el tallador o escultor de imágenes que de mayor fama disfrutara en la ciudad, ajustó contrato con don Pascual, y regresó con él al pueblo, donde se le recibió con música, *camaretazos*, repique y mesa de once. Brindó el alcalde, brindó el cura, brindaron los mayordomos, y cuando le llegó turno a don Pascual, éste dijo que tenía a mucha honra el haber sido contratado para ejecutar obra de tanta importancia, y que el mal de polilla, de que adolecían con frecuencia los santos, provenía de la pésima calidad de las maderas o de torpeza del artista en la preparación del barniz; por ende, lo primero que había que hacer era escoger buenos troncos, y que para ello iría él mismo, acompañado de las autoridades y vecinos de fuste, a recorrer el campo, hasta dar con los troncos de que había menester. Aplauso atronador del auditorio.

Al otro día, muy de madrugada, salió don Pascual con la comitiva, y después de recorrer gran trecho de monte sin dar con árbol que petase[2], llegaron a un sitio llamado el Romeral, en el cual se detuvo el artista, fijándose en un tronco hermoso que estaba frente a la choza de un pobre

---

[2] Agradase.

viejo conocido por el apodo de *ño Pachurro*, tronco que le servía para amarrar su asno.

—Muchachos —exclamó gozoso don Pascual—, mano a las hachas y a ver si en cuatro minutos cortamos este tronco, que no lo he visto mejor en los días de mi vida para hacer de él a la Virgen.

—¡Alto, alto, caballeros! —brincó el viejo—. No aguanto infracción constitucional. ¿O soy peruano o no soy peruano? El tronco es mío, y no lo dejo cortar sin que haya resuelto el supremo gobierno el expediente de utilidad y necesidad para expropiarme de mi propiedad; y aun así, si no se me paga el justo precio del tronco, tendremos pleito hasta que San Juan baje el dedo.

Como el alcalde y los cabildantes eran de la comitiva, y el ladino viejo hablaba en razón, entraron en componendas con él, y por cuatro duros de plata y una botella de *cañazo*[3] se convino en que, siendo el tronco bastante largo, se cortara de la parte de arriba lo suficiente para labrar la imagen de la Virgen, dejando la de abajo para que *ño Pachurro* atase su borrico.

Hecho el corte, regresaron al pueblo como en procesión triunfal, siendo recibidos con muchas aclamaciones y vivas, y patán hubo que se arrodilló al pasar el tronco como si fuera ya la misma Santísima Virgen, tributándole lo que la Iglesia llama culto de hiperdulía.

Transcurrieron tres días, y cuando don Pascual estaba ya acabando de descortezar y pulir el tronco, el señor cura volvió a convocar a junta solemne y en ella expuso que la fiesta del patrón San Saturnino, que se celebra mucho antes que la de la Patrona, se venía encima, y que era más urgente hacer el santo; que, por consiguiente, el tronco que se había escogido para la Virgen se destinara para aquél, y que después se buscaría otro para la Patrona. Hubo de parecer a todos sesuda la proposición; se comunicó lo resuelto a don Pascual, y éste labró la imagen del santo, que diz que salió una obra de arte...

---

[3] Peruanismo, aguardiente de caña de azúcar con elevado índice de alcohol

El día de la fiesta y estreno de la imagen le cantaron al santo las siguientes coplas:

Glorioso San Saturnino,
que nunca os olvidéis vos
de que fuisteis escogido
para ser madre de Dios.

Naciste en el Romeral,
enfrente de ño Pachurro,
y el pesebre de su burro
vuestro hermano natural.

De raíz de árbol nacido,
sin pecado original,
has tomado forma humana
por obra de don Pascual.

Dios te libre de polilla,
y a nosotros del afán
de andar en busca de tronco
que te venga tás con tás.

De este modo tú en el cielo,
y nosotros por acá,
cantando tus alabanzas
tendremos la fiesta en paz.

Esperamos tus milagros,
nuevecito como estás,
y que no salgan diciendo
que el santo viejo hacía más.

Que viva San Saturnino
y que viva don Pascual,
y que todos nos juntemos
en la patria celestial,
y el señor cura también,
por siempre jamás. Amén.

*Décima Serie*

# Los incas ajedrecistas

## I

### ATAHUALPA

*Al doctor Evaristo P. Duclos, insigne ajedrecista*

Los moros, que durante siete siglos dominaron en España, introdujeron en el país conquistado la afición al juego de ajedrez. Terminada la expulsión de los invasores por la católica reina doña Isabel, era de presumirse que con ellos desaparecerían también todos sus hábitos y distracciones; pero lejos de eso, entre los heroicos capitanes que en Granada aniquilaron el último baluarte del islamismo, había echado hondas raíces el gusto por el tablero de las sesenta y cuatro casillas o *escaques,* como en heráldica se llaman.

Pronto dejó de ser el ajedrez el juego favorito y exclusivo de los hombres de guerra, pues cundió entre las gentes de Iglesia: abades, obispos, canónigos y frailes de campanillas. Así, cuando el descubrimiento y la conquista de América fueron realidad gloriosa para España, llegó a ser como patente o pasaporte de cultura social para todo el que al Nuevo Mundo venía investido con cargo de importancia el verle mover piezas en el tablero.

El primer libro que sobre el ajedrez se imprimiera en España apareció en el primer cuarto de siglo posterior a la conquista del Perú, con el título *Invención liberal y arte de axedrez, por Ruy López de Segovia, clérigo, vecino de la villa de Zafra,* y se imprimió en Alcalá de Henares en 1561. Ruy López es considerado como fundador de teorías, y a poco de su aparición se tradujo el opúsculo al francés y al italiano.

El librito abundó en Lima hasta 1845, poco más o menos, en que aparecieron ejemplares del *Philidor*[1], y era de obligada consulta allá en los días lejanísimos de mi pubertad, así como el *Cecinarrica*[2] para los jugadores de damas. Hoy no se encuentra en Lima, ni por un ojo de la cara, ejemplar de ninguno de los dos viejísimos textos.

Que muchos de los capitanes que acompañaron a Pizarro en la conquista, así como los gobernadores Vaca de Castro y La Gasca, y los primeros virreyes Núñez de Vela, marqués de Cañete y conde de Nieva, distrajeron sus ocios en las peripecias de una partida, no es cosa que llame la atención, desde que el primer arzobispo de Lima fue vicioso en el juego de ajedrez, que hasta llegó a comprometer, por no resistirse a tributarle culto, el prestigio de las armas reales. Según Jiménez de la Espada[3], cuando la Audiencia encomendó a uno de sus oidores y al arzobispo don fray Jerónimo de Loaiza la dirección de la campaña contra el caudillo revolucionario Hernández Girón, la musa popular del campamento realista zahirió la pachorra del hombre de toga y la afición del mitrado al ajedrez con este cantarcillo, pobre rima, pero rico en verdades:

El uno jugar y el otro dormir,
¡oh qué gentil!
No comer ni apercibir,
¡oh qué gentil!
Uno ronca y otro juega...
¡y así va la brega!

---

[1] Philidor, *Análisis del juego del ajedrez*, México-París, Rosa y Bouret, 1846.
[2] *Cecina rica*: algo muy apetecible.
[3] Marcos Jiménez de la Espada, *Tres relaciones de antigüedades peruanas*, Madrid, 1879.

Los soldados, entregados a la inercia en el campamento y desatendidos en la provisión de víveres, principiaban ya a desmoralizarse, y acaso el éxito habría favorecido a los rebeldes si la Audiencia no hubiera tomado el acuerdo de separar al oidor marmota y al arzobispo *ajedrecista*.

(Nótese que he subrayado la palabra *ajedrecista*[4], porque el vocablo, por mucho que sea de uso general, no se encuentra en el Diccionario de la Academia, como tampoco existe en él el de *ajedrista*, que he leído en un libro del egregio don Juan Valera.)

Se sabe, por tradición, que los capitanes Hernández de Soto, Juan de Rada, Francisco de Chaves, Blas de Atienza y el tesorero Riquelme se congregaban todas las tardes, en Cajamarca, en el departamento que sirvió de prisión al Inca Atahualpa desde el día 15 de noviembre de 1532, en que se efectuó la captura del monarca, hasta la antevíspera de su injustificable sacrificio, realizado el 29 de agosto de 1533.

Allí, para los cinco nombrados y tres o cuatro más que no se mencionan en sucintos y curiosos apuntes (que a la vista tuvimos, consignados en rancio manuscrito que existió en la antigua Biblioteca Nacional), funcionaban dos tableros, toscamente pintados, sobre la respectiva mesita de madera. Las piezas eran hechas del mismo barro que empleaban los indígenas para la fabricación de idolillos y demás objetos de alfarería aborigen, que hogaño se extraen de las *huacas*. Hasta los primeros años de la república no se conocieron en el Perú otras piezas que las de marfil, que remitían para la venta los comerciantes filipinos.

Honda preocupación abrumaría el espíritu del Inca en los dos o tres primeros meses de su cautiverio, pues aunque todas las tardes tomaba asiento junto a Hernando de Soto, su amigo y amparador, no daba señales de haberse dado cuenta de la manera como actuaban las piezas ni de los lances y accidentes del juego. Pero una tarde, en las jugadas finales de una partida empeñada entre Soto y Riquelme,

---

[4] La palabra *ajedrecista* ya figura en el *DRAE*, tal como Palma lo solicitó hasta el fin de sus días.

hizo ademán Hernando de movilizar el caballo, y el Inca, tocándole ligeramente en el brazo, le dijo en voz baja:

—No, capitán no... ¡El castillo!

La sorpresa fue general. Hernando, después de breves segundos de meditación, puso en juego la torre, como le aconsejara Atahualpa, y pocas jugadas después sufría Riquelme inevitable *mate*.

Después de aquella tarde, y cediéndole siempre las piezas blancas en muestra de respetuosa cortesía, el capitán don Hernando de Soto invitaba al Inca a jugar una sola partida, y al cabo de un par de meses el discípulo era ya digno del maestro. Jugaba de igual a igual.

Comentábase, en los apuntes a que me he referido, que los otros ajedrecistas españoles, con excepción de Riquelme, invitaron también al Inca; pero éste se excusó siempre de aceptar, diciéndoles por medio del intérprete Felipillo:

—Yo juego muy poquito y vuesa merced juega mucho.

La tradición popular asegura que el Inca no habría sido condenado a muerte si hubiera permanecido ignorante en el ajedrez. Dice el pueblo que Atahualpa pagó con la vida el *mate* que por su consejo sufriera Riquelme en memorable tarde. En el famoso consejo de veinticuatro jueces, consejo convocado por Pizarro, se impuso a Atahualpa la pena de muerte por trece votos contra once. Riquelme fue uno de los trece que suscribieron la sentencia.

## II

### MANCO INCA

*A Jesús Elías Salas*

Después del injustificable sacrificio de Atahualpa, se encaminó don Francisco Pizarro al Cuzco, en 1534, y para propiciarse el efecto de los cuzqueños declaró que no venía a quitar a los caciques sus señorías y propiedades ni a desconocer sus preeminencias, y que castigado ya en Cajamarca con la muerte el usurpador asesino del legítimo Inca

Huáscar, se proponía entregar la insignia imperial al Inca Manco, mancebo de dieciocho años, legítimo heredero de su hermano Huáscar. La coronación se efectuó con gran solemnidad, trasladándose luego Pizarro al valle de Jauja, de donde siguió al de Rimac[5] o Pachacamac[6] para hacer la fundación de la capital del futuro virreinato.

No tengo para qué historiar los sucesos y causas que motivaron la ruptura de relaciones entre el Inca y los españoles acaudillados por Juan Pizarro, y, a la muerte de éste, por su hermano Hernando. Bástame apuntar que Manco se dio trazas para huir del Cuzco y establecer su gobierno en las altiplanicies de los Andes, adonde fue siempre para los conquistadores imposible vencerlo.

En la contienda entre pizarristas y almagristas, Manco prestó a los últimos servicios, y consumada la ruina y victimación de Almagro el Mozo, doce o quince de los vencidos, entre los que se contaban los capitanes Diego Méndez y Gómez Pérez, hallaron refugio al lado del Inca, que había fijado su corte en Vilcapampa[7].

Méndez, Pérez y cuatro o cinco más de sus compañeros de infortunio se entretenían en el juego de bolos (bochas) y en el ajedrez. El Inca se *aespañoló* (verbo de aquel siglo, equivalente a *se españolizó*) fácilmente, cobrando gran afición y aun destreza en ambos juegos, sobresaliendo como *ajedrecista*.

Estaba escrito que, como al Inca Atahualpa, la afición al ajedrez había de serle fatal al Inca Manco.

Una tarde hallábanse empeñados en una partida el Inca Manco y Gómez Pérez, teniendo por *mirones*[8] a Diego Méndez y a tres caciques.

---

[5] Peruanismo del quechua *Rímac*: hablador.
[6] Peruanismo procedente del quechua: Gran Señor, era una divinidad inca representada en la costa central por el sol.
[7] Vilcabamba.
[8] De *mirón*. Palma subraya esta palabra lo que nos hace suponer que al momento de escribir la tradición no estaba reconocida. El *DRAE* de 1992 anota: «2. Dícese especialmente del que, sin jugar, presencia una partida de juego, o sin trabajar, mira cómo trabajan otros», pág. 906

Manco hizo una jugada de *enroque*[9] no consentida por las prácticas del juego, y Gómez Pérez le arguyó:

—Es tarde para ese *enroque*, seor fullero.

No sabemos si el Inca alcanzaría a darse cuenta de la acepción despectiva de la palabreja castellana; pero insistió en defender la que él creía correcta y válida jugada. Gómez pérez volvió la cara hacia su paisano Diego Méndez y le dijo:

—¡Mire, capitán, con la que me sale este indio pu...erco!

Aquí cedo la palabra al cronista anónimo, cuyo manuscrito, que alcanza hasta la época del virrey Toledo, figura en el tomo VIII de *Documentos inéditos del Archivo de Indias:* «El Inca alzó entonces la mano y diole un bofetón al español. Éste metió mano a su daga y le dio dos puñaladas, de las que luego murió. Los indios acudieron a la venganza, e hicieron pedazos a dicho matador y a cuantos españoles en aquella provincia de Vilcapampa estaban.»

Varios cronistas dicen que la querella tuvo lugar en el juego de bolos; pero otros afirman que el trágico suceso fue motivado por desacuerdo en una jugada de ajedrez.

La tradición popular entre los cuzqueños es la que yo relato, apoyándome también en la autoridad del anónimo escritor del siglo XVI.

---

[9] La Academia ahora ya reconoce *enroque*, de *enrocar*, como estrategia en el juego del ajedrez.

# La tradición de la saya y el manto[1]

Cuando se quiere salir del paso hablando del origen de algo ya muy rancio viene a la boca esta frase: —Eso se pierde en la noche de los tiempos.

Tratándose de la saya y manto, no figuró jamás en la indumentaria de provincia alguna de España ni en ninguno de los reinos europeos. Brotó en Lima tan espontáneamente como los hongos en un jardín.

¿En qué año brotó ese hongo? Mucho, muchísimo he investigado, pero sin fruto. No obstante, me atrevo a afirmar que la saya y manto nació en 1560.

Véanse ahora las razones en que fundo mi afirmación, y me prometo que el lector no habrá de estimarlas como antojadizas.

Lima se fundó el 18 de enero de 1535, no excediendo de diez las mujeres oriundas de España que se avecindaron en la capital. Casi podría nombrarlas. Es, pues, tan claro como el agua de puquio[2] que sólo de 1555 o 1560 pudo haber limeñas hijas de padre y madre españoles, o de peninsular e india peruana, en condiciones de formar un núcleo capaz de imponer moda como la de la saya y manto. Nadie

---

[1] El contenido de esta tradición es muy similar al de la *Conspiración de la saya y el manto* que apareció en la Cuarta Serie. Aunque difiere la fecha que Palma asigna a la aparición de la famosa prenda femenina que fue motivo de censura eclesiástica nada menos que en un concilio ecuménico.

[2] Peruanismo de la voz quechua *puquio*, ojo de agua que brota de la tierra, manantial.

disputa a Lima la primacía, o mejor dicho la exclusiva, en moda que no cundió en el resto de América y que dio campo a las criollas mexicanas para que bautizasen a las limeñas con el apodo de *las enfundadas*.

En el Perú mismo, la saya y manto fue tan exclusiva de Lima, que nunca salió del radio de la ciudad. Ni siquiera se la antojó ir de paseo al Callao, puerto que dista dos leguas castellanas de la capital.

En 11 de abril de 1601 inauguróse el tercero de los Concilios convocados por el santo arzobispo Toribio de Mogrovejo, al que sometió la abolición de la saya y manto, bajo pena de excomunión. Si su ilustrísima pone el tema sobre el tapete en sus Concilios de 1583 y 1591, como hay Dios que mis paisanas se quedan sin saya y manto. La población de Lima apenas si excedía de treinta mil almas, y las devotas de la saya y manto, que constituían la sociedad decente de la ciudad, si los cálculos estadísticos no marran, podrían fluctuar por entonces entre setecientas y ochocientas *enfundadas*.

El arzobispo olvidó en 1601 que desde 1590, en que vino a Lima doña Teresa de Castro, esposa del virrey don García Hurtado de Mendoza, marqués de Cañete, la saya y manto había reforzado muchísimo sus filas. Entre camaristas, meninas y criadas, trajo doña Teresa veintisiete muchachas españolas, a las que aposentó en palacio, y todas las que en el transcurso del año encontraron en Lima la media naranja complementaria. Además, en la comitiva del virrey, y con empleo en el Parú, vinieron cuarenta y tantos presupuestívoros con sus mujeres, hermanas, hijas y domésticas.

Las recientemente llegadas, por novelería unas y por congraciarse con las limeñas legítimas otras, todas dieron en enfundarse.

Doña Teresa fue de las primeras en vestir saya y manto, sugestionada acaso por su marido, pues la historia nos cuenta que el virrey anduvo siempre a la greña con el arzobispo. Algo, que no mucho, he relatado sobre tal tema en mi tradición *Las querellas de Santo Toribio*.

Es mi sentir, repito, que su ilustrísima anduvo desacertado en la elección de la oportunidad, pues admitiendo mi creencia de que la saya y manto naciera en 1560, cuarenta años después, esto es, en 1601, año del tercer Concilio, las devotas de la extravagante indumentaria serían ya todas las limeñas, esto es, dos o tres mil hijas de Eva, las que alborotaron el cotarro hasta el punto de sembrar semilla de cisma. Ello es que el Concilio no pronunció fallo.

Los virreyes marqueses de Guadalcázar[3] y de Montesclaros[4] y otros intentaron también abolir la saya y manto; pero no pasaron del intento. Virrey hubo que se limitó a encomendar a los maridos que no permitiesen a la costilla ni a sus hijas tal indumentaria, lo que fue como dar el encargo al Archipámpano de las Indias. Tan cierto es que nunca los hombre tomamos carta en juego de modas, que hoy mismo las dejamos tranquilas cuando lucen sobre la cabeza los fenomenales sombrerotes a la moda. Ya desaparecerán sin que intervengamos los varones.

La primitiva saya, que perduró hasta cinco o seis años después de la batalla de Ayacucho, fue, y dicho sea en puridad de verdad, una prenda muy antiestética, especie de funda desde la cintura a los pies, que traía a la mujer como engrilletada, pues apenas podía dar paso mayor de tres pulgadas.

Para las *tapadas,* en España y en todas las capitales de virreinato americano, la mantilla y el rebocillo eran los encubridores del coqueteo. Para la tapada limeña lo fue el manto negro de sarga[5] o de borloncillo, no del todo desprovisto de gracia. La llamada *saya de tiritas* era una curiosa extravagancia. Anualmente, en la tarde del día de la Porciúncula[6], efectúabase una romería a la Alameda de los Descalzos, donde los buenos padres obsequiaban con un festín a los mendigos de la ciudad. Las más hermosas y

---

[3] Juan de Mendoza y Luna
[4] Diego Fernández de Córdova.
[5] La sarga tiene dos variadades: las hay de seda y de estameña, ésta es de estambre que se da un tejido más ralo y brillante que la hecha con otras clases de lana.
[6] Reparto de comida a personas menesterosas que se hace el 2 de agosto en las iglesias y conventos franciscanos en memoria de la pobreza de su fundador.

acaudaladas limeñas concurrían a ese acto enfundándose en la más vieja, rota y deshilachada de sus sayas, y contrastando con esa miseria ostentaban el riquísimo chal y las valiosas alhajas de siempre. Todas consumían siquiera un pedazo de pan y una cucharada de la sopa de los pobres.

Con la Independencia la revolución alcanzó también a la saya, y sin que las jamonas ni las viejas renunciasen a la primitiva saya de *carro,* las jóvenes crearon la *gamarrina,* la cual, cuatro años después, convirtieron en la *orbegosina.* Se diferenciaban, más que en la forma, en el color del raso: la gamarrina, contemporánea del presidente general Gamarra, era de raso negro o cabritilla, y la *orbegosina,* en homenaje a su sucesor el general Orbegoso, era azulina o verde obscuro. La saya se convirtió en enseña de partido político.

Como se ve, la gamarrina y la orbegosina se apartaban algo de la saya primitiva, pues en la parte baja eran relativamente más holgadas y llevaban un ruedo de raso claro por adorno.

Cuando, en 1835, el general Salaverry encabezó la revolución contra la presidencia de Orbegoso nació la *salaverrina,* de falsa suelta y airosa, que permitía libertad de movimientos. Ésta fue la saya que tanta fama diera a la tapada limeña, pues con ella, amén de la gentileza corporal, salieron a lucir las agudezas del ingenio. Ésa fue la tapada que yo conocí en mis tiempos de colegial y que por mi voto aun existiría.

Después de 1850, la relativa holgura social producida por los millones de la Consolidación[7] dio incremento al comercio francés y a las modas de París. Lo que en tres siglos no consiguieron ni Santo Toribio ni los virreyes, desapareció sin resistencia ni luchas, poquito a poquito. En 1860, justamente a los tres siglos de nacido el hongo, desapareció la saya y manto en procesiones y paseos. Nació sin partida de bautismo comprobatoria de cuándo, cómo nipor qué. Ha muerto lo mismo: sin partida de defunción, ni fecha fija, ni motivo cierto que la excluyese.

_____

[7] La Consolidación durante el gobierno de Ramón Castilla y Marquesado.

628

# El coronel fray Bruno

¿Fraile y coronel?
Líbreme Dios de él.

Ente los españoles del ejército realista que sucumbió en
la batalla de Ayacucho eran muy repetidas, y alcanzaron
autoridad de refrán, estas palabras: —¿Fraile y coronel? Líbreme Dios de él—. Voy, pues, a emprender un ligero estudio biográfico del personaje que motivó el dicho, apoyándome en noticias que contemporáneos suyos me han pro-
porcionado y en documentos oficiales que a la vista tengo
sobre mi mesa de trabajo.

## I

Por los años de 1788 nació en el pueblo de Mito[1], a pocas leguas de Jauja, un muchacho, hijo de india y de español, a quien inscribieron en el libro parroquial con el nombre de Bruno Terreros.

Despejado era el rapaz, y cobrándole afición uno de los
religiosos de Ocopa llevóle al convento, hízole vestir la jerga[2] de novicio, y cuando lo vio expedito en el latín de Ne-

---

[1] Mito ahora pertenece a la provincia de Concepción, en el departamento de Junín.

[2] Vestido talar, confeccionado con tela gruesa y tosca, por lo general,
de lana.

brija y en la filosofía de Heinecio, enviólo a Lima muy recomendado al guardián de San Francisco.

En breve Bruno Terreros, en cuya moralidad no hubo pero que poner y cuya aplicación era ejemplar, se aprendió de coro un tratado de teología dogmática y en 1810 recibió la orden del subdiaconado.

Años más tarde el arzobispo las Heras lo nombró coadjutor del curato de Chupaca y en esa condición se hallaba cuando estalló la guerra de Independencia. Fray Bruno se distinguía por la austeridad de sus costumbres y por llenar conforme al espíritu del Evangelio los deberes de su sagrado ministerio.

Con esto dicho está que fue muy querido de sus feligreses.

En la plática dominical fray Bruno se mostraba más realista que el rey y decía que la revolución americana era cosa de herejes, francmasones y gente pervertida por la lectura de libros excomulgados. Añadía que eso de derechos del hombre y de patria y libertad era pampiroladas[3] sin pies ni cabeza; y que pues el rey nació para mandar y la grey para obedecer, lo mejor era no meterse a descomponer el tinglado, ni en barullos que comprometen la pelleja en este mundo y la vida eterna en el otro. Y con esto, amados oyentes míos, que viva el rey, y viva la religión, y viva la gallina, aunque sea con su pepita.

Vino el año de 1822 y con él la causa de la monarquía se echó a dar manotadas de ahogado. Los realistas cometieron extorsiones parecidas a las que un año después ejecutara Carratalá en Cangallo. Hubo templos incendiados; la soldadesca se entregó sin freno al pillaje de alhajas y objetos sagrados; se escarneció a los sacerdotes hasta el punto de que el jefe español Barandalla hiciera fusilar al cura Cerda.

Un capitán realista, al mando de veinte soldados, llegó a Chupaca y amenazó a fray Bruno con *darle de patadas* si no le entregaba un cáliz de oro. Nuestro humilde franciscano

---

[3] Algo intrascendente.

convirtióse en irritado león, amotinó a los indios y la tropa escapó a descalzaperros.

Desde ese día fray Bruno colgó los hábitos, se plantó al cinto sable y pistolas y, trabuco en mano, se puso a la cabeza de doscientos montoneros, lanzando antes este original documento, que así puede pasar por proclama como por sermón o pastoral:

«Compatriotas y hermanos muy amados: Penetrado de los sentimientos naturales y revestido con las sagradas vestiduras de mi carácter, os anuncié muchas veces desde la cátedra del Espíritu Santo la felicidad de los peruanos que ha de resultar después de las guerras. Y ahora, poseído de dolor, me veo precisado a tomar el sable desnudo, como defensor de la religión, sólo con el objeto de derribar esas felicidades lisonjeras con que los tiranos nos tienen engañados por saciar sus codiciosas ambiciones. Testigos los templos sagrados destruidos, violados los santos Evangelios de Jesucristo y sus miembros perseguidos. Sacerdotes del Altísimo, llorad con lágrimas de sangre al ver convertidas en cenizas las casas de oración y los tabernáculos en astillas por llevarse los vasos sagrados y las custodias con la Majestad colocada. Esos sacrílegos españoles, plegue a Dios, y hago testigos a los ángeles y a toda la corte celestial, que a todo trote caminan al extremo de su total ruina. Jamás levantó el brazo Jesucristo sino cuando vio su templo infamado con ventas y comercios. Yo jamás hubiera tomado el sable, si no hubiera visto los santuarios servir de pesebreras de caballos. Separaos, verdaderos y fieles patriotas, y dejad solos a los contumaces en su desgraciada obstinación.»

Este curioso documento nos revela el temple del alma del franciscano. Invistióse inmediatamente de un título militar, sin desdeñar por eso el que le correspondía por su condición religiosa. Así, sus proclamas y órdenes generales iban encabezadas con estas palabras: —*El coronel fray Bruno de Terreros.*

En el ejército argentino que San Martín condujo al Perú vinieron también algunos frailes que colgaron los hábitos para vestir el uniforme militar. El más notable entre ellos fue fray Félix Aldao, de la orden de la Merced, capellán de un regimiento que, sable en mano, se metía siempre en lo más reñido del combate. Aldao ganó en el Perú una fuerte suma al juego, y llevándose, con disfraz de paje, a una linda muchacha a quien sedujo, alcanzó durante la época de Rosas la clase de general. El fraile Aldao se entregó furiosamente a la embriaguez y a la lascivia, no dejó crimen por cometer como seide del tirano argentino, y murió (ejerciendo el cargo de gobernador o autócrata en Mendoza) devorado por un cáncer en la cara, blasfemando como un poseído.

Como se ve, el fraile Aldao fue un apóstata y su conducta no admite disculpa. Por el contrario, si el franciscano Terreros tomó las armas lo hizo, como lo revela su proclama, impulsado por un sentimiento religioso, exagerado acaso, pero sincero.

Ni Vidal, ni Guavique, ni *Agustín el Largo,* ni el famoso *Cholofuerte,* jefes de los guerrilleros, que tanto hostilizaron a las tropas realistas, igualaron en coraje, actividad y astucia al coronel fray Bruno Terreros. Para él la guerra tenía el carácter de guerra religiosa, y sabía inflamar el ánimo de sus montoneros, arengándolos con el Evangelio en una mano y el trabuco en la otra, como lo hicieron en Francia los sacerdotes de la Vendée. Los hombres que le seguían asistían a la misa que su caudillo celebraba en los días de precepto, y algunos se hacían administrar por él el sacramento de la Eucaristía. Aquellos guerrilleros, más que por su patria, se batían por su Dios. Morir en el combate era para ellos conquistarse la salvación eterna.

Vive aún (1878) en el convento de San Francisco un respetable sacerdote (el padre Cepeda) que recuerda haber visto llegar a la plazuela de la iglesia a fray Bruno, seguido de sus guerrilleros, y que, apeándose con gran agilidad, se dirigió a la sacristía, de donde salió revestido, y celebró misa en el altar de la Purísima, con no poca murmuración de beatas y conventuales.

Cuentan que fray Bruno Terreros trataba sin misericordia a los españoles, que tomaba prisioneros después de alguna escaramuza, y que su máxima era: —De los enemigos, los menos—. Pero esta aseveración no la encontraremos suficientemente comprobada en los boletines y gacetas de aquella época.

Lo positivo es que el nombre del franciscano llegó a inspirar pánico a los realistas, dando origen al refrán que dejamos apuntado.

Papel no menos importante que Terreros hizo en la guerra de Independencia otro sacerdote de la orden seráfica. El teniente coronel fray Luis Beltrán fue quien fundió los cañones que trajo San Martín a Chacabuco. En el Perú prestó también a la causa americana útiles servicios como jefe de la Maestranza y parque; pero injustamente desairado un día, en Trujillo, por el Libertador, fray Luis Beltrán intentó asfixiarse. Aunque salvado a tiempo por un amigo, nuestro franciscano quedó loco. La *figurita*, como llamaba el infeliz patriota a Bolívar, era el tema constante de su locura.

El comendante Beltrán pudo curarse y regresó a Buenos Aires, donde volvió a vestir el santo hábito, muriendo poco tiempo después.

## II

Afianzada la Independencia, renunció fray Bruno su clase de coronel, solicitando de Bolívar, por toda recompensa de sus servicios a la causa nacional, el permiso de volver a su convento. El guardián de San Francisco vio la pretensión de mal ojo, recelando sin duda que el ex-guerrillero trajese al claustro costumbres belicosas. Informado de ello, Bolívar se dirigió al gobernador del arzobispado con los dos oficios siguientes:

«Marzo 4 de 1825.—*Al Gobernador del Arzobispado.*— Cuando por el feliz estado de las cosas ha creído el coronel don Bruno Terreros que sus servicios no son de necesidad, ha solicitado del gobierno permiso para retirarse a sus claustros del convento de San Francisco, de cuya religión es hijo; y Su Excelencia el Libertador, teniendo por esta solicitud toda la consideración que ella se merece, por la co-

633

nocida piedad que ella demuestra, se ha servido acceder; y en su consecuencia, ha quedado el coronel Terreros separado del servicio y en estado de restituirse a su convento. Pero como no sería justo que se echase en olvido ni viese con indiferencia la buena conducta que el coronel Terreros ha observado mientras ha estado sirviendo al gobierno, y los muchos e importantísimos servicios que ha prestado a la causa nacional en críticas circunstancias, Su Excelencia el Jefe supremo de la República me manda recomendar a U. S. al expresado coronel Terreros con el doble objeto de que su señoría lo atienda, dándole una colocación correspondiente a su distinguido comportamiento, y de que, valiéndose de los respetos de Su Excelencia mismo, tome las medidas que sean conducentes a fin de que los prelados de San Francisco vean a Terreros con el aprecio y consideraciones que tan justamente se ha granjeado.—Me suscribo de Useñoría atento servidor, *Tomás Heres.*»

«Marzo 4 de 1825.—*Al Gobernador del Arzobispado.*— Su Excelencia el Libertador, encargado del mando supremo de la República, ruega y encarga al reverendo gobernador metropolitano que el padre fray Bruno Terreros, por sus grandes servicios a la patria, por su buena conducta y aptitudes sacerdotales, sea habilitado para obtener en propiedad cualquier beneficio con anexa cura de almas, y que, si es posible, se le dé colación del curato de Chupaca[4], previo el correspondiente examen sinodal.—El ministro que suscribe se ofrece de Useñoría atento servidor, *Tomás Heres.*»

* * *

En 25 de agosto de 1825 (dice el autor de la *Historia del Perú Independiente*) fue nombrado Terreros cura de Mito, beneficio que prefirió a otros por ser el lugar de su nacimien-

---

[4] Chupaca, distrito peruano de la provincia de Huancayo, en el departamento de Junín.

to. En su nueva vida religiosa olvidó sus costumbres de guerrillero, y fue tan solícito en el cumplimiento del deber sacerdotal, que en 1827, al atravesar el río de Jauja para ir a confesar a un moribundo, desoyendo el ruego de algunos indios que le pedían no se aventurase por estar el río muy crecido, fue arrastrado por la corriente y pereció ahogado.

Tal fue, a grandes rasgos, el hombre por quien se dijo:

—*¿Fraile y coronel? Líbrenos Dios de él.*

Colección Letras Hispánicas

453 Tradiciones / 339 sobre la colonia
educar al pueblo haciéndole conocer
su historia por fragmentos

RIQUEZA DEL LENGUAJE

- RECONSTRUCCIÓN VOLUNTARIA DEL
            PASADO A PARTIR DE
        LA MODIFICACIÓN DE LA
    MEMORIA TRADICIONAL
            PERUANA

- ORALIDAD - DISCURSO POPULAR

- ALCANCE HISTÓRICO: DE LO
    PREHISPÁNICO A LO REPUBLICANO
    CON UN ÉNFASIS EN LA COLONIA

- PERIODISMO / PSEUDOHISTORIA

- FRAGMENTACIÓN DEL DISCURSO
    HISTÓRICO / DE LA HISTORIA

_____

            TIEMPO
    - EL PASADO EN EL PRESENTE
        → comparaciones
        → autorreferencialidad